中国公文写作研究会公文文献研究室
鲁东大学公文文献研究中心

中国公文学研究

主　编　柳新华
副主编　徐艳华　张玉禄

当代中国公文学

DangDai ZhongGuo GongWenXue

柳新华　徐艳华　编著

经济科学出版社
Economic Science Press

图书在版编目（CIP）数据

当代中国公文学/柳新华，徐艳华编著.—北京：经济科学出版社，2014.11

（中国公文学研究）

ISBN 978 -7 -5141 -5062 -9

Ⅰ.①当… Ⅱ.①柳…②徐… Ⅲ.①公文 -写作 -研究 -中国 Ⅳ.①H152.3

中国版本图书馆 CIP 数据核字（2014）第 232348 号

责任编辑：柳　敏　宋　涛
责任校对：隗立娜
版式设计：齐　杰
责任印制：李　鹏

当代中国公文学

柳新华　徐艳华　编著

经济科学出版社出版、发行　新华书店经销
社址：北京市海淀区阜成路甲 28 号　邮编：100142
总编部电话：010 -88191217　发行部电话：010 -88191522
网址：www.esp.com.cn
电子邮件：esp@esp.com.cn
天猫网店：经济科学出版社旗舰店
网址：http://jjkxcbs.tmall.com
北京汉德鼎印刷有限公司印刷
三河市华玉装订厂装订
710×1000　16 开　21.5 印张　400000 字
2014 年 11 月第 1 版　2014 年 11 月第 1 次印刷
ISBN 978 -7 -5141 -5062 -9　定价：55.00 元
（图书出现印装问题，本社负责调换。电话：010 -88191502）
（版权所有　翻印必究）

《中国公文学研究》编委会

名誉主任 苗枫林
主　　编 柳新华
副 主 编 徐艳华　张玉禄

成　　员（排名不分前后）

苗枫林	柳新华	徐艳华	张玉禄	姜德照	王东海
董相志	王红霞	丁洪荣	孙彩惠	李忠朋	蔡江涛
邵明媚	张艳伟	王　佳	乔卫星	刘国明	张晓青
兰　玲	史守海	李瑞芬	曲俊义	崔胜显	邵建国
刘玉坤	刘明洋	刘　璐	高　慧	张　晨	朱绘锦
史林林	乔雨菲	赵　慧

《当代中国公文学》

编　　著 柳新华　徐艳华
参编人员 李忠朋　邵明媚　乔卫星　王　佳　刘　璐
　　　　　　高　慧

序

公文在中华文明的历史进程中一直担当着重要角色，历经几千年的演变和发展，始终发挥着治国安邦、革故鼎新、传递政令、凝聚民心、推动经济与社会发展的重要作用，但公文学作为一门独立学科被世人所重视，时间却相当短暂，充其量不过二十几年的历史。

27年前，苗枫林的《中国公文学》（齐鲁书社1987年）一书出版，第一次较为系统地把公文作为一门学科进行研究，创造性地提出具有很高理论价值和实用价值的公文学观点，从理论和实践的结合上论述了公文学的基本规律，由此填补了中国公文学理论上的空白，成为中国公文学研究史上的里程碑。

此前我国公文学的研究，一直依附于其他学科，在秘书学、档案学、写作学、语言学、行政学等学科的边缘徘徊，可谓犹抱琵琶半遮面，藏在深闺人不识。伴随着苗枫林《中国公文学》问世，公文学有了"名"，有了较为科学的界限和定位，我国公文学研究逐渐自立门户，崭露头角。随后成立的中国公文写作研究会，在推动公文学研究方面做了大量工作，许多专家学者加入到公文学研究队伍中来，大批优秀公文学研究成果不断涌现，理论研究与实践应用的结合也越来越密切，公文学成为一个内容日渐丰富、目标日趋清晰、体系逐渐完备的学术领域。时至今日，公文学研究已呈现出生机蓬勃的发展态势，越来越受到社会和理论学界的关注。

从《中国公文学》出版之后二十几年的时间里，出版社出版了大量公文方面的书籍。据中国公文写作研究会不完全统计，20世纪90年代以后，关于公文学和公文写作的各种版本的教材、专著约计有**200多种**。但绝大多数是为满足社会需要及后来公务员考试的急需，而编辑出版的公文写作与处理方面的应用类书籍。这些著作对于普及公文知识、提高公文写作与处理水平、服务于社会及党政机关工作发挥了重要作用，但就公文学理论研究方面而言，迄今为止尚未有超过苗枫林《中国公文学》的突破与建树。由于公文学理论研究滞后，致使公文写作领域长期囿于"格式加例文"的仿制模式，未能对我国公文的改革与发展以及文风建设发挥应有的作用。至今公文学的一些基本理论问题，诸如公文的定义、公文学的研究对象、公文学的学科体系、公文规范化理论以及公文文种归类等，均未有权威定论，各执一词，莫衷一是。这种状况显然不利于公文学科建设以及更好地服务于社会和公务活动。

发展是硬道理，没有发展，任何事物都没有生命力。尽管公文学研究已经取得可喜的成绩，但同其他新兴学科一样，公文学同样面临打破"瓶颈"深入发展的问题，传统单一的研究方法和手段、固定不变的研究对象和内容，严重制约了公文学科的深度建构，研究成果陷入狭窄、重复、肤浅，难以突破飞跃的泥淖中。苗枫林生前就多次说过，要使公文从单纯的应用技术进入学术领域，必须深入开展理论研究，推动我国公文学科建设进程。否则，将导致公文的发展与应用误入歧途，甚或对党政机关作风和社会发展产生不良影响。为此，中国公文写作研究会会长桂维民指出，公文学界要努力做好三方面的改变：一是更新观念和思路，将公文学研究视野放得更宽、更广；二是拓宽研究范围和角度，促进公文学全方位、深层次发展；三是创新研究手段和方法，将公文学建立在科学论证的基础之上。

许多公文学界的专家学者在为公文学的健康发展进行着坚持不懈地努力和探索。2007年7月"苗枫林公文学术思想暨《中国公文学》出版发行20周年研讨会"和2011年7月"公文学的发展现状与展望和公文文献服务平台建设研讨会"期间，与会专家学者对公文学的现状与前景取向表示极大的关切，苗枫林先生出席会议，会上会下与有关人士多次谈到要加强公文学理论研究，并希望鲁东大学公文文献研究中心师生在这方面多做一些工作，并表示他正在做中国公文名篇赏读和公文史学方面的研究工作，如果出版，可以作为这方面研究的丛书之一。

根据苗枫林先生的建议，鲁东大学公文文献研究中心拟定了《中国公文学研究》丛书写作计划，落实了研究撰稿人员，结合公文学的教学、科研的需要展开工作。最初拟定的书目有《中国公文名篇赏析》（苗枫林）、《公文学的现状与展望》（柳新华）、《当代中国公文学》、（柳新华、徐艳华）、《简明公文类编》（徐艳华、张玉禄、柳新华）、《中国公文史学》（张晓青）、《公文语言与修辞》（丁洪荣）、《公文格式规范》（姜德照）、《新编公文写作》（王红霞）、《电子公文撰制》（柳新华、王东海、董相志）等，并议定根据研究工作的进展，篇目作适当的增加或减少。

《中国公文学研究》丛书编写工作，从一开始就坚持理论与实践相结合、研究与应用相结合，但侧重于公文理论方面的研究，力求走出公文类书籍格式加例文的窠臼，在公文的深领域、广覆盖、系统化上做文章。丛书作为一个整体，力求全面反映公文学的主体框架内容，并努力在以往无人涉及的领域拓展，同时，考虑读者学习使用方便，各个分册又各自独立成编，不追求形式上的统一。因此在公文研究领域一些重要问题上不惜笔墨，展开论述，而对社会已见著述较多的内容一掠而过，甚或仅作简单介绍。

几年来，担纲任务的鲁东大学公文文献研究中心的师生以不畏艰难、勇于探索的精神，取得了一大批有价值、有见地、开创性的研究成果，完成多项重大课题研究，发表了一批优秀论文，建立了在全国颇具影响的公文数据库、公文服务平台和公文研究网站，经中国公文写作研究会批准建立了该会直属的公文文献研究室，开启了公文学研究新的阵地和良好的发展模式，受到各方的关注和重视。

正当《中国公文学研究》丛书在有计划、有步骤地全面展开之际，不幸的是2013年1月苗枫林先生因病去世，使丛书的编写工作失去了一位重要的领导者和指导者。临终前他委托家人将他已经完稿的《中国公文名篇赏析》转交给鲁东大学公文文献研究中心安排出版事宜。为了表达对苗枫林先生的敬慕和怀念，鲁东大学公文文献研究中心师生以最快的速度组织校对、编审，在苗枫林先生逝世一周年之前将《中国公文名篇赏析》提前交由经济科学出版社出版发行，随后陆续完成其他书稿，于2013年下半年到2014年上半年由经济科学出版社完成编辑出版。

我们虽然尽最大努力完成了《中国公文学研究》丛书的编撰，但我们深知，由于能力和水平的限制，我们的研究离苗枫林先生的期望还有很大差距，完成苗枫林先生的未竟事业，真正确立公文学的学科地位，使之形成一门独立、严整的学科，还有大量的工作要做，还有很长的路要走。我们愿意与广大公文学研究者一道继续迎难而上，拼搏奋进，深入思考问题，脚踏实地进行研究，为公文学科的建立与发展作出积极的贡献。

最后，需要说明的是，《中国公文学研究》丛书在编写过程中，参考借鉴了公文学界专家学者近年来的大量研究成果，查阅了大量出版物和网络有关数据库，虽然在各个分册参考书目和引文中已分别表达谢忱，但仍然有大量研究者、作者的名字未能一一列出，在此，谨以编委会的名义，向所有提供研究成果、著作、资料信息和对丛书编辑出版给予关心、支持和帮助的朋友表示衷心的感谢！

柳新华
2014 年 1 月 12 日

（序作者柳新华为中国公文写作研究会副会长、中国公文写作研究会公文文献研究室主任、鲁东大学公文文献研究中心主任）

内 容 提 要

《当代中国公文学》是为了适应公文学术界的研究者与探索者、党政机关公文制定者和践行者，以及高等院校公文授课者和学习者的需要而编写的。本书对中国公文学的性质、研究方法、学科体系、历史演变、外国公文借鉴与公文国际化、中国公文的存在形态、公文写作原理与方法、公文处理、公文作者修养、网络时代的电子公文、公文改革和文风建设等相关领域展开系统、全面、深入的研究与阐释，以期在此基础上为中国公文学科学建设与发展添砖加瓦，为发挥公文应有的社会作用贡献力量。

目　　录

序 柳新华/1

绪论 1
 第一节　中国公文学的历史发展 1
 第二节　中国公文学研究现状 2
 第三节　中国公文学研究的重要性与迫切性 5
 第四节　中国公文学研究面临的主要任务 8

第一章　中国公文学的性质和范畴 14
 第一节　公文学的定义 14
 第二节　公文学研究对象和主要任务 17
 第三节　公文学的地位和作用 18
 第四节　公文学与其他学科的关系 19

第二章　中国公文学的研究方法 24
 第一节　系统论与原子论 24
 第二节　文献法 26
 第三节　数据库方法 27
 第四节　实验方法 29
 第五节　调查和比较法 30
 第六节　定量和定性研究 32

第三章　中国公文学的学科体系 34
 第一节　基础理论体系 34
 第二节　应用理论体系 38
 第三节　公文学科体系的发展 40

第四节　公文的国际化趋势 …………………………………… 43

第四章　中国公文的历史演变 …………………………………… 45
　　第一节　公文发展历史沿革 …………………………………… 45
　　第二节　公文文种的演变与遗存 ……………………………… 53
　　第三节　公文制度的改革与创新 ……………………………… 64
　　第四节　公文程式变化与创新 ………………………………… 71
　　第五节　古代公文语言与文风 ………………………………… 76
　　第六节　古代公文兴衰的启示 ………………………………… 83

第五章　外国公文与我国台港澳地区公文 ……………………… 87
　　第一节　外国公文的定义 ……………………………………… 87
　　第二节　外国公文的特点 ……………………………………… 91
　　第三节　外国公文的地位和作用 ……………………………… 97
　　第四节　外国公文研究与发展趋势 …………………………… 100
　　第五节　我国台港澳地区公文 ………………………………… 104

第六章　中国公文的存在形态 …………………………………… 111
　　第一节　公文的形成条件 ……………………………………… 111
　　第二节　公文的基本特点和作用 ……………………………… 115
　　第三节　公文的分类 …………………………………………… 123
　　第四节　公文的外部结构形态 ………………………………… 130
　　第五节　公文的载体与传输 …………………………………… 136

第七章　中国公文写作原理 ……………………………………… 153
　　第一节　公文的基本构成 ……………………………………… 153
　　第二节　公文的写作要素 ……………………………………… 164
　　第三节　公文的写作规律 ……………………………………… 176
　　第四节　公文的思维方式 ……………………………………… 183
　　第五节　公文的美学价值 ……………………………………… 186

第八章　中国公文写作方法 ……………………………………… 193
　　第一节　规范性公文写作 ……………………………………… 193
　　第二节　法规与规章性公文写作 ……………………………… 203

第三节　事务性公文写作 …………………………………… 209
　　第四节　专用性公文写作 …………………………………… 211

第九章　中国公文处理 ………………………………………… 215
　　第一节　公文拟制 …………………………………………… 215
　　第二节　公文办理 …………………………………………… 224
　　第三节　公文管理 …………………………………………… 229
　　第四节　公文安全 …………………………………………… 231

第十章　网络时代与电子公文 ………………………………… 240
　　第一节　网络时代对公文的影响 …………………………… 240
　　第二节　电子政务对公文的要求 …………………………… 250
　　第三节　电子公文的制作、传输与管理 …………………… 256
　　第四节　电子公文的发展趋势 ……………………………… 260

第十一章　中国公文作者修养 ………………………………… 264
　　第一节　公文作者与秘书的认识和界定 …………………… 264
　　第二节　公文作者的个性特征 ……………………………… 266
　　第三节　公文作者的基本素质 ……………………………… 268
　　第四节　努力提高公文写作能力 …………………………… 273

第十二章　中国公文改革与文风建设 ………………………… 278
　　第一节　公文的改革与完善 ………………………………… 278
　　第二节　公文改革的法制化取向 …………………………… 282
　　第三节　公文文风特征与存在的问题 ……………………… 288
　　第四节　在端正文风上下功夫 ……………………………… 292

附录1　党政机关公文处理工作条例 …………………………… 297
附录2　中国共产党党内法规制定条例 ………………………… 305
附录3　行政法规制定程序条例 ………………………………… 311
附录4　规章制定程序条例 ……………………………………… 316
主要参考文献 ……………………………………………………… 322
跋 ……………………………………………………………柳新华/324
后记 ………………………………………………………………… 328

绪　　论

公文学是一门很年轻的学科，可以说它还处在不断成长发育、创立完善的过程中。自它诞生以来，历史不长，人们对它的认识和研究也在逐步深入，从早年侧重于研究某些公文制度、规范与应用技术，发展到全面地探讨它的基本理论、原则、方法以及法制问题；从把它作为档案学、管理学、文章学、写作学、秘书学、历史学、行政学的辅助科目，到朝着一门具有独立、科学、完整的学科体系的认知前进。让我们首先简要地回顾一下它所产生和走过的历程吧！

第一节　中国公文学的历史发展

中华民族以历史悠久、文献丰富闻名于世。中国古代公文发展的历史，与中华文明一样源远流长。公文的产生，是随着文字的出现、社会生产的发展与国家（部落）的建立而逐步产生的，是人类由个体信息阶段进入社会信息阶段后为满足"官方"信息需要而出现的产物。我国公文写作的历史源远流长。据考证，早在5000多年前我国就有了国家雏形的原始政治活动，诸如征讨伐战、民主选举、朝议咨询、祭祀神灵等。这些活动都需要形成相应的文稿和材料。

我们现在所能见到的那些镂于甲骨、刻于碑石、铸于金属、书于竹简的公文，其用途大多属于实施权力分配和社会治理。可以说，公文作为施政的工具和手段，其产生的历史极为悠久。古代公文数量浩繁，究竟有多少篇章，无从统计。宋人编撰的《文苑英华》，篇帙达千卷之多。上自萧梁，下迄晚唐五代，选取2200人作品，共计近2万篇；其中除诗赋外，公文为主要部分，选入不少制诰、策问、判、表、牍、状、疏、露布（即布告）、移文、启、檄、议、颂、铭、箴等类别公文。清人严可均编《全上古三代秦汉三国六朝文》统计至六朝止，含3497位作家撰写的746卷文章，其中约1/2以上是应用文。应用文不全等于公文，但大部分是公文或接近公文的"准公文"。到了明清以来，由于时代较近，典籍保存较多。可以说，古代公文卷帙浩繁，数量远超文学作品。

在漫长的历史进程中，公文随着文字书写材料、书写形式、传递技术的变化、种类与数量、使用范围、用途与作用等都在不断发展。公文经历了奴隶社会、封建社会、半殖民地半封建社会到社会主义社会，作为管理国家、治国施政的一种重要工具，表达着不同统治阶级的意志，在社会管理和发展中发挥了极其重要的作用。公文的使用极为严肃，体现了最高统治者和各级官府的权力与威严。为满足需要，在此进程中围绕公文的撰写、发布、办理和保管，逐步形成了一套严格的程序和制度，这就是公文处理。在奴隶社会和封建社会时期，帝王通常委于亲信掌管公文处理，许多皇帝亲自批阅重要公文，但那时的公文处理主要是沿袭传统的习惯做法，充当发号施令、上达朝廷的角色，对公文的系统、专门研究鲜有人为。到了近代资本主义发展时期，由工业革命带动的科学技术的发展，不仅为印制和传递公文提供了较为迅捷的技术，同时政治、经济的迅猛发展，也迫切要求提高机关公文处理的效率，因而在一些资本主义比较发达的国家诞生了资产阶级行政学研究。约于20世纪30年代初期，半殖民地半封建的旧中国，也掀起了公文处理工作的改革运动。若干资产阶级学者和政府官员，开始热衷于从事提高行政效率的研究，于是产生了一些专门讨论这方面问题的文章和刊物。在20世纪30~40年代，曾经涌现出为数可观的公文方面的研究著述，还出现了培训公文工作人员的专门教育机构，开设了有关公文处理的课程。

中国共产党诞生以后，它所领导的革命组织与革命政权机关，以及新中国成立后的人民民主政权机关所形成和使用的公文，是党和国家组织与领导全国各族人民，进行社会主义革命和社会主义建设的一种有力工具。公文工作成为党政机关日常工作的重要组成部分，在制定与颁布法规规章、传达党和国家方针政策、管理国家事务、指导与请示报告工作、商洽与处理问题、密切机关与人民群众之间的联系等方面都起着重要作用。特别是改革开放以来，经济与社会的快速发展，党政机关组织机构与业务分工的不断深化改革，以及机关工作效率和工作质量要求的不断提高，公文处理工作的程序、制度与方法在不断变革与发展，公文学的研究也随之不断深入。

第二节 中国公文学研究现状

公文从本质上讲，并不是文学作品。优秀的公文名篇，诸如秦代李斯的《谏逐客书》、西晋李密的《陈情表》、唐初骆宾王的《代李敬业传檄天下文》等，固然有着很高的文学价值与卓越的艺术特色，但它们毕竟是为了达到一定的政治目的而写出的实用时文。从公文角度去检验这些文章的优劣，主要应根据它们所达到的最后实践效果，而不仅在于主题意义是否正确，谋篇布局是否谨严，辞章文采是否华丽。当然，历史情况是复杂的，我们也不能简单地就事论文。一篇公文的正反作用决定于若干社会、政治因素，公文价值不能完全根据立竿见影的效果来评价。我们也不必把一纸公文的作用估计过高。所谓"一言兴邦"或"半部论语治天下"，正如一部电影可以卖国、几篇杂文可以复辟一样，都是唯心主义的无稽之谈。这里主要是借以说明，研究公文首先要从公文的角度去研究，而不能仅从文学角度或其他人为的角度去研究罢了。刘勰早就认识到这一点，他说过："章表奏议，经国之枢机，然阙而不纂者，乃各有故事而在职司也。"① 刘勰的《文心雕龙》，实际上已选入了大量公文，大目上看有 34 种，《书记》篇又简述了 24 种。他说公文"虽艺文之末品，亦政事之先务"②，说公文属于"末品"并无贬低之意，只是指出社会用途上的差别，公文当然不能与艺术作品相提并论，说公文是政事先务却属特别强调之语。公文作为政务活动的重要工具和载体，"庶务纷法，因书乃察"，一切都要通过公文才能搞清楚。在中国公文史上，刘勰是第一个把公文提高到理论高度来认识的理论家。

公文学是研究公文与公文处理的一门学科。在人类历史上，公文的出现和使用虽然很早，而系统的公文学研究则始于近代。应该说，在旧中国的三四十年代，公文学的研究已经创建，并产生了相当数量的著述，总结了历史上公文写作与处理的经验，并对公文的发展规律作了一些研究。当然，那时的研究难免受到唯心史观和形式主义思想的影响，并且遗传了一些封建传统的东西，因此它的科学水平并不高。新中国成立以后，我们迅速扫除旧公文程式与公文处理中的积弊，继承革命根据地的公文工作经验，创造了一套社会主义的崭新的公文工作制度，但限于当时的历史条件和环境，也未能对公文学展开全面研究。而到 10 年"文革"动乱期间，公文学的研究处于完全停滞状态。直至 20 世纪 80 年代以后，公文学的研究才逐步复苏。我们开始研究公文与公文处理的发展历史，研究党政机关的各类公文，研究公文的作用、种类与撰拟，研究公文工作的组织、程序、任务，研究公文处理的原则与方法等问题。

27 年前，苗枫林的《中国公文学》（齐鲁书社 1987 年第 1 版）一书出版，第一次较为系统地把公文作为一门学科进行研究，创造性地提出具有很高理论价值和实用价值的公文学观点，从理论和实践的结合上论述了公文学的基本规律，由此填补了中国公文学理论上的空白，成为中国公文学研究史上的里程碑。随后成立的中国公文写作研究会，在推动公文学研究方面做了大量工作。许多专家学者加入到公文学研究队伍中来，大批优秀公文学研究成果不断涌现，理论研究与实践应用的结合也越来越密切，公文学成为一个内容日渐丰富、目标日趋清晰、体系逐渐完备的学术领域。时至今日，公文学研究已呈现出生机蓬勃的发展态势，越来越受到社会和理论学界的关注。

从 20 世纪 80 年代以来的 30 多年间，出版社出版了大量公文方面的书籍。

---

①② 刘勰：《文心雕龙》，上海启智书局印行 1993 年版。

据中国公文研究会不完全统计，90年代以后，关于公文学和公文写作的各种版本的教材、专著约有200种。但绝大多数是为满足社会需要以及后来公务员考试的急需而编辑出版的公文写作与处理方面的应用类书籍。这些著作对于普及公文知识、提高公文写作与处理水平、服务于社会及党政机关工作，发挥了重要作用。但就公文学理论研究方面而言，迄今为止尚未有超过苗枫林《中国公文学》的重大突破与建树。由于公文学理论研究滞后，致使公文写作领域长期囿于"格式加例文"的仿制模式，未能对我国公文的改革与发展发挥应有的作用。至今公文学的一些基本理论问题，诸如公文的定义、公文学的研究对象、公文学的学科体系、公文规范化理论以及公文文种归类等，均未有权威定论，各执一词，莫衷一是。这种状况显然不利于公文学科的建设。

中国当今普通高校的研究生教育和本科教育的学科划分为13大门类（哲学、经济学、法学、教育学、文学、历史学、理学、工学、农学、医学、军事学、管理学、艺术学）。学科是高校的细胞组织。世界上不存在没有学科的高校，高校的各种功能活动都是在学科中展开的。离开了学科，不可能有人才培养，不可能有科学研究，也不可能有社会服务。高校的专业是社会分工、学科知识和教育结构"三位一体"的组织形态。其中，社会分工是专业存在的基础，学科知识是专业的内核，教育结构是专业表现形式。三者缺一不可，共同构成高校人才培养的基本单位。学科是科学知识体系的分类，不同的学科就是不同的科学知识体系；专业是在一定学科知识体系的基础上构成的，离开了学科知识体系，专业也就丧失了其存在的合理性依据。二者具有内在的统一性。同一学科内部，可以包含若干专业；不同学科之间也可以组成跨学科专业。中国高等学校本科教育专业设置按"学科门类"、"学科大类（一级学科）"、"专业"（二级学科）三个层次来设置。一级学科，特指高等院校里的学科分类。一级学科是学科大类，二级学科是其下的学科小类。例如，传统的中国语言与文学/中文是一级学科，而具体到下面的中国古代文学、中国现当代文学、比较文学、文艺学以及语言学方面的专业都是二级学科。目前，公文学在高等院校里连二级学科也不是，一般都依附在中国语言与文学项下的二级学科中。

进入新时期以来，党和国家十分重视公文工作，极力提倡公文处理特别是公文写作的规范化，强调对公文写作人员的选拔和培养，从而使得我国当代的公文质量不断得到提高，充分发挥其为党和国家的管理工作服务的重要作用。进入2000年以来，多数普通高等院校以及各级党校、行政学院开设了公文写作课程，有的已经成为院校的主干学科。目前，这种情况更为普遍，并且已经普及到各类中专、职业技术学校和成人教育等教学阵地。从事公文写作教学的师资队伍不断壮大，出现了一批高质量的教材，公文写作成为深受学生欢迎的热门课。同时，每年的全国秘书职业资格考试以及国家公务员录用考试，也都把公文写作列为必考科目之一，这为公文学科建设打下了坚实的基础。

第三节　中国公文学研究的重要性与迫切性

在我国，对于公文学的研究是不够发达的。改革开放以来，关于公文学的研究较之档案学、图书馆学、秘书学、写作学、语言学、行政学等学科的研究尤显薄弱。过去在职的公文写作人员、秘书工作人员很少有机会经过专门知识的训练与培养，主要靠以老带新，在实际工作中探索、锻炼与提高。目前，公文写作人员、秘书工作人员"青黄不接"的现象尤为突出。对此，一些热心的专家曾经在报刊上呼吁，希望在中等和高等教育中开办培训公文写作、秘书人员的专业。近几年来，北京、上海、山东、广东、江苏、辽宁等省市，已经在高等院校开设了公文或秘书专业，可是专业师资和有关教材、参考资料严重缺乏，成为亟待解决的一个问题。改革开放30多年来，国家的政治、经济状况都发生了很大的变化，机关的体制、组织分工与工作制度有了许多发展，公文工作制度也必须进行相应的发展与改进。一些原有的法规与规章，哪些需要保留和坚持，哪些需要修订与革新，必须在大量实际调查研究的基础上，认真加以总结和整理，制定出适合新形势需要的更为科学合理的公文法规规章，以作为公文工作实践的指导规范。由于现代科技的发展、电脑的广泛应用，在某些技术比较先进的国家，公文的打印、传递、编目、存储、检索等都实现了自动化，甚至已经出现了"无纸办公室"。公文处理新技术的研发也是需要我们提上日程，结合中国的实际情况进行研究探讨的新课题。这个课题不仅关系到提高机关公文处理工作的效率，并且关系到为实现党政机关工作的现代化管理奠定基础。

我们必须首先对公文学研究给予全新的认识，才能从工作上、行动上给予足够的重视。

其一，公文学研究直接影响人们对治国安邦重要工具——公文的正确认识。公文具有"经国之枢机"的管理作用，是治国的文治工具。古代设官分职，建立各种管理部门，通过制发公文的职能发挥管理作用，用公文施政并且催办执行到位，使得管理意图达到预期目的。公文代表集团、组织的行为与声音，督导下级服从与落实，形成职权范围内的控制力，进而治理下级与民众。地方郡县充当政府组织的前沿机构，承担着执行上级领导命令的任务，控制着下级民众的活动。在治理与运行过程中，主要依靠公文载体来发号施令。公文穿梭于各级组织之间，在组织渠道中以"代言人"身份进行意见交换与衔命指挥。这使公文产生维系群体组织的生命力，也使之成为治理天下不可须臾离开的执政工具。利用公文管理国家，要比口头宣示辐射范围广泛得多，也更能准确可信地传达组织意图。这种"由心及笔"的载体形式，打破了由口语发音差异或地方土语所带来的交流障碍，使记录信息更容易被社会各层人员解读与掌握，避免了办事中反复询问或把握不准的情况。传达信息也具有了准确定位与共同认定的依据。公文治国之作用，主要源于其内在的本质特点，体现在层级控制、管理百官、行使职权等方面。正是鉴于这一特点，历代统治阶层、统治集团对公文都是十分重视的。

今天，我们建设高度文明、高度民主的社会主义现代化强国，是极其宏伟壮丽的事业，必须将实行高度的集中统一领导与充分发挥各地区、各部门的积极性相结合，全国上下通力协作，才能加快建设的步伐。我们事业的一切成败，关键在于领导。党和国家的最高领导机关，是制定大政方针、管理国家事务的司令部和总枢纽；各部门、各地区的各级各类机关，是贯彻执行党和国家的方针政策，具体组织与领导各条战线、各个地区、各项工作的前沿指挥所。要保证领导与指挥得力，首先靠的是路线、方针的英明正确，其次也要有灵便迅速的联络渠道与强有力的工作机构。因此，党和国家决策的现代化、制度化、科学化，是保证现代化建设必不可少的重要条件之一。公文的内容，记述了党和国家机关的决策与具体领导思想，它是传达方针政策、制定与发布法令规章、进行工作联系、处理工作问题以及组织与宣传教育群众的重要工具。可以说，公文是党和政府治国理政的重要工具，没有了这个工具，国家机器的正常运转、社会的有效管理也就成了问题。公文学研究应该为国家和谐发展、长治久安以及经济社会发展贡献力量。

其二，公文学研究有助于提升机关工作质量和水平。公文工作是机关日常工作的重要组成部分，它的任务是简便、准确、迅速地办理与管理好公文，使公文成为推进机关工作的有力工具。公文工作的状况与发展水平，可以直接影响机关工作的运转是否灵活，影响机关工作效率的高低与质量。一个机关建立了完善的公文工作体系和制度，有助于使机关工作有条不紊、运转正常，体现出良好的工作作风与工作面貌。从全国来说，建立起统一的、科学的公文工作组织体系与规章制度，才能保证机关之间的联络畅通、运转协调，反映情况及时、处理问题迅速，有利于克服文牍主义、官僚主义作风。反过来说，如果公文工作制度不健全，组织与工作方法不科学，以致造成滥发公文、内容繁杂、处理拖拉、公文旅行、保管混乱、失密泄密等现象，便会贻误工作，降低机关的工作效率，甚至酿成政治上、经济上的损失，从而不利于经济与社会的发展。在我们这样一个大国，实行现代化生产，每一分钟、每一小时都可以为国家创造和节约出巨额财富。我们要争分夺秒地搞好经济建设，不仅需要发展科学技术、认真研究经济政策，还必须加强领导机关、主管业务机关等机构的组织管理工作，提高办事效率。

公文写作与处理是整合组织资源的重要手段。公文从起草、修改、定稿、签发，到接收、贯彻，要经过数人之手，每个人都在上面修改一点，完善一点，最后成为集体智慧的结晶。在这一过程中，通过公文的写作与流转，使组织资源得到了整合。如果没有公文，"你传话给我，我传话给他"，要不了几个回合，就成为道听途说、三人成虎，那话的意思就变了。而通过公文的传递，不但意思不会变，而且会更完善，意见会更统一。这就是公文的意义所在。俗话说，口说无凭，立据为证。公文还有一个重要作用就是凭据作用。谁说了都不算，有红头文件才算数。通过红头文件，可以把整个组织的资源都利用起来。从这个角度说，发展公文学研究，促进公文工作制度化、规范化、科学化发展，是机关工作适应新形势发展需要的一个迫切问题。

其三，公文学研究有助于提高干部队伍整体素质。荀子云："口能言之，身能行之，国宝也。"（《荀子·大略第二十七篇》）公文写作表达能力是领导干部动员、组织和激励人民群众的基本依托。提高公文写作表达能力是每一个领导干部的必修课。学好这门功课，必须下一番苦功夫。机关干部有三大基本功，即办事、办会、办文。不管是办什么，最后都离不开公文写作。机关干部笔头不行，办事能力再强，办会水平再高，办文速度再快，也无法胜任工作。因为无法正确地表达出自己的想法，不能使个人的智慧变成集体的智慧。这样的机关干部只能帮别人跑跑龙套、打打下手。这样的机关干部，在机关里混已经不容易了，要提拔就更难了。也有人说，我看到一些人不会写，不是官当得很大吗？确有这种情况，但那都是特殊时期、特定条件下的个别现象，没有普遍意义和借鉴价值。

公文也是实现干部自我价值的重要一环。文字写作最大的一个好处，便是通过写作，使个人的思维得到了整理。原本凌乱的想法在写作过程中逐渐明晰起来，一些漏洞得到了弥补。写作还可以使经验得到提炼和积累，使稍纵即逝的想法固定下来，完善起来，最后形成一个完整的想法。写作也是别人认识你、了解你的一个途径。口头表达的机会更多地被领导所占有，尤其是大会上的发言，一般干部很难有这个机会。书面表达则可以突破时空的限制、层级的限制，你独到的想法，通过公文的交流，可以被更多的人所了解。如若领导采纳，变成了决策，便在无形之中对社会发展作出了贡献。

实际上，公文写作也是一门技艺，是一种本事，学会了没有人可以拿走。"言而无文，行之不远。"（《左传·襄公二十年》）古人对写作十分重视，封建社会取仕都要通过科举考试。公文写作至少是块敲门砖，没有写作能力是不可能进入仕途的。古代的一些官员，本身公文就写得很好，就是公文大家，如我们熟悉的屈原、韩非、曹操、诸葛亮、韩愈、白居易、柳宗元、苏轼、欧阳修、王安石、范仲淹、纪晓岚、龚自珍、黄宗羲等，无一例外都在历史上留下了治国理政的公文佳作。当代的毛泽东，文才武略更胜古人，他写的公文成为一种典范，至今无人能够超越。当官不会写公文，可能是中国近几十年才有的事情，这在人类历史上也是少有的现象。为什么会出现"文山会海"的现象？除了官僚主义作风外，真正会写公文的人太少、肯动脑筋的人太少、肯负责任的人太少，也是极其重要的原因。通过公文学研究，提高干部写作水平，是现实工作的需要，也是机关干部的一个努力方向。于个人可以增长才干，于单位可以提高工作效率和质量，对于学习型机关建设也有莫大的好处。

第四节　中国公文学研究面临的主要任务

我国的公文学研究经过理论与应用的结合以及社会各个方面的需求推动，公文学科建设内容由初期的"格式加例文"逐步过渡为对公文写作基本规律的深层探讨，研究主体以高校教师为主逐步过渡为理论工作者和实际工作者的双向结合，研究方法和手段则由手工操作逐步发展为利用电脑、网络开展分析。尽管如此，公文学领域仍存在许多突出问题，严重影响公文学的发展，我们必须找出相应的解决办法。

一、公文学研究范围狭窄，必须大力拓展领域

综观现阶段的公文学研究，从总体上讲，研究范围相对狭窄，研究者多将视线集中在公文写作这个单一领域。近年出版几十种专著，多就现行公文的体式、写法、要求加以说明、介绍，而在学科理论纵深研究探讨方面加以阐发、拓展者，却属凤毛麟角，以至于很多研究者把公文学当做公文写作学，将两者完全等同。而对于公文写作的研究，也只单纯关注公文写作本体，很少将公文与社会、政治、队伍、管理、心理、文化乃至与现代科技等有机地结合起来并加以拓展研究；同时，研究的侧重点也往往是公文文本研究，而对一些非写作因素如观察能力、记忆能力、调查能力、采访能力、理解能力、分析能力、概括能力和推导能力等缺乏关注。有的研究即使超越了公文写作领域，仍然表现出明显的狭隘性，更多的是偏重于对微观问题的研究而轻视对宏观规律的研究；对当今公文研究得多，而对古代公文和公文的发展研究得少。这种状况的出现，究其根本，是因为目前公文学作为一门学科来说还很不成熟，没有取得其应有的学科地位。这就导致了人们对公文学的学科性质及研究内容把握不准，导致对公文学研究的范围拓展不开。

这种状况对公文学学科建设与发展显然是不利的。因此，在 21 世纪里，必须正式确立公文学的学科地位，只有这样，才能明确公文学的学科性质和研究范围；才有助于进一步拓宽研究领域，不断开阔视野，对公文学进行全方位、立体

化的审视和研究。这就要求我们要把基础理论的研究和应用技术的研究结合起来，两手都要抓，两手都要硬；不仅要重视有形因素的研究，还要重视无形因素的研究；不仅要重视公文写作本体的研究，还要重视对相关领域的研究；不仅要重视对公文现状的研究，还要重视对其历史和未来的研究；不仅要重视对国内公文的研究，还要重视对国外公文的研究，从而极大地丰富我们的研究内容，完善研究体系，有效地推进公文学学科建设的深入发展。

我国公文学研究还很不成熟，一些基本的概念和范畴体系缺乏为大家所公认的科学规范的界定，大量的研究工作属于重复劳动，甚至有些研究脱离或滞后于实际工作。因此，我们需要对过去的研究进行科学的扬弃，需要认真研究我国公文学科学发展的战略与对策。从某种意义上讲，我们还需要进行学科研究的自我否定，这是世界上任何一个学科发展史上都需经过的痛苦过程。不能自我否定就不能自我发展，在否定的基础上发展，在发展的前提下否定，这也是我国公文学研究必经之路。

任何一个学科的研究，大致都可分为三个层次，即基本理论研究、应用理论研究和实践操作研究（又叫技术研究）。由此分析我们的公文学研究，其研究层次可以粗略地划分如下：公文基本理论研究，包括公文文体、公文语言、公文修辞、比较公文、公文史研究；公文应用理论研究，包括公文写作、公文处理、公文分类、公文法制、公文信息、公文运行等；公文实践操作研究，包括公文写作艺术、公文处理艺术、公文数字化、公文工作、公文写作方法与案例、公文法规建立与实施等。分析我国公文学研究现状，我们不难看出，以前我们的研究大量集中在实践操作研究层次上。基本理论研究层次虽然也进行了一些研究，但是规律性的探讨与揭示却比较薄弱，还有一些基本理论问题很少触及，一些冠以"学"的论著却未能真正建立"学"的理论体系，缺乏深层的理论思维。而应用理论研究层次就更薄弱，但是从学科发展的角度讲，应用理论研究是一个过渡性的中介层次，它是基本理论过渡到实践指导的必需层次。由此看来，我们的公文学研究仍需在理论与应用两个层次上下大力气。特别是基本理论研究，尤需进行大量艰苦的研究，以丰富和发展我国公文学的理论基础。这里重要的是深层理论思维，切忌理论研究的浮躁和不深入。否则，即使仓促地建立起某种体系来，也会由于理论研究的不深入而缺乏坚实的理论基础。

二、公文学理论与实践脱节，必须在"结合"上下功夫

公文学是一门实践性很强的学科，它的这一性质要求公文学研究必须坚持理论与实际相结合的原则，而且要把它切实地贯彻到研究活动的始终。这就要求我们要进一步坚持理论与实际相结合的原则，不断提高研究的针对性和实用性。要

从如何做好公文工作的实际出发，提出、分析和解决问题。面对公文学亟待深入发展的 21 世纪，必须进一步强调和重申这一原则，它是公文学在社会科学之林中得以立足的重要根基。然而从历次召开的全国性公文学术研讨会来看，与会者大多数是高校的教学和研究人员，而实际工作者却寥寥无几，这对整个公文学的学科建设和发展是极为不利的。

有鉴于此，我们的公文学研究者必须进一步放眼实践，留心观察不断发展变化着的新情况、新问题，要广泛参与实践，潜心钻研，在认真进行深入细致的调查研究基础上，适时总结新经验、归纳概括出公文工作的普遍规律，并将其上升为理论，从而使得公文学这门学科既有实践深度，又有理论高度，使其有丰厚的底蕴，能够彰显其特色，从而使其更加趋于成熟和完善。不仅如此，为了广泛、深入地开展公文学研究活动，还需要建立区域性或行业性的研究组织和机构、发展壮大公文学研究组织的队伍，这也是更好地促进公文学的理论研究与实践应用紧密结合的迫切需要。

公文学研究必须与时俱进，密切关注公文文种的兴替盛衰与社会制度创新改革之间的密切关系。比如选拔干部条例的改变和管理层公务员考评方式的出现，必然出现许多新兴文种，如"任前公示"、"述职报告"等。这表明政治制度是引导公文变化的重要助推器。随着社会进步，旧的管理制度与管理办法被淘汰，公文工作更加条理化、规范化、科学化。当然，对公文作者要求也越来越严格，公文作者不仅仅要掌握公文文本知识，而且要与现代政治制度、与法律制度结合起来，多方面提高能力素质，如现代的办公自动化与传递手段的快速化，简直是古人不敢想象的事情，而今天就成为公文作者的基本技能。

三、公文学研究层面单一肤浅，必须采取有效的科学研究方法

当然公文学理论发展总是要吸收、抬取与借鉴相关学科理论的某些观点和方法，以资参考、比较和完善，比如，公文写作可以学习借鉴文学创作的一些技巧，但绝不能照搬，因为公文写作没有文学那么复杂化、多样化、趣味化，文学把语言个性化与构思巧妙渗透在谋篇布局的技巧上，文学试图增强吸引力、感染力以及品味感，总在"语不惊人死不休"方面下功夫。而公文写作不需要过多的审美意识与趣味意识，不需要过美过艳的形式，不需要进行标新立异和显示自由独特风格。同时公文有代拟而不是自撰的规范要求，思路要符合整体观念、领导观点、组织意识。因此，行文思考要对准长官所把握全局的口径。行文不得有"半字虚浮"，那种"求比拟、求词采、求故实"的堆积引证和显示学问的铺展写法是适得其反的。公文提倡实用价值思想，因此要求公文必须端正文风，形成健康的写作绩效观。公文理论发展是随着社会实践发展而更新与调整的，每一种

公文文种盛行与消退，都是社会实践的互动结果。文种源于社会实践高频次使用，给予总结推广，又形成法规与规章来指导实践。

踏入21世纪，我们急需根据现实情况相应地改变公文学的研究方法，打破以往单一化的研究模式，朝着多元化的方向发展。除了前面提到的理论联系实际的研究方法外，还应采取这样几种：一是分类法。需要我们注意的是，从以往情况来看，多数研究者所进行的分类研究一般属于现象分类，尚未进入本质分类的层次。例如关于公文的表达方式，很多著述套用普通写作理论，也将其分为叙述、说明、议论等几类，这很显然是对现象的比较浅层次的分类，并不能反映公文表达方式的本质。这是必须加以改进的。要根据公文的本质特征和内部联系，进入到本质分类，即要找出公文本质所固有、区别于其他文体的内在特性，这样才能获得深入的认识，从而实现认识的突破。二是比较法。在公文学研究中，比较法的运用范围很广，诸如古今公文的比较、中外公文的比较，或同中求异，或异中求同，从而正确揭示公文学自身的规律特点，使研究活动得以深入和发展。三是历史法。在这方面，我们已取得了可喜成果，不少论著和教材对公文演变、文风流派的变化等，都注意从历史角度分析，但是还需要进一步深化，从而努力构建公文学的学科体系。四是互补法。必须改变以往封闭半封闭的研究状态，要以全国性的公文学研究团体和相关杂志社为依托，进一步加强各种形式的学术合作与交流，特别提倡理论研究人员和实际工作者的沟通与交流。通过这种方式，相互取长补短，有效地避免研究的重复性，从而提高研究的质量和效率，共同把我国的公文学研究事业推向更高层次，从而适应21世纪公文工作发展的迫切需要。

四、公文学传承研究不够，必须重视公文发展规律的研究

我国古代公文理论是在社会实践中逐步总结与发展的，许多公文理论要素对后人产生深远影响，如"实用"、"程式"、"审核"、"直述"等公文思想至今被后人传承与发展。毋庸讳言，在中国漫长的社会发展史上，公文写作一直处于一种封闭和半封闭状态之中，存在着较为严重的"以吏为师"和"相摹而作"的现象。公文写作的方法和技巧不被广大人民群众所掌握，而只是由少数"师爷"所垄断，进而成为统治阶级的御用工具。到了新中国成立以后，这种状况才从根本上得以改观。

中国共产党在公文的写作和利用方面是有着丰富经验和良好传统的。我们都知道，毛泽东、刘少奇、周恩来、朱德、邓小平等老一辈无产阶级革命家，无论是在革命战争年代还是在社会主义建设时期，都为我们写下了大量的文质并美的公文著作，它们是推动公文学科深入发展的智慧源泉和理论宝库。特别是毛泽东的公文，写得观点鲜明，道理深邃，笔调洒脱，语言精美，堪称中国公文的光辉

典范。其在公文中所表现出来的高超写作艺术，永远值得我们去学习和借鉴。

过去，我们对革命历史时期的公文进行了一些研究，也推出了许多研究成果，但是缺乏深度和系统性。在新的世纪里，我们必须强化这方面的研究。特别要注意深入挖掘领袖人物公文中精湛的内涵，体味其深邃的价值品位，用以指导当今的公文实践。这里，切忌将研究流于平面化和浅层化，例如对毛泽东公文的研究，我们不能仅就某篇公文本身去研究它的写作特点、技巧等，而是应该从更广更深的角度进行研究。要通过对毛泽东公文的全面、系统、深入的研究，总结其所体现出来的超乎寻常的民族性、时代性和先进性特征以及准确、鲜明和生动的语言艺术特色，这对构建当今公文学理论体系的价值是不言而喻的。

五、公文学与国际接轨研究滞后，必须加快公文国际化步伐

当今时代，科技的进步、社会的发展日新月异，极大地推动着整个公文工作的变革，公文学也必然面临着一场前所未有的改革与创新。计算机网络的开通，公文写作与传递的电脑化，正在迅速变为现实。一篇公文从电脑写作成稿开始，领导审核、签发都可经电脑进行操作，定稿以后存入数据库，便可进入信息网络箱向各终端（或节点）传输，传输收文对象即可通过电脑网络获得传输来的公文（信息），并存入自己的数据库，再通过自己的信息自动化传输网，进入公文贯彻实施过程。这一进步，使整个公文处理工作面貌焕然一新，从公文写作到公文处理都完全区别于过去的公文工作。这就给我们的公文学研究提出了一个全新的课题，我们应该进行超前性的研究，否则将会陷于被动。

应用现代化手段进行公文处理，说明了历史与世界的不断进步。公文在时代进程中总是利用先进工具服务于社会。相信在将来的电子政务中，国际公文将不断产生新的版式与新的工作流程，使得公文写作方法更加便利与实用，同时使得公文理论更加科学与严密。这中间有很多值得深入研究的问题，诸如公文写作软件的研究与开发、公文处理现代化的科学研究问题、公文信息的安全保密问题等，都需要公文学研究者与办公现代化研究者的合作，去开辟一个个全新的研究领域，拿出一个个新的研究成果用以指导实践。这是一个理论与实践相结合、推进公文国际化的系列性研究课题，是历史已经摆在我们面前的新课题。

随着改革开放的深入发展，公文处理同国际接轨的问题变得越来越迫切。特别是随着我国国际地位的提升，国际影响的日益扩大，这种需要就更加明显。因此，我们必须加强对公文标准化的研究，加快公文处理同国际接轨的步伐。在这方面，我们已经做了一些工作，但是还远远不够。比如为适应党政机关工作的需要，推进党政机关公文处理工作科学化、制度化、规范化。2012年4月中共中央办公厅、国务院办公厅联合印发了《党政机关公文处理工作条例》。2012年6月

29日，国家质量监督检验检疫总局、国家标准化管理委员会发布了《党政机关公文格式》国家标准（GB/T9704—2012），该标准是对国标《国家行政机关公文格式》（GB/T9704—1999）的修订。《党政机关公文格式》结合这些年来党政机关公文格式的实际应用，对公文用纸、印刷装订、格式要素、式样等作出了具体规定。特别是将党政机关公文用纸统一为国际标准 A4 型，首次统一了党政机关公文格式要素的编排规则，使党政机关公文的表现形式更加规范。尤其注意与现行国际通用的标准接轨，从而有力地推动了我国公文处理工作的国际化进程。然而公文的科学化、规范化、国际化需要一个过程。目前在公文实践中，受诸多方面因素的影响，公文格式规范落实方面还存在着大量的不可忽视的问题。这不仅导致了公文的质量降低，失去了它的严肃性和权威性，而且影响了公文的正常处理，降低了办公效率，阻碍了公文国际化进程。

现阶段，我们应当继续对国标进行积极宣传，深入学习，认真贯彻，并要注意学习借鉴国际公文写作与处理的成功经验，加大国际公文处理标准研究力度，不断完善提高公文处理工作制度。事实上，公文处理标准化的内容极为广泛，远不止于格式的标准化。其他很多方面如文种使用、行文关系、公文运转、保管和利用等也都有各自的标准化要求，也需进行系统、深入的研究。而过去我们对这一问题恰恰关注得很不够，没有投入足够的精力和时间，因而相应的研究成果也就寥寥无几。这方面的研究工作，应当成为今后一个时期公文学的研究重点。

综上所述，中国公文学研究要在新的时期获得突破，首先要重视该学科的体系建设，改变思维方式，更新学术观念，使之更加专业化、知识化，建立起有自己学科特色、理论框架的公文学体系。当前，尽管国内公文学研究已经取得了令人瞩目的成就，但社会发展对公文学及公文写作的要求已经超出我们目前的研究能力和水平。与公文学学科建设的要求相比，公文学研究的深度和广度都有较大的距离，可谓任重道远。因此，要真正确立公文学的学科地位，使之形成一门独立、严谨、科学的学科，公文学界的同志们还要继续发奋努力，开拓进取，深入思考问题，脚踏实地进行研究，不断将公文学与公文写作研究引向深入，多出优秀研究成果，从而更好地为公文学科的建立与发展提供雄厚的理论支持，进一步发挥公文在社会管理与创新中应有的作用，为我国经济社会发展作出新的更大的贡献！

第一章　中国公文学的性质和范畴

第一节　公文学的定义

公文学，顾名思义，就是研究公文的科学。中国公文学，是以中国的公文写作活动为特定对象，探讨公文写作与处理规律的一门学问。称为《当代中国公文学》谨为表明本书以现实社会中公文的理论与应用为研究对象，关注和解答实际工作中公文写作与处理的现实问题而已，非为其他目的，因此，具体表述中，不再赘言。

公文是在公务活动中形成的，目的是为处理公务而非私事，这是公文的政治条件，表明公文具有鲜明的政治性。公文的使用范围限于依法成立并能够以自己的名义行使权力和承担义务的党政机关和组织，这是公文的作者条件，也决定了公文的法定性和权威性。公文对下级工作具有领导、指挥、指导、检查、监督的作用，对上级下达的工作任务负有执行、落实、反馈、建议的责任。公文具有特定的格式要求，这是公文的文体条件，也是公文规范性、严肃性、认同性的必要形式。

公文有广狭之分。广义公文是"公务文书"的简称，泛指在公务活动中产生的文书，包括上传下达、沟通政令的文件和内部参考资料、登记簿、值班记录等。狭义公文指的是党和国家机关在实施管理过程中形成的具有法定效力和规范体式的文书，是依法行政和进行公务活动的重要工具，是广义公文的主体。为了研究方便起见，本书重点讨论的是狭义公文。为此，可以这样界定：公文是法定组织制定的具有法定效力或特定效力和规范体式的公务文书，是依法活动、依法行政、依法管理的重要工具；中国公文学是研究公文和公文处理工作的学科，是研究公文的性质、特征以及公文的发生、发展，公文写作与处理及其规律的一门独立的社会科学。

需要注意的是，长时期以来，公文理论与应用研究领域，有两个名词概念与公文并存于世，就是"文书"、"文件"这两个名称的使用问题。由于历史的原因，它们的产生或早或晚、或分或合。正是因为这一点，在以往的实际应用中其实是难以完全界定清楚的。

文书在历史上出现较早，一般认为始于西汉时，如《汉书·刑法志》"文书盈于几阁，典者不能遍睹"。那时的文书就是公文。文书作为公文的称谓延续时间很长，直至今日。例如，饶士奇在《行政文书学》中说："现行机关的文书，也即公务文书，是由法定的作者按照特定的体式，经过一定的处理程序制成的文字材料，是传达政令，请示和答复问题，指导和商洽工作、报告情况、交流经验的重要工具。"① 朱佳林、姚启和、马耀东在他们合作编写的《机关文书学概论》中说："在党政组织、企事业单位、社会团体等各级各类机关，作为传递各种信息，处理公务，记载活动，开展工作的重要工具，有一定体式要求的文字材料，统称机关文书。"② 梁毓阶在《文书学》中写道："文书是人们在社会实践活动中为凭证、记载、公布和传递的需要，以文字的方式在一定书写材料上表达思想意图的一种书面记录。"③ 张清明的《文书学及实用公文》开篇讲道："所谓文书是指政党和国家各级机关、群众团体、企事业单位及个人在现行工作中，为进行管理、联系事项、记载活动所形成使用的体式完整、内容系统的文字材料。前者称作公务文书，即公文；后者则称私人文书。"④ 在他的书中，文书概念的运用，还是照顾到当代习惯，把公文、文书、文件当做同义语，其定义的内容与方法，也属当代公文现象及其性质、特征的描述范畴。松世勤曾编写过好几个版本的文书学教材，虽表述方式不一，其基本思路和具体内容是相似的。他在《文书学基础》中说："**人们利用书面方式来表达意图，进行联系，记述情况和作为依据。这种书面材料，就叫做文书。**"⑤ 在他和薛美珍合作编写的《文书工作基本知识》序言中写道："文书这个概念，包括公务文书和私人文书，范围很广。公务文书（以下简称文件），它是各类机关在进行工作活动，处理公务当中形成和使用的，即机关日常发出和收进的各种文件，如指示、通知、命令、报告、公函等。"⑥ 在他的《文书学基本知识》一书中做了这样的表述："公务文书是法定机关与组织按照特定的体式、经过一定处理程序制成的书面文字材料，作为发布政策法令、传达工作意图、联系公务与记载工作活动的一种工具。"⑦ 很显然，如果将上述文书概念的表述与现实公文的定义相比较，无一例外都难以脱离公文的范畴，要么就是公文的全部，要么将公文作为文书的主体。

"文件"一词出现较晚，约在清末，当时的外交公文（文书）里常提到"交

---

① 饶士奇：《行政文书学》，湖北科技出版社1990年版。
② 朱佳林、姚启、马耀东：《机关文书学概论》，华中理工大学出版社1992年版。
③ 梁毓阶：《文书学》，档案出版社1985年版。
④ 张清明：《文书学及实用公文》，武汉大学出版社1984年版。
⑤ 松世勤：《文书学基础》，中国人民大学出版社1984年版。
⑥ 松世勤、薛美珍：《文书工作基本知识》，档案出版社1985年版。
⑦ 松世勤：《文书学基本知识》，中央广播电视大学出版社1996年版。

涉文件"、"寻常往来文件"等，民国以后应用更加广泛。中国共产党诞生以来，无论是革命根据地时期还是新中国成立后，在党的系统的公文（文书）工作条例与办法中，习惯叫"文书"、"文件"，不叫"公文"；而政府系统的公文（文书）工作条例与办法中，则习惯叫"公文"，也叫"文书"、"文件"。目前"文件"一词，一般多指公务文书，即指的是组织或机构为处理事务而直接形成的各种记录信息的材料，更多的是指印有固定版头的具有法律效力的公文，即人们常说的"红头文件"的特殊形式；但私人文书也有叫"个人文件"，还有技术文件，还有叫"影片、照片、录音文件"，穿孔纸带式的机读文件等。

目前党政机关"公文"、"文书"、"文件"三个名词都在使用，因语境不同而随机使用，其中使用最多的应该是"公文"一词，而且至今很难区别三个名词的含义究竟有什么不同。如"公文处理"与"文书处理"，"公文立卷"与"文书立卷"，"审批公文"与"文件审批"，"传阅公文"与"传阅文件"。通常以约定俗成的习惯确定词语的使用，如党政机关在套红的文件头上都印"（某某机关）文件"，都不叫"（某某机关）公文"。常称"文书部门"、"文书人员"，而不说"文件部门"、"公文人员"等。

为了区别三者，许多教科书进行了种种解析，有一种解释说："文书"是个集合概念，指的是总体、多数而言；"文件"是指单数、个体而言。其实也未必如此，单指一份也可以叫"文书"，如一份地契文书、一份外交文书。常说的积存文件、零散文件、历史文件，也并不是指的单份和个体。有人认为："公文"只能是指政府机关的正式对外发文，在机关内部使用的或不是对外正式行文的计划、总结、登记表、领导人报告等，都不能叫"公文"。按这种解释，"公文"只能是公务文件的一部分、一个类别了。那么《党政机关公文处理工作条例》的规定范围，并非指党政机关的全部公文工作，"公文立卷"也并不包括正式发文以外的其他公文材料了。这种解释，并不能方便实际工作和有助于问题的解决。

现在党政机关的公文工作、文书工作和文件工作，其原则与方法基本上是统一的、一致的，不过是由于历史时期的不同、使用范围的不同而出现的特殊现象而已。我们认为，为了方便工作、方便使用、方便研究，也使名词术语的使用更为严密和科学，党和国家应将"公文"、"文书"和"文件"三个名词概念进行规范统一，即统一为"公文"，包括公文涉及的方方面面也应力求统一。例如，可否把党政机关文件、文书工作、文秘部门这样的叫法统一到"公文"项下，以便于工作者、学习者掌握和理解。当然，由于习惯和约定俗成的原因，个别地方的表述也可以不必强求一致，只要不产生歧义即可。

第二节 公文学研究对象和主要任务

公文学既然是研究公文的社会科学，那么，毫无疑问，中国公文学则是研究中国公文的科学。中国公文学经历了一个从无到有、从无意识自发状态到有意识自主状态的发展轨迹。

公文作为处理公务的文字工具，古已有之。在我国悠久的历史文化传统中，公文几乎是最早的一种文体。它的出现，可以说是与文字和国家的出现同步的。殷商时期留存下来的甲骨残片，既是我国最早的王室档案材料，又是最早的可辨读的公文，涉及内容极为广泛，既有祭祀、兵戎事项，也有国家大政方略。周代的铭文，《尚书》中的典、命、誓、诰，就是那个时代统治阶级处理政务、军务、颁布法典的公文。秦汉以后，至于明、清，统治阶级在处理公务的长期实践活动中，形成了以制诏、疏、奏折、对策、片、檄等担纲的完备的公文体系，成为封建统治阶级加强统治的有力的文字工具。

回眸人类悠久的历史长河，不难发现，公文历史源远流长。可以说，随着人类群体生活方式的确立，公共事务的产生，记录和反映这种集体生活的公文或类公文就已经产生了，不论其是以文字的形式，还是以绳结、书契的形式存在。但是我们也遗憾地发现，虽然公文的存在史、应用史很长，从远古时期直至今天，公文都在国家事务、公共事务、集体事务中发挥着"枢机"作用，是国家机器和公共事务正常运转不可或缺的重要元素，但是公文的研究史却很短，研究成果也相对稀薄、零碎、片面。

20 世纪 80 年代以来，随着公文学研究的全面展开，公文研究从文学角度转向本体角度，于是公文学成了以描写公文现状、追溯公文历史、探索公文发展规律为主要任务的独立学科。从研究公文语言的文学分支发展到全面研究公文拟制、传送、销毁或归档生命周期运转规律，以及公文发展历史、制度规范、处理流程、古今比较、中外比较等涉及基础理论和应用研究的公文学，是公文研究的深刻转折。跟任何一门学科一样，公文学也有其特定的研究范畴，大致包含在公文学的基础理论研究、公文学的应用理论研究、公文学的比较研究等方面。

综合各种公文研究的基本成果，归纳成公文的一般规律，这是公文理论研究的任务。公文理论研究水平决定于各公文学分支学科的研究成果，公文种类繁多、内容丰富、涉及面广、发展历史长，有的研究比较深入，有的则刚刚涉足，有的还有待于拓荒。所以公文理论就其目前状况来说，只是综合一部分公文的研究成果，需要不断补充和修正。同时公文有其特定的属性，发展有其一定的规律，局部的概括仅仅有助于认识一般，建设公文学的理论体系，尚需深入、全面展开研究。

第三节　公文学的地位和作用

在长期的发展演变中，公文形成了一套科学完整的体系和规范的格式，在很高程度上适应了国家政治和社会需求对公文的要求，维系和推动公务活动的正常运转，在实际工作中具有非常重要的指导、规范、交流、宣传等作用。早在《文心雕龙》中，刘勰就称其为"经国之枢机"，曹丕在《典论·论文》中以肯定的态度指出："盖文章，经国之大业，不朽之盛事"，这些言论无不证明公文在国家行政管理中的重要地位和作用。

人是群体动物，过的是集体生活，需要遵守共同的社会一般秩序。在这种公共秩序的建立和维持过程中，公文发挥着至关重要的作用。我们每个人都或多或少，或直接或间接地与公文发生着联系，受其制约，这是公文最大的也是最本质的社会作用。这种情况必然会使公文学研究与现实和其他学科发生密切的关系。

首先，公文学研究最重要的作用是其对现实工作的指导作用。公文是党的机关和行政机关行使管理职能、办理具体事务的重要工具，对国家政治、经济和社会生活的各个领域都有着指导作用，是维护和发展社会主义制度、建设物质文明和精神文明的保障。它总是根据现实需要，针对实际问题而制发，有着明确的写作目的。其次，公文学研究对文学的意义重大。长期以来，公文学都依附于文学，公文被作为文学一个独特的文体。纵观中国历史和中国文学史，不难发现很多文学名篇都是公文，很多文学大家同时也是公文大家，如李斯的一篇《谏逐客书》条理清晰、步步为证，诸葛亮的一篇《出师表》至真至切、感人涕下，宋代"苏门三才子"之一的苏洵的一篇《六国论》鞭辟入里、分析透彻，既是脍炙人口的文学名篇，又是对当时政事和后世政务产生巨大影响的公文佳作。曹氏三父子、唐宋八大家，既是流芳文坛的大文豪，又是享誉政坛的大手笔。对历史文学大家的文学名篇稍加学习和研究，即可发现一个共同的规律，很多文豪都是官场失意后，才文坛得意，李白、杜甫、柳宗元等皆如是。公文研究有助于深刻理解在当时特定历史条件下的政治环境、经济环境、社会环境对文学作者心理的影响，以及文学作品中蕴涵的深刻含义和伟大思想。最后，公文学研究对历史学、社会学、文献学、政治学、管理学具有重要意义。考古发现的很多文献都是公文，可以为研究当时的社会政治、经济、历史条件，甚至人们的社会风俗提供丰富的、可靠的原始资料和依据。目前，很多学科都从自己关心的角度来研究公文，语言学关心的是公文独特的用语词汇、文体结构，文学关心的是公文中的文学思想、写作特点等，历史学关心的是公文尤其是古代公文中反映的历史现实，政治学关心的是公文中体现的政治思想、政治生态，管理学关心的是公文中蕴涵的管理理念和管理方法，社会学关心的是公文中体现的社会关系、生活方式、思想状态，伦理学关心的是公文中彰显的君臣、君民、臣民关系。这些研究所产生的成果，对公文学的深入研究无疑具有良好的互证、补充和完善作用。反过来，公文学的研究成果对其他相关学科的建设和发展也有着十分重要的作用和意义。

现实工作中，电子信息技术与语言学结合产生了基于数据库技术的中文电子信息处理学科，开发了面向不同行业、学科领域的电子词典，其中公文以其独特的文体特点，成为开发的重点领域，公文也成了语言学研究的一个重要分支。随着办公自动化的深入普及，不仅使公文学与电子学产生深刻的交叉，而且对公文产生了深刻的影响，从草拟、传输到归档，各个环节均发生了质的飞跃，使公文从传统的纸质公文快速向电子公文转变。这种转变不仅是公文载体的变迁，其影响渗透至公文生命周期的各个状态，这种影响将是巨大而深远的。

综上所述，公文学既是一门古老的科学，又是一门年轻的科学，既与社会科学有密切的关系，也与自然科学有密切的关系。它的研究成果越来越为其他学科所关心、所运用，在整个科学体系中占有重要的地位。

第四节 公文学与其他学科的关系

我们既要对公文学的独立性、特殊规律进行研究，同时也要对公文学与其他相关学科的相互关系、相互作用加以关注。研究公文学与其他相关学科的关系问题，旨在确立公文学的独立的学术品格和严谨的知识理论体系，避免与相关学科研究的重复现象。

一、公文学与管理学的关系

公文是随文字的产生、阶级和国家的出现而形成并发展的。公文从一产生起就是作为国家管理和社会政治活动事务应用需要的工具而发挥作用的，有着直接的实用性价值。公文的这一本质特征，早在《周易·系辞》中就有了非常深刻的概括："上古结绳而治，后世圣人易之以书契，百官以治、万民以察，盖取诸夬。"①

公文的工具性质和作用，在现代管理活动中的体现更为广泛，更为科学，更为完整。在管理活动的一般过程中，无论是决策和计划，还是组织和控制，公文都作为信息载体和传播媒介，发挥着不可替代的工具作用。例如《党政机关公文

---

① 王新华：《周易·系辞传研究》，文津出版社1998年版。

处理工作条例》中规定：公文是"传达贯彻党和国家的方针政策，公布法规和规章，指导、布置和商洽工作，请示和答复问题，报告、通报和交流情况的重要工具"。

自古有"以文辅政"之说。公文的工具性本质特征，决定了公文和公文处理活动为管理所用，为管理服务的从属地位。一旦离开了国家社会的管理活动，公文也就失去了作用对象，也就失去了存在价值和独立意义。公文从属于管理的性质，使得公文与管理之间有着如此密切的联系。作为以公文和公文处理活动为基本学科对象的公文学，虽有其自身的独立而严密的体系，但是，公文的工具性本质特征决定了公文学的从属地位——它直接从属于管理学，是管理学的一个分支。

公文和公文学的从属地位意味着，它的演变和发展是受管理学的演变和发展所决定的。管理学居于矛盾的主导地位，公文学毕竟居于矛盾的次要地位，受着管理学发展的制约。为什么有人将公文学这一古老而又年轻的学科看做是"迟到了"的学科？这是因为，在一个相当长的历史时期，我国的政治经济还说不上具备现代意义上的科学管理，直到改革开放以后，才开始引进现代管理的科学方法，逐渐形成科学管理的机制。从这个意义上来看，公文学的"应运而生"当然是出自必然了。

任何一门学科的产生和发展，都有其独立而严密的范畴和体系，也就必然和相关学科有着属性特征上的差异和区别。公文学和管理学首先在学科对象的空间上存在共享与分享的差异。管理学居于主导地位，其学科空间大得多，它除了学科自身的内容以外，还涵盖了领导学、行政学、政治学、秘书学、信息学、公文学等学科的诸多知识单元。从横向上看，这些学科之间或相关，或相邻，但都从属于管理科学。它们有着整体和局部的关系。其次，如果说管理学是一门综合学科的话，那么，公文学则是一门边缘学科。它们的逻辑起点、知识来源和发展走向都有很大的不同。最后，管理学研究的是管理的各个基本组成部分（决策、计划、组织和控制），而公文学则是研究作为载体的公文，是怎样将这些管理内容具体化，从而使之具有可操作性。

管理学的一个重要分支——行政学，以国家管理社会事务的执行系统——行政管理为其学科对象。作为其中重要工具的行政公文，必然进入该学科的研究视野。行政公文是公文的主体，当然也就是公文学的基本研究对象。因此，公文学在很大意义上，也是行政学的分支学科，其演变发展也受着行政学的直接支配和制约。

二、公文学与文章学的关系

20世纪初的1907年，我国学术界提出了"文章学"的概念和范畴。20年代，四川学者刘咸炘也提出了文章学的名目，说："讲章篇者则为文章学。"① 文章学产生的背景，是"五四"新文化运动前后文学作品逐渐从文章学中独立出来，形成一个大的门类，传统的所谓文章，便剩下应用性一类和论说性一类的文字了。叶圣陶先生在《国文教学的两个基本观念》中说："'五四'以后，通行读白话文了，教材是当时产生的一些白话的小说、戏剧、小品、诗歌之类，也就是所谓'文学'"，"其实国文所包的范围很宽广，文学只是其中一个较小的范围，文学之外，同样包在国文的大范围里头的还有非文学的文章，就是'普通文'。这包括书信、宣言、报告书、说明书等应用文，以及平整地写状一件东西，载录一件事情的记叙文，条畅地阐明一个原理，发挥一个意见的论说文。"叶老所说的"普通文"，自然有着与文学不同的专门特点。在现代条件下，理应有一门学科对它进行研究，这就是文章学。

文章学跟公文学一样，都是语言学的一部分。从它的基本概念、范畴到整个系统，都是语言学的一个基本组成部分。它研究文章的组织结构和读写规律，研究文章教学和怎样提高人们读写普通文的能力，以增强人们使用语言文字的基本素质。

在很长一个时期内，"文章"和"文章学"这些概念是包括公文的。公文的产生和发展，在我国已是源远流长、历史悠久，有着优良而深厚的传统。在很长历史时期中，公文是文章的主体。改革开放以来，现代管理科学被引进国内，并得到长足发展。从现代管理的意义上看，公文具有特定的内涵、严格统一的程式和规范化要求，不同程度上体现着法定的行政权威和现实的执行效力。这一特定的政治和历史要求，必然导致公文学的应运而生。如果说，文学是从文章学中独立出来的一个门类，那么，公文学则是另一个从文章学中独立出来的门类。虽然，文章学包括了公文学的语言学意义上的全部内容，但即使在语言学的大范畴中，公文学的独立性也是显而易见的，仅就公文学的程式性特征来看，都是不能为文章学所代替的。公文学从一开始便表现出了它的学科的独特性和体系性。这正是公文学作为一个独立学科存在的前提和基础，也是决定其发展前景广大与否的关键。

三、公文学与秘书学的关系

公文学与秘书学是既相邻又相关的两门姊妹学科，都有着很强的政治性、政策性、服务性等性质。公文工作是秘书工作的重要内容之一。秘书工作内容通常被归纳为"三办"：办事、办文、办会。而办事、办会也常常要借助公文这一物

---

① 刘咸炘：《刘咸炘学术论文集》，广西师范大学出版社2007年版。

质载体，公文成为秘书工作的重要基础。

从学科的逻辑性上看，公文学与秘书学的运动逻辑不同。秘书学是以"秘书"概念作为逻辑起点，从而建构其知识理论体系的。而在公文学的概念体系中，是以"公文"这一最基本的、最普遍常见的概念出发，形成自身的"米"字形逻辑运动网络，从而罗织严整的知识单元。

从学科类型上看，公文学和秘书学都可以看做是管理学这门母学科的子学科。但从现代科学的发展趋势和学科的知识来源上考察，秘书学被认为是一门综合科学，就是说，秘书学是以特定的秘书活动为对象，并运用多学科的理论和方法进行研究的一门科学。而公文学则如前所述，显然是一门边缘学科，它是在管理学、语言学等学科的基础上产生并发展起来的，与管理学和语言学发生着紧密的联系。在知识来源上，公文学与语言学有着深厚的支配和制约关系，直接为其服务。

四、公文学与写作学的关系

写作就是写文章。（《现代汉语词典》，商务印书馆2005年版）写作学，是以人类的写作活动为特定对象，研究写作范畴的种种现象，探讨写作规律的一门学问。以研究对象不同为标准，可以将它分为文章写作学和应用写作学。从研究对象上分，还可以分为普通写作学、应用写作学和文学写作学。

公文写作活动是一般写作活动的一种，本质上也是一种精神生产劳动。一般而言，当人们的精神生产劳动的成果是公文时，我们把这个劳动过程称为公文写作。公文是应用文的一种，而应用文是普通文章的一种，公文、应用文、普通文章三者之间存在着包含与被包含的关系，即公文都是应用文，而应用文不都是公文；应用文都是文章，但文章不都是应用文。

和一般写作活动相比，公文写作又有着自己的特点，是其他写作所不具备的。如写作主体，一般写作均为个人行为，而公文写作具有集体性；写作客体，一般写作以写作主体的主观愿望来决定，而公文写作是由公务活动的需要决定的；写作载体，一般写作具有很大的随意性，而公文写作要按照有关法规所规定的行文规则、拟制程序、格式规范进行写作；写作受体，一般写作具有不确定性，而公文写作都是以预先确定的法定读者为对象，不是每个人都有权阅读的，只能在规定的范围内阅读；写作过程，一般写作没有时限要求，而公文写作要在规定的时间内完成，超过时间限定就会失去时效，也就失去了公文写作的价值。

五、公文学与档案学的关系

档案学是研究档案、档案工作运动规律及其与人们社会实践关系的学科。档案学与公文学、历史学有着密切的联系，同时又可以与图书馆学、情报学相互借鉴和参考，相互汲取适合本学科需要的知识。

公文学常被称为档案学的姊妹学科或档案学的一个科学科目。因档案源于公文，公文与档案有着至为密切的亲缘关系，档案学的研究与发展，不可缺少公文学作为与它相关的必需的一种基础知识或组成部分。

公文学与档案学，恰当地说，不是谁从属于谁，而是并列而存的姊妹学科，是一个事物的两个方面。公文是档案的前身与基础，档案是公文的后继与归宿。

六、公文学与语言学的关系

语言学，是以人类语言为研究对象的学科。探索范围包括语言的结构、语言的运用、语言的社会功能和历史发展，以及其他与语言有关的问题。把语言学知识运用于实际工作，叫应用语言学。应用语言学是研究语言在各个领域中实际应用的语言学分支。它着重解决现实当中的实际问题，一般不接触语言的历史状态，也不大介入一般理论上的争辩。可以说，它是鉴定各种理论的实验场。

公文具有鲜明的政治性、法定的权威性、严格的程式性和突出的实用性等特点，因而形成了区别于其他文体的独特的书面语言。因此，应用语言学里出现一个分支——公文语言学，它包括公文语言特点、公文句法结构特点、公文作者的语言修养等，是由公文语言的根本特性、社会功用和写作思维决定的。只有熟练把握公文语言区别于其他语言的特点，才能搞好公文写作。

公文语言明显区别于其他语言，譬如公文写作过程中的词语运用方面，公文多用规范的现代书面语言，不用或者很少用口语词、方言词、土俗粗语及生造语词等，特别是一些法规性的公文，更注重词语意义的唯一性、准确性、科学性，否则就降低了公文的法律权威和实际作用。

另外，公文学与文书学的关系，因为公文与文书这两个概念无论内涵还是外延都是一致的，在本章第一节已经进行了阐述，故在此不再议论。

综上所述，可以看出，公文学是一门独立学科，它有着自己特定的研究对象，与管理学、文章学、秘书学、写作学、档案学、语言学呈现交叉、关联关系，既相互联系、相互包容、相互渗透、互为基础，又各自独立、自成一体。如果人为地将其归类，恐怕很难成立。但要看到，公文学的研究还处在初级阶段，尚未真正建立科学严密的学科体系，其科学理论还未上升到一个很高的水准，甚至出现比较粗糙，乃至混乱的现象，隐约让人产生"不成熟"的感觉。从公文学研究的外部环境看，国家教育部门和学术领导机关尚未明确公文学的学术地位，学术界不少人更对公文学不以为然，甚或嗤之以鼻，对其科学性和学术性表示一种茫然无知和偏狭的怀疑，令人吃惊。这使我们意识到，公文学界必须努力奋斗，以科学研究的实绩获取社会的广泛承认，这是公文学研究的历史责任。

第二章 中国公文学的研究方法

中国公文学研究具有极大的普适性、概括性、抽象性，因而具有极高的难度，研究对象具有非在场性且不易把握，不是一种抽象式的写作原理和写作技艺的研究，而是对一种具体时空背景下、当下性、针对性言说行为互动性的研究，研究对象是成熟的鲜活的公务活动的经验和体验，需要广博的多学科的理论、知识背景和方法论武器，基本上属于拓荒式的研究，没有可资借鉴的国内外现成的学术资源。

基础理论是指一门学科在进行科学研究的过程中运用的最基本的理论，是学科研究的理论基础。研究方法是指在科学研究过程中不断总结、提炼出来的，揭示事物内在规律的工具和手段。中国公文学作为一门独立的学科相当年轻，所用的基础理论和研究方法，既有在自身发展过程中逐渐成长、成熟起来的，也有大量源自相近学科、相关学科甚或其他学科的。在这里不一一介绍公文学使用的各种研究方法，只选取几种具有基础性、典型性或特殊性的方法加以简要介绍。

第一节 系统论与原子论

系统论是指将研究对象看做一个有机生命体，以其从无到有、从生到灭的生命历程为研究背景，用系统的方法和联系的方法加以研究，探索其生存、发展或运动的规律，从而建立理论体系，奠定理论基础。

系统论运用于公文学研究的典型理论成果是公文生命周期理论。它把公文看做一个生命体，围绕其从产生直至因丧失作用而被销毁或者因具有长远历史价值而被档案馆永久保存的生命历程，主要研究公文属性与管理者主体行为之间的关系，是对公文生命轨迹和运动规律的客观描述和科学抽象。主要包括以下几个方面的基本内容：公文从其形成到销毁或永久保存，是一个完整的运动过程；公文的价值形态在整个生命周期过程中会发生规律性的变化，据此可以将其生命周期划分为几个阶段；公文在每一阶段因其特定的价值形态，而与服务对象、保存场所和管理形式之间存在一种内在的对应关系。公文生命周期理论准确地揭示了公文运动的整体性和阶段间的内在联系，为公文的全程管理、阶段管理以及文档一体化管理奠定了理论基础，对当代的纸质公文、电子公文管理具有指导意义。根据公文的运动规律，一般将其生命周期划分为四个阶段：生成期（即从公文的领导授意、起草、修改、校对，直到单位负责人签字正式发文）、现行期（即从公文正式发文、传递、收文、登记、传阅、批示，直到运转完毕被立卷归入单位档案室或者被移交到文件中心）、半现行期（即公文停留在档案室或者文件中心处于休眠状态期间）、消亡期或永久保存期（即公文被鉴定保存价值之后被销毁或者移交到档案馆被永久保存）。

可以说，公文生命周期理论是公文学最基础的理论，是公文学学科体系建立的理论依据，公文处理学就是最典型的例子。公文处理学是研究公文办理、管理、整理（立卷）、归档等一系列活动的变革、流程、运作及其规律的科学。广义的公文处理学将公文的拟制也纳入研究领域，这种研究很明显以公文的生命周期为基础。其实不论是公文基础理论还是研究理论，任何一个分支学科都脱离不了公文生命周期的理论构建起来的框架，或者说都是在公文生命周期理论基础上进行的延伸性研究。这种研究可能是有意识的，更多的可能是无意识的。

如果说公文生命周期理论是运用系统论方法的典型代表，那么公文语言学、公文格式学等则是原子论方法的典型代表，它们选取公文的某一个元素或者生命历程的某一个阶段进行节点或截点研究，试图在该维度上进行纵深研究。以公文语言学为例，选取公文语言为研究对象，由研究公文的词汇、熟语、语法、结构、逻辑等，扩展到研究公文作者与受众者之间的关系与特点、语言的输出与接收规律、公文语言中蕴涵的写作方法与指导思想。归根结底，公文语言学的终极目标是研究如何用语准确，并让受众准确理解和接受公文作者想要表达的政治思想、从政理念、政策指导等，用语言的形式在发文者和受文者之间架起一座沟通的桥梁。毫无疑问，公文语言学的研究起点在于公文的生成期，但是并未止步于生成期，逐步延伸至现行期甚至半现行期。公文格式学以公文格式为研究对象，从公文的外观样貌出发，研究公文的字体、字号、段落、行距、页码、版头、主体、版记、发文字号、用纸规定等，进而研究公文格式中蕴涵的行文原则、政治体制等。按照公文生命周期理论，这种研究主要是针对公文生成期的一种静态研究，是比较传统意义上的原子论方法。

其实在公文学研究过程中，系统论方法和原子论方法并不是孤立或者割裂的，它们往往交叉运用于公文学研究过程中。如公文语言学，选取的是公文语言这个研究对象，从这个意义上讲，采用的是原子论；将整篇公文看做一个整体，研究其语体特点、句法特点、结构特点，从这个意义上讲，采用的是系统论。再如电子公文领域，公文电子化采用原子论方法研究如何将公文载体由传统的纸张变为现代的电子，公文自动化采用系统论方法研究如何体现电子公文的修改、阅批、传输、接收、存档等过程。

第二节 文 献 法

人们传统认识的文献一般是历史意义上的，指具有历史价值的古籍、古迹、古物、模型、碑石、绘画等。如今文献概念的外延已经扩大，国家《文献著录总则》给出"文献"的定义："记录有知识的一切载体。"[1] 我们认为，用文字、图形、符号、音频、视频等技术手段记录人类知识的一种载体，或固化在一定物质载体上的知识，就是文献。从这个意义上讲，除书籍、期刊等出版物外，凡载有文字的甲骨、金石、简帛、拓本、图谱乃至缩微胶片、视盘、声像资料等，皆属文献的范畴。

应用于公文学研究领域的文献，我们统称为公文文献，包括用文字、图形、符号等记录在一定物理载体上，由国家机器在公务管理过程中形成的具有法定效力和规范体式的公文，以及阐释公文写作和处理规律的理论篇章和著作。

文献是人类文化发展到一定阶段的产物，人类认识社会与自然界的各种知识的积累、总结、储存与提高，主要是通过文献的记录、整理、传播、研究而实现的。文献是人们获取知识的重要媒介，反映人们在一定社会历史阶段的知识水平。任何一项科学研究都必须广泛搜集文献资料，在充分占有资料的基础上，分析资料的种种形态，探求其内在的联系，进而作更深入的研究。从这个意义上讲，文献是科学研究的基础，搜集和分析研究各种有关文献资料，从中选取有关信息，以达到某种研究目的的方法就是文献法，它是科学研究的基本方法。

文献法的根本目的在于比较和借鉴，通过检索、收集、鉴别以及研究与运用这一系统化过程，描述特定研究对象在特定发展阶段的发展状态和存在形式，分析其形成的客观原因和发展规律。按照相对论，相对于今天而言昨天就是历史，文献法具有历史性；不受时空限制，不必亲临现场，不必拘泥于一时一地，文献法具有很大的灵活性。文献法还有一个显著的特点，就是它不与研究对象直接打交道，而是间接通过查阅各种文献获得信息，因此又称为"非接触性研究法"。但是公文学研究领域的文献法不同，它直接与研究对象打交道，大量需要查阅的资料本身就是公文。

在公文学研究领域，无论是史学研究还是断代研究，文献研究法都至关重要。根据不同的分类标准，公文学研究文献有不同的分类结果。从时代角度划分，公文研究文献可分为历史文献和现当代文献；根据载体形式的不同，可分为甲骨文献、金属文献、绢帛文献、竹简文献、纸质文献、电子文献；根据文献信

---

[1] 黄俊贵：《文献著录总则》，中国标准出版社1984年版。

息存在形式的不同，可以分为文字文献、声音文献、图像文献等；根据文献内容性质的不同，可以分为实文性文献、理论性文献等；按照文献语言的不同，可以分为中文文献、外文文献；根据文献与公文学科的相关程度，可以分为公文学科文献、相关学科文献。

公文文献多而繁、广而乱，要在从古至今的浩瀚文海中找到适用的有价值文献，尤其是系列价值文献，并非易事，这是公文学研究者共同面临的一个难题，也是学界亟待解决的一个重大课题。鲁东大学公文文献研究中心构建中国公文文献结构模型，提出建设中国公文文献数据库，搭建公文文献服务平台，为解决这一难题提出一个有效的解决方式，并为文献法在公文学的有效运用拓展了宽广的渠道。通过公文文献服务平台，公文学研究者可以通过关键词查询，快速找到大量、系统的研究文献，不必再为文献难寻而烦恼。

这也为公文学研究引入一个全新的方法——数据库方法。

第三节　数据库方法

数据库（Database）是按照数据结构来组织、存储和管理数据的仓库，它产生于距今50年前。随着信息技术和市场的发展，特别是20世纪90年代以后，数据管理不再仅仅是存储和管理数据，而转变成用户所需要的各种数据管理的方式。简单来说就是电子化的文件柜——用户可以根据需求对柜子中的文件进行检索、新增、截取、更新、删除等操作。

它是当前应用软件系统的重要组成部分，是自然科学发展领域的一门新技术，目前已被广泛应用到社会科学领域中。

2011年，该技术被引入公文研究领域，取得公文学领域的创新成果和快速进步。将数据库方法引入公文学研究领域，是一项与时俱进的创新，不仅是研究方法的创新，同时也是研究角度、研究思维的创新。运用数据库的方法以全新的视角进行公文学研究，犹如打开了一扇视野广阔的研究之窗，窗外空气清新、阳光透彻、山清水秀、脉络分明。目前数据库技术主要应用于公文语言研究和公文文献服务平台建设领域。

运用数据库技术，选取某一篇或某几篇具有某种相同点的公文，建立一个封闭域，对其语言进行定向研究。这种研究可以是鉴赏评价式的，例如可以将《谏逐客书》全文建立一个数据库，从词汇、语法、修辞等多个角度进行研究分析，说明其作为一篇公文名篇千古流传的原因；也可是风格特点式的，例如可以将《毛泽东全集》、《邓小平文选》等建立数据库，研究个人公文语言风格。运用数据库方法证明某种公文语言运用或公文写作观点，是目前该领域的主流。如鲁东大学公文文献研究中心的研究员邵建国曾经建立一个小型数据库，主要选取某些领导讲话，对其中的"要"字进行定量统计，用数据说明领导讲话中的"要"字太多，体现的是一种高高在上、居高临下的领导心理、写作心理，反映的是一种"官本位"的管理心理，这与当前倡导的"以人为本"、政府由"管理型"向"服务型"转变的理念是相违背的。

数据库技术引入公文学领域的突出贡献，为搭建公文文献服务平台提供了可能。自鲁东大学公文文献研究中心探索建立公文文献服务平台后，通过运用清华同方TPI数据库技术将公文文献数据源加以集成，为公文使用者、研究者、学习者和教学者提供公文查检服务。该平台以现有的公文学理论成果为依托，从文献研究的全新角度出发，立足现实，面向应用，以解决公文文献实际应用需求为目标，对纷繁复杂的公文文献进行科学的、宏观的定性研究和创新性的合理划分，首次建立了公文文献结构体系模型，奠定了公文文献数据库结构框架。通过对不同类别公文文献进行微观的属性研究，确立了相应的数据源搜集方案和标引原则、标引内容及标引方法，建立了以党政机关公文实文文献库、古代公文实文文献库、外国公文实文文献库等为代表的系列子数据库。

公文文献数据库结构模型，以公文学学科体系为框架，在对公文文献属性进行科学认识基础上，采用纵横结合的方式，依据不同的分类标准和分类结果，确定数据库的分支结构，建立多个子数据库。根据文献的固有属性和文献使用者对文献的特殊需求，确定数据库中文献的标注内容，如图书、论文、公文、书名、作者、出版社、出版日期、题名、作者、第一作者、摘要、期刊/杂志名、标题、发文机关、发文日期、文种、发文字号、朝代、国别、语种等。

公文文献服务平台的探索建立，具有重要的学术价值和实用价值，甚至会产生很大的经济效益。其学术价值在于：首先，有利于推动公文学科理论研究的发展，为公文学理论研究提供充分的文献资料，从而加快公文学科体系的建立和完善；其次，有利于丰富公文学研究方法，引入数据库这一新的研究方法，拓展了公文研究的新视野；最后，有利于扩展公文学研究的范畴，开创更多公文研究方向，如为公文语言学提供充足的研究语料，使其研究成果更具有实践性和说服力。其实用方面的意义在于，首先，可以为公文学习者和教育者提供学习素材、教学素材，弥补其实践方面的不足，使其教学过程更直观，取得更好的效果；其次，可以为公文研究者提供大量理论文献参考和研究语料，有效解决公文研究资料缺乏的难题；再次，可以为公文写作者提供理论文献和经典范文，便于其更好地掌握公文写作规律、把握公文性质特点、提升公文写作水平；最后，最重要的是可以为公文使用者提供便利条件，方便查阅，为公文信息公开和有效利用开拓新的渠道。

第四节 实验方法

实验法是研究者通过有意改变设计的过程，观察、了解和研究特定对象的一种方法，其理论依据是自然和社会中现象和现象之间相当普遍地存在着一种相关关系——因果关系。简而言之，实验法就是一种通过主动变革、人为操纵某些因素，以发现与确定事物之间是否存在一定因果联系，以及存在何种因果关系的研究方法，具有主动性、可控性和因果性。

从广义上讲，作为自然科学和心理学、教育学等社会学科的基本研究方法，实验法一直都没有被主动有意识地应用于公文学领域，直到电子公文的产生。电子公文不仅使公文载体发生了质的飞跃，使公文进入一个深刻变革的快速发展期，而且将实验法引入到公文应用研究领域，成为公文学发展和研究的一个新方法。从最初的公文写作电子化，到如今公文处理电子化，并日臻成熟，正是实验法被大量运用的结果，公文学多个分支学科也有了深入发展。

实验法最初应用于公文写作，只是把公文输入电脑变成电子稿件，再按照一定的格式排版、打印成纸质文件，进行传递、批阅等。电子公文的现有格式并不是生来就有的，而是经过千百次实验和实践检验逐渐形成的。电子公文的字体、字号、行间距、字间距、页边距、使用的纸张大小型号，版头、版记的内容、规格，甚至标点符号的使用、页码的设定等，不一而足，事无巨细，每个细节都经过不断的实验，可谓千锤百炼。公文的行文原则、写作要求、处理规程、处理原则等都是公文格式实验的理论前提、假设依据和检验标准。现行的《党政机关公文处理工作条例》和《党政机关公文格式标准》，正是公文格式和有关理论不断实验的结果，这种实验直接催生了公文格式学的建立和发展，不断试验的过程也产生了 DOC、PDF、WPS、CEB、PS、S2、TXT 等多种不同的电子公文格式。

实验法还有一个重要的领域，就是公文处理的电子化，直接的结果就是电子公文系统的开发与应用，即基于公文处理基本理论，提出电子公文流程假设，开发电子公文系统软件，模拟公文现实处理，实现公文写作、交换、发文、收文、批阅、归档等各环节的电子化，同时包括系统控制、安全防范系统和电子版式及电子印章系统等。公文处理的电子化，不仅包括软件的开发与应用，还包括硬件系统的支撑与调试，根据公文处理电子化各个环节的需要，计算机、网络、打印机、复印机、扫描仪等办公设备必不可少。电子公文系统是一个人机结合的、复杂的信息系统，经过格式调整、流程再造、制度建设、标准设定、设备调试、安全测试等各个环节的多重实验，才最终确立了当前的电子公文系统模式。电子公文系统也由最初的电邮系统发展至今天的互联模式，由政府主体投入发展至今天民间企业和资本参与的市场化运作。但需要明确的是，全国不同级别的党政机关使用的电子公文系统并不一致，这与各地各部门的经济技术发展水平不平衡有关，也与电子公文制度建设进程有关。

随着科技进步和实践经验的积累，电子公文系统以其不受时空限制、快速便捷、智能化和大容量等优点被迅速广泛应用。但是电子公文系统建设进程与政务信息化进程一样，发展无终点，当前依然面临着格式不统一、技术标准不统一、物理流程不科学、制度建设滞后、安全系统需要不断升级等多重难题。要克服这些难题，使电子公文系统不断完善，还需要不断地实验，推动科技与管理的不断进步。

当前实验法还被引入到公文教育领域，用于教师展示和学生熟悉掌握电子公文形成、传递、收发、归档等一系列过程的体验和研究。

第五节 调查和比较法

一、调查法

调查法是指为了达到设想的研究目的，制订某一计划，比较全面地收集研究对象的某一方面情况的各种材料，并作出分析、综合，得到某一结论的研究方法。它的目的可以是全面把握研究对象的状况，也可以是为了揭示研究对象在发展过程中存在的问题，弄清前因后果，为进一步的研究提供观点和论据。根据调查的范围来分，调查法主要包括四种类型：

1. 典型调查：是指从公文学的研究对象中选取一个或几个具有代表性的问题，进行全面、深入的调查。其目的是通过直接地、深入地调查研究个别典型，来认识同类事物的一般属性和规律。

正确地选择典型是进行典型调查的关键。典型选得适当，调查的结果可以真实地反映同类事物的一般属性。典型选错了，调查的结果就不可能真实地反映同类事物的共性，只会得出错误的结论。典型是客观存在着的，不是调研者主观选就的。调查者选择典型对象的过程，是根据调研目的，在调查对象中发现和确定典型的过程。

典型调查的目的不在于认识少数的几个典型，而在于借助于典型认识它所代表的同类事物的共性。这就要求对典型进行深入的、全面的直接调查。

2. 重点调查：是通过对重点样本的调查来大致地掌握总体的基本数量情况的调查方式。所谓"重点"，是指总体中那些在某一或某些数量指标上占有较大比重的对象。

重点调查与典型调查一样，它们都不是采取随机抽样的方法确定具体的调查对象，因此，选点都易受主观因素的影响。但它们调查对象的数量都较少，因此都比较省时、省力、方便易行。两者的差异在于：重点调查的具体对象是重点，而重点不一定要有代表性或典型性，而要求在总体中具有重要地位或在总体的数量总值中占有较大比重，而典型调查的对象则要求其具有代表性或典型性；另外，重点调查主要是数量认识，而典型调查主要是性质认识。

3. 抽样调查：是指从调查对象的总体中抽取某一文种作为样本，通过对样本的调查研究来推论公文总体的状况。

与典型调查相比较，抽样调查一般是标准化、结构式的社会调查，它具有综合定性研究和定量研究的功能，因此，抽样调查已成为调查法的主要方式。

抽样调查的调查对象一般要求采取随机抽样的方法确定。随机样本的代表性较少受到抽样者主观因素的影响，其代表性是由随机抽样方法来保证的。因此，抽样调查的信度和效度首先依赖于科学的抽样方法。

根据调查任务的具体要求，确定总体的范围，这个范围就是抽样的范围。如果不能明确抽样的具体范围，就不能采取随机抽样的方法进行抽样。

4. 个案调查：个案调查有两种情形：一是专项调查，即调查的对象只有一个个体，调查的目的只是为了了解这一个体的状况；二是从某一社会领域中选择一两个调查对象进行深入细致的研究，这种研究的主要目的就是认识所选调查对象的现状和历史，而不要求借此推论同类事物的有关属性。因此，个案调查如需选择具体的调查对象，则并不要求其具有代表性或典型性，但要求个案本身具有独特性。

公文学的研究对象可根据研究目的、研究内容的不同，采取恰当的调查方法。

二、比较法

我们可以在调查法、文献法等研究方法获取大量材料的基础上对公文进行比较研究。

比较研究是人们认识客观事物，分析诸事物共性和个性，把握事物发展变化规律和特点的一种常用的有效方法。在公文学研究过程中引入这种方法，能够更好地继承和发扬中国古代公文的优点，借鉴海外公文的长处，从而不断推动我们的公文学研究事业向前发展。这种比较研究包括纵向比较和横向比较两大方面。其中前者是指古今公文的比较，应当主要侧重于公文写作的方法与技巧、公文工作制度、公文体式以及公文文种的使用等诸多方面内容，通过比较，找出差异性和规律性，以便扬长避短、"古为今用"；后者指我国当代公文与港澳台地区以及外国公文之间的比较，通过比较，取其精华和合理之处，以便适应公文发展同国际化接轨的需要，做到为我所用。试以海峡两岸公文为例进行比较，就不难发现，公文的种类、格式、用语、撰写要求以及处理程序等诸多方面均存在很大的差异。将这些内容进行系统、全面、深入的比较研究，对促进两岸政治、经济和文化的交流意义重大。还有，随着港澳地区的相继回归，对其各自的公文状况进行研究，比较其与内地公文的异同，也是一件颇为紧迫而重要的工作。除此之外，对于联合国的公文体制、世界发达国家的公文体制，以及非洲、美洲、东南亚国家的公文体制，也应给予足够的关注，以便更好地为改革开放和国家经济建设服务，为公文发展同国际接轨奠基铺路。这项内容，应当成为今后几年我国公文学研究的主攻方向。

需要指出的是，公文学诞生十余年来，比较研究一直是我们不容否认的薄弱环节。从以往出版的公文学著述、教材、辞书以及相关杂志刊发的文章来看，纵向的比较研究尚有少许成果，中外公文的横向比较研究却近乎空白。我们必须彻底扭转这种状况。

进行公文学的比较研究，应当注意其适用性和选择性，要"取其精华，剔除糟粕"，切忌兼收并蓄，机械比照。对于古代公文中有价值的东西，要积极吸收；对于不甚适用或陈规陋习，则要坚决摒弃。对中外公文的横向比较也是如此。要注意把握海外公文的特异性，善于运用正确的观点和方法从中汲取和接纳有价值的东西，从宏观的大视角，对其各自的公文状况进行深入的辨析、梳理和整合，认真地加以鉴别和选择，不能陷于简单的比较，以致流于平面化和浅层化。

第六节　定量和定性研究

定量研究和定性研究方法首先是在自然科学中得到了广泛运用，但同时也是社会科学研究的方法，对于公文学研究，它同样体现出它的适用性和科学性。

定量研究是指在科学研究中，通过"量"使人们对研究对象的认识进一步精确化，以便更加科学地揭示规律，把握本质，厘清关系，预测事物的发展趋势。定性分析法就是对研究对象进行"质"的方面的分析。具体地说是运用归纳和演绎、分析与综合以及抽象与概括等方法，对获得的各种材料进行思维加工，从而能去粗取精、去伪存真、由此及彼、由表及里，达到认识事物本质、揭示内在规律。通俗地讲，定量研究用数学语言进行描述，定性研究是用文字语言进行相关描述。

定量研究和定性研究在原理和方法上有着明显的不同：定量研究是回答"有多少"的问题，而定性研究主要是回答"为什么"的问题，解决研究对象"有没有"、"是不是"的问题。我们可以使用定性研究进行"认识、发现、判断、了解",而不能使用它进行"测量、监控、估计、预测",这方面的问题应当用定量研究的方法去解决。定量研究和定性研究有各自的优缺点。

定量研究的优势主要表现为:(1)客观性。用数字描述事物比用语言描述的主观程度要小,更符合客观事实。(2)严密性。事物质变总是从量变开始的,量变积累到一定程度必将引起质变,定量研究能观测到事物的微小变化,防止事物的质变。(3)普遍性。定量研究是建立在大量抽样统计基础上的,研究对象的范围较大,更具有说服力。其局限性主要表现为:定量研究首先要建立一套可以量化的指标体系,例如,影响制约教育的变量很多,但是,在现有教育研究发展水平上,不是所有的影响因素都能量化,定量研究只能考虑有限的变量,而相应地放弃一些事实,研究结果的真实性、可靠性必受到质疑。

定性研究的优越性主要表现为:(1)真实性和全面性。(2)灵活性。定性研究强调研究者放下自己的主观臆测,尊重事实,允许并鼓励研究对象根据自己的认知框架,而不是根据预先安排好的问题结构来作出回答。(3)准确性。在定性研究中,研究者本人是主要的研究工具,而不是问卷或调查表,定性研究是一种基于经验和直觉之上的研究方法,由于经验是生动的、深刻的、可信的,定性研究的结果往往是正确的。定性研究的最大缺点是不精确,对研究问题的认识带有明显的个人倾向,有的描述具有伸缩性和模糊性。

总之,定量研究与定性研究方法都是公文学研究中非常必要和不可缺少的重要方法,两种方法各有利弊。由于公文学研究是极其复杂的,单用定量方法或定性方法去研究都只能获得部分信息,不可能穷尽,很难得出全面、准确的结论。因此应该将两者有机统一起来。定性分析是定量分析的基本前提,没有定性的定量是一种盲目的、毫无价值的定量;定量分析使定性更加科学、准确,它可以促使定性分析得出广泛而深入的结论。在公文学中,必须把定量研究与定性研究方法结合使用,才能使公文学研究更加科学、可靠与有效,这样,既可以在两种方法之间取长补短,又可以对两种方法所得的结果进行比较和验证,从而提高研究结果的可靠性和科学性。比如公文的词汇、修辞、语体、句式、语法等问题都可以在大量搜集材料的基础上进行定量定性研究。

第三章　中国公文学的学科体系

公文学作为一个学科，诞生时间不长，所以学科体系建设尚不健全，但公文发展却经历了几千年的历程，因而公文学本身必然是一个庞杂而丰富的学科，其内涵和外延都十分广阔深邃，公文学科无论在理论领域还是在应用领域，都有其巨大的开发价值。要逐步完善这一学科的建设，需要了解公文学科体系的历史本源、发展脉络和多样化特征，厘清公文学的内涵和外延。与其他学科一样，公文学科总体上可以分基础理论层面和应用理论层面两大体系，公文学科要发展壮大，就必须建构好这两个大体系。同时，学科发展还需要面向现代化和国际化，逐步适应经济社会发展的需求。

第一节　基础理论体系

公文学的基础理论体系，顾名思义，是指研究公文发展的一般规律或主要规律并为应用研究提供有指导意义的共同理论基础的学科，是指在公文学科理论体系中起基础性作用并具有稳定性、根本性、普遍性特点的理论原理。

要明确公文学基础理论体系的内涵，剖解和划分其内部结构，需要依据多种标准：一要看公文学所包含的主要元素；二要看这一体系是否能够概括公文学发展的一般规律；三要看公文学与其他学科的不同规律和不同特点；四要参考其他成熟理论学科的成果。公文学基础理论学科至少或者主要应包括公文学总论、公文发展史、公文文种理论、公文格式理论、公文语言理论、公文逻辑理论、公文美学、外国公文理论等方面的研究成果。

一、公文学总论

总论是一个学科的综合或概要，是概括的论述。公文学总论是阐述公文这个学科的根基和框架所在，包括公文学的定义、公文学的性质、公文学的研究对象、公文学的建立和发展、公文学的研究目的和意义、公文的特点和作用、公文学的研究方法、公文学与其他相关学科的关系等内容。公文学总论主要回答公文学是什么、研究什么的问题。公文学总论的建立，主要意义在于确定公文学的基本框架，解释一些根本性的问题，明确公文学的研究方向和发展方向。

二、公文发展史

无论是自然科学还是社会科学,其相关的历史研究既是学科的重要内容,又是研究的重要方法。追溯学科产生的根源,梳理其发展脉络,才能更好地探究公文学的发展规律。研究中国公文发展史,一定要关注中国文学史。因为自古以来,公文发展就与中国文学的发展处于密不可分的状态,中国文学的典范代表也从来都不乏公文佳作。依据考古发掘,中国现存的公文最早产生于殷商时期,那时已经有了用甲骨文记录的公文。之后,大致包括自先秦、秦汉直到明清的古代公文发展史。古代公文的文种在不断发展,公文名篇层出不穷,公文处理的要求不断变化,关于公文的理论研究成果虽然不够丰富,但也积淀许多有价值的东西。作为公文学的一个基础理论体系,需要对公文的历史进行深入的研究和挖掘,这种研究不仅在于公文篇章本身,还应包括公文处理、公文制度以及影响公文发展的社会背景因素等许多层面的内容。

三、公文文种研究

文种即公文的种类,是指具有共同内涵、共同使用范围、共同成文格式和最能体现行文主题、表明公文名称的基本分类单位。公文文种自古以来即是一个庞杂而完整的体系,其功能分工是很细的。经过时代的演变,现行公文文种则逐步趋向简洁,功能更加明确。现在实际工作中使用的不仅有规范性公文,即《党政机关公文处理工作条例》上规定的15种,还有法规与规章性公文、事务性公文、专用公文三大类公文需要系统科学地加以研究。

公文文种研究的内容主要包括三个方面。一是研究自古至今公文文种的发展规律,一个文种从产生到嬗变、分支,其功能、格式都在不断变化,有几种公文经逐步演变而汇集成一个文种的,还有一些文种在演变过程中逐渐消失。这种研究离不开历史学的研究方法。二是研究文种的分类,如将公文文种分为上行文、下行文、平行文、多向行文,主要是从横的角度,来探究不同文种的公文在应用中的不同特点和规律。每一大类又有许多小的分类,这些分类,既能揭示不同文种的区别,又能体现其内在联系。三是研究不同文种的使用规则、拟制方法及写作技巧。

四、公文格式研究

公文写作与其他文体写作的最大区别,就在于公文格式的规范性。这种规范性,既体现在公文的内容上,也体现在公文处理的程式化、程序化和文面构成的相对固定化上。通常所说的公文格式,主要是指公文的文面要求。即公文外在表现形式的各个组成部分及其各自的位置，也包括公文的用纸、留空等。公文一般具有固定的格式，这样使得公文写作更加规范化、标准化，从而增强公文外在形式的美学效果，也能符合通行惯例，被受文者接受和认同，从而提高公文办理的效率和质量。公文格式研究的任务：一是要研究公文格式的演变轨迹；二是要研究不同文种格式要素的异同；三是研究同一文种内部格式要素的分布和相互关系；四是要研究公文格式如何进一步走向统一和合理的问题。

五、公文语言研究

从全世界范围看，语言学的研究已经十分成熟，成果丰富，体系较为完备，外国的先进语言学理论对汉语研究也产生了极大的影响，推动了汉语研究的深入发展。不管哪种语言，由于其交际领域、交际对象、交际目的、交际方式的不同，而各有其特点，公文的语言有其固有的特点和独特的规律。因为公文的交际领域主要是党的机关和国家行政机关的各项公务活动，交际的对象是与发文党政机关相联系的上、下、平级单位或个人，交际的目的是开展工作、办理事务、解决实际问题。这种特殊的应用领域和应用目的，决定了公文语言独树一帜的风格。公文语言学的研究应包括：对公文语言特点的研究，对公文语言表述方式的研究，对公文语言修辞的研究，对公文常用句式及特殊词语运用的研究，还应该包括对公文遣词造句技巧的研究。目前对公文语言的研究还不够深入，主要有一些关于公文修辞、公文句式、公文用语的文章。可喜的是，一些硕士、博士研究生的毕业论文开始涉猎到这一领域，这对推动公文语言发展具有很重要的意义。下一步，应当将公文语言作为汉语的一个重要组成部分来加以研究，应借鉴和采用已经比较成熟的语言学研究方法，比如信息处理的方法、语料库的方法等，促进公文语言学研究迈上新台阶。

六、公文逻辑研究

逻辑就是思维的规律，逻辑学就是关于思维规律的学说。逻辑学是一门基础性学科，其基本理论是其他学科普遍适用的原则和方法。逻辑学又是一门工具性学科，为包括基础学科在内的一切科学提供逻辑。将逻辑学结合到公文学研究中，意义主要在于研究公文内容的组织结构，揭示公文写作的思维规律，进而指导公文的谋篇布局，同时公文逻辑还包括对公文处理等方面的逻辑规律和逻辑方法的研究。从具体的公文写作构思过程看，公文的逻辑结构如何为主题表述服务，如何开头、结尾，中间怎样展开，各部分材料如何前后放置才能更好地体现正文内容和发文意图，结构如何处理才能保证公文的完整匀称、严谨自然和清晰醒目，这些问题都离不开最简单的逻辑关系——因果关系、主次关系、总分关系、概括与具体的关系、现象与本质的关系、具体与一般的关系。公文的结构逻辑是复杂多样的，但在一篇公文中也可以是单一的。公文的逻辑有其独特性，加强公文逻辑研究对提高公文写作水平有着重要作用。

七、公文美学研究

人们对美学的理解不尽相同，但一种通俗的说法比较容易令人接受，即美学是关于研究现实的美、美感和美的创造的有关规律的学科。从美学的内涵看，它至少应该包括美的本质、美的形态和形式、美的分类、美的感受、美的创造和美的特征。显然，在现代美学划分的自然美、社会美、艺术美三大美学范畴中，公文美归类于社会美更为符合其功能特点。公文学作为一门应用性很强的学科，其美学研究重点在于公文独特的形式美、结构美和语言美，为公文应用写作提供借鉴和参考。公文的形式美与公文格式密切相关，是外在美。公文具有特定的排版和印刷要求，公文的版头、正文、版记，错落有致、各司其职，其中公文的红头、印章，主送机关、抄送机关、印发机关、印发日期等元素与其他文字作品有着鲜明的区别特征，这些公文格式的独特特征都属于形式美。公文的结构美，主要在于布局谋篇方面，公文注重行文有序、严谨周密、首尾响应，还讲究一定的匀称性。有人将公文的结构美分为丰富美、变化美、逻辑美以及结构与内容的契合美，是较为合理的。公文的语体功能决定其语体特征不是文艺语体而是应用语体，公文语言总体追求精确、严肃、庄重、朴素，但并不排斥艺术性。公文语言也追求典雅，尤其是模糊语言的运用很有特点，公文语言美是公文美学的重要组成部分。近些年，公文学界对公文美学的研究有所思考，发表了为数可观的文章，包括对公文的审美特征、公文的美感、公文的实用美、公文的格式美、公文的结构美、公文的语言美、公文的语音美的论述，已经颇具规模。

八、外国公文研究

外国公文，广义上还包括一些国际组织使用的公文，也称世界公文。尽管中国公文与外国公文在本质功能上是基本一致的，但历史发展、文化背景、政府主体以及政治体制的差异，导致不同国家和地区的公文必然有着公文文种、格式、程序等方面的明显差别。政府与国际组织的运转，都离不开公文，世界各国政府和国际法定组织都有关于公文的法律法规，用以规范公文处理环节，确保公文运转顺利。外国公文研究：一是应该研究外国公文的法律法规，主要在于吸收一些国家公文法制化的经验，促进中国公文法制化进程；二是研究外国公文处理的程序及特点，借鉴其合理的部分，促进中国公文处理的高效化；三是研究外国公文的格式、文种等方面的特点，作为中国公文改革和发展的参考内容；四是研究外国公文的内容和语言，了解其写作规律，为中国公文文风改革提供更好的经验。对外国公文的研究目前还不多，常见于一些关于中外档案和文件管理的论述中。

公文的基础理论体系，还应该包括公文的比较研究等方面，但并不是所有与公文有联系的学科都有必要列为单独的公文学科。如公文的修辞，与普通的文字作品修辞基本相同，只是在应用的频率上有所差别，就不必作为一个学科来对待，可定位为公文语言研究的一个分支。普通语言文字的语法规则也适用于公文的语法规则，因此公文语法也应放在公文语言的框架之下。

当前面临的主要问题是，公文学的建立比较晚，以往多注重实践应用方面的研究，应用研究成果较多，而理论方面的研究却十分匮乏。公文基础理论的研究层次有待深化，研究范围有待拓展，研究方法有待创新，公文基础理论体系的构建，仍然任重道远。

第二节 应用理论体系

应用理论是用普遍原理指导实践的理论，具有可操作性，是由普遍到特殊、由抽象到具体、由高到低、由理论到实践的过程，研究方向是下行理论研究。相对于基础理论体系，公文应用理论体系发展要成熟得多，这是由公文的应用功能和社会属性决定的。从现实工作看，文秘工作者最迫切、最直接的需求是快速掌握公文的写作技巧和公文处理的基本技能。这决定了公文应用在公文学研究中的重要地位，关于公文应用的研究成果必然受众更多、影响面更广。公文应用理论体系，主要包括公文拟制、公文处理、公文管理、公文鉴赏、公文评改等方面内容。

一、公文拟制研究

公文拟制研究是以公文撰写过程为主要研究对象，包括公文从交拟到起草，再到修改，最后定稿的全过程。公文拟制研究的核心内容是研究公文写作的原理、方法和技巧。公文写作原理主要研究公文的基本构成以及公文的作用、特点和一般写作规律，公文写作方法包括对公文写作的过程、要素、规范和技巧的研究。掌握了公文写作的基本原理和写作方法，公文作者就能够学会如何积累材料，把握公文的主题，更好地领会领导意图，建构合理的公文结构，组织好规范得体的语言，从而创作出符合需要的高质量公文。

近年来，介绍公文写作技巧的著作可谓层出不穷，琳琅满目，但从写作体例上看，多数还是以简单的技巧介绍加例文的形式来编写的，有的甚至对写作技巧只是进行浮光掠影的介绍，主要以例文来充斥版面，可想其理论研究的深度。当前迫切需要对公文写作规律和方法方面进行总结提升。

二、公文处理研究

公文处理在公文学科中是十分重要的一个部分。公文处理研究的目的是揭示公文处理的基本规律，构建公文处理的科学知识和理论体系，总结规范与创新相融合的公文处理操作方法，探究规范化、制度化、科学化的运作系统，以提高公文处理的理论水平和操作技能。公文处理研究的内容包括公文处理的历史和现状、公文处理的基本内容、机构设置的研究、规章制度的研究等方面，与现实工作最为紧密的，当属公文处理的基本内容，包括公文流程、公文办理、公文管理、公文安全、公文档案等，狭义的公文处理即公文办理，主要是指公文发文的过程和收文的过程，发文包括复核、登记、印制、核发等程序，收文包括签收、登记、初审、承办、传阅、催办、答复等程序。

三、公文管理研究

为与公文办理进行区别研究，可将公文管理从公文处理中单独列出。公文管理，是指公文运转之后，进行的存放、销毁、利用等流程。正确的公文管理方式，可以提高公文利用的效率，保障公文的安全，保证公文归档的科学性。公文管理的研究对象，就是公文管理的具体流程、基本制度、管理主体、保密措施、规范程式、正确方法和一般规律。公文管理与档案密切相关，档案学的研究已较为成熟和丰富，对档案学的成果应该借鉴和吸收。

四、电子公文研究

电子公文具有明显的优越性，如制作修改操作灵活，存储方便密集、检索使用迅速便捷、传输处理时效性强、归档管理方便等。但电子公文的发展，也面临许多问题。电子公文处理系统设计尚不够完善，电子公文的安全性还不能完全保障，电子公文的规范化和标准化问题还有待加强，电子公文相关立法不完善等。电子公文研究，其目的在于更好地利用先进的计算机系统和网络系统，发挥现代科技的作用，提高公文的制作、传输、运转效率，实现电子公文信息化。

五、公文鉴赏与公文评改

公文的鉴赏与评改，主要是对公文写作的内容进行的鉴赏和评改。鉴赏与评改都是对已完成的公文进行的感受、体验、联想、分析和判断的行为，是一种审美的再创作。公文鉴赏与评改建立于公文美学、公文逻辑、公文语言、公文格式等公文基础理论学科研究的基础之上。

通过鉴赏，可以总结和提炼出一篇公文的优点，学习其谋篇布局、遣词造句的技巧，为公文写作提供经验和范本。目前，已有公文专家选取古今中外的公文名篇进行鉴赏，编写了专门的公文鉴赏选集，以古代公文赏析为多，外国公文的赏析则不多见，现代公文的赏析，则多见于各种公文应用写作的教材，在讲述写作理论与技巧时，往往列举大量具有代表性的例文，直接或间接地对现代公文进行了鉴赏和分析。

公文评改，可评出公文的优点和不足，修改其存在的问题，为公文写作提供参照标准及前车之鉴。这种评改，不同于公文创作过程中的修改，是对已经印发或发挥效用的公文进行的评析和修改，修改对象包括公文格式、公文标题、公文结构、公文语言、标点符号等公文中常见的病误。这种做法，对提高公文作者的写作水平极为有效。

公文学的应用理论体系，与公文学的基础理论体系是不能完全割裂的两个体系，二者之间既有基础与应用的关系，又有相互融合的部分，其界限具有一定的模糊性和交叉性。另外，公文学的应用理论体系，还可以进行更细致的分解研究。

第三节 公文学科体系的发展

从 20 世纪 80 年代以来，我国的公文学理论研究经过了依附期（1981～1987年）、独立期（1988～1993 年）、发展期（1994～1997 年）、壮大期（1998～2003 年）、成熟期（2004 年至今）五个阶段（中国公文写作研究会），期间，就公文学科体系建设而言，有几件事值得重视。

一、苗枫林与《中国公文学》

自 1987 年苗枫林《中国公文学》（齐鲁书社出版）问世以来，大批优秀研究成果不断涌现，公文学理论体系逐步建立，理论研究与实践应用的结合也越来越密切。公文学研究由此朝着内容日渐丰富、层次日趋分明、体系逐渐完备的方向发展。

苗枫林（1931.10.27～2013.01.12），原名苗丰麟，笔名林泉，山东省威海市人，在多年的政治生涯中，一直从事着与公文写作密切相关的工作，对古代公文和现代公文都有深入研究。苗枫林认为，公文作为独立的研究对象进入社会科学领域，是一门"迟到了"的学科，他创作《中国公文学》的主要目的，是试图解决这个历史课题。《中国公文学》共分 5 编，57 章。

第一编绪论，从第一章到第六章，讲公文学的研究对象与范畴。他认为，与诗词歌赋、小说、戏剧等不同，公文学没有发展起来是中国文学史上的一个奇异现象，并对其成因加以深刻分析。绪论中，作者对公文的特性、公文的名称、公文学的研究对象、公文学研究的目的和方法进行了探究。他提出，秘书工作虽然是接触公文最为密切的岗位，但秘书学不能代替公文学。公文学作为一门新的学科，它所担负的任务和涉足的研究领域，是不能取代的。第二编中国公文史，从第七章到第二十一章，首先讲中国公文的文体演变，公文学研究的早期著作，然后对历史上公文的华实之争、雅俗之争、尊卑之争进行了较为深入的阐释，具有独特视角。之后以六章篇幅进行"鸿笔"考，介绍了历史上值得称道的公文名家。中国古代的公文职官序列及其变迁的研究，有助于我们对公文的性质和职能的系统深入理解，有着十分重要的意义。第三编现行公文体式，从第二十二章到第三十七章，论述了主要公文体式的基本特点和写作要点。第四编公文的运局和修辞，从第三十八章到第五十章，论述公文的表述技巧和拟文程序。第五编撰拟修养，从第五十一章到第五十七章，阐述了公文工作者的素质修养与职业训练。苗枫林的这部著作，涉及公文学的方方面面，为公文学研究开辟了新的起点，成为后来公文学研究的奠基之作，堪称公文学研究的标志性著作。

二、中国公文写作研究会的建立与研究拓展

建立一个全国性的公文学研究组织，是公文学深入研究和公文学科发展的迫切需要。1988年，在南京政治学院召开的全国首届应用写作学术研讨会上，《应用写作》杂志副主编费晓平先生提出了组建中国公文写作研究会的设想。1989年，在中国写作学会的支持下，在徐州举办了中国公文写作研究会筹备会议，正式成立了"中国公文写作研究会筹委会"。隶属于中国写作学会，是其所属的一个专业委员会。聘请当时担任中共山东省委常委、省委宣传部部长的苗枫林同志为筹委会主任。1992年10月，中国公文写作研究会在烟台新闻中心召开成立大会，苗枫林当选为会长。2004年，研究会获得国家教育部正式批准并经国家民政部正式备案，标志着我国公文学研究工作进入了一个崭新的发展阶段。经过20多年的建设与发展，中国公文写作研究会不断走向成熟，取得了极为可观的成就。从1995年开始，每4年举办一次全国性的公文论著评比，迄今已经举办5届，评选出了许多高质量的公文论著、教材、辞书以及文章，也反映出不同时期公文学术研究的成果和水平。目前，研究会下设中国公文学研究所和公文文献研究室，负责学会的学术研究工作；又设秘书处，主持学会的日常事务性工作。

20世纪80年代末期至90年代初期，国内各家秘书类和应用写作类杂志相继问世，大约近30种，为公文学的理论研究提供了广阔的交流学术成果的阵地，公文学界围绕公文学的一些基本理论问题，如公文的定义、公文学的研究对象、

公文学科体系构成的基本要素、公文正文格式理论、公文文体归类等展开广泛讨论。这些讨论，对于促进公文学的发展，加快公文学的规范化、科学化建设进程，都具有积极意义。

到20世纪90年代后期，杂志的创建陷入低谷，公文专业性期刊问世受阻，公文学术研究成果大都是通过相关的杂志发表出来，其中有代表性的刊物主要是《写作》（中国写作学会会刊，国家教育部主管，武汉大学主办，写作学核心期刊）、《应用写作》（长春理工大学、吉林省写作学会主办）、《秘书工作》（中共中央办公厅主管）、《秘书》（上海大学主办）、《秘书之友》（国家教育部主管、兰州大学主办）、《办公室业务》（中国档案出版社主办）。这种状况至今不能满足公文学研究日益发展的实际需求。

30余年来，关于公文写作方面的研究成果最为可观，各类专著、教材、辞书有200余种。公文的总体理论研究、公文史学研究、公文文种研究、公文格式研究、公文逻辑研究、公文美学研究、公文语言研究、公文处理研究、电子公文的研究等，成果都十分丰富。近年来，随着信息技术的飞速发展，公文与信息化联系越来越密切，电子公文写作的理论研究也逐步深入。但从总体学科构成看，公文应用理论研究多一些，公文基础理论研究少一些，总结公文写作技巧的作品多一些，其他方面的研究相对薄弱一些。

三、为建立与社会发展相适应的公文学科体系而努力

2012年发布的《党政机关公文处理工作条例》，将党的公文和行政机关公文处理规范进行了统一，许多方面也进行了合理的修订，标志着中国公文处理进入一个崭新的阶段。但应当看到，新的公文处理规范，仍然有不完善的地方，还需要在实践中检验，经历不断的修订和改进。如关于公文文种，在充分调研、广泛论证的基础上尚需根据工作需要进一步增删、合并、调整，在实践中失去应用价值的公文文种应逐步淘汰。一些公文处理的流程，应根据实际需要进行调整，以促进公文的高效运转。党的公文与政府机关公文应进一步融合统一，逐步消除不一致的问题，让党政机关公文真正实现一体化、科学化、法制化，在健康的轨道上发展。

进一步加强对公文写作基本理论和规律的研究，构筑公文学科学研究体系，是公文研究界一件十分重要而紧迫的工作任务。近期应做好公文学的结构框架、公文学科的体系建构方面的深入研究，开展公文史学、公文美学、公文范式、公文处理等领域的深入的研究，力求推出新的系统研究理论成果，为公文学学科体系的创建奠定坚实的基础。关于公文应用类著作，也应在启发和引导上下足功夫，给学习公文写作的人以更好的正确指导，使之能更快地掌握撰写、处理公文

的有效方法。

第四节 公文的国际化趋势

一、对外开放推动公文走向国际化

近现代的中国，特别是改革开放之后的中国，与外国的接触越来越多，外国文化的影响带来许多领域的变化和发展，公文的国际化也是如此。公文的国际化是指参照外国公文处理及写作的规则和规律，吸纳其优点，使我国公文与世界公文接轨，实现基本一致的过程，也是逐步优化我国公文处理规范及写作的过程。公文的国际化是公文发展的必然趋势，是国与国之间进行交流的必然需要，特别是一些国际通用公文，其格式及写作体例高度一致。中国公文与外国公文有许多不同的特点，研究这些不同，借鉴吸收外国公文的优点，推动公文走向国际化，对于发展有特色的中国公文有着非常积极的意义。总体上，中国公文的国际化，在公文格式和公文语言上应遵循简洁性原则；在公文写作的内容上，应该主要学习西方公文的实用性原则；在公文的公开利用上，也应进一步解放思想、逐步扩大公文的公开利用范围。

二、公文要适应未来公文国际化的总趋势

从国内看，"海峡两岸"和平统一是历史的必然选择，中国大陆管理海峡两岸和香港、澳门的政治、经济、文化和社会事务的工具——公文，必然要与台湾、香港、澳门地区国际化程度相对较高的实际相衔接和统一。同时，台湾、香港、澳门地区的公务活动必须尊重大陆的意志，体现大陆的主体地位和领导作用，遵循新《条例》中公文处理的目标、原则和基本要求，从而更好地发挥公文在处理政务和经济事务中的作用。从国际上看，一方面，随着我国政治经济体制改革步伐的加快，必将推动经济全球化进程，运用公文处理国际社会事务已不再局限于国内；另一方面，随着全球经济、政治、文化一体化的交流需求，按照"国际化技术标准"，通过电子公文处理国际社会事务将成为发展趋势。特别是各国际经济组织之间的贸易协定及解决国际组织争端之类的谅解备忘录等公文，必将得到各国的认同和广泛使用，从而使公文处理向国际化、一体化迈进。

三、电子公文将加速公文国际化的进程

信息技术带来的最大影响之一就是缩短了服务提供者与接受者之间的距离。未来的政府更加强调是民众的政府，各国政府将利用信息技术增强民众对政府政

务的参与程度，及时获悉民众所需，以民众需求为导向，把未来的政府建设成以民众为中心的电子政务。电子公文将是电子政务的重要内容，它的目标是为公众和社会提供更加便利公开的服务。世界各国政府正积极应用互联网为民众提供公文在线服务，政府也将广为运用"公文信息站"及自动柜员机等自动化服务设施，为民众提供获取公文的多元化渠道。信息技术的发展使得民众对未来了解公文的期望值不断提高，不仅仅是要求公文服务质量得到提高，而且要求获得服务的方式和程序也要不断改善。民众期望在任何时间、任何地点，以多种渠道获取自己所期望的公文服务形式和服务内容。为满足民众需求，世界各国政府将不断自我调整和创新，整合传统公共服务，建立"公文窗口"，为民众提供"一站到底"的公文信息公共服务。电子公文的发展不仅仅是传统柜台服务向网络的简单移植，其涉及信息技术对政府机构的重组和对政府服务的整合，涉及政府再造，触及政府上上下下各个层面。为保障电子公文的顺利发展，世界各国成立了专门的组织机构并授予相应权利，作为执行部门来负责电子公文的建设。随着信息通讯技术的应用发展，电子公文也将由信息管理迈向知识管理，成为知识型、智能型政府的重要组成部分。在未来电子公文建设过程中，各国政府将会积极致力于消除"数字鸿沟"问题，努力缩小"公文信息富人"和"公文信息穷人"之间的差距，使得每一个人都具有获得政府电子公文信息服务的权利，尤其是那些非常关键的服务，避免新的信息技术给人们带来新障碍。因此，各国在电子公文的开展过程中将注重普及城乡宽带网络建设与公文信息教育，使公文信息应用普及社会每个阶层和每个区域，照顾公文信息弱势群体，缩小公文信息差距。

第四章 中国公文的历史演变

近些年来，数量庞大、涉及范围广、价值含量颇高的历史公文，得到越来越多学者的认可和重视，但由于其本身具有交叉学科的特殊性，现阶段对其研究仍然停滞于文学界对其片段的艺术分析和比较；历史学界对其某个历史阶段政治、经济、文化等方面的进程研究；或文书档案界对其在工作制度、形式或是对某个制度的改革进行论述，而从公文学学科角度上来看，则没有太多的学者进行分析和研究。因此，如何将文学界、史学界、法学界和档案学界中的众多观点综合起来，最终达到促进公文学发展的目的，是当下公文学界的重要研究任务之一。

第一节 公文发展历史沿革

我国公文的历史久远。依据考古发掘，我国现存的公文最早产生于殷商时期，迄今已有3500年的历史。在河南安阳小屯村发现的甲骨文中，绝大多数都是殷商后期几个王的活动记录和奴隶主的文告，这就是甲骨文公文。商代后期，则有刻在青铜器上的金文公文、刻在石头上的石刻公文、刻在竹木上的简册公文和写在绢帛上的绢帛公文。先秦时期出现在《尚书》中的就有"典、谟、训、诰、誓、命"六种公文名称。

"公文"一词，最早见于西晋陈寿的《三国志·魏·赵俨传》："（荀）报曰：'辄白曹公，公文下郡，绵绢悉以还民。'"《后汉书·刘陶传》也有"但更相告语，莫肯公文"之语。从"公文"一词出现起，其在社会管理中的枢纽作用——公文的基本职能便已出现。

当然，"公文"一词出现的时间并不能反映公文本身产生的时间。事实上，作为管理公务、临民治事的工具，公文是伴随着文字的出现而产生的。有了文字赖以生存的载体，公文的出现始成为可能。从最原始的彩陶文字和甲骨公文，到大批秦简、汉简的出现，莫不验证了公文的出现及其成熟。纸的发明和应用，更是推进了公文的迅速发展和普及。

"公文"一词，在各朝各代有着不同的名目：殷商时称"典册"，周代称"中"，秦时称"典籍"，汉称"文书"、"文案"，三国称"公文"，唐宋称"文卷"、"案卷"，元称"文卷"、"簿籍"，明称"文牍"、"案牍"，清称"牌子"、

"本章"等，而近代称得最多的是"文牍"、"文书"、"应用文"等词。可以说，公文的历史源远流长，研究文学而忽视公文的研究，这实际上是一个历史性的疏漏。

在君主专制的不同朝代中，公文的变迁主要受制于以下几个因素：一是中央集权的程度越高，公文机密性越强，君臣专用公文程式变化越大；二是地方行政层级的变迁层级越多，行政机构越多，官府往来公文的变化越大；三是等级制度越严密，官府往来文种划分越细，变化越大。

一、先秦时期的公文

夏商周三代，是中华文明的奠基时代。我国社会在此期间结束了原始社会，经过了奴隶社会，进入封建社会，社会生活和文化都发生了巨大变革。这些变革，为古代公文的产生和发展提供了条件。据历史文献记载，夏商周三代的官员人数是"夏百二十员，殷二百四十员，周六万三千六百七十五员"（《通典》，杜佑，中华书局1984年版），这些数字未必准确，但足以说明那时国家机构已经相当健全了。国家组织机构的复杂化，意味着国家事务的增多。国君和官吏们为管理事务，仅靠口口相传是不够的。为适应社会的需要，可以跨越地域和时间限制的管理工具——公文就应运而生了。正如斯大林所说："生产向前发展，出现了阶级，出现了文字，出现了国家的萌芽，国家进行管理工作，需要比较有条理的文书。"

据《尚书·序》记载："古者伏羲氏之王天下也，始画八卦，造书契，以代结绳之政，由是文籍生焉。"这里讲的"书契"，是指文字；"文籍生焉"指行政公文的产生。这些记载只是传说，未必可信，但公文和文字之间的密切关系，还是可以从这里看出来的。我国现在有实物可证的最古老的文字是大约3000年前殷商时代的甲骨文。甲骨文记载了商王朝各种重要的制度和活动，已经是一种相当成熟的文字。文字的形成和成熟需要一个漫长的过程，因此我们可以推断在甲骨文之前文字已经有了相当长的历史。根据考古发现，6000多年前的仰韶文化时期，已有了文字的萌芽。公元前21世纪建立的夏王朝，距今约4000年。因此可以知道，在夏朝奴隶制国家出现的时候，文字已经相当成熟。公文产生必需的两个条件，国家的出现和文字的成熟，此时已经齐备，所以我国的公文工作最迟在夏代就产生了。

我们现在能够见到的先秦公文，主要集中在一些出土文物和古代典籍中。晚清在河南安阳殷墟发现大量的甲骨文，是殷王朝从盘庚东迁到纣王覆灭273年间的世系、王事、征伐、年成、田猎、祭祀、天时、旬夕等方面的卜辞或记事刻辞，全面反映了当时社会的政治、经济、文化等方面的面貌，具有原始公务文书的性质。儒家经典之一的《尚书》，收录了唐、虞、夏、商、周时代的典、谟、训、诰、誓、命，是记载政绩、告贺、教戒、进谏、受命、誓众、命令等方面的口头或书面文献，是我国最早的公文和政论的汇编。《左传》是我国第一部详细完整的编年体历史著作，以《春秋》的记事为纲，按时间先后顺序详细地记述了春秋时期各国内政外交等大小史实。《左传》内容的重要构成部分是行人辞令，其中有很多就是公文，如《吕相绝秦》《郑子告赵宣子书》等。另外，《左传》还记载了春秋时期各国间的许多次盟约，对我们了解"盟"这种公文提供了大量可信资料。《战国策》是汇编而成的历史著作，其资料主要出于战国时代，包括策士的著作和史臣的记载。以策士的游说活动为中心，反映出这一时期各国政治、外交的情状。其中策士进献国君的一些言辞，从公文的角度看应该属于上书。

上述文献中记载的先秦公文体式，有典、谟、训、誓、诰、命、令、移、盟、征、约剂、事书、计书、玺书、符节、上书、檄文、券、契、丹书、谱牒、丁籍、版图、谥议、语书等30多种，种类已相当繁多。大致可以分为"王命公文"、"奏议公文"、"官府应用公文"和"专用公文"四类文种，已经明显地体现出上行、下行、平行和专用四类行文方向，为后代的公文发展奠定了基础，成为沿用至今的基本公文格局。

二、秦汉时期的公文

秦始皇统一中国后，建立了大一统的君主专制政治体制。这一政治体制的主要特点是中央集权和君主专制，地方上以郡县制代替分封制，为中央直接统辖。由于君主要实行自上而下的统治，中央与地方的政务往来变得非常密切，与周代人不相同，公文因此成为适应这一政治体制最重要的行政手段。出土的湖北云梦秦简中，《内史杂》云："有事请（也），必以书，毋口请，毋（羁）请。"佐证了公文是这一行政运作的必要形式，秦汉时期的公文文种与数量开始大幅度增加，道理正在于此。据《史记·秦始皇本纪》载，秦始皇每日批阅的公文竟"以衡石量书"，即每天都要批阅公文120斤，可见其处理的公文数量之巨。秦代的中央政务公文主要有皇帝御用公文"制"和"诏"。制书由周代的命书演变而来，有皇帝的命令即制度之义，诏书由先秦的令演变而来，有昭告天下之义，即通过下达政令而达到治理国家的目的。如此一来，制诏便成为皇帝意志的集中体现。秦改战国时"上书"为"奏"，列为臣下专用文种。秦代的地方公文主要在郡和县两个层次上运转，出土的云梦秦简《语书》就是秦南郡守腾对所属县道发布的重要公文。云梦秦简《秦律十八种·法律答问》载："今咸阳发伪传，弗智（知），即复封传它县，它县亦传其县次……"可知秦代官府往来公文应有"传"等名称，但是尚未规定不同官府行文的固定文种。

汉承秦制，公文文种继承并有所扩展。据蔡邕《独断》载，皇帝专用公文为策书、制书、诏书、戒书四种，增加的策书在使用范围上从周代册命扩展为诸侯王的策封、策免、策问等，"策书"的产生是皇帝为换取贵族、官僚的效忠而授予其特权的产物，此后历代如此。戒书有训诫、戒敕文武官员的含义。奏分化为章、表、奏、议四种，主要用于谢恩、陈情、陈事和驳议。官府往来文种主要有书、檄、记、传（符）、教等。其中书又可分化为举书、移书、檄书、府书、牒书、变事书、应书等种类，用于各种政务活动。公文在这一时期的国家行政管理活动中，起到了巨大的作用，正如东汉王充在《论衡·别通》中所云："汉所以能制九州者，文书之力也。（汉）以文书御天下。"汉代还加强了秘书机关尚书的权力，秘书处的任务由尚书代替，这就是后来所说的"政归台阁"。在公文体例上，除保留了秦代公文格局外，书写格式有了更严格的要求，非常讲究程序和方式，并开始以内容划分文种，文种数量有所增加。蔡邕《独断》记载，"汉天子正号曰皇帝，自称曰朕，臣民称之为陛下，其言曰'制诏'"，"其命令，一曰策书，二曰制书，三曰诏书，四曰戒书"，"群臣上书有四名：一曰章，二曰表，三曰奏，四曰驳议……"汉代上行公文与下行公文的区别以及对文体的分类，反映了封建社会严格的等级制度，也反映了公文职能的扩大。

三、魏晋南北朝时期的公文

魏晋南北朝时期，原有的皇帝专用文种基本沿袭秦汉，没有变化。上奏文种只增加了启与贺表，是表奏的分支。魏晋南北朝时期公文文种变迁主要体现在官府往来公文，文种繁多，关系复杂。其中，官府下行文新增和变动的文种有令、教、牓、板等，分别用于中央机关传达命令、批复告知、王侯告谕、悬柱揭示、除授百官等；官府上行文新增牒、详、笺、解等，分别用于向上级行文、向上级报告情况、请示政务、向上级和皇太子行文、向上级陈述、解释问题等；官府平行文除了原有的移文，新增和变动的文种有关、刺、牒，分别用于中央官署之间的质询、中央官署之间自相质询、不相隶属官署之间的质询等，其中牒既用于上行文，也用于平行文，不难看出，这一时期的官府往来公文与秦汉相比，突出特点：一是新增文种明显；二是不同官府使用的文种趋于固定。

曹魏时期，曹操的公文洒脱而富有声色，毫无顾忌，面目为之一新；曹丕的书札则亲切自然；曹植的表章则"独冠群才"。在他们的带动下，建安七子遥相呼应，形成了曹魏公文的独特风格。此外，蜀国、吴国公文也多有可观，蜀国诸葛亮的《出师表》、吴国薛综的《谏征公孙渊疏》等，文实意明，出类拔萃。西晋统一中国后，基本沿袭曹魏旧章，但把秦汉以来律令不分的情况做了修改，把属于行政规章制度的条文独立为"令"，为后代所沿袭。在公文写作中，骈偶化倾向日趋严重，公文与文学开始分离，出现了"文"、"笔"之分。东晋偏安，章表奏议渐成主流，书记之文出现辩论义理的现象，作品数量远超前代，形式技巧日臻完美，但内容则日趋单薄空虚。南北朝时期，公文受骈偶文的影响明显，形式的华丽破坏了公文的准确表达，虽不乏名篇佳制如鲍照的《请假启》等，但总的成就却大不如前。不过，此时的公文很注意对各种文体的归类总结，创作批评取得很高的成就。萧统编纂《文选》时，已经有所谓"文体之辩"，反映了当时对文体的新的认识。刘勰的《文心雕龙》则论述了各种文体的特点、区别及其渊源、流变，21篇专讲文体的文章中有12篇讲的是公文。

四、隋唐时期的公文

隋立伊始，结束了近400年的分裂局面，定规立制之事提上议程，对公文影响尤其明显。公文长期以来骈偶倾向明显的风气有所改观。唐承隋制，公文更加得到了普遍重视。这一时期，公文的语言、格式有了较为固定的规矩，而且不同的公文都有了细致的区别。如下行文中常用的"敕"，在唐代就分为四种：发敕、敕旨、敕书和敕牒，用于不宜以制书和册书名称颁发的公文。同时，唐代平行机构自相往来的公文有三种：一为关，即关通其事；二为"刺"，谓刺举之；三为"移"，谓移其事于他司。此外还有诸如"册"之类的用于册立皇后、皇太子、册封诸侯，任命将相的公文。唐代的公文种类随着统治的需要已变得相当完备。唐代在公文处理方面也形成了一套完整的规矩、制度。对公文的名称、用纸、撰制用语、签押、折叠、封装、收发、移交等均有一系列具体而明确的规定，公文的构思、遣词、布局、格式等都相应得到了全面的推进和发展。

隋唐的公文文种齐全、使用规范。据《唐六典》记载，唐代的正式公文有15种，主要的变化在君臣专用文种。其中皇帝专用文种除原有的制、诏、令、册外，新增和变动的主要有批答和敕，批答用于皇帝对臣子奏请的批示，为诏书之一种，由翰林院掌管。需要指出的是，在"王言之制"外，还有一个特殊的"堂帖"，或称"堂帖子"，是开元后中书门下（又称政事堂）独立指挥百司的公文文种。堂帖不必奏请皇帝批准，由三省宰相直接裁决，集体签署，其公文效力相当于国家最高政令。唐代上奏文种变化也比较大，新增的文种有奏抄、奏弹、奏状、熟状、商量状、牓子等。奏抄由汉代的"奏"经南北朝时期的"奏案"演化而来，是尚书省上奏皇帝处理政务的公文（相应的是皇帝用"敕旨"加以批复），奏弹等分别用于御史弹劾百司不法之事、具事状向皇帝汇报、宰相呈送皇帝审批的日常政务、中书省官员审议百官奏状，意见不统一时随原状进呈，介于表和状之间较为简短的上奏等情形。隋唐时代的官府往来文种基本沿袭魏晋。

五、宋元时期的公文

宋代统一中国后，为防止200多年军阀割据的重演，政治体制设计向中央集权倾斜，中央政体表面上仍沿袭三省六部制，但实际上却严重名不副实。三省之外有外省，六部之外有各院，中书门下仍为最高行政机构，又设枢密院为最高军政机构，分解相权，又设三司为最高财政机构，再次分解相权，如此分权制衡，以防任何一方势力过大。元丰改制后，撤销三司，才部分恢复三省六部原有的职能，但枢密院仍与三省对举。宋代地方行政机构叠床架屋也比较严重，名义上是路、州（府）、县三级制，路没有实权，却有多达九个平行机构，如转运司使、提点刑狱司等，与州平行的则有府、军、监，与县平行的还有镇、寨，致使地方权力大大削弱。

宋代立国三百余年，文化鼎盛，公文也取得了很高成就。在公文文种上，出现了"诰命"、"申状"、"咨报"、"圣旨"（令旨、懿旨）等公文；在公文制作方面，还规定了公文署押、注销、照刷、磨勘等制度。特别值得一提的是，宋代第一次出现了公文发展史上的公文文选专集，先后有《两汉诏令》、《唐大诏令集》、《宋大诏令集》等，开始把公文作为一个专门学科加以研究。宋代公文文种全方位增多，既有君臣专用文种，也有官府往来文种，与以上政治体制直接相关。据《庆元类法事条·文书门》的记载，皇帝专用文种除沿用制敕外，新增了御札、敕榜、诰命、口宣等，分别用于以书信形式发布重大军政命令，戒律百官和晓谕军民，由皇帝近臣宣读的诏令，对百官除授和命妇的封赠等，其中敕榜是唐代"敕书"功能的扩展，诰命是魏晋至隋唐"告身"的发展，口宣的名称源于其形成过程：凡遇重大决策，皇帝宣召翰林学士于当晚入宫，口授机要，学士记录后连夜在学士院拟诏，夜半后将拟成的公文呈入宫中，清晨将诏命送出交中书舍人宣读。可见口宣为皇帝专用的秘密诏令，有别于御札的公开性。口宣的机密性在于其不经正常程序而形成，虽然唐代也有所谓的"墨诏"，即未经中书拟定、门下复审的正式敕封程序的皇帝诏令，但不具备法定效力，宋代口宣却是正式公文，显然是君主专制加强的体现。臣僚上奏文种新增有奏札和奏状。两者均为上奏皇帝的文种，区别在于奏札为政事堂、枢密院、在京官员等向皇帝奏事，奏状为不能使用奏札的其他官员奏事。官府往来文种中，下行文新增了堂劄子、牒（故牒）、榜文。堂劄子，又称"中书札子"，从唐代"堂帖"演化而来，"堂劄子"的用途为三省长官及枢密院对下级发布的命令。对比一下，唐代的堂帖为政事堂专用，而宋代的堂劄子不仅三省长官可以用，枢密院也可以用，其分解、削弱相权的意义已很明澈。牒为上达于下的一般性公文，榜文为晓谕百姓、告诫部民的公告。官府上行文新增主要有申状。申状不同于奏状之处，在于前者是直接向皇帝汇报，后者为下级向上级和长官的逐级汇报，是下情上达的特殊程序和常规程序。平行文种新增明显，主要有咨、密白、牒（公牒），分别用于翰林院与三省、枢密院的公务往来，枢密院与门下省的公务往来、中央六部及地方各州属不相统属间官府的公务往来。牒在唐代主要用于上行，宋代主要定型为平行文种，与宋代繁复的行政机构设置密切相关。

元代是第一个非汉民族统治并统一全国的封建王朝，但当时的公文工作主要还是由汉族儒士充任，故公文仍承唐宋。元代蒙古族统治者对社会划分明显的等级，将民族歧视公开化，新增公文文种呈现出鲜明的等级色彩。皇帝专用文种诏令分为蒙汉两种，蒙诏称为圣旨，代表皇帝的最高权威，为诏令的主体，汉诏则次之。皇帝的封赠公文按级别分为宣命和敕牒，分别用于五品以上官员和正六品以下官员；官府上行文"咨呈"是带有上行文性质的平行文，用于向互不统属又级别略高的官府行文；官府下行文"咨付"用于中书省向行省行文，"札付"则用于中书省、行省、行台向下行文。

元代在公文制度上进一步完善，并形成了相当完备的公文档案和公文传递制度。元代官府往来文种牒的种类最多、等级色彩最鲜明。按规定：不相统属的地方官三品之间互用平牒，三品对四品、五品官用今故牒；四品官对三品官用牒上，对四、五品官用平牒，对六、七品官用今故牒；五品官对三品官用牒呈上，对四、五品官用平牒，对六、七品官用今故牒；六品官对四品官用牒呈上，对五品官用牒上，对六、七品官用平牒，对八、九品官用今故牒；七品官对五品官用牒呈上，对六、七、八品官都用平牒，对九品官用今故牒；八品官对六品官用牒上，对八、九品官用平牒；九品官对六品官用牒呈上，对七品官用牒上。可见元代的牒是在官阶相差一至三级官员之间使用的文种，除平行的牒通称平牒以外，下行的称为今故牒，上行的称为牒上和牒呈上，可见其等级森严。

六、明清时期的公文

明清时期的君主专制政治达到顶峰，作为统治工具的公文也与其相应。明清时代，公文的格式更趋完善，公文制度更加完备，人们对公文作用的认识也越来越清楚。明代皇帝专用文种有10种，主要新增了谕旨，又称圣谕、上谕、谕告，使用范围很广。谕的方式很多，有宣谕、手谕、口谕等。谕旨一般均要经过六科的封驳与抄发，但手谕若有保密要求，也可以不抄发。口谕是皇帝口述的旨意，为明代皇帝最常用。口谕有当面宣承的，称之为面谕；有命他人口头传达的，即口传圣旨。传达者为太监或文书房官，皆为皇帝的近臣，因此口谕或手谕的使用，有时可以绕开文官政府，成为加强君主专制的一种手段，但带有一定的随意性。

明代上奏文种中，主要新增了题本、奏本、揭帖。分别用于臣子和官府向皇帝报告、进奏机密要事。除了这些固定的文种外，还有一种特殊的上行公文"密疏"，在内容上，它可以是包括题奏、表笺等任何形式上行公文的内容，在文档格式上，它不像其他上行公文受文档格式的限制；在程序上，密疏是直达御前的；在保密上，密疏比其他上行公文保密性要强得多。由于书写、处理等环节的诸多严格规定，使得明代的密疏言事初步完成了制度化，成为明代加强君主专制的一种新形式，但是密疏在明代尚无公开地位。明代地方行政层级简化为省府县三级，趋于稳定，官府往来公文基本沿袭元代，只新增了下行文照会，用于不相隶属的高级官府之间。明代公文的保密制度要求严格，对誊印、用印、用纸、保管等也有严格规定。此外明代还编辑了《历代名臣奏议》、《明经世文编》等公文选集。

清代的皇帝专用文种新增的主要有寄信谕旨，简称"廷寄"。清代谕旨按发布渠道分为两种：一为明发谕旨，简称"明发"，为军机处起草，交内阁抄发，对臣僚公开的谕旨；二为不交内阁宣示、秘密寄往各省的谕旨，为重大机密事宜。可以清楚地看出，皇帝的秘密谕旨不经正常程序发布，在明代开始较多使用，但是到了清代才开始制度化。上奏文种中新增的奏折最具代表性。奏折根据内容又可分为奏事折、请安折、谢恩折、贺折四种，并提出公文有上行、下行、平行之分。奏折及与之相应的密谕草创于康熙朝，但当时公开政治的传统尚未突破，至雍正朝，廷寄逐渐成为密谕的主要形式，标志着皇帝彻底摆脱了臣僚进奏、六科封驳的制度牵制，可以顺畅地贯彻个人的意志。其实，皇帝亲自下的命令历代均有，但是唐宋时期，不经中书、门下程序的制敕是不合法的，称为墨敕或中旨，明代虽用尚不公开，清代则公开化了。可见中央集权的演进和绝对皇权的形成，是廷寄与奏折形成的根本原因。

清代地方行政层级为省府县三级，与明代相同，但是官府往来文种比明代繁杂，尤其是平行文种。其中上、下行文主要新增了禀文和札文，平行文新增了移会、付子、交片、平行手本、平行揭帖、知照、知会、公函、公启，咨文又分化出咨呈等。其中，移会的规格比咨文略低，付子的规格又略低，在京各院部的通知用知照、知会，军机处的通知则用交片。一般的公务信件用公函，军机处的公务信件则用公启，不一而足。原因是清代为满族统治，等级观念甚强，因此平行文种划分更细，这一点与元代相似。

七、近现代时期的公文

鸦片战争后，随着国门被打开，国书、护照、全权证书等新的文牍形式出现，后来，又出现了电旨、电奏、电信等电报类公文。在格式方面，清代采取了以下几种措施：一是统一了题奏本章格式；二是限定题奏本章及帖黄字数；三是禁用浮词套语，严格书写规则。

太平天国时代的公文，免去了浮言繁文，文字通俗易懂，接近日常用语，有的还采取歌谣形式。太平天国还规定了上行文、平行文、下行文的文种及适用范围，如下行文有诏旨、诰谕、诫谕、训谕，上行文有本章、禀奏、禀报、禀申、敬禀等，还增加了条约、照会等外交公文，对行文制度、行文程序等也作出了严格的要求。

1912年，南京临时政府成立，制定并颁布了《公文程式条例》，在公文用语上废除了几千年封建王朝使用的制、诏、敕、奏、表等名称，代之以"令"（或"谕"，用于上级对下级公署职员行文或公署职员对人民行文）、"咨"（同级公署行文时使用）、"呈"（下级公署对上级公署或人民对公署行文时使用）、"示"（公署公告）、"状"（任用职员、授赏人员时用）。除此而外，南京临时政府还规定，公文中涉及人的称谓，不再用"大人"、"老爷"之类，官员互称职务名称，如科长等。南京临时政府对公文的规定，是公文文体的一次革命。1927～1928年，民国政府先后颁布了3个公文程式条例，文体增加到27种。1927～1933年、1933～1937年、1938～1945年，民国政府还进行过3次"公文改革"运动，公文文种多有变化，公文内容也逐渐格式化，由"叙由"、"叙案"、"申述"、"结论"四部分组成。

中国共产党成立后，曾利用各种公文形式，如"宣言"、"告同胞书"等开展宣传活动，发动群众。在各革命根据地，中国共产党更为建立新的公文制度，进行了一系列的改革与创新，为新中国成立后党政机关工作的建立和发展奠定了基础。1923年成立的海陆丰总农会，设立了"文牍部"；1931年在江西瑞金成立的中央工农民主政府也曾制定《地方苏维埃政府暂行组织条例》，规定了上行文、平行文、下行文的格式和文种，周恩来还组织公文部门制定过《公文处置办法》；抗战初期，陕甘宁边区政府颁发过《陕甘宁边区新公文程式》；1948年和1949年，东北行政委员会办公厅和华北人民政府办公厅也先后颁布了《简明公文程式》、《公文处理办法》、《公文处理暂行办法》等。到新中国成立前期，公文种类主要有：令、训令、指令、决定、布告、批复、通知、通报、呈、报告、函、公函、电等。

第二节 公文文种的演变与遗存

我国历史悠久，前后经历了几十次改朝换代，作为重要的管理工具，公文也随着朝代的更迭产生了复杂的变化，每个朝代都有种类繁多的公文。有的是从前代直接继承而来，有的是对前代公文进行改造间接继承而来的，还有的是适应社会需要新产生的。从继承的角度看，古今文种的变化涉及三种情况：一是文种名称和用法直接从古代公文继承而来；二是名称不同但用法一样；三是名称一样用法却不同。

自秦至清，公文产生文种百余种，其中大多数是纸张成为公文载体以后催生的，如帖、说帖、堂帖、揭帖、启、笺启、书启、奏启、折、摺、奏折等，这是采用纸张作为公文载体的特殊产物。由于纸张具有柔韧性，可以剪裁、张贴、折叠，这些特有的表现形态成为新的公文文种命名的理据。比如帖，原来古代的一种告示性公文，以前都是刻录在木板上，有了纸张以后简单方便许多，只要用笔书写在纸张上，然后张贴在告示牌上即可。《木兰诗》"昨夜见军帖，可汗大点兵"中的"军帖"就是这种公告性质的纸质公文。说帖、堂帖、揭帖等都是在帖的基础上发展而来的。说帖，上行、平行均可，因为有所建议、条陈意见或办法，往往在正式呈文之外加附纸，详细说明拟议事项；堂帖是唐代宰相所辖的一种判事公文；揭帖，产生于明代，是内阁直达皇帝的一种机密文件，后被广泛使用，凡公开张贴的私人启事也称揭帖。纸张的另一特性是柔软可折叠，这催生了另外一种重要的文种——折。"折"是一种典型的上行文，凡下对上有所陈请均用折（摺），直接言于皇帝的称奏折，呈于长官的称手折，两者简称"折子"。将折叠公文打开的动作称为"启"，以此为基础也命名了一个文种"启"，用来指称奏议类公文，又称"奏启"，用恳切谨饬的开导说理之辞陈政言事，兼具表和奏的功能。书启、笺启由此发展而来。书启原来指称下级给上级的信件，后来泛指所有信件，下级官员写给上级官员的书启，称为笺启。

2012年7月施行的《党政机关公文处理工作条例》规定党政机关的公文有15种。从党政机关这15种公文来考察，几乎都可以从古代找到源头（见表4-1）。

一、决议

决议，起源于古代的誓。指国与国、人与人之间所订立的誓约；盟约；誓言。"张陈背誓"（曹植《五帝诔》）。又如：誓令（誓言与命令）；誓信（盟约）；誓书（盟约）；誓章（记载有誓词的文件）；誓要（约盟，盟誓）"决议"，民国时期已经使用，非正式公文文种。也是新中国成立前中共机关最早使用的文种，1921年7月中国共产党第一次全国代表大会产生了《中国共产党第一个决议》，此后至今在党务活动中使用较多。

表 4－1　党政机关 15 种公文历史沿承

现行公文 / 古代朝代	1 决议	2 决定	3 命令	4 公告	5 公报	6 通告	7 意见	8 通知	9 通报	10 报告、11 请示	12 批复	13 议案	14 函	15 纪要
先秦	誓	诰	命、令	征、符	扁书	符、牒	训、诰、上书	征、符	征、符	事书、上书、府书	玺书、封	遗书	移、移书	载书
秦汉	策书、戒书、榜板、符教、驳议	戒书、戒敕	制、诏	令、报、教	扁书、邸报	报、教、布告	奏、章表、疏、状	告、露布、戒敕、方书	切责、戒敕、封、布告	奏、上疏、启	令、报、符敕、报书	移书	移、檄	奏记、起居注
魏晋南北朝	制、策、教、符、符教	除身、告身符、教、制	诏、策、令书、手令、令	戒敕、诏、诏除、制	胜、符、教	除身、符教、榜	奏章、启	帖	戒、敕	启、牒、详、笺	令、除身、符教、榜、示	移、刺、关	牒、刺、关	起居注、政记
隋唐	制、敕、教、符	制书、教书	制、册、策、诏、令、敕、宣	答报、安民榜	敕旨、布政牒	告、告敕、晓示	奏、章、表、启	堂帖、牌、发敕	敕书、敕牒、布政牒、黄榜	表、奏、疏、状、议	敕、令、答教、批、告敕	关、刺、移	关、答、密白	记过
宋元	册书、制书、宣告	诰命、敕牒、宣告	制、册、圣旨、宣命	答报、敕榜、劝喻榜	宣札、黄榜	敕牓、晓示	表、奏状、札子	堂帖、牌面	黄榜	奏、札子、榜子	救谕、救答、批答、告敕、宣谕、示	答呈、公牒、平牒、答	关、答、牒、刺、移	记过
明清	敕谕、上谕	诰命、敕谕、大诰	诏、令、命令谕、谕旨	告示、喻帖	书、塘报	告示、号纸	题本、奏本、揭帖	谕、传牌、下帖、告示	露布、告示	题本、奏折、详文、书状	救谕、敕命、救教、宣命、上谕	知会、移会、会议	札付、平答、平关、帖、照会	实录
民国时期		令、训令、指令	令、训令、指令	示		布告		公函、状、通知		报告、呈	批	呈	答、函	

二、决定

决定，起源于古代的诰，告也。"以言告人，古用此字，今则用告字。以此诰为上告下之字。"（《说文》段注）"诰誓不及五帝"（《荀子·大略》）。注："诰誓以言辞相诫约也。""至秦又造诏字以当之"（《书·大诰》）。在历代旧政权的公文种类里，没有"决定"。最先把"决定"作为公文名称的，是在中国共产党领导的土地革命时期的根据地。1931年制定的《苏维埃地方政府的暂行组织条例》中有"决定"被列为当时9个文种中的一个，此后时废时用。1951年政务院颁布的《公文处理暂行办法》中就没有"决定"。1981年国务院办公厅发布的《国家行政机关公文处理暂行办法》重新设了"决定"文种，并与"决议"一起成为一类。1987年国务院办公厅发布的《国家行政机关公文处理办法》，仍设有"决定、决议"类文种，1993年发布的修订版则去掉了"决议"，只保留了"决定"。

三、命令

命令（令），起源于商朝和西周。《殷墟书契前编》中有这么一句话，"大王令众人曰胁田"，意思是殷王命令下属和奴隶们进行农耕生产。这就是古代的王命公文。先秦时期，"命"和"令"是两种公文的名称。通常是颁布有关国家制度的公文用"命"，不属于国家制度，但全国上下又必须奉行的公文用"令"。宋代毛晃说："大曰命，小曰令，上出曰命，下出曰令。"这种说法是符合当时情况的。到秦代，秦始皇改制，把"命"改为"制"，又把"令"改为"诏"。以后历代相承，变化不大，凡国家最高机关的公文，都用"制"、"诏"，以后又派生出"策"、"敕"、"谕"、"旨"等名称，并以皇帝名义制发。"命"则不复再用。"令"虽然还在用，但一般用于皇后、太子发布言论，其原义为"诏"所代替。民国时期废止"制"、"诏"等旧名称，凡国家或地方机关向下级行文大都用"令"。新中国成立后，公文中虽有"命令"文种，但其使用范围有确定的限制，与民国时期相比已大不相同了。1981年国务院办公厅发布的《国家行政机关公文处理暂行办法》将命令一分为三：即"命令"、"令"、"指令"。"指令"是从"命令"中新分出的，主要适用于"发布经济、科研等方面的指示性和规定性相结合的措施或者要求"。"指令"文种的出现，与当时计划经济体制的现时需要有关。它的适用行业限定得很具体：即用于"经济、科研"领域。它的内容也只限于当需要把"指示性和规定性"的"措施或者要求"结合在一起时，才能使用到该文种。也正是因为这个原因，随着计划经济的退出，"指令"这一文种也就随之退出了。

四、公告

公告，起源于古代的徵。"徵，召也"（《尔雅》）。"各掌其县之政令徵比"（《周礼·县正》）。"王使来徵聘"（《左传·宣公九年》）。又如：征引（征召引用）；征令（征召及施令）；征吏（谓召用佐吏）；征车（古代征召贤达使用的车子）；征守（谓天子征召守国的诸侯）。古代还有一种公文"符"接近今天的公告。这种符盖有官府印信、为向下属发出命令或通知，如符书（官府公文）；符敕（敕命公文）；符帖（简帖）。到宋代出现了"敕榜"，用于戒励百官、晓谕军民。带有任命和公告两重性。魏晋南北朝时的诏榜、隋唐以后的安民榜、黄榜、明清时期的告示、喻帖，到民国时期改名为"布告"，通告和公告都是在布告的基础上发展的，尽管文体名称发生了改变，但用法大致未变。在新中国成立之前，公告未被用作正式公文名称，只是在国民党统治时期的"杂体文"中出现过"公告"，而且与"通告"通用，二者的程式和用语也基本相同。1951年9月，中央人民政府政务院颁布的《公文处理暂行办法》，第一次将公告正式用作公文名称。公告与通告、布告同属于一类，但适用范围不同。《公文处理暂行办法》规定："对人民公布关于法令性的事项时用布告"；"重大事件需要宣告国内外周知时用公告"；"一般事件需要在一定范围内，对人民或机关、团体通告周知时用通告"。1981年发布的《国家行政机关公文处理暂行办法》和1987年发布的《国家行政机关公文处理办法》，都沿用了1951年的规定，1993年修订时去掉了"布告"这一文种，保留下了公告、通告。2000年国务院办公厅颁布的《国家行政机关公文处理办法》，将"公告"与"通告"分开，各自成为独立的文种。

五、公报

公报，起源于古代的"扁书"和"邸报"。扁书就是将政令、法律书之于木板之上，悬于高处的一种公文发布形式。汉代的扁书，散见于《居延汉简》、《居延新简》、《敦煌悬泉汉简》、《额济纳简》、《疏勒河流域出土汉简》之中，自上世纪末陆续整理问世，逐渐引起国内外学者的关注。"邸报"最早出现于西汉初期。又称"邸抄"（也作邸钞），并有"朝报"、"条报"、"杂报"之称，四者皆用"报"字，可见它是一种公告性的通报，是专门用于朝廷传知朝政的政治情报的文抄。据历史记载，当时西汉实行郡县制，全国分成若干个郡，郡下再分若干个县。各郡在京城长安都设有办事处，这个住处即称做"邸"，派有常驻代表，他们的任务就是要在皇帝和各郡首长之间做联络工作，定期把皇帝的谕旨、诏书、臣僚奏议等官方公文以及宫廷大事等有关政治情报，写在竹简上或绢帛上，然后由信使骑着快马，通过秦朝建立起来的驿道，传送到各郡长官。这就是

《邸报》产生的背景,这也是中国有史可依的最早的报纸。隋唐以后出现的黄榜、明代的塘报,其功能与今天的公报也基本相同,因此,可以将扁书、邸报、黄榜、塘报看做现代公报文种的源流。今天的公报依据发文主体的不同分为两类:一类是党政机关或团体发布重大事件、重要决定的公报;另一类是联合公报。党、政、团体发布的公报可因内容的不同分为事件性公报和会议公报两种;联合公报是用于两个或两个以上国家的政府、政党、团体的代表就会谈、访问等事宜所发表的公报。

六、通告

通告与公告的起源基本一致,如果以现代通告的定义作比较,还有古代的报、教、布告比较接近。"报而罪之"(《韩非子·五蠹》)。"教,上所施下所效也"(《说文》)。布告,指书面的或印刷的公文。语出《史记·吕太后本纪》:"刘氏所立九王,吕氏所立三王,皆大臣之议,事已布告诸侯,诸侯皆以为宜。"《三国志通俗演义·曹操起兵伐董卓》:"操等谨以大义布告天下"。"通告"作为公文名称始见于北洋军阀统治时期,民国时期亦沿用此名称,但均属于《公文程式条例》规定之外的"杂体文"。革命战争时期中国共产党也曾使用过该文种,1931年,中共三大期间,由瞿秋白起草、周恩来签发的《文件处置办法》中,"通告"被辑录为11种公文文种之一。新中国成立后"通告"才正式成为公文的文种名称。1951年9月29日,中央人民政府政务院颁布的《公文处理暂行办法》中规定:"一般事件需要在一定范围内,对人民或机关、团体通告周知时用通告";1957年10月3日,国务院秘书厅颁布的《关于公文名称和体式文体的几点意见(稿)》中规定:"通告用于向人民群众、机关、团体公布周知的一般事项";1981年2月27日,国务院办公厅发布的《国家行政机关公文处理暂行办法》中规定:"在一定范围内,对人民群众或者机关团体公布应当遵守或者需要知道的事项,用通告";1987年2月28日,国务院办公厅发布的《国家行政机关公文处理办法》中规定:"在一定范围内公布应当遵守或周知的事项用通告";1993年11月21日,国务院办公厅修订并发布的《国家行政机关公文处理办法》中规定:"通告适用于在一定范围内公布应当遵守或者周知的事项";2000年8月24日,国务院发布的《国家行政机关公文处理办法》中规定:"适用于公布社会各有关方面应当遵守或者周知的事项。"这几次修订,基本作用没有变化,只是适用的范围由小变大或由大变小。

七、意见

意见,源于古代的训、谟、上书。"训,说教也"。(《说文》)"大训"。

(《书·顾命》)"告之训典"。(《左传·文公六年》)还有如训令；训典（古圣王的典籍）；训格（教训，规范）；训范（足可为法的规范、典范）；训诰（训教导之辞；诰，指诏书或告诫之文）。谟，春秋战国以前臣下为君主就国家大事进行谋划的公文称之曰谟，如《尚书》中的《大禹谟》、《皋陶谟》。上书，向君主进呈书面意见。《史记·孝武本纪》："于是天子令太祝立其祠长安东南郊，常奉祠如忌（指谬忌）方。其后人有上书，言'古者天子三年一用太牢具祠神三一：天一，地一，泰一。'"意见作为公文文种，始于《中国共产党机关公文处理条例》（1996年5月3日印发），在此之前，党和行政机关公文中就已出现以"意见"作为标题的公文，但因未将其正式确立为公文文种，常常以"指示"这一文种下发。1996年5月3日印发的《中国共产党机关公文处理条例》中，将"意见"正式确立为一个文种，与"指示"并存。2000年8月24日颁布的《国家行政机关公文处理办法》，删去了"指示"这一文种，增加了"意见"这个新文种。由此可见，行政机关公文中的"意见"也兼有过去"指示"的职能，现在的"意见"这一公文文种，已成为相当重要的规范性公文文种。"意见"的特别之处就在于其行文方向是不确定的。如果需要，上行、平行、下行都可以。作为上行文，上级机关应当对下级机关报送的"意见"作出处理或给予答复。作为下行文，文中对贯彻执行有明确要求的，下级机关应遵照执行；无明确要求的，下级机关可参照执行。作为平行文，提出的意见可供对方参考。

八、通知

通知，起源于先秦的征、符。秦汉时期的告、露布、戒书、扁书、方书；魏晋南北朝的帖；隋唐以后的堂帖、牌、牌面、传牌、谕等文种可视为通知的源流。蔡邕说："制书皆玺封，唯赦令、赎令露布下州郡。"露布，也称露板、露版，是一种公文处理方式，即不加封检、公开发布，不是一种文种名称，但以露布的方式发布的公文，却具有让四方官民迅速知晓的意思，这与现代通知中"发布、传达要求下级机关执行和有关单位周知或者执行的事项"的含义相吻合。汉代的下行文种中有一种叫做"戒书"的文体："戒书，戒敕刺史、太守及三边营官，被敕文曰'有诏敕某官'，是为戒敕也。"（《独断》，蔡邕，中华书局1985年版）。是皇帝对下级臣僚，尤其是对刺史、太守以及边疆军事将领进行训示、警戒的指示教导性公文。其功能也与现代的通知相似。最迟在宋代，"通知"已作为公文用语频繁使用，意思是"周知"、"统统知晓"，如《宋会要辑稿》（清·徐松）中有"仍令州县将今来所降指挥分明大字镂板，多出文榜，遍于乡村等处晓谕民户通知，务要投纳契税"。发展到清代，出现了新的公文文种"谕"，除了用作皇帝下行发文外，还用于官府长官对其属吏或者民众，就某些事项给予布置、告知或提醒。清代还有一种重要的下行文——牌文,根据使用者和使用方式的不同,分为牌票、牌檄、传牌三种。其中的传牌是按站递传的通知性下行公文,例如道光十八年(1838年),林则徐受命为钦差大臣,前往广东禁烟。临行前特发传牌,明白开载随带人员、行李,并规定:沿途州县毋得隆重接送、丰盛招待,随员不得勒索、受贿。1916年7月29日,段祺瑞政府公布新公文程式,规定了13种文种,虽然未将"通知"列入其中,但在北洋政府1928年灭亡前,实际使用的通用公文中也有"通知"这一文种。1942年,国民政府在此前经过多次公文改革的基础上,公布了新的《公文体制条例》,其中,取消了原来的"咨"和"任命状",增加了"通知"和"报告"。这是我国第一次将"通知"用作公文名称。中国共产党成立后,在领导中国各族人民为新民主主义而斗争的过程中,根据形势和现实的需要,在各革命根据地为发展、建立新的公文制度,进行了不断的改革与创新。1942年年初颁布了《陕甘宁边区新公文程式》中,将"通知"规定为5种辅助的公文文种之一。1948年和1949年,东北行政委员会办公厅和华北人民政府办公厅发布的《简明公文程式》、《公文处理办法》、《公文处理暂行办法(草案)》等,都分别把"通知"正式列为行政公文名称。新中国成立后,1951年9月29日,政务院颁布的《公文处理暂行办法》中,未将"通知"列为独立的文种,而是附在"通报"之后,但实际工作中"通知"却广泛使用,但不够规范。为此,1957年11月,国务院秘书厅所发的《关于对公文名称和体式问题的几点意见(稿)》和国务院办公厅1980年10月发布的《国家行政机关公文处理办法(草案)》中,都把"通知"列为正式公文。此后,一直都将"通知"列为主要文种。现在,它已成为各级国家机关、各个组织、社会团体和企事业单位使用频率最高的文种之一。

九、通报

通报,起源于先秦的征、符。秦汉时期的切责、封、戒敕、布告都是其源流。《汉书·沟洫志》:"御史大夫尹忠对方略疏阔,上切责之。"《后汉书·李云传》:"诏切责蕃秉,免归田里。"汉蔡邕《独断》卷上:"文曰'有诏敕某官',是为戒敕也。"《三国志·魏志·中山恭王衮传》:"衮忧惧,戒敕官属愈谨。"隋唐以后的敕书、敕牒、布政榜、黄榜、告示也都与之有密切关系。"通报",最早出现在民国实际使用的专用公文中。作为公文名称通报比通知晚。抗日战争时期,陕甘宁边区政府在使用"通知"的同时,曾一度使用过"通报",但只是"通知"的别名。1948年,华北人民政府发布《华北人民政府办事通则》,将"通报"列为11种行政公文之一。1949年2月,华北人民政府发布的《公文处理暂行办法(草案)》正式将"通报"列为公文文种。1987年,国务院办公厅

《国家行政机关公文处理办法》中规定:"表彰先进,批评错误,传达重要情况,用通报。"

十、报告

周代的事书是诸侯或者地方政府向周天子汇报事项、请示问题的公文,因此,可以把事书看做是现代公文"请示"、"报告"的始祖。春秋战国时期,官民向皇帝报告情况普遍使用"上书"。秦朝,改上书为"奏",成为历代臣子上行皇帝的主要文种。汉代的上奏文种有四种,分别是章、表、奏和驳议,汉律规定任何人均可向皇帝行书、报告情况。晋朝增加了"启"。唐宋时期又出现了"榜子"、"奏状"、"奏札"等种类。发展到明清时期出现了题本、奏本、奏折。民国时期,仍沿用"呈",这种"呈"涵盖了当时的上行公文,包括"报告"和"请示"。民国时期已出现"报告",但使用不普遍,主要是军事机关下对上的报告,如"战斗要报"、"战斗详报"等。真正将"报告"和"请示"定为公文文种的,是在共产党领导下的人民政权时代。1931年,中央工农民主政府颁布的《苏维埃地方政府的暂行组织条例》中有"报告书"这个文种,其中包括了"报告"和"请示"。1938年,晋察冀边区政府发表的《改革公文程式的理论与实际》一文中,第一次出现了"请示"的公文名称,并界定:"请求上级答复问题时用之",但实际上常与"报告"混用,在此文件中把"报告"定为下级对上级的通用公文名称,规定"工作报告、工作经验、工作反映均包括在内"。这样"报告"和"请示"就取代了旧时"呈"的部分职能。1951年,新中国成立初期,政务院第一次发布《公文处理暂行办法》时,没有"请示"文种。当时规定"对上级陈述或请示事项"要用报告,也就是说,当时不管是报告情况还是请示工作,用的都是报告这个文种,于是就出现了请示事项用报告,或用一个不伦不类的名字"请示报告"的情况。1957年,国务院秘书局《关于对公文名称和体式的几点意见》,注意到了"报告"、"请示"不分的问题,新设立了"请示"文种。但这个文件仅是一个"意见",权威性不大,更由于多年"报告"、"请示"不分,积习难改,这个文件的精神实际上没有得到贯彻。这种混乱情况一直延续到20世纪80年代初期。1981年,国务院办公厅重新发布了《国家行政机关公文处理暂行办法》,对区分报告、请示的规定曾三令五申,再加上20世纪八九十年代重视对公务员和秘书、写作人员的培训,各高等院校和培训机构开设了大量的公文写作课程,才使报告和请示这两种公文的写作和运用逐步趋于规范。但由于多年的习惯性,且因在1981年、1987年两次发布的公文处理办法中,仍然将报告和请示属于同一类公文的两种,也就是说,一直没有将它们完全分离,所以将报告和请示误用,或口头上将"请示"说成"报告"的情况,还是大量存在。1994年《办法》增设了"'报告'中不得夹带请示事项"的专项规定后，从根本上把"请示"从"报告"中分离出来。是"报告"，就不能夹带请示事项；一旦夹带了请示事项，就不再是"报告"，而是"请示"，是带有报告成分的"请示"。实践证明，随着这一规定的贯彻实施，"报告"与"请示"不分或混用、误用的现象已大为减少。

十一、请示

见十、报告所述内容。

十二、批复

批复，源起于秦代的"报"，亦称"报书"，即告知的意思，是上级对下级公文的回复，特指朝廷传达帝王旨意，对臣下所奏条陈、奏章等公文的批复。如秦始皇《报王绾等议帝号》（《全秦文》卷一）。后演变为"批"。徐望之《公牍通论》指出："批，示也。谓判决是非以示之也"，"批为裁答人民呈请之文"。"批"作为公文名称始于唐朝。起初，唐朝皇帝对臣下奏疏的批示或答复可否时用"批"，也称"批答"。到了唐玄宗时，设置翰林侍诏，掌管四方"批答"。宋、明时代因袭之。清朝用于官署之间，地方行政长官对下属的请示的回答称之为"批"。北洋军阀时代亦如此。国民政府时规定"批"的用法是："各机关对于人民陈请事项，分别准驳时用之。"1942年，陕甘宁边区政府颁布的《陕甘宁边区新公文程式》中，也有"批答"文种。1949年，华北人民政府发布的《公文处理暂行办法》，第一次正式提出"批复"这一公文文种名称，新中国成立后至今一直使用。

十三、议案

议案，起源于先秦的移书。春秋时的官吏通书函往来，称为遗书。如《左传》成公七年，巫臣自晋遗楚子、重子反书。又称为贻书，后转作移书，如刘歆移书让太常博士。魏晋以后称为移，唐用于诸司自相质问，名称不一，故总名公移以概括。清朝用于武营往来和州县相交涉公事。明孔贞运《明兵部尚书节寰袁公墓志铭》："与夫差徭驿递，预徵优免等弊，移书所司并得梳釐，民荷更生。"民国时期，这种公文改为"呈"。新中国成立后，各级人民政府向各级人大提请审议事项所制作公文时逐渐形成了"议案"这一文种，但在公文中未列为正式文种。1993年11月21日修订《国家机关公文处理办法》时，将"议案"列为正式公文文种。

十四、函

函，本意为舌、含、包含、包容，引申为匣、匣、盒子，再引申为封套、书套。因信件有封套，故将信件称为函。起初，函只作为私人信札。晋朝时期，凡荐人奏章，往往先私人密启，然后公奏。公务行文夹用私函，这是函作为公文名称的起源。唐代的平行文有关、刺、移三种，宋元以后又出现了平牒、咨、密白等平行文种。有些平行文可以在所有不相隶属的衙署之间使用，也有些只能用于具有特定关系的衙署之间，例如宋朝的咨和密白。咨又称咨报，主要用于学士院，是当时的翰林院与三省、枢密院之间的往来公文；密白，是枢密院不经中书省而直接送给门下省时使用的机要公文。《文心雕龙》："牒者，叶也。短简编牒，如叶在枝。温舒截蒲，即其事也。议政未定，故短牒咨谋。"因此在古代这些平行公文文种中，最接近今天"函"文种的是，出现于魏晋南北朝的牒。到清代，上级官署对下级官署在批札之外，常常加一书信，叫做"加函"或"加标"，也有称"附片"的，这表明当时函已成为一种公文了，直到民国时期，最终确立了函的文种名称，现在一直使用着。

另外，文种"咨"也曾有着函的功能，亦作"咨报"，又称咨文。咨的本义是商量、询问，三国时已有咨文，但不是作为公文使用的。宋朝咨文正式作为一种较高规格的平行文使用，用于翰林院与中书、门下、尚书三省（统领政令章奏之处）、枢密院（统领全国军令之处）之间的平行公文称之为"咨报"。宋后"咨"一直作为较高规格的平行文使用。直至民国时期辛亥革命后，公文文种极度简化，在仅有的几个文种中，平行文仅保留了"咨"一种，用途已较前广泛。中国共产党在革命战争时期和新中国成立后，即废除了"咨文"，代之以"函"。1921年北洋军阀政府发布的《公文程式条例》规定，"公函"用于无隶属关系的官署之间行文。1928年国民政府修订《公文程式条例》重申了这一规定，这个规定把"函"定为平行公文之一。新中国成立后，"函"一直被列为公文的一个文种。1951年9月，政务院颁布的《公文处理暂行办法》规定："平行机关及不相隶属的机关行文时用'公函'，介绍、商洽、询问、催办等事得用'便函'，只需个人署名或盖用机关长戳、圆章即可。"1981年国务院办公厅发布的《国家行政机关公文处理暂行办法》中取消了"公函"、"便函"，只列"函"一个文种。现代函主要用作平行文，有时也可以用作上行文、下行文。上行、下行的函，通常用于商洽、答复事项，例如批复函就属于下行文。

十五、纪要

纪要，是由古代载书演变而来。载书，就是盟书，会盟时所订的誓约文件。

当时诸侯和卿大夫间举行盟誓活动，盟书皆有数本，一本埋在盟所或沉河，以取信鬼神，与盟者各持一本归，藏于祖庙或司盟之府。《周礼·司盟》："掌盟载之法。"郑玄注："载，盟誓也，盟者书其辞于策，杀牲取血，坎其牲，加书于上而埋之，谓之载书。"《三国志·吴志·吴主传》："凡百之约，皆如载书。"秦汉以后的奏记、起居注、市政记；元代的记过；明清的实录，都与纪要有着历史渊源。新中国成立以后，"纪要"早已是机关工作中常用的文种，但将其升格为行政机关的正式文种，始于1987年的《办法》，不过那时称"会议纪要"，2012年的《党政机关公文处理工作条例》改为"纪要"。

第三节 公文制度的改革与创新

古代的公文制度内容丰富，涉及公文从拟写制作到传递、保管和利用的每个环节。重要制度的撰拟方面，有一文一事制度、避讳制度、用字制度、用纸制度、用印制度；处理与管理方面有收发登记制度、催办制度、保密制度、驿传制度、归档制度等。在古代这些制度都有明文规定，办文人员要严格遵守，如果违反了都会受到相应的处罚，《秦律》《唐律》《大明律》等都对公文的撰写、收办、传递等环节有明确的规定。这些法律法规有效地保障了公文工作的顺利开展。

一、撰拟制度

撰拟制度包括一文一事、避讳、用字、用纸、用印、照刷、磨勘等方面。在这些制度方面，当代或多或少的有所继承。由于科技的进步与发展，除在用字和用纸制度方面的变化外，比较有代表性的是公文撰拟制度。

古代的公文都坚持"一文一事"的撰写原则，甲骨文的卦辞里大多缺乏议论的色彩，都是简单的陈述某事，是最初的一文一事制度的雏形。《党政机关公文处理工作条例》对一文一事制度有明确的规定："请示应当一文一事。不得在报告等非请示性公文中夹带请示事项。"

避讳制度在古代公文中随处可见，这是由特殊的历史背景决定的，为了维护君主尊贵的地位，避讳制度在古代一直沿用着。现行的公文中，大陆不再使用古代避讳的相关制度，而台湾则在某些方面还保留着这一特征。

用印制度在古代非常成熟，不同的官职有不同的印章，有严格的规定，包括材质、大小等方面，这是一种权力的象征。党政机关在印章使用方面有明确的规定。中国古代有所谓"照刷磨勘"制度，就是现在我们所说的公文核查，如元代设照磨官专门负责公文的检查复核。"明察曰照，寻究曰刷，复核曰磨，检点曰勘"。现在的公文都继承了这一制度,在此基础上有所发展。古代对公文撰写出现错误这方面的惩罚比较严厉,因此为了保证公文的准确性都会设有专门的职位去核查公文,准确无误才会发出。这一制度的目的就是保证公文准确无误地传达发文者的意图。

二、公文处理与管理制度

古代公文处理与管理制度包括收发登记、催办、保密、驿传、勾检、归档等方面,这些制度贯穿公文运转的整个过程,有效地保证公文的运转。现在公文的运转方面都含有这些制度,只是情况不同,对古代的继承有所取舍,而且和古代一样,都设有相关的部门来分工完成这一过程。以上办文环节缺一不可,都非常重要。

归档方面的制度,古代就特别注重对公文的归档保管,历朝都有自己的特色。在归档前要勾检,对文稿审核把关,处理完毕后予以归档。隋唐时有一案一卷的归档制度,把围绕一件事情的公文放在一个案卷里存档,这是按公文的内容立卷的科学存档方法,现在仍在使用。宋朝出现的架阁库制度,是古代档案保管的重要发明,对现在机关档案室和各级各类档案馆的建设具有借鉴意义。

新中国成立以后党和国家的公文处理工作制度不断改进完善,如党的机关公文处理,就经历了由文书到文件,再到公文的变化。目前,《党政机关公文处理工作条例》《中国共产党党内法规制定条例》《行政法规制定条例》《规章制定程序条例》等,就是正在使用的党政机关公文处理法规。

三、用纸制度

东晋末年,桓玄下令公文全部用纸书写,纸张随即成为唯一的普通公文书写材料。为了体现公文的特殊性和权威性,历朝历代对公文用纸的颜色、尺寸等制定了一些相关的规定,逐渐成为一种制度。

东晋末年至南北朝时期,公文用纸分为黄、白两种,较为重要的公文使用黄纸,其他用白纸。黄纸是用黄檗汁浸染过的纸,可以长年防蛀,这个过程称为"入潢"。我们平时说的"皇榜"原为"黄榜",就是采用黄色纸张书写、以皇帝名义下发的榜文,用来公布重大事件。唐朝时期,纸张的品种和产量大增,国家对公文做了更为详细而明确的规定:黄色成为皇家专用颜色,黄纸也成为皇家专用纸,称为"黄敕"(民国时期才取消了这种带有明显等级差别的黄、白用纸规定),官方往来公文和臣民上书只能用白纸。一些特殊用途的公文要用特别制造的纸张,如征讨性公文要用白藤纸(又称白麻纸),皇帝颁发给臣僚和内外命妇的"告身文书"(即委任状,宋以后称诰命文书)用五色绫纸,给吐蕃、回纥等少数民族属国国王发布公文用金华五色绫纸等。关于纸张的规格唐朝也有相关规定，皇帝的诏敕公文高一尺三寸，长二尺，臣僚公文要小于这一标准。

纸质公文一改简册公文的卷轴形式，采用折叠形式，携带、翻阅、保管更方便。以后各代基本沿用。

目前党和国家规定：公文用纸主要技术指标：公文用纸一般使用纸张定量为 $60\sim80 g/m^2$ 的胶纸印刷纸或复写纸。纸张白度为 85%～90%，横向耐折度≥15 次，不透明度≥85%，pH 为 7.5～9.5。公文用纸幅面及版面尺寸：公文用纸张采用 GB/T148 中规定的 A4 型纸，其成品幅面尺寸为：210mm×297mm，尺寸的允许偏差见 GB/T148。公文页边与版心尺寸：公文用纸天头（上白边）为：37mm±1mm，公文用纸订口（左白边）为：28mm±1mm，版心尺寸为：156mm×225mm（不含页码）。

四、签名制度

公文须由主要负责人签字或盖章后才能生效，现代叫"签发"，古代叫"判署签押"，这一制度由公文制作者签名逐步发展而来。判署、签押存在一定的区别：判署又称判签，指的是主官在审查完文稿后写上最后意见，如同意则写"可"、"闻"、"依"、"行"、"从"等字，或书写简短判语；签押，又称画押、押尾，指的是主官经判署后签上自己的姓名，之后公文才能生效。

公文签名始于殷商时代。殷商甲骨公文是由史官或巫卜刻制的，他们在起草公文或记录活动时，常在甲骨公文上签字，或刻上某种记号，以示对所写公文负责。卜辞的开端部分还常常刻有"卜人"（询问某事凶吉的人）的名字。战国时期齐国国相齐婴率先在契券公文上签名，各官署皆仿照执行，主管公文工作的官吏要在审定的公文上签押或署名。这种签押或署名一般字迹潦草，难以模仿，可以提高公文的严肃性和可信度，所以在三国时期正式实行。东晋以后纸张成为正式的官方公文载体之后，签押制度也被朝廷作为一项法定的制度执行，各级官府行移公文都由该官府长官签押署名主发。如果长官不在官署，则以"近次"兼行长官职权主发公文，这种现象在汉简中常见。兼行者用自己的"小官印"或"私印"来主发公文，表明兼行者对所发公文负有责任。公文结尾照例有经手人签名，他们一般为属吏，如掾、令史、书佐等。

古代公文判署签名制度还规定不能由他人代行，如《唐律》规定："诸公文有本案，事直而代官司署者，杖八十，代判者，徒一年。"（《唐律·疏议》卷第十）就是说有找他人代替在有关公文中签名的人，处以杖打八十的刑罚，代替签名的人，处以坐牢一年的刑罚。

现行党政机关公文格式规定，上报的公文需标识签发人姓名，平行排列于发文字号右侧。发文字号居左空1字,签发人姓名居右空1字,签发人用3号仿宋体字,签发人后标全角冒号,冒号后用3号楷体字标识签发人姓名。如有多个签发人,主办单位签发人姓名置于第1行,其他签发人姓名从第2行起在主办单位签发人姓名之下按发文机关顺序依次顺排,下移红色反线,应使发文字号与最后一个签发人姓名处在同一行,并使红色反线与之距离为4mm。

五、保密制度

保密工作是公文处理的一项重要内容,公文自产生之日起就十分注重其保密性。古代公文保密措施:一是在公文传递过程中采取一定的保密措施。古时通常采用泥封、蜡封和封皮折角封等方法,防止公文在传递过程中被泄密、更改、伪造。泥封又叫"封泥",根据王国维在《简牍检署考》中的考证,其具体做法是,将书写公文的多片木简,用绳子连接,加一个封页(称为"检"),在"检"上绳子打结的地方糊上一块黏泥,加盖印章,显出印文,黏土干了以后会很坚硬。纸质公文一般采用专门的封皮折角密封,并于封皮两端加盖印章或署上姓名,防止泄密。

二是制定公文保密规定。东汉明帝曾云:"尚书盖古之纳言,出纳朕命,机事不密则成害,不慎钦!"(《后汉全书》,严可均,中国商务出版社2006年版)意思是说,机密的事情如果不保密或者保密工作做得不好,就会造成严重后果酿成灾害。这说明当时的统治者已经从理论上认识到保密工作的重要性。唐代制定了一套比较完善的保密工作法律制度。公元637年,唐太宗正式颁发共502条的《唐律》,其中有不少条款是对公文保密的规定,对封建公文保密制度的建立和完善作出了很大的贡献。宋代规定,"凡议时政得失,边事军机文字,不得写录传布;本朝会要、实录,不得雕印","勿使国之机事传播间阎,或流入四夷"(《宋会要辑稿考校》,王云海,河南大学出版社2008年版)。元代仿照唐宋制定了保密刑法条文,明清在不同时期发出许多保密谕旨,基本形成了适应封建制度特别是皇权高度集中需要的、系统详备的一套保密规章制度。清代军机处的出现,标志着朝廷内部机要保密工作进入了最高峰。

三是对泄露、窃取公文机密者处以很重的刑罚,使大小官员和吏民有法可依,对窃密或泄密者起到震慑作用。历代法令都有关于这方面的条款。《唐律》规定,"诸盗制书者,徒二年。官文书,杖一百;要害文书,加一等;纸券,又加一等","诸漏泄大事应密者绞"(泄露国家重大机密事件的人处以绞刑),"诸私发官文书印封视者,杖六十(私自拆阅公文的人杖打六十);制书,杖八十(私自制发公文的人杖打八十)","诸密有征讨,而告贼消息者,斩;妻、子流千里(有关征讨等战事信息泄露给敌方的人一律处斩,他的妻子和儿女也要流放千里)",可见唐朝对公文泄密和失密的处罚是十分严厉的。宋代除了通过法律规定对泄密者的惩罚外,还制定了对告发违反保密规定行为的奖励办法,如告发藏匿毁拆调换机密档案者,可以获得50贯至100贯的奖赏。元代仿照唐宋,对泄密罪的处罚极为严厉,轻则充军,重则处死,规定对违反保密制度造成的泄密行为,不但处罚当事者,还要处罚其上司,即追究领导责任。明代对泄密者的处罚也要重于唐宋时期的规定,如"若近侍官员泄露机密重事予人者,斩。常事,杖一百,罢职,不叙(永不叙用)"(《大明律·点校本》,怀效锋点校,辽沈书社1990年版)。清代对官府办理密件的规定十分烦琐,对泄密的惩罚也非常严厉,如规定"密旨"、"密疏"必须在御前密封和开拆,严禁未经御览批发的公文刊刻传播,如果出现此类事件,一律照泄密罪论处。

现行党和国家规定了公文的秘密等级和保密期限。如需标识秘密等级,用3号黑体字,顶格标识在版心右上角第1行,两字之间空1字。如需同时标识秘密等级和保密期限,用3号黑体字,顶格标识在版心右上角第1行,秘密等级和保密期限之间用"★"隔开。

六、用印制度

公文加印,能够证明它的权威性、有效性和机密性,可以防止公文被伪造、篡改和泄密,便于管理和控制。

清代学者朱简说:"印始于商周",就是说公文印章出现于商周时期。但当时一般称"印"为"玺",多用于私人检验财物时的凭证。到春秋后期开始用于检验公文,但未普及。到战国时,往来公文就必须加盖印章封存了。秦代以后,印玺分家:"玺"成为皇帝专用之宝。据东汉卫宏《汉旧仪》所载:"皇帝六玺皆白玉虎钮。"根据上面刻写的文字不同共有六种,即皇帝行玺、皇帝之玺、皇帝信玺、天子行玺、天子之玺、天子信玺;百官的印章则统称为"印"。在封建官制系统中,印章的材质、印纽的样式、印文的名称、印绶的色彩等都因官阶不同而不同,井然有序。秦朝玺印使用的区别、用印制度的统一,体现了中央政府对各级各类公文控制严格,是君主集权制的必然产物。汉代时官府之印(即单位公章)和长官之印(即单位领导人的公务印章)功能没有区别,有时公文中只有其中一印,有时两印同时具备。当时还实行一官一印制度,罢官时官印上交或带走,新官需要刻写新的印章。魏晋南北朝时期,建立官印移交制度,官府主官任免交替时,不再新刻官印,而由离任官员向接任官员移交。

公文采用纸张作为载体之前,都是在封泥上加盖玺印,确保公文的有效性和秘密性。采用纸张以后,改用朱色水印方法加盖印章,更加方便。封泥加印法需要经过和泥、黏着、盖印、晾干几道程序,而朱色水印法只需将带有朱色水墨的玺印在指定位置轻轻一盖即可。同时出现了骑缝印制度。如果一份公文有两页或多页，需要将公文纸拼接起来，在骑缝处加盖印章以示完整，此之谓"骑缝印"。宋代规定："诸狱四案款不连粘或不印缝者，各徒一年"（南宋·谢深甫监修《庆元条法事类》），即在骑缝处不加印的人要被处以一年牢狱的刑罚。骑缝印在现代仍然被使用，不过不是盖在两张公文纸的拼接处，而是使用在介绍信一类公文的正本和存根的连接处。公文中需要用印的地方除了签名处和骑缝处，还有一处，即改动处。唐代使用贴黄方法改动公文，凡贴黄处必须加盖印章，宋代以后贴黄被用作公文内容摘要，公文中的错误之处可以用笔做局部改动，但是改动处仍然需要用印，以示公文改动的官方性，防止公文被他人随意改动。此制度一直沿用至今。

元代对印章的制作、保管、使用特别重视。中央政府内设有专门的印玺管理机构，如掌管刻制和销毁各级官衙印章的铸印局、掌管刻制和皇帝宝玺的符宝局等。在中央和各行州府官衙还设有专门掌管官印的知印官，在掌有重权的官衙中，还设有监印官，负责监护、守护和使用印章，与知印官相互制约，防止滥用官印。明代，为防止中央部门和地方官员擅自行文，同时为保密，规定了行文半印勘合制，即一张公文纸编写字号后一分为二，在中间接缝处盖内务府的关防印，右面一半填写具体公文内容，左面一半保留在内务府。这种用印方法与骑缝印相类似，骑缝印使用是为了防止公文伪造，行文半印勘合制则有利于控制公文数量、保证公文的严肃性。

公文用印制度有个历史的演变与继承过程，古代的用印制度无疑是现代公文用印制度形成的参考和来源。现行党政机关公文格式规定，印章用红色，不得出现空白印章。单一机关行文时，一般在成文日期之上、以成文日期为准，居中编排发文机关署名。印章端正、居中下压发文机关署名和成文日期，使发文机关署名和成文日期居印章中心偏下位置，印章顶端应当上距正文（或附件说明）一行之内（说明：在实务中，检查印章盖得合不合格，通常目测四点：一是印章是否正；二是印章是否清晰；三是印章是否上距一行之内；四是印章是否压署名和日期恰当）。联合行文时，一般将各发文机关署名按照发文机关顺序整齐排列在相应位置，并将印章一一对应、端正、居中下压发文机关署名，最后一个印章端正、居中下压发文机关署名和成文日期。印章之间排列整齐、互不相交或相切，每排印章两端不得超出版心，首排印章顶端应当上距正文（或附件说明）一行之内。

七、缮写制度

历代统治者都很注重公文的准确性、严肃性。唐代规定抄写公文不准脱剥文字、写错别字，更不准改动词句，否则要按律处罚；宋代规定公文有错误要改动，需在改动处用印，以确保公文的准确性和可信度；元代对时间、错字、数字、官员署名都有明确规定，行移文字不准刮补改涂；明代对批阅公文或抄写公文做了种种法律性的规定，还规定了种种符号。

如果确实有需要改动的地方，除了需要用印的规定以外，对改动的方法也有规定。唐代制敕等公文在使用黄纸书写时，如有改正处，需用适当大小的黄纸贴上然后改写，称为"贴黄"。后来扩展到其他公文，即使是白纸公文亦用此法改写。

到了宋代"贴黄"概念有所变化：凡上行公文写完后如有重要内容需要补充说明，可以另外书写于黄纸贴于正文后面。后来公文越来越繁缛，阅读起来费时费力。为加快阅读速度，尽快得知公文主要内容，宋代规定，凡送呈朝廷的章奏公文，需将要点、呈递日月写于黄纸上，贴于封皮或文首，称为"引黄"。引黄是公文摘要的开始，能够使受理公文者一目了然地看到公文的主要内容，提高公文的处理效率。

明清时期公文已经繁缛到极点，使"贴黄"一词又发生变化。崇祯皇帝深感公文文字冗繁，命令内阁制作贴黄式样，令奏本官员将自己的奏疏作百字摘要，贴附于公文之末，便于阅读要点。清初对贴黄制度有了进一步的规定，体现在贴黄字数使用方面。清顺治二年规定：凡内外官员题奏本章……将本中大意，撮为贴黄，以便阅览，其贴黄不许过一百字；如果字数溢额，及多开条款，或贴黄与原本参差异同者，该衙门不得封进，仍以违式纠参。意思是官员需要在本章之外写摘要，不但要与本章内容相符，而且字数不能超过一百，否则不但得不到封进的机会，而且还会因违背式样被处罚。

摘要在今天也称为提要。它是以简明扼要的文句，将一篇公文的主要内容，正确无误地摘录出来，使阅文者于最短的时间内，得知公文的大意。摘要的主要功用，是要节省阅读者的时间，能于短时间内，得知多种公文的大要，并据以决定是否要阅读全文，为现代公文处理的一种重要方式。

八、正副本制度

这是始于西周的一种公文制度，重要公文必须建立副本。根据《周礼》《礼记》等文献记载，西周时期从王命公文到地方官府的重要公文大多有副本多份，分存各处。所谓"太史、内史、司会及六官皆受其贰而藏之"，这里的"贰"指的就是抄录的公文副本。有了纸张以后，副本制作更加方便，王命公文和各类公文都有正副本，有的公文还要制作多份副本。

公文正副本的保存规定一般是一份由本官府保存；另一份交给上一级政府收存，正如《礼记·内则第十二》记载，"宰告闾史。闾史书为二，其一藏诸闾府,其一献诸州史,州史献诸州伯,州伯命藏诸州府"。具体来说就是,王命公文颁发后正本交给受命者,副本交由内史保存;中央各官署公文,一份在原官署存档,另一份上交王室"天府"公文库保存;地方官署的重要公文也是一式两份,一份自行保存,另一份送交所属诸州史收存。

这些公文制度,有的延续至今,如用纸、签名、保密、用印、正副本制度。公文正副本制度不仅至今仍是公文工作的重要制度,也是档案工作的重要制度,为现行公文的执行和历史公文的保存提供了保证。有的公文制度虽然已经废弃,但至今仍然具有借鉴意义。如贴黄制度,今天的公文摘要就是其新的发展与变化。

1988年,国家质量技术监督局颁发《国家机关公文格式》,后于1999年12月27日修订后重新发布,名称改为《国家行政机关公文格式》。2012年6月29日,国家质量监督检验检疫总局、国家标准化管理委员会发布了《党政机关公文格式》,结合这些年来党政机关公文格式的实际应用,对公文用纸、印刷装订、格式要素、式样等作出了具体规定。特别是将党政机关公文用纸统一为国际标准A4型,首次统一了党政机关公文格式要素的编排规则,使党政机关公文的表现形式更加规范。该标准的实施,有利于进一步提高各级党政机关公文制作水平和质量,有力推动党政机关公文处理工作实现科学化、规范化。

公文随着时代的发展变革不断推陈出新,从来没有停止发展的脚步。但是,江河千里,泥沙俱下,封建社会的公文在发展过程中也曾出现过繁缛虚浮的现象,有固定格式也不免僵化。随着社会的不断发展,社会主义建设事业的不断进步,以及办公现代化程度的不断提高,党政机关公文处理法规也在不断进行调整和完善。我们在进行公文写作与处理时,既要吸收历代公文中的精华,借鉴国外公文写作与处理的良好经验,又要适应时代的发展,弃除芜杂,使公文的写作既无愧于中华民族的优秀文化传统,又满足现代社会对公文的要求。

第四节 公文程式变化与创新

一、古代公文程式的构成要素

公文程式也称公文格式,是公文内容各部分的逻辑结构和文面各种要素的布局格式。程式的有无,是公文区别于其他文章的一个重要特征。

公文的程式化特征是由其实用性决定的,格式划一的公文可以提高文件拟制、阅读和处理的效率,是公文工作规范化的重要方面。

公文程式常常被理解成简单的外观面貌,也就是文面各项目的组合样式。其实，公文的程式性不仅仅表现于外观，其内部结构——各部分内容的逻辑结构——也表现出很明显的程式化特征。鉴于此，我们把公文程式区分为"表层程式"和"内部程式"两个层面。表层程式是指文面各要素所构成的直观的外部面貌，也可以称作"语言结构"或"文字结构"；所谓内部程式，是指公文内容的起承转合所形成的结构，也可以称作"逻辑结构"。

（一）表层程式（语言结构）

公文从形成之初，就踏上了程式化进程，并随着时代的进步，越来越周密和规范。明清是我国古代公文最成熟的时期，这时的公文程式已经相当完备。了解古代公文的程式，以该时期的公文为范本是最合适的。下面我们就以明清时代公文为例，详细介绍古代公文的表层程式。

明清两代的公文表层程式大体分为七个部分：（1）发文责任者官衔、姓名；（2）事由；（3）正文；（4）结束语；（5）受文者官府、职衔或姓名；（6）行文年月日、印章；（7）文种名称和发文者签押。这七个部分，按其作用可以分为五类：一是表明行文关系和责任者权限的：（1）、（5）、（7）和（6）中的印章；二是表明文类的：（7）中的"文种名称"；三是标明题目的：（2）；四是表明内容起讫的：（3）、（4）；五是表明行文日期的：（6）。

以上七个部分在公文中的位置决定了公文的外观，我们所说的表层程式就是这种外观面貌。上行文、平行文和下行文的表层程式基本一致，但因为授受双方身份的不同，也有局部的差异。

（二）内部程式（逻辑结构）

古今公文，虽内容繁杂多变，但"处理公务的工具"这一本质属性，决定了公文不能像文学作品那样刻意翻新，变化无穷。综观古今公文，深入内部考察其行文思路和逻辑结构，除个别文种外，遵循了大致相同的规则，即正文部分通常由"依据"、"引申"和"归结"三部分构成。

依据，就是拟写公文的根据和起因。公文均为因事而作，因事而发，没有依据的发文是没意义的。公文的依据通常是法规、前案、先例、公认理论、客观事实、来文。

引申，就是在依据基础上的说理、议论，是从依据中寻找解决问题的思路、原则和方法的过程。

归结，是在依据和引申基础上得出的问题处理方案，或者提请申请、商议的事项。"依据"、"引申"和"归结"三个部分，符合人类"提出问题，分析问题，解决问题"的认识规律，如同说理三要素"论点"、"论据"和"论证"。"依据"是"论据"，"引申"是"论证"，"归结"是"论点"。说理三要素形同一鼎三足，关系密切，不可或缺。"论点"是由"论据"导出，"论据"的推理过程，将"论点"和"论据"紧密结合起来，使三者成为密不透风的整体。同理，公文的"依据"和"归结"也通过"引申"黏合在一起，成为严密的整体。"依据"、"引申"、"归结"在公文中的出现顺序，通常是先依据，后引申，然后归结。这似乎是不言自明的道理，但由于情况复杂，其排列顺序往往并不如此简单。依据中套着引申、归结，引申中套着依据、归结，归结中套着依据、引申，甚至层层套叠的情况层出不穷。对此，徐望之在《公牍通论》（商务印书馆1931年第1版）中有详细讲述。

二、古代公文程式的演变

对公文程序的规定，现在能够见到的比较完全的是南宋宁宗嘉泰三年（1203年）颁布的《庆元条法事类》所载的宋代公文程序和《明会典》所载的明代公文程序。但这不等于说，古代公文只是到了宋代之后才有程式规定，也不等于说只有到了宋代之后公文才有了程式。

公文程式是公文形式最重要的表现，是公文内容得以表现的必要手段。当公文产生的那一刻起，程式也就出现了。只不过由于时代久远，史料阙如，我们不能洞悉其中情况而已。古代公文程式，从萌芽到成长，再到成熟规范，经历了很长的时间。将史籍、政书、古人笔记、公文文例和考古资料结合起来，可以大致描绘出古代公文程式成长的简单轨迹。

我们现在能见到的最古老的公文是甲骨文的一些篇章，比较完整的甲骨卜辞已经具备了"前辞"、"命辞"、"占辞"和"验辞"四个相对固定的项目。

《尚书》中记载了大量的夏商周三代公文，其中一些篇目呈现出比较明显的程式特征。如《甘誓》《汤誓》《泰誓》几篇誓师辞，其文字结构多以时间、地点开端，然后以"王曰"领起誓词。誓词正文的逻辑结构一般包含"讨伐原因"、"命令"、"违背命令的处罚"三个部分，且其出现顺序在各篇"誓"中完全一样。

在湖北省云梦县睡虎地发掘的"云梦秦简"中有《封诊式》一书，"封"是指查封，"诊"是指诊察、勘验、检验，"式"是指格式和程式。《封诊式》就是一部关于查封与勘验程式的书籍，属于司法专用公文。

《封诊式》中除《治狱》和《讯狱》是讲审理案件的原则外，共有23个案例的公文。《讯狱》规定了笔录的制作："其律当笞掠者，乃笞掠。笞掠之，必书曰'爰书'：以某数更盲，毋解辞，笞讯某。"答讯前的讯问，也要作笔录："凡讯狱，必先听其言而书之。""爰书"的公文程式，是秦简中法律公文的一般程式。"爰书"在秦汉简牍中很常见，包括供辞、笔录、报告书等种类。《封诊式》中的公文已有较规范的公文程式，一般说，先在公文开头写出标题，然后空格，接写"爱书"，如《告子》篇。

三、公文程式演变的规律

总的趋势是从简单到复杂，从灵活到僵化，由僵化到衰败。公文从起始阶段就出现了程式化倾向，古代公文程式起步于三代，初步发展于秦汉、魏晋南北朝，快速发展于隋唐、宋元，成熟于明，僵化于清，衰败于民国初期。古代公文程式不断复杂化的原因是多方面的：

1. 社会生活逐渐丰富，公文内容相应变得复杂，为与越来越复杂的内容相统一，公文形式必然渐趋复杂。例如，秦汉及其之前的公文，内容和结构都比较简单；但发展到隋唐，普遍出现了套装来文等情况，为表明不同作者内容的起止和关系，必须使用一些关键词。

2. 中国早期的文章实用和审美没有分开，魏晋时期才有了"文笔"之别。这证明了人们文体意识的增强，也是公文与其他文章分途而进的开端。长期的公文实践，公文与其他文章的分化，让人们不断加深对公文规律和作用的认识，对公文程式的作用越来越重视，有意识地不断总结、积累出程式化成分。

3. 公文程式的复杂化，不仅仅由于上述公务需要和表达需要，还因为其在社会结构中充当重要角色，而被人为地附加了一些因素。如等级观念、相沿而用不知其意的套语等。可以说，古代公文程式中也包含了相当多的中国文化基因，是中国文化的一种特殊载体。

随着历史的演进，古代公文程式在大部分时间内处于不断完善的上升进程中。但这种上升的进程不可能没有止境：当程式复杂到一定程度后，相当一部分不再是公务的需要，而是人为因素的干扰，与社会进步不能取同一步调时，就开始僵化，然后走向死亡。清代是封建社会的最后阶段，也是古代公文程式最芜杂、最累赘的时代。古代公文程式在清代的衰落不唯政体变革这一政治因素，设若清朝再延续几百年，公文程式也必须做大的简化和改革，不然无法符合社会的需要，而且会使公文这一工具变得臃肿、钝化，抵耗其性能。民国之后，特别是中华人民共和国成立以来公文程式不断趋于简约化的事实，就证明了这一判断的正确性。

就总体而言，公文的程式不是人为附加的，而是公文的基本属性和特定的社会功能所决定的。公文是处理政务的工具这一本质属性，规定了公文的功能是处理事务、辅助管理。为提高公文的社会效能，从内容到形式的程序化是必要的。公文程式的不断发展，主要的动力即源于此。当然，古代公文程式的发展也与无数使用者和研究者的归纳、概括，与历代政府的规定、推广有很大关系。但是，从根本上看，这些归纳、概括和规定、推广，只是对公文特性和作用认识的学术化和制度化，不过是顺应了公文程式主要由其性质和功能决定的这一规律，在客观上起到促进公文程式规范化、定型化的作用而已。

与上述情况相似，功能和实用之外，在公文程式上所附加的各种因素（如等级观念、习惯套语等），不是公文本质和功能决定的。恰恰相反，这些附加因素干扰和制约了公文作用的发挥。古代公文程式中，那些被人们指责、批判的形式主义倾向和僵化、累赘等弊端，多数起因于这些人为因素的附加成分。

公文程式的形成，与中国文字的书写方式、书写载体、文化传统息息相关。古代没有系统的标点符号，文章内容层次的起承转合，除仰仗文意的逻辑关系之外，还要依赖一些表示过渡、转折的词汇。这套词汇中有很多演变为公文程式用语，如"据"、"仰"、"案"、"开"等。

古代公文书写载体不断向简便易用的方向发展，这在客观上为公文内容不断丰富、形式不断复杂提供了可能。特别是公文用纸之后，书写的便利和纸张的廉价，为书写者尽情挥洒提供了方便。内容和形式的膨胀，必然会导致表示结构关系的程式化成分的进一步进化。传统中国是宗法制社会，社会成员出身尊卑、官职高低、权限大小，甚至年岁的多少成为划分人群界限的依据。这些界限是不能跨越的，否则不合乎"礼"的要求，是大不敬，是离经叛道，要受到处罚。根深蒂固的等级观念在公文中表现尤其明显，上行文、平行文和下行文的划分，就是这种等级观念的显现。由行文等级派生出一套程式用语和格式，如对上行文须称"申"、"呈"、"奏"，对下行文则称"付"、"下"、"令"，对平级行文则要用"咨"、"牒"等。与此相似，避讳、平阙等程式也来自等级制度。缺笔、空格、平写、一抬、二抬、三抬、四抬的规定，直接影响到古代公文的外观和形制。

公文程式确实存在表层、深层两个方面。比较而言，深层程式比较固定，变化较少，表层程式变化很大，不断更新改变。深层程式是由公文内容各部分之间的逻辑结构决定的，尽管古代公文内容有不断趋于复杂的特征，但无论内容多么复杂，总归大致可以归纳为上面所说的"依据"、"引申"和"归结"三个要素，充其量不过是这三个要素出现的顺序、频率呈现出有限的变化。表层程式是由行文关系、标题、事由、段落标志、句子标志、词语标志、时间用语、习惯套语、押署习惯等很多要素决定的。要素的增加，自然增加了组合变化的花样。不仅如此，由于这些要素本身也随着时代和习惯的变更而变化，其增减、变迁必然会相应引起程式用语和结构的变化。公文深层程式和表层程式的变化情形很像沙丘，越接近表层变动越大，越接近底部变动越小。

古代公文程式的作用是对立的两个方面：一方面确实起到方便制作、阅读和处理、归档管理的作用；另一方面也因为其过于复杂冗赘而难以学习、掌握和运用。鉴于此，对古代公文程式的态度也应该一分为二，既要继承和发展其中有利的方面,在现代和未来的公文实践中适当改造运用;也要剔除其糟粕,彻底摒弃其中陈旧、腐朽、无用的部分。

第五节 古代公文语言与文风

一、古代公文语言的特征

古代公文的语言特点不仅是在与现代公文语言的比较中显现出来的,而且也是在与古代其他文章语言的比较中显现出来的。公文的实用性和程式性决定了它与古代其他文章体裁的不同,中国古代特殊的文化和政治环境也决定了古代公文的语言与现代公文的大相径庭。但是,古今公文毕竟有相通的地方,因此现代公文语言所要求的规范、简洁、准确、庄重等规则在古代公文中同样存在;另外古代的杂文学观念,使得公文与其他文体(比如文学)关系密切,同时具有其他文体所具备的语言特点,比如讲究文采、感情浓郁、说理形象化等。因此,了解古代公文的语言特点,既要看到它与现代公文、古代其他文体的差异,也应该看到它们之间的交叉和互相影响。除此之外,研究公文语言还必须充分重视古代公文所处的历史和文化背景,注意它们的影响。

(一)以文言为主,多数简洁、朴实、准确、典雅

古代公文使用白话或口语的情况很少,只出现在两个时期:一是公文刚刚生成的远古时代,如《尚书》中所记载的很多篇章是用口语写成的;二是元朝时,因蒙古族统治者汉语水平不高,没有能力使用典雅的文言文,公文中出现了大量的北方方言和俚语,白话圣旨和公牍曾经风行。

(二)由简到繁,由质而无文到文质彬彬,再到质朴为主

从语体风格的角度看,古代公文大致经历了一个由朴实到华美,又由华美到朴实的过程。西汉之前的公文,简短凝练、质实无华,虽受战国纵横家开阖扬厉文风的濡染,但总体风气未改。自汉武帝时期开始,公文受好大喜功的社会风尚和铺采摛文的汉大赋影响,逐步走向讲求文采的道路,汉末开始的骈偶化倾向又进一步影响了公文风格。魏晋南北朝,骈体文盛行,风气所及,公文也多以骈俪词句为之,形式主义严重。隋唐以至宋元,历代不断整顿文风,抑制骈体文对公文的影响,骈体文与散体文融合,公文的内容和形式兼重,达到"文质彬彬"的艺术境地,是历史上公文写作水平最高的时期。明清公文注重实用,与文学文体逐渐分立为二体,语言平易质朴。

除文风的华美和质朴的演化之外,古代公文的语言还有一个繁简变化的问题。就整体而言,古代公文是越写越长,宋代和明代的公文有的长达数万言,拖

沓冗赘，难以卒读。虽然许多帝王三番五次敕令严禁繁文，但屡禁屡犯，沉疴难除。其中原因，尚待进一步探讨。

（三）古代公文语言具有较浓的文学色彩

和现代公文比较，古代公文具有较强的文学色彩和艺术品位。单就语言层面看，古代公文具有这样一些特点：感情充沛；说理常常伴有生动的形象；大量使用各种积极的修辞方法；一些介于公文和文学之间的边缘文体艺术性特别突出。

（四）古代公文语言具有较强的理论性和论辩色彩

大体上说，现代公文基本上属于说明文，虽然中间也使用叙述、议论的手法，但主体部分主要是对处理事项方法的说明。而古代公文，纯属说明文的很少，议论成分所占比重很大。这是古今公文一个很重要的差别。

古代公文，无论长篇还是短制，大多都有说理的文字。短篇如秦始皇的《除谥法制》："朕闻太古有号毋谥，中古有号，死而以行为谥。如此，则子议父，臣议君也，甚无谓，朕弗取焉。自今已来，除谥法。朕为始皇帝。后世以数计，二世三世至于万世，传之无穷。"（《史记·秦始皇本纪》）全文只有64字，十分简短。可分为两部分："朕弗取焉"前为第一部分，指出废除谥法的理由，属于说理，35字。"自今已来"以后为第二部分，是始皇废除谥法的规定，属于说明，只有29字。说理文字超过了半数。

长篇如唐朝马周长达1700字的《陈时政疏》，全篇几乎就是一篇政论文。文章开局用对比手法，揭示出"积德累业，恩结于人心"才能国运长久的一般法则。在此基础上，建议太宗应当"广施德化，使恩有余地"。然后，结合当时社会指出繁荣表面下所隐藏的祸患：一为丧乱之后，国力不济，还大兴建造，使百姓"颇有怨磋之言"；二是对亲王宠隆太过，为将来埋下祸根。针对这些现实问题，一再重申必须增强忧患意识、勤俭爱民的道理。

为什么古代公文，不论是帝王诏令还是臣僚奏议都具有很强的论辩色彩？主要原因是古代公文不仅传达政令，还要将政令确立的依据、实施后的意义和价值进行解说，以增强政令的说服力，让人信服，然后遵从。这与古代以人治代替法制的传统是直接相关的，各种政令一般是依据现实之需要提出的，但由于那时的规章制度不像现代社会这样周全，为什么提出某项决策往往没有法定依据，为了让人接受，必须申明原因，说明意义。

另外，古代公文的说理性还与它身兼学术的特征相关。中国古代不是没有学术，只是学术与政治连为一体；中国古代也有哲学，但所有源自本土的哲学都关注社会治理，也与政治息息相关。无论是儒、墨，还是道、法，没有一家不是关注于人生，试图从最本源的层面上阐释社会问题和人生道理的。

学术与政治的联姻，不仅受上述文化传统的影响，也与古代官吏阶层的知识化有关。"学而优则仕"，是中国古代一直延续的法则。学问好，才能被统治者赏识，才能被同僚认可，才能被所属信崇。而古代的学问主要是两个方面：一为"经"，即儒学经典；二为"史"，即历代兴衰治乱。考察古代官吏的选拔制度，无论是汉晋时期的察举，还是隋唐之后的科举，无不把"经史"作为重要的考察内容。古代的官僚，同时也是大学问家的历代都不乏其人，如汉代的公孙弘、董仲舒、晁错、贾谊，隋朝的王通，唐代的孔颖达、颜师古、张说、韩愈，宋代的司马光、王安石、朱熹，明代的张居正、周敦颐、王阳明等。

古代中国，学术的政治化和政治的学术化是一贯特色。在这样的历史环境下，公文作为一种政治工具具有学术性就成为一种必然。《后汉书·张敏传》载："建初中，有人侮辱人父者，而其子杀之，肃宗贳其死刑，而降宥之。自后因以为比。是时遂定其议，以为'轻侮法'。敏驳议曰：'夫轻侮之法，先帝一切之恩，不有成科，班之律令也。夫死生之决，宜从上下，犹天之四时，有生有杀。若开相容恕，著为定法者，则是故设奸萌，生长罪隙。'孔子曰：'民可使由之，不可使知之。'《春秋》之义，子不报仇，非子也。而法令不为之减者，以相杀之路不可开故也。今托义者得减，妄杀者有差，使执宪之吏得设巧诈，非所以导'在丑不争'之义。又轻侮之比，浸以繁滋，至有四五百科，转相顾望，弥复增甚，难以垂之万载。臣闻师言，救文莫如质。故高帝烦苛之法，为三章之约。建初诏书有改于古者，可下三公、廷尉，蠲除其敝。议寝不省，敏复上疏。""复上疏"的内容就是这篇《复上疏议轻侮法》（《全后汉文·卷33》）。作者从法理、自然之道两个方面说明了"轻侮"法的不合理，还从现实的角度指出"轻侮法"不仅不能制止"轻侮"的行为，还会带来轻开杀戒、官吏从中行奸的弊端。张敏的议论，所针对的不是一件具体案例，而是从一个案例作话头，对立法的精神和原则所做的研讨，说是一篇论文，当不为过。

（五）古代公文语言具有明显的等级性

泛而言之，所有文字都是有等级的，因为文字所反映的社会本身就是充满了等级关系的。自人类进入文明时代，就有了长幼之别；当有了社会组织，就有了上下之分；进入国家阶段，就有了君主和臣民的差异、统治者和被统治者的不同。只是在古代中国，这种等级观念更加严重而已。

中国古代是宗法制社会，政治与伦理融合，礼教成为国家制度的一部分。特别是汉代之后，儒家理论成为统治思想，儒家所倡导的"三纲五常"被历代封建统治者所遵行。每个社会成员，都生活于具体的等级中，而且必须安于该等级的权利和义务，不能试图超越或降低自己固有的等级。如果言行和思想不符合该等级的身份，则会被认为大逆不道。

古代公文作为政治统治的工具，它所体现的等级观念相当明显，而且表现在行文方向、文章观念、作者心态、格式、用语等很多方面。

古代公文在语言方面的等级性，首先表现为不同等级的作者各有一套与自己身份相符的语言系统。上施于下，作者是长官、是领袖、是尊长，对于属下，他们或指导，或教诲，或批评，或奖赏。指导、教诲时用语平和，循循善诱；鼓励奖赏时，用语恳切，温暖和煦；批评时有法度，义正词严。正如刘勰论诏、策中所写："故授官选贤，则义炳重离之辉；优文封策，则气含风雨之润；敕戒恒诰，则笔吐星汉之华；治戎燮伐，则声有洊雷之威；眚灾肆赦，则文有春露之滋；明罚敕法，则辞有秋霜之烈；此诏策之大略也。"（《文心雕龙·诏策第十九》，刘勰，浙江古籍出版社 2011 年版）明代吴讷也说诏令类公文应该"深厚尔雅"、"深纯温厚"、"下语浑全"、"典雅温润"。下达于上，公文作者是部下，对于官长，他们或建议，或劝诫，或遵从，态度要谦恭、顺和，用语精要，讲究词彩。刘勰论章、表的写作要领时说："章以造阙，风矩应明；表以致禁，骨采宜耀。循名课实，以章为本者也。是以章式炳贲，志在典谟；使要而非略，明而不浅。表体多包，情伪屡迁，必雅义以扇其风，清文以驰其丽。然恳恻者辞为心使，浮侈者情为文使，繁约得正，华实相胜，唇吻不滞，则中律矣。"（《文心雕龙·章表第二十二》）平级行移，作者与受文者之间是平等关系，或知照对方，或相互商议，态度要谦和，用语要客气。

其次，古代公文言语的等级性最明显的表现是称谓词的尊卑。君王称呼臣下为"尔"、"汝"，或直呼其名姓，自称为"朕"；臣僚对帝王，要称"陛下"、"圣上"、"天子"，自称为"臣"；下级称上级为"钧"、"台"；上级称下级为"该"。

再次，公文的致达语，也显示出等级差别。下级对上级行文，用"呈"、"上"、"察"、"奏"、"申"、"状"等；上级对下级，用"下"、"致"、"付"等；平级之间则用"照会"、"咨"、"关"等。

另外，在公文的套语中也有很明显的等级差别。例如，臣子上书皇帝，要称"诚惶诚恐"、"死罪死罪"、"稽首"、"顿首"等。

二、古代公文的程式术语

研究古代公文的语言，不能不重视它的特定用语。这些特定用语是公文区别于其他文章的重要特征，也是公文形式的重要方面。由于时代的变迁和语言表达方式的重大差异，古代公文特有的表达方式，对现代人而言已经变得相当陌生，对阅读和研究古代公文造成了障碍。因而，更有研究的必要。

古代公文特有的语言方式，不仅指与现代汉语所不同的地方，也指与古代其他文章样式所不同的地方，也就是其他文章不能用也不宜用的一些特有言语方式。对这些言语方式，人们有不同的指称方式；有人称之为"公文特定用语"，有人称之为"公文套语"，也有人称之为"公文程式用语"。我们觉得，这些语言方式应该属于古代公文形式方面的独有术语，称之为"古代公文程式术语"比较科学。

古代公文程式术语数量多，且历代均有变化，要理清头绪，首先必须对其进行科学分类。对古代公文程式术语的系统分类工作是从民国开始的，20世纪20年代末，一些学者便开始对公文用语给予了足够的关注，使之成为自己的研究对象之一。如徐望之的《公牍通论》（商务印书馆1931年再版）、吴江的《公文程式大观》（上海世界书局1931年版）、戴渭清的《公文程式》（大众书局1937年版）、程守仁的《公文研究》（中华书局1938年版）、孟九龄的《标准公文程式大全》（上海法学会社1941年修订版）等著作，都用相当的篇幅，或辟专门章节探讨公文的用语。文公直编的《公文用语大辞典》（教育书店1936年版）、吴瑞书的《公文用语辞典》（上海春明书店1948年版）这两本书，则是研究公文用语的专著。这些著述，代表了当时对公文用语研究的成果与水平，其中不乏值得参考、借鉴和吸收之处。尤其是当时已将公文用语作为文书学研究内容中的一个重要组成部分，从而拓宽了文书学的研究领域，这更是值得赞许的。这些研究，有开辟之功，其成果对后人大有参考、借鉴的价值。但由于当时的学者还没有掌握科学的分类方法，对公文程式术语类别的划分出现标准不一、类别交叉重复等弊端。另外，当时处于对古代公文程式术语的搜集和整理阶段，学者们往往不避其烦，以多见多得为责，使得这类词语数量庞大，烦琐得让人不能接受。

中华人民共和国成立以后，在对民国旧式公文研究的基础上，学者们对古代公文用语的研究取得了很大进展。殷钟麒的《清代文书工作述要》（1983年油印本）、中国人民大学档案系主编的《清代文书》教材、雷荣广和姚乐野所著《清代文书纲要》（四川大学出版社1990年版）等著作吸收了这些成果，是20世纪90年代之前该领域研究的总结。但该时期的研究存在一些问题：一是这些著作研究的对象多是清代和民国公文，而不是所有的古代公文；二是这些著作多从文书学的角度对公文程式术语进行分类，难免出现依据不一、交叉重叠的弊病。

公文程式术语的产生最主要的原因是公文拟制、处理和管理的需要。公文是处理政务的工具，其办理效率的高低直接影响政务执行的效果。为提高公文办理速度，不仅要程式化，还应该借助一些特殊的语言手段。例如，事由有提示公文主要内容的作用，使阅读办理者一望而知文种、来文方向和主要内容；而交代清楚事由，离开一些特定术语是不可能的。再如，古代公文的首称和末称，也有标明文体、显示发文者身份和态度的作用。

古代公文程式术语的出现与古代文章的书写习惯直接相关。古代文章不分段，不标句读。当文章内容层次比较复杂时，如果没有标明意思起讫和关界的词语，将会使阅读者如堕五里雾中，不知所云。

古代公文程式术语的产生还与中国古代无所不在的等级观念有关。在古代公文中，无论是称谓、文种、致达语，还是期请、指令用语等，都必须体现出等级关系，古代公文程式术语的所有类别无不与等级相关。这种与等级观念密切相关的语言现象，大约也是中国古代公文一个极富民族性的特色。

三、常见古代公文程式术语

1. 称谓用语：钧："钧府"、"钧院"、"钧部"、"钧会"、"钧厅"、"钧座"等。大："大府"、"大部"、"大人"等。职："职部"、"职局"等。敝："敝人"该："该局"、"该员"等。窃："窃维"、"窃自"、"窃以"、"窃按"、"窃查"、"窃奉"等。尔："奴才"、"小的"等。

2. 层次结构词语。古代公文不分段、无句读。标明引文的起讫、交代文义的起承转合，只能依靠一套标志性的词语，这套词语称作"层次结构词语"，其作用与现代公文的标点和分段相似。

古代公文中表示层次结构的词语分作两部分——用以陈述主文的"自叙模式"和用以陈述客文的"装叙模式"，学界称之为"关界模式"。

"自叙模式"由"领述词"和"述结词"两部分构成。常用的领述词有"查"、"窃"、"案"、"照得"、"兹"等。常用的述结词有"有案"、"在案"、"在卷"、"各在案"、"各在卷"等。

"装叙模式"（关界模式）由"领引词"、"引述词"、"引结词"、"承转词"四个部分构成。常用的领引词有"蒙"、"奉"、"准"、"据"等。常见的引述词有"开"、"称"、"令开"、"批开"等。常见的引结词有"等因"、"等由"、"等情"、"等语"、"各等因"、"各等由"、"各等情"、"各等语"等。常用的承转词有"奉此"、"蒙此"、"准此"、"据此"等。

3. 习惯套语。

（1）开端用语。为……事：如"为札发事"、"为知照事"、"刑部侍郎臣周学健谨奏，为敬抒末议，仰祈采择事"等。上天眷命、奉天承运：诏书专用的首称用语。钧鉴、仰祈钧鉴：用作上行公文事由项目中的起首语。径启者：用作普通公函之起首语。相似用法的词语还有"径复者"、"敬启者"、"敬复者"、"敬陈者"。为令饬事：用作对所属下级机关行文之起首语，含有所指挥之意。

（2）经办命令用语。施行：用于下行文，是执行、办理的意思。类似的用语还有"主者施行"和"符到奉行"。承书从事下当用者：意为接到公文后遵照执行。如律令：用在下行文末尾，意思是"遵照律令"，或"就像律令"。勿违：

告诫下级或百姓办理事情时，不许违背和延误的用语，如"各宜凛遵勿违"。与此相似的还有"毋忽"，意思是不要忽视。咸使闻知：意思是让大众知晓。常用于帝王诏令或官府下达民众的公文末尾。故兹诏示想宜知悉：元代诏书的惯用结束语。着、著、仰、饬："着"同"著"，表示命令的用语。致干：用作下行文之诫饬语，如"致干未便"、"致干咎谴"、"致干惩处"等。处分：即处理、处置的意思。

（3）转批用语。转：转送，转行，意即某外来文件不由本衙门直接办理而转送其他衙门；如"转部"、"转呈"、"转饬"或"转令"、"转咨"。咨院行司移道到府：此为清代公文中交代行文关系的特殊句式。

（4）期请征询用语。伏候圣训：在奏议文体尾部，请求皇帝训示的意思。俯准：俯赐允准的意思，如"俯准备案"、"俯准转呈"、"准转行"、"俯准转咨"等。伏乞：谦恭地请求，如"伏乞批示遵行"、"伏乞鉴核示遵"、"伏乞鉴核施行"、"伏乞宪台鉴核"。

（5）表态用语。遵依：即"遵照执行"的意思，是下级回复上级来文时，表示照上级指示办理的表态词语。殊难：上级向下级衙门或百姓发出的公文中，对于下级或百姓呈文请示之事，极难予以批准或同意的用语。此语下接"批准"、"同意"、"通融"之类词语，组成多种用语。如"殊难照准"、"殊难许可"、"殊难核准"、"殊难准行"、"殊难通融"、"殊难备案"、"殊难展缓"等。毋庸再议：也写作"毋庸覆议"，就是不要再讨论、研究的意思。伏思：伏，对上级表示谦逊和恭敬的词；思：思想，想法。下级衙门向上级陈述的用语，此语后面陈述发文者的想法。与此相似的还有"窃思"、"伏惟"、"愚思"等。

（6）谦敬用语。稽首、顿首：都是叩首的意思，常用在奏议公文中。拜头至地叫稽首，拜头叩地叫顿首。昧死：就是"冒昧而犯死罪"的意思，是臣民上书皇帝时的敬辞。死罪：臣民向君王陈情时，文尾常用"死罪"或"死罪死罪"等语，表示自己的言辞如冒犯了皇帝，负有死罪。如汉代表文的程序末称为"臣某诚惶诚恐，顿首顿首，死罪死罪"。粪土臣、草莽臣：多用于臣民上奏皇帝的公文中。上书称"粪土臣"者为官员，平民上书皇帝则曰"草莽臣"。诚惶诚恐：极端害怕的意思，用在奏议类公文的尾部，表示对皇帝的敬畏。敢言之：就是冒胆说的意思。臣某愚戆："愚"、"戆"都是傻的意思，是臣下对帝王表示谦恭的用语。实为德便：意为"承蒙施德，实在给了极大的方便"。此语用于下级对上级的行文，含有恭谦之意。臣等愚见如此：奏议类公文正文结束时常用的套语。无任瞻天仰圣，踊跃欢作之至："任"，禁受；"无任瞻天仰圣"是不敢抬头看皇帝的意思。"欢作"，高兴的意思。明清两朝表文末称用语为"臣等无任瞻天仰圣，踊跃欢作之至，谨奉表恭进以闻"。

(7) 归结语。须至某者：如牌文结尾用"须至牌者"等，其作用在于标明文种。理合：是"论理应该"的意思。如"所有恳请各缘由，理合呈文鉴核令遵"。相应：如"相应函请"或"相应咨请"。合行令仰：如"合行抄发原件，令仰该省政府遵照办理"。用特：意即专为一事而发之文件，如"用特函达"。

第六节 古代公文兴衰的启示

古代公文在历史发展中，充当着重要的角色，经过长期的演变发展，为后人留下了宝贵的精神财富，许多千古名篇至今值得传承和借鉴，概括起来突出的有以下几点：

一、要言不烦，富于气势

我国最早的有据可查的公文名称是"誓"。《尚书》中以"誓"为名者共五篇，其中《甘誓》是夏启讨伐有扈氏时发布的军事动员令，《汤誓》是商汤讨伐夏桀前发布的军事动员令，《牧誓》是周武王讨伐商纣，至商都城牧野郊外时，发布的军事动员令。从写法上看，它们大多中心突出，要言不烦，富于气势和鼓动力。这些"誓"具有相同的名称、相同的功用、相同的格式，已经具备了公文的主要特征，是一种比较规范的公文。公文史研究专家多数认为夏启的《甘誓》是我国最早的一篇公文，依此说，我国公文的正式产生和国家政权的出现是同步的，这绝不是历史的巧合，而是由公文的本质和功用决定的。

二、完整严谨，立意谋篇

《尚书》是我国最早的一部公文汇编，收录的是"上古帝王之书"。自汉代以来，《尚书》一直被视为中国封建社会的政治哲学经典，是帝王和贵族子弟及士大夫必修的功课，因此对后世公文的写作有很大影响。

《尚书》中的文章，篇章结构由松散逐步趋向完整严谨，有一定的层次，已注意在立意谋篇上用功夫。《无逸》《盘庚》《秦誓》等篇章尤称典范，条理分明，首尾呼应，结构非常严谨，而且具有一定的文采。如《盘庚》中用"若火之燎于原，不可向迩"比喻煽动群众的"浮言"，用"若乘舟，汝弗济，臭厥载（意为：好像乘船渡河一样，你不开船渡河，船就腐烂了）"比喻群臣坐观国家的衰败，都很形象。

三、体裁多样，文辞流畅

春秋战国时期，外交活动频繁，变法革新运动兴起，文化教育事业繁荣，公文的体裁和文风出现了多样化倾向。当时的外交公文、法令公文以及士大夫向君主陈述政见的"上书",散见于《左传》《国语》《战国策》以及后来的《史记》中,出现了李斯这样的公文写作大家。这一时期公文写作有说理透辟、文辞流畅而口语化的特点。

秦代国祚短暂,二世而夭,在为数很少的公文中,大都具有"尚质而不文"的特点,即注重公文的内容而不讲究文采。公文是一种应用文体,"尚质而不文"是符合公文写作要求的。

四、针砭时弊,深切晓明

西汉初期,出现了一批公文写作大家和一些堪称典范的公文名作。如贾谊的《陈政事疏》《论积贮疏》,晁错的《论贵粟疏》,司马相如的《上疏谏猎》等。这些公文的主要特点是政论性强,写作者关心国家和社会的发展,面对现实,分析形势,针砭时弊,总结秦王朝短期覆亡的原因,借古喻今,写得深切晓明,有很强的说服力和感染力。鲁迅在《汉文学史纲要》中指出:贾、晁的疏论"皆为西汉鸿文,沾溉后人,其泽甚远"。

五、追求华美,时有逆流

从西汉后期开始,公文文风受赋和骈文的影响,出现了忽视内容、过分追求形式的不良倾向。赋是盛行于汉代的一种文学体裁,其特点是以铺叙描写为主,讲究辞彩,语句整齐,半散半韵,似诗而实文。它的行文特点根本不适合于公文写作,自西汉中期开始,有人用赋体来撰写章、疏之类公文,致使部分公文丽词满篇而内容不实。如东方朔一篇上书竟达10万余字,共用了3000个木简,而汉武帝却大加赞美,这势必助长公文写作过分注重文采和崇尚繁冗的不良之风。

东汉末年和魏晋时期产生了骈文。骈文的主要特点是通篇句法结构对称,词语对偶;在声韵上讲究运用平仄,音律和谐;修辞上注重藻饰和用典。一般说来,骈文多注重形式技巧,往往束缚内容。骈文比赋文更加不适合于公文写作。

骈文对公文写作的影响有一个发展过程。三国时一些著名政治家比较务实,公文写作也以散文为主,出现一些公文佳作,如曹操的《让县自明本志令》、诸葛亮的《出师表》等。西晋时,骈文渐成气候,与散文分离,但两晋公文仍是散文为主;南北朝时,骈文达到鼎盛时期,尤其是南朝,多数朝廷的公务文书,几乎全是用骈体撰写。

受赋体和骈体文的影响,从西汉中期到南北朝,虽然三国时期有公文佳作面世,但公文文风总的发展趋势是日益追求辞藻华美、形式奇巧,而忽视公文的内容。这种文风不符合公文务实的要求，是公文发展史上的一股逆流。

六、不断改革，端正文风

隋代初年，几乎完全继承了梁、陈讲求文辞华美而忽视内容的形式主义文风，一些有识之士看出这种文风不仅影响了行政效率，而且影响到整个社会风气，提出了改革文风的建议。首发倡议者是大臣李谔，他于开皇三年（583年）呈《上高帝革文华书》，历陈浮华文风之害，请求朝廷"屏黜轻浮，遏止华伪"。隋文帝杨坚采纳了李谔的建议，于次年"普诏天下，公私文翰，并宜实录"，违者治罪。自此拉开了隋唐文风改革的序幕。

唐代立国之初，高祖李渊就于武德元年（618年）发布了改革文风的《诫表疏不实诏》，严厉批评了"表疏因循，尚多虚诞。申请盗贼，不肯直陈"、"乱语细书，动盈数纸，非直乖于体用，固亦失于事情"的现象。

初唐时期，唐太宗和魏徵、陈子昂等都发表过改革文风的言论，魏徵、陈子昂还在写作实践上作出表率，写出了许多朴实直言、不加雕饰的公文，对文风改革产生了很大影响。唐代中期，骈体文又有所抬头，中唐时期韩愈、柳宗元发起"古文运动"，把文风改革推向高潮。经过几辈人的努力，唐代公文总体上呈现出词强理直、质朴务实的文风。

唐代文风改革一直延续到宋代，欧阳修、苏轼、王安石等人不仅从理论上倡导文风改革，而且写作了大量文风朴实而又长于说理的公文。宋代公文不仅数量多，而且质量高，是我国公文写作的繁荣期。

元代统治者重武轻文，机要多由蒙古族、色目族官吏掌管，公文写作不重章法，缺乏规范，因此元代缺少精彩典范的公文篇章。

公文是一种应用文体，行文宜朴实简明，而封建社会最后两个王朝明代和清代，却是文牍主义盛行，长而空的公文比比皆是。其中最值得人们思考玩味的，莫过于明代屡次严禁繁文而终无收效的史实。

明代开国之初，朱元璋亲自处理朝政，对公文动辄数千言、上万言非常反感。洪武二年（1369年），他对翰林侍读学士詹同说："古人为文章……皆明白易知，无深怪险僻之语。至如诸葛孔明《出师表》，亦何尝雕刻为文？而诚意溢出，至今使人诵之，自然忠义感激。近世文士，不究道德之本，不达当世之务，立辞虽艰深而意实浅近……何裨实用？自今翰林为文，但取通道理明世务者，无事浮藻。"（《明太祖实录》）朱元璋还针对繁文之弊，采取一系列措施，确实起过不小作用，但由于朝政日趋衰败，文之弊在整个明代虽一禁再禁而终于未能禁止。文风是政治风气和社会风气的反映，文牍主义与政治腐败相伴而生，封建社会后期政治日趋腐败的现实，决定了少数有作为的政治家的努力无法改变公文写作的这种趋势。

　　以上都是对公文文风的总体风貌而言的，在文风颓败的朝代，也有少量公文佳作产生，多出于清廉务实的有为之士，如明代著名清官海瑞、清代名臣林则徐等人，都有公文佳作留世。

第五章　外国公文与我国台港澳地区公文

公文是世界各国政府机关处理行政事务的重要工具，世界各国都非常重视公文，针对公文制定了一系列的法律、法规，用来规范公文处理工作，确保公文处理工作顺利运转。鉴于世界各国历史发展、文化传统、行政规范、思想观念等诸多方面存在诸多差异，因而我们无法对各国在对公文的定义概念、格式样貌、语言风格、重视程度等方面呈现的不同看法一一进行细致的研究，只能根据实际与可能，选取具有一定先进性、代表性的国家公文，有针对性地进行相应研究，目的是使他们的经验能够为我所用，同时对我国公文改革与发展提出建设性意见，对我国公文研究起到开阔视野、拓展思维等促进性作用。

第一节　外国公文的定义

公文在世界各国的命名并不相同，有公文、公共文件、文件、文书等多种称谓，但对公文认识的基本点相同，即公文同公务有关，产生于公务活动，并服务于公务活动。世界各国及国际组织颁布的相关法令，以及学术界对公文的认识也并不统一，存在种种差异。

一、国家法令规定的公文

美国《美利坚合众国联邦文件管理法》（1976）第2901条规定：文件是指美国政府各机关根据联邦法律或在开展公务活动中产生或接收的，或者由机关（或其合法的继承者）作为政府的组织、职能、方针、决议程序、工作或适于保存的，包括各种形式和特点的簿册、证件、地图、照片、机读材料和其他公文材料。

马来西亚在《国家档案法》中定义公共文件为：指任何公共机构在进行公务活动中或者任何官员、工作人员在完成公务活动中，正式收到的或产生的文件、证件、记录、登记册、印刷材料、账簿、地图、图样、图表、计划书、照片、微缩胶片、影片、录音带等，包括原件和复印件。

英国认为广义公文指政府各种公告、宣言、规章、法令、通告、启示、通报、指令，以及各类法律文件等。狭义公文指的就是法律文件。

瑞士对公文的解释是正式文件（信函、报告、记录、鉴定证书、纪要等）及其补充材料，如图像材料（地图、设计图、平面图、影片、照片、广告等），录音材料（唱片、录音带等），印刷品（传单、号召书等）。

此类定义大都是将公文看做"公共文件"或"公务文件"，已经具有相对的概括性，反映了公文形式的多样化，但是从理论角度看学术性较差。

二、国际组织规定的公文

国际标准化组织第46技术委员会《文献与信息——词表》（1983）中规定：文件（Record）是由某自然人、法人或公共组织在履行其法定义务或在处理任何一种事务中形成或收到并加以保存的任何形式或实体特征的文献。

联合国教科文组织规定：文件是一个机构或组织在从事其工作中形成或收到并保存的全部被记录下来的信息，不论其物质形式或特点如何。同时指出，仅仅为了方便或参考的非正式副本或出版物的备用材料等不包含在此定义中。

国际档案理事会《档案术语词典》（1984）：文件指由机关、团体、组织或个人，在履行其法定职责或处理事务中所形成、收到并保存的记录下来的文献，其形式和载体不论。

此类定义概括性较强，具有普遍性特点，具备学术探讨和学术交流所需的共同的概念基础。

三、国外学者定义的公文

苏联的多尔吉赫和鲁捷尔松在《苏联档案工作理论与实践》（1980）中从档案学角度将文件定义为用文字、图表、照相、录音或其他方法把客观事物及人类思维活动等信息固定在任何载体上的产物。① 这个定义并没有突出公文的公务性，不能有效地将之与私人文书分开；也没有突出公文的流转性，不能有效区分动态的公文和静态的档案。

英国的迈克尔·库克在《档案信息管理》（1985）中从信息角度定义：文件是一个行政系统所产生的信息材料，包括来源于机构外部的数据，但主要还是一种内部信息材料。② 这个定义强调了公文的公务性，但是局限在机关内部，更像是处理日常事务的事务性文书。

美国谢伦伯格在《现代档案——原则与技术》中认为，文件是任何公私机构，在履行其法定职责的过程中，或者在其本职业务过程有关的情况下所制定或收到，并且作为其职能、政策、决定、程序、行动或者其他活动之证据，或者由

---

①② 傅荣校：《中外文件定义综述及比较》，载《上海档案》1997年第5期。

于其所含内容具有情报价值，而被该机构或该机构之合法继承者所保存或制定的一切簿册、证件、地图、照片和其他记录材料，而不论其物质形式和特征如何。①该定义虽然很长，但是概括性很强。

俄国学者将公文（документт）归于应用文的行列，又称之为文件、文书，指机关、团体、企业、事业等单位处理各种事务中形成的提示完整、内容系统的各种书面材料，具有法定效力，在国家政治经济等各交际领域发挥十分重要的作用。②该定义既指出了公文的使用主体，又突出了公文的公务性和法定性，相对全面准确。

韩国学者认为公文是处理政务的工具，这是其基本属性，同时兼具政论、学术、艺术、文化、历史、伦理等多重职能和属性，认为公文的存在必须具备三个要素：发文者、受文者、特定的接收目的。③

此类定义虽然表述不同，但是都具有很强的理论色彩，同时具有一定的实践性。

综上所述，广义的外国公文，既包括其本国内部使用的公文，也包括国际法定组织或者国与国之间使用的公文。外国公文大体可归为三大类：一是国际专用公文，指用于国际政务领域的公文，涉及语体为两个及多个国家或者拥有独立法律地位的组织机构，主题为关涉各方对于某事务的共同商定，以及在某一领域的交流与合作的机关公文，常见的有公约、条约、声明、宣言、宪章、协定、议定书、议程、照会、国书等。二是行政通用公文，指广泛用于世界各国政府及各大独立机构政务领域的各种公文，用来进行行政管理、处理日常政务，维持政府或机构工作运转，包括法定性公文和事务性公文；常见的有法案、备忘录、倡议、国情咨文、令、决定、决议、报告、公报、公告、公函、申请、办法、方案、计划、总结、工作文件、记录、简报、皮书、章程等 20 余种，部分文种也是我国常用文种。三是经典演讲公文，政务演讲，是领导人在会议、集会、媒体等特定的公众场合上当众进行的演讲。演讲是领导人经常进行的一种工作行为，其目的通常是部署工作、介绍情况、发表见解和主张，发动群众、鼓舞士气、统一思想和行动。我国党政机关领导人主要是以会议讲话的方式来实现以上目的，演讲的方式较少使用。

四、中外公文定义比较

通过以上对国内和国外公文不同认识的论述中可以看出，世界各国虽然对公

---

① ［美］谢伦伯格：《现代档案——原则与技术》，档案出版社 1983 年版。
② 王丽琴：《当代苏联公文》，载《中国俄语教学》1991 年第 1 期。
③ ［韩］沈载权：《朝鲜与明清公文比较研究》，南京师范大学博士学位论文，2007 年。

文有着不同的定义，但是其中也存在着相同与不同之处。

（一）共同之处

对公文使用主体的描述相同。各国基本一致认为公文的使用主体是政府机关或其他具有法定职责的组织、机构和单位，公文是在这些主体履行职责的过程中产生和使用的，记录主体的活动，反映主体的思想、意图、目的和要求等。

对公文法定性的强调相同。各国在对公文下定义之时都考虑到了公文使用主体的法定性，并且强调公文是使用主体履行法定职责的工具，代表其行使管理职能，推动工作进展，在现实公务活动中具有法定效能性。

对公文的公务性这一基本属性的认识相同。中外公文都一致认为公文是在公务活动过程中产生和运转的，是为公务活动服务的，是使用主体依法行政和处理公务的工具。

通过综合比较，我们发现世界公文具有四个共同的、突出的特点：（1）具有一定的效用性，如法律效用、行政效用、交流和商洽效用等；（2）具有一定的格式要求，虽然这一点并未体现在国外公文定义表述中，但是从各国实际应用公文中不难发现；（3）题材具有规定性，不可随意杜撰，自由创作；（4）拥有独特的语体，鲜明的构词组句方式，均要求公文语言要准确鲜明、简洁明了、结构严谨。

（二）差异之处

定义范畴不同。国外公文定义偏广义化，将处于运动状态的公文和静止状态的文件，用一个名字来命名。我国公文定义偏狭义化，区分动态的公文和静态的公文，但是通常把公文的使用主体仅仅局限为党的机关和国家行政机关，而忽略其他具有一定法定职责的机构和组织。

定义角度不同。由于在国外公文还没有成为独立的学科研究对象，有关公文的国外研究成果蕴涵在档案学和文件学之中，研究目的是为档案学或文件学的发展服务。我国的公文学是在文书学基础上发展起来的，其历史定义中有很浓重的文书学痕迹，很多学者自觉不自觉地就从文书学的角度给公文下定义。这也是国外公文范畴与国内公文范畴不同的根本原因。

对公文载体形式的研究程度不同。国外学者大都注意到了公文载体形式的多样性，并且在公文定义中加以强调。而我国学者相对来说对这一问题注意不够，眼光只局限于纸张公文。电子公文的兴起才使他们意识到除了纸张外，公文还有影像、照片、表格、磁带等多种其他载体形式。可惜的是，我国学者虽然注意到了这一问题，却没有在公文定义中加以体现。

第二节 外国公文的特点

本节主要从公文的格式、文种、语言三个方面对外国公文进行管窥一豹的探视。

一、外国公文的格式现状及特点

公文格式由格式要素组成，由一套必不可少的成分（реквизиты）组成，这些成分的排列顺序及位置是固定不变的。[①] 公文格式要素分为必要要素和可选要素。必要要素指的是构成公文格式必不可少的因素，如发文机关标识、成文日期等；可选要素指的是可以根据公文的内容重要性、紧急程度、保密性等进行选择的要素。

世界各国对公文格式的规定不尽相同，但大同小异。日本公文及俄罗斯公文对于格式的要求和规定具有一定的典型性和代表性，在此，通过对日俄两国公文格式的粗略描述，对比我国公文格式，使我们对世界范围内公文的面貌有一个大体的认识，为今后公文格式的改革与发展明确方向。

（一）日本公文格式

日本公文实行地方自治，没有全国统一的法定公文规范，但是各地公文制度大同小异。主要格式要素有标题、成文日期、发文字号、主送机关、发文机关、表格、文种等，一般无落款、附注、印刷版记等。从日本各级政府对公文的具体规定和使用现状看，日本公文格式存在灵活性和格式化的矛盾。

一方面，日本公文格式比较灵活。首先，必要要素比较少，除了标题、成文日期、发文字号、主送机关、发文机关外，其他要素均可根据需要加以取舍；其次，一般不要求公文标题注明发文机关名称，也不要求注明文种，出于简洁目的的要求控制在 15 个字之内，因此难以从标题中获知公文的主要内容；最后，采用按需发送原则，因而主送机关并不确定，这与我国的按级别发送公文的原则是完全不同的。按需发送公文可以省却很多中间环节，直接与关涉部门进行对话，但是如果主送机关确定错误，则会引起退文反而影响效率。按级别发送公文，明确主送机关不是问题，缺点是公文运转周期过长，层层上报，逐级下发，贻误时机，造成浪费。

另一方面，日本公文格式又相对格式化。例如，日本公文对所使用的表格做了非常明确而严格的规定，不仅一一规定了各种表格的具体样式，而且严格规定

[①] 王丽琴：《当代苏联公文》，载《中国俄语教学》1991 年第 1 期。

了表格的大小尺寸，如同工程图纸一般进行精确标注。另外，日本公文虽然对文种的标注方法没有作出明确的规定，但是对每个文种的用途、使用权限、用字用语等做了严格的规定，还对每个文种列出若干写作模式，细致到只要往里面填字就行了。

（二）俄罗斯公文

俄罗斯公文格式标准化程度很高。

按照俄罗斯国家标准6.39 - 72规定，其公文最大限度可以有31个格式要素，分别为[①]：

（1）国徽；（2）机关或企业的标志；（3）政府奖章图案；（4）机关、团体和企业的分级代号；（5）分类代号；（6）主管部门的名称；（7）机关、团体和企业的名称；（8）内部机构的名称；（9）企业联系簿、邮政和电报的通讯处、电报号码、电话号码、银行账号；（10）文种名称；（11）日期；（12）目录；（13）引文目录和收文日期；（14）形成和发布单位；（15）公章；（16）收件人；（17）批准章；（18）批示；（19）公文标题；（20）公文通过检查的标记；（21）正文；（22）附件；（23）签字；（24）协调章；（25）签证；（26）图章；（27）复制的符号；（28）办理人姓名和电话；（29）公文办理完毕的标记；（30）公文转移到机制载体上的标记；（31）处理符号。

前9个一般不出现在我国公文中，第9个要素出现在商用公文中。（13）、（17）、（18）、（24）、（25）、（27）、（28）、（29）、（30）、（31）也不出现在我国公文中，这些要素的存在表明俄罗斯公文十分注重公文的可信度，使其每一步处理过程都有证可查、有迹可循。这31个要素只是公文格式要素的最大限度，并不是每一篇公文都全部包括。

需要指出的是，俄罗斯公文格式中存在这样几个特殊的要素：公文制定者、收件人与发件人、签署或发文地点。

一般认为，公文行文代表的是整个机构、机关，并非代表个人，所以无须注明写作者的名字。俄罗斯公文重视和强调公文的著作权，要求注明公文写作者的名字，这是尊重公文制作者的表现，也是对公文制发严谨性、严肃性、责任明确性的表现。

一般公文以主送机关和落款形式标明收件人和发件人名称，并不在公文上显示其他相关信息。而俄罗斯对外行文要求注明"收件人"和"发件人"。"收件人"一般位于公文的右上角，包括单位名称、职务、姓名及父称的缩写；"发件人"一般位于公文的左上角或公文的上方，包括机关单位的全称，有时还附有单

[①] 马素萍、王传宇译：《苏联公文处理工作的标准化》，载《档案与建设》1984年第2期。

位的详细地址、电报挂号、电话及传真号码。这不仅是周到细致的表现,还是负责任和有担当的表现,受众群体如有任何疑义、异议、反馈,均可方便地选择电话、传真、信件等方式与发文机关进行无障碍沟通和联系,这应该是服务型政府应该具备的基本诚意和素质。

俄罗斯要求,任何公文都需单位负责人签字,"签字人"是公文格式的必要要素,不仅包括签字人的职务、姓名的印刷体,还包括本人亲手签名。而在一般国家,该要素为可选要素,如我国只有"请示"、"令"等有限几个文种需要"签发人",而且只需要姓名信息。俄罗斯公文中的签字还有"确认签字"和"证明签字"之分。"确认签字"指一般意义上的签字,确认公文内容没有讹误,表示对公文内容负责。向下属机关颁发副本时,需要"证明签字",包括"Верно"("证明签字"的缩写)、签字人的职务、姓名印刷体、本人亲手签名和日期,以使公文复印件与原件具有相同的法律效力。

二、外国公文文种现状及特点

每份公文都应该区别它的属类,文种就是若干公文属类的集合。各国公文文种数量众多,内涵各异,以日本、俄罗斯为例。

日本公文法定规范性文种数量较多,日本的公文种类与我国大致相当,但其法定公文种类比我们多一些。东京都1967年颁布的《东京都公文规程》规定,公文文种共11类,即:例规文、议案文、公布文、告示文、训令文、指令文、通知文、表彰文、证明文、契约文、不定形文。具体文种有20多个(不包括"不定形文"),如条例、规则、训令、议案、告示、公告(公报)、决定、通知、依命通达、申请、照会、回复、表彰文、感谢状、赏状、褒状、证明书、证书、契约书、协定书等。其中"不定形文"是一种特殊的文种,没有固定的文种名称和格式,行文者可根据需要灵活行文。

俄罗斯法定规范性公文文种共有23种,包括决议、决定、指示、命令、公函、记录、申请书、法令、指令、报告、报告书、通知、报导、札记、训令、通告、规章等。其中,由军事公文演变而来的行政公文种类比较多,比如命令、训令、指令、指示等,说明俄罗斯的行政执法工作在很大程度上受军事管理体制影响。俄罗斯公文标准化程度很高,每个文种的样貌非常具体,不仅统一了名称、格式、标记[①],还进行了类属划分,制定了公文分类表,实际指导行政机关公文处理工作的开展。

可以讲,中外法定规范性公文文种主流相同,只是在名称、使用范围、使用

---

① 马素萍、王传宇译:《苏联公文处理工作的标准化》,载《档案与建设》1984年第2期。

主体等方面存在些微差异,主要表现在三个方面:

一是法定规范性公文文种的数量,外国普遍比中国多。主要原因在于我国使用的是狭义公文概念,而外国普遍采用广义公文概念,所以许多事务性的文书都被划定在公文行列,甚至以法律的形式,被确定为法定公文文种,如记录、申请书等。

二是公文的标准化程度不一样。俄罗斯公文标准化程度最高,走在世界前列;我国虽然规定了公文的名称和格式,但是并未对它们进行严格的类属划分和标记规定;日本的某些具体公文格式已经相当规范,甚至已经达到表格化的程度,但是仅限于个别文种、个别地区,在全国范围内没有达到统一,即使是在各州之内、部门之间,就某一个文种,其格式也是不完全统一的。

三是日俄两国法定公文中,日常工作事务性文种较多,如记录、申请书、报告书等,固然是因为他们的公文涵盖面比较广,但是也从另一个侧面反映出他们很注重民众,将与民众有关的公文文种也纳入法定文种行列,表明将民众的心声、要求、愿望等置于较高的地位,能够更好地体现政府机构的服务职能。

三、世界公文语言的一般特点与不足

世界范围内,普遍认为公文语言不应仅局限于词汇,还应该包括语法形式和结构。总的来说,世界范围内,公文语言的共性大于差异性,都要求词汇平实、规范、准确、庄重,语句严谨、周密,修辞得体、适当,注重发文主体和受众对象之间的关系,注重使用普通词汇、规范语句、标准语法,行文考虑读者的需要和接受能力,语言表达讲究分寸,区分词义的轻重等。① 由于各国文化特色、行政习惯、语言特点等各方面存在差异,因而公文语言存在语种差异,甚至国别差异。

(一)世界公文语言的一般特点

公文语言适用的交际范畴是国家行政机关的各项公务活动,其特殊的使用范围、使用对象、交际目的、地位作用决定了公文语言的一般特点:"既要庄重、准确、朴实、精练、严谨、规范,又要符合各国语法、修辞、逻辑"②。庄重是指语言端庄,格调郑重;准确是指措辞准确,语意明确;朴实是指语言平实自然,通俗易懂;简洁是指简明扼要,详略得当;严谨则指语义明确,逻辑严密;规范是指语句不仅要合乎语法和逻辑,而且要合乎公务活动特殊的规范性要求。③

1. 公文词汇方面,要求运用准确、规范的现代书面语词汇,要求词义精确

---

① 楼志新:《公文语言和网络语言比较语体风格之比较》,载《浙江海洋学院学报》2006年第3期。
② 柳新华:《实用行政公文写作与处理》,中国人事出版社2002年版,第67页。
③ 楼志新:《公文语言与网络语言语体风格之比较》,载《浙江海洋学院学报》2006年第9期。

限定，少用或不用口语词、方言词、土俗俚语及生造语词等，少用描绘性、情感性词语，避免因附加的情感、色调、意味而妨碍词义的单一、准确，适当保留一些历史词和古语词，尽量使用第一人称和第二人称，少用或不用第三人称。

2. 公文句法方面，要求句子语义完整，结构严谨，独立性强，关键句脱离上下文能够不产生歧义，句类多用陈述句和祈使句，句式多用长句、完整句、肯定句、书面语句，句型普遍使用主谓句，常用介词短语，时态一般使用现在时。

3. 公文修辞方面，以消极修辞为主，积极修辞为辅，重在选词炼句，少用或慎用修辞格，一般通过语法手段对语言顺序、语句长短等加以变化，增强公文语言的表现力，达到修辞效果，如宾语前置、重点后置、词语简缩、分条陈列等，常用引用、设问、反复、对比、对偶、借代、排比等积极修辞格。

（二）世界公文语言的不足

从现实公文语言运用的具体情况和受众群体的反馈及需求方面看，世界范围内的公文语言还存在很多不甚理想的地方，主要表现在三个方面：

1. 语言过于书面化不够平民化，造成读者强烈的陌生感。为了提高用词的正式程度，强调权威性和严肃性，许多公文在许多能用常用词的地方使用比较繁复、过于书面语化的长词或者复合长词、古语词或历史词，如用兹有、terminate（end）、live-reside、in view of（=because of）、with reference to（=about）等词。

2. 语句过于追求周密严谨，而使句子长而复杂，常常要反复阅读才能明白主要意思，理解难度过大。英语公文中超过17字的长句处处可见，有的句子甚至长达几百字，常常一个段落就是一句话，甚至有的一句话分为几个段落，复杂的定中、状中结构层层叠叠，严谨有余，明了不够。

3. 语气强硬有余，亲和力不够。公文语言多用祈使句，大量用于命令、规章、制度、决定、意见、通报、指示、训令、公告、通告等众多文种中表示命令、禁止等语气，少量用于请示、函等文种中表示请求语气。因而一般公文读起来硬邦邦的，让人感到难以亲近。

无论是陌生的词汇用语、复杂难懂的语句，还是强硬的语气，都在无形中拉大了公文代表的行政机关主体与其受众群体之间的情感距离。甚至人们常常用带有浓厚贬义和嬉笑色彩的谚语描述公文，如英国人常用俚语"bumph"来指称晦涩难懂的公文，而它的另一个含义为"toilet papers"，即手纸、厕纸，我国也常用"老太太的裹脚布——又臭又长"来形容公文，戏谑典型公文叙事体例为"公文腔"。

（三）公文语言发展的一般规律及方向

公文语言是公文与语言的交集，兼具公文和语言的特点，以公文特点为主，以语言特点为辅，其发展规律和趋势由公文的发展规律和趋势决定。公文的政治性、法定性、权威性、严肃性决定了公文语言必须具有准确、规范、严密、庄重等特点。

公文语言历来就存在华丽轻浮和据实而作的华实之争，以及引经据典和平易近人的雅俗之争，公文语言就是在这些分歧争论中不断前进和发展的。综观世界各国公文语言发展历程都经历了一个由简到繁、由繁到简，周而复始、螺旋前进的发展历程，这也是公文语言发展的最一般的规律。朝鲜李氏王朝（1392～1910年）在进行公文变革之前，其公文口语色彩比较浓厚，当时的公文教材《吏文》中收录了很多白话圣旨。后来文言成分增强，官方文献语言渐趋典雅，公文用语逐渐规范。阿拉伯蒙昧时期（475～622年）的"古来氏合约"公文简洁明了，通俗易懂。公元10世纪后，在注重雕饰的波斯文化影响下，阿拉伯公文开始注意行文的合辙押韵，语言风格趋向浮华艳丽。今天的阿拉伯公文以实用为目的，语言回归简洁。英语公文也正经历着一个从过于正规、古板到比较简洁、通俗的转变过程。

据调查，民众心目中的公文语言应具备这样几个特点：词汇大众化、语句简短化、语气亲民化、保持程式化、防止呆板化。总的来说，公文语言是向平实、准确、简单、通俗的方向发展的，这与人民大众对公文的发展需求一致。公文语言应该能够让群众看得懂、听得明、弄得清、做得了。

世界多数国家在运用公文语言时要求：

1. 树立"公文语言大众观"。在保证公文语言规范、标准的基础上，以书面语体特点为主，增加口语化成分，少用接近死亡或已经死亡的古语词、历史词，更多使用接近普通大众的一般词汇，尤其摒弃为了区别于一般百姓的方言口语而大量使用公文套语和文言形式的做法。①

2. 树立"公文表达明了观"。在保证公文语句完整、准确的基础上，尽量简化句子结构，少用长句，多用短句，减少纷繁复杂的附加成分，使句子结构更加清晰，句义更加明显。短句更贴近读者，承载的意义更容易被接受、理解和执行，公文制发者的意图也就更容易得到实现。

3. 树立"公文接受心理观"。充分把握受众群体的求实、求新、求尊、求知、求简、求近等心理，② 尽量改变公文中浓厚的强制意味和高高在上的凌人气势，让受众群体真实感受到行文目的是为了让大家更好地生活和发展。

4. 树立"公文简易新颖观"。进一步提高公文语言格式化程度，使公文写作变得简单易行，同时保留公文写作的灵活性和变动性，保留公文的魅力、色彩和生命力。

---

① 张全真：《朝鲜官吏汉语教科书〈吏文〉的语言面貌》，载《浙江师范大学学报》2007年第12期。
② 叶黔达：《把握公文受文对象心理》，载《秘书工作》1996年第11期。

第三节 外国公文的地位和作用

历来古今中外各国政府都很重视公文，均认为公文在国家机器运转、政务处理中具有重要地位和特殊作用。公文处理工作是其机关日常工作的重要内容，是机关行使职权、开展工作的重要手段，是所有政务工作有效运转的保障。据统计，公文处理在行政管理工作中占有相当大的比重，占到日常管理工作总量的25%~60%。[1] 韩国在朝鲜李氏王朝编写发行的公文教科书——《吏文》，明确说明"汉吏之文，事大要务，不可不重"[2]，"汉吏之文"即汉语公文，汉语是当时朝鲜的官方语言。列宁曾经亲自指导公文处理、案卷管理等工作，还亲自设计公文登记卡片。各国制定了相关的法律法规作为公文处理的依据和规范。学术界也对公文处理的各个环节进行科学研究，希望使公文处理流程化、科学化、高效化。几乎每年都会有以公文处理为主题的国际性会议召开，不断对实践领域的公文处理工作进行科学研究和指导。

一、外国公文的法律地位和组织模式

国外发达国家普遍把公文处理上升到法律地位，以此来彰显公文的重要性，并规范公文写作与运转的整个过程。日本东京都自昭和23年（1948年）以来，制发了45个公文处理方面的规则、规程，加在一起达46万字之多[3]；美国1943年发布《文件处置法》，1950年经过修改后发布《联邦文件法》，1976年再次颁布《美利坚合众国联邦文件管理法》；巴拿马1957年明确指出，所有国家机关都应在其内部建立公文管理计划，制定公文处理的规则和标准[4]。美国于1976年颁布的《联邦文件管理法》，对涉及公文产生、保管、利用、处置等有关的计划、管理、指导、组织、训练、发展等活动作出了具体详细的专门法律规定，目的是对公文运动过程进行经济而有效的全面管理。

国外发达国家普遍采用由档案部门主导公文处理的组织模式，实行文档一体化。具体而言就是由档案部门主导公文处理工作，强调公文与档案的天然联系性，将公文处理和档案管理作为两个子系统，使其相互联系、协作，从而建立一个综合的文件管理系统，对公文生命周期涉及的人、物、技术、制度等各个方面进行宏观调控合理配置，发挥系统整体的功效，使各个环节、各个要素都能够高

---

[1] 马素萍、王传宇译：《苏联公文处理工作的标准化》，载《档案与建设》1984年第2期。
[2] 《李朝实录·汉宗实录》卷第十三14a，太宗七年丁亥三月（1407年）。
[3] 王群：《日本公文印象》，载《秘书工作》2000年第3期。
[4] 何嘉荪：《巴拿马档案工作概况》，载《浙江档案》1994年第1期。

效、有序、顺畅地运行。例如美国由国家档案文件署全面掌握文件管理过程，享有对机关文件的视察权、机关之间转移文件的主管权、文件价值鉴定标准和程序的制作权、文件中心的建立和管理权等，公文的每一个运转环节都是在国家档案文件署的指导和监督下具体进行的。

这与我国文档分离的组织模式存在很大不同。我国公文处理的组织体制是一个由中共中央办公厅和国务院办公厅为最高领导者和管理者、包括各级党政机关办公厅（室）及其下设的文秘部门或其他专职部门组成的庞大有序的系统。管理组织具有双重职责，既是具体工作的承担者，又是制度规范的制定者、具体工作的指导者。国家档案局没有对机关公文进行组织与控制的职能，档案工作与公文处理工作并不交叉，在公文生命运动轨迹上处于线性传递。从公文生命周期角度看，这种组织机制人为地割裂了公文与档案之间的天然联系，公文处理工作不把最终归档看做使命，档案工作也无法实现对公文的超前控制，违背了联系和发展的规律。

二、外国公文的公开利用

当今世界各国政府都很重视政府信息公开工作，这也是各国公民的普遍要求，其主要内容是公文的公开与利用。一般来说，公文的使用具有双重性：一是为行政工作者提供情报价值；二是为本机关以外的人员提供历史资料价值，谢伦伯格称之为公文的原始价值和从属价值。需要明确的是，此处所言公开与利用的公文包括归档和运转中的公文。

1790年法国率先实行档案开放，苏联、英、德紧跟其后，档案开放逐渐成为各国共识并不断扩大档案利用的范围。瑞典于18世纪60年代就以法律的形式确立了公民对现行公文的知情权，欧洲各国纷纷效仿。20世纪末世界范围政务信息公开发展逐渐扩大化、纵深化、制度化，世界各国不同程度推出有关本国政务信息公开的法律法规。

各国信息公开法的内容一般涉及立法的目的和基本概念的界定、信息公开的权利主体和义务主体、信息公开和免除公开的范围、公开的程度、请求公开的行政程序和对拒绝公开的不服申诉即司法审理等。为了推进《信息自由法》的实施，各国还设置了相应的组织机构。[①]

瑞典于1766年制定了《出版自由法》，这是世界上最早的信息公开制度。其中规定市民有接近公文的权利，并以此作为防止公务员违反法律、滥用职权的手段，该法经修改后一直沿用至今。芬兰、丹麦、挪威先后推出公文公开的有关法

---

① 安小米、张宁、叶晗、杜雅楠：《国外电子文件管理机制及借鉴研究》，载《档案学研究》2008年第2期。

案：芬兰《公文书公开法》(1951)、丹麦《行政文书公众使用法》(1970)、挪威《公众使用法》(1970)。1978年法国和荷兰分别制定出台《行政文书使用法》和《公共信息使用法》。20世纪80年代，澳大利亚、加拿大、新西兰、英国、奥地利、匈牙利、比利时、韩国、日本等欧美亚国家先后制定并逐步完善信息公开的相关法律法规。

美国于1966年制定联邦《信息自由法》(Freedom of Information Act, FOIA)明确规定：政府公文公开是原则，不公开才是例外，在例外情况下，政府有举证责任，且法院有权重新审理。这一原则给世界公文信息公开观念带来很大影响。之后美国政府又相继出台《隐私权法》(1974)、《联邦信息安全管理法案》(2002)等，为公民充分享受政府信息知情权，同时保证公民个人隐私权不受侵犯提供法律保障。

档案开放及其广泛利用，为学术研究提供了丰富而珍贵的研究材料，学者们利用这些材料撰写学术著作，取得了许多成果，比如美国关于第二次世界大战史的研究有了很大的可喜的进展，多位作家和学者根据第二次世界大战时期的公文资料出版发表了许多书籍和论文。

世界各国在公文公开与利用方面走过了不同的探索路径，各国的出发点、公开原则、表现方式、发展模式等存在不同之处。

1. 对公文信息公开利用的出发点不同。有的国家注重公文的直接作用，比如为利益直接相关群体提供情报价值或者研究价值，有的国家注重公文的间接作用，比如以此方式实现公民的知情权，使之认识公文、了解公文，进而更好地利用公文。世界范围内，公文公开制度的基本理念可以分为维护公民个人权利和维护社会公共利益两种。以美国为代表的部分国家，认为公民拥有对政府信息毋庸置疑的知情权，重在保障个人权利。我国坚持后一种理念，重在公开涉及社会公共利益特别是政务方面的内容。

2. 对公文与制发者、利用者之间的关系定位不同。有的国家认为，公文的所有权和处置权属于制发机关，并将有关的行政机关认定为公文的主要利用者。有的国家认为，公文的所有权属于整个社会和公民，公民享有知情权和使用权。一旦公文公开，任何机构和个人均可将其内容加以利用并出版，不需要征得任何部门的同意。公民甚至有权利质疑公文公开与限制的合理性，并提出申诉。不同国家对公文利用群体进行不同划分，如本国公民、外国公民、行政工作群体、大众群体等，不同群体享有不同的公文利用权利。

3. 对公文公开与利用坚持的原则不同。以美国为代表的西方国家坚持信息"公开为原则，不公开为例外"，同时明确规定免除公开的信息类型，并具体规定了每种免除公开信息满足的条件。信息公开是美国信息自由法的主导思想，美国法院严格解释对信息公开的豁免条款，有可能损害某些私人利益的信息究竟公开与否，取决于特定情况下个人隐私和公共利益是否平衡。有的国家强调的是政府"主动公开"，行政机关对于公开信息拥有很强的自由裁量权力。官方出台的政府信息公开条例更像是政府机关的工作手册，而不是公民的权利实现的法律依据。不得不承认，我们国家的信息公开就属于后者。

当代世界信息公开立法的发展趋势表明，保障公众知情权已成为政府的基本义务，公文公开制度已经成为保障人权、落实民主权的重要措施。各国政府要加大公文公开的广度和深度，提高公民参政能力，加大政府工作的透明度，建立健全行政公开制度。在当今世界发展形势下，要做好公文的公开与利用，需做好"五个应该"：（1）应该以公民知情权的实现作为公文公开立法的基础，为实现民主最大化畅通渠道；（2）应该加快公文制度化、法制化建设，为实现公民知情权提供法制保障；（3）应该引入公众参与机制，将公文公开与公民言论自由结合起来，顺利实现公文公开机制与公文利用实践完美结合；（4）应该坚持公文信息公开与限制并重，既要保证实现公民知情权，同时又要保证其他利益；（5）应该坚持"以人为本"、"服务至上"，努力为公文利用者提供宽松舒适的制度环境、服务环境。

我国档案的开放利用与国外普遍情况相比，有较大差距。这与公文职能的不同侧重、对公文不同的价值观念有很大关系，主要体现的是公文开放的认识、范围以及公文服务的意识不同。西方国家信奉个人主义，公文利用主体是社会各个成员，我国公文则以党政机关为使用公文的主体。在美国，大众可以对公文公开的限制提请申诉，迫使当局撤销限制；而我国公文公开的尺度在很大程度上缺少法律依据。美国等国公文档案公开工作有"以利用者为本"的服务理念，以"对利用者友好"为工作要求，以满足利用者的需求为工作目标。而我国的公文档案服务意识不足，申请利用公文档案往往程序较多，有较多的限制。

第四节 外国公文研究与发展趋势

鉴于外国公文受到政府重视、法律地位高且文档一体化的现实，国外公文研究一直保持很高的热度，成果也很丰硕，涌现出很多著作公文研究学者，提出了很多对现实公文处理具有理论意义和指导意义的理论甚至理论体系，如美国的谢伦伯格［《现代档案——原则与技术》（1954）］、苏联的多尔吉赫和鲁捷尔松［《苏联档案工作理论与实践》（1980）］、英国的迈克尔·库克［《档案信息管理》（1985）］等。可以说不论是在行政层面还是在研究层面，外国公文领域的投入都是很高的。

国外普遍存在很多专门管理和研究文件或公文的机构和组织，如美国国家档案文件署、韩国国立中央图书馆和首尔大学奎章阁、巴拿马国家文件与档案委员会、日本国立公文书馆、国际档案理事会等。这些机构通常以现实行政机构中有关文件的难题为主题，展开调查和研究，举办讨论大会，出版论文专辑、文件汇编，创办期刊等。国外对公文的研究涉及范围较为广泛，包括公文的分类、语言、文种、特征、格式、研究方法、与政体的关系、运行制度、公开利用等诸多方面。

外国公文研究理论从宏观角度出发，从管理角度和档案价值角度出发，以文件生命周期理论为核心，研究文件的运动特点和规律，勾勒文件管理思路，对公文处理过程中涉及的人员、财务、设备、技术、时间、信息等多种因素进行综合考虑，从文件特点、文件管理活动特点、文件管理机构特点等方面着手层层深入，将文件管理放置在一个广阔的、动态的、与周围事物有机联系的系统中去考察，用发展联系的眼光观察公文处理过程，始终围绕着一个核心原则——经济与有效原则，认为"一个政府的效率往往是由其文件管理效率加以衡量的"[①]。这与我国公文处理规范从微观角度出发，注重公文处理的具体操作程序如何能够更加便于理解和操作，以此实现公文处理工作的规范化、制度化和科学化存在很大不同，他们讲究成本效益，注重投入产出之间的比率。

文件生命周期理论和文件管理理论是外国公文研究的两个核心理论和基础理论。

文件生命周期理论，源于美国，指的是文件从产生直至因丧失现实作用而被销毁或者因具有长远历史保存价值而被档案馆永久保存的整体运动过程。文件生命周期理论以这个过程为基础，研究文件属性与管理者主体行为之间的关系，是对文件——档案运动过程和规律的客观描述和科学抽象，包括以下几个方面的基本内容：文件从其形成到销毁或永久保存，是一个完整的运动过程；文件的价值形态在整个生命周期过程中会发生规律性的变化，据此可以将文件的生命周期划分为几个阶段；文件在每一阶段具有特定的价值形态，与服务对象、保存场所和管理形式之间存在一种内在的对应关系。文件生命周期理论准确地揭示了文件运动的整体性和阶段性的内在联系，为文件的全程管理、阶段管理，以及文档一体化管理奠定了理论基础，对当代的电子公文管理具有指导意义。

依据文件生命周期理论，我们可以将公文的生命周期划分为四个阶段：生成期（从公文的领导授意、起草、修改、校对、签发）、现行期（从公文正式发文、传递、收文、登记、传阅、批示、归档或移交文件中心）、半现行期（停留在档案室或者文件中心处于休眠状态的时期）、消亡期或永久保存期（公文鉴定之后被消亡或移交到档案馆被永久保存的时期）。

[①] 杨霞：《中美文件管理之比较》，载《山西档案》1997年第2期。

1950年美国颁布《联邦文件管理法》，从法律上确立了文件管理的地位，使文件管理走向法制化、正规化；1976年美国颁布修正之后的《联邦文件管理法》，对文件和文件管理的含义、文件管理的职能、文件的鉴定和处置等进行了明确的规定①。文件管理不仅仅是对一些文件编号码、简单保管、检出和再入藏，还包括公文管理的主体人员规定、立卷原则、归档标准、翻印复印原则的制定、保存价值的鉴定等。美国加州大学信息研究所的教授迈克尔·布克莱德在《论文件管理的实质》一文中指出：文件管理理论的实质就是对信息检索、文件生命周期和信息政策等的看法和解释，而非单单出于文件管理的目的和需要②。

　　外国公文的深研究和高投入还体现在公文标准化探索和电子公文发展方面。

　　公文标准化程度的高低决定了公文处理工作的效率，决定整个政府工作运转机制的灵活度和产出率。1968年，苏联就开始着手研究公文的标准化。1969年制定出公文格式的标准样式（国家标准，1969年6月10日）和公文的拟写形成统一规则，前者严格规定了公文上每一个要素的具体位置和公文纸张型号；后者是标准格式的补充，规定公文格式组成部分的打印规则和公文的行文机构、发送、打字等最一般的规则。在多年公文格式化、标准化实践的基础上，苏联认为公文标准化工作要遵循三个基本原则③：（1）法律性原则，标准化的公文格式应当在相应的法律文件中作出规定；（2）前途性原则，标准化的公文应当具有发展前景，由具体公文的制作方式和工具决定，没有发展前途的文种不在标准化范畴内；（3）历史主义原则，要发展利用具有历史传统的已经定型的公文格式。这三条原则是苏联多年公文格式标准化工作实践的理论结晶，对各国公文格式标准化工作具有很好的指导意义。

　　以电子为公文载体，最早可追溯到20世纪50年代的美国和日本，距今已有50多年的历史。从世界范围看，电子公文的发展正逐渐步入规范化、标准化的发展轨道④。国外普遍将电子公文作为电子政务整体框架中的一部分随整体推进而推进，基本上都经历了三个发展阶段：草稿性阶段，又叫单机文件管理阶段；辅助性阶段，又叫局域网办公自动化阶段；转正阶段，又叫广域网办公自动化阶段。目前正在向第四个阶段（无纸化阶段，又叫信息高速公路时期）努力发展。

　　英国将电子文件管理纳入电子政府构建体系，将之看做电子政府管理的重要技术支持、社会公共信息资源和资产管理的重要内容、政府变革管理的重要内

---

① 徐拥军、王吕：《美国文件管理理论与实践的发展历史及其启示》，载《档案天地》2002年第1期。
② ［美］迈克尔·布克莱德著，傅荣校译：《论文件管理的实质》，载《浙江档案》1996年第4期。
③ ［苏］A. H. 索科娃：《苏联国家统一文书制度中管理性文件的标准化》，载《苏联档案》1971年第1期。
④ 张宇：《欧盟"电子文件管理通用需求第二版——MoReq2"解析》，载《北京档案》2008年第7期。

容，专门制定了电子公文的管理政策框架和文件管理者实践规范，推出了一系列的相关法案，如《办公系统电子公文管理指南（草案）》（1997）、《现代政府白皮书》（1999）、《电子文件管理的电子政府政策框架》（2001）、《信息资产登记》（2007）、《电子文件信息法律可采性行动规则》《电子文件管理系统功能要求》《信息自由法》《数据保护法》等。目前英国电子公文系统的建设主要集中在政府部门之间的互联互通，以及公众、企业与政府的交互作用中。

日本将电子公文管理纳入机构质量管理和质量服务体系，以大学和社会文件管理咨询机构引导为管理模式，以《公共档案馆法》（1987）为控制保障机制，以《信息公开法》（1999）、《高速信息通信网络社会形成基本法》（2000）、《个人信息保护法》（2003）为服务保障机制，以《电子签名及认证服务法》（2001）和《JISC 0902—1：2005 信息与文献——文件管理》（2005）为证据保障机制，执行以 ISO 9000 为质量管理标准。2005 年，政府各部门之间的主要业务全部通过互联网进行，标志着日本政府全面进入办公电子化、无纸化时代，使政府内部智能化办公提高到新的水平。

综观世界各国电子公文的发展历程，电子公文发展经验，主要表现在以下三个方面：

一是"微观管理信息化与集成化"。将电子公文发展要求纳入电子信息系统构建体系中，视为政府信息资源和公共信息资产的重要组成部分，将之与其他类型的信息资源进行集成管理和集成服务，为电子政务与电子商务提供保证电子公文真实性及长久保存的技术解决方案和支持。

二是"中观管理合作化与规范化"。采纳或引用 ISO 15489 文件管理国际标准，在全社会范围内广泛推广应用国际化文件管理最佳实践，机构全员参与和全过程参与电子公文的运转；在区域性范围内，采用了局部标准化的协调管理，通过制定统一的标准和规范，逐步替代各国原有的公文制度，从而实现管理活动规范化的目标。

三是"宏观管理社会化与法制化"。将电子公文管理纳入政府公共管理法规体系以保证电子公文的控制力，纳入事务活动法规体系以保证电子公文证据力，纳入信息利用法规体系以保证电子公文服务力。这样电子公文就具有很强的权威性、强制性、法律效力，保证了电子公文管理的执行力。

总的来说，国外普遍表现为电子公文立法体系比较完善，立法权分配比较合理，立法指导思想比较明确，"以国会立法为纲，以行政立法为目"[1]。

而我国在电子公文相关法制建设方面明显落后，电子公文的证据力度不够、

---

[1] 张后万：《中外电子文件保护比较研究》，中国人民大学硕士论文，2008 年。

服务性能不强、控制力度薄弱，在政府公共管理体制、信息化建设体制、政府机构审计和效绩评价体制等中分量不足、地位不高。我国习惯于采用规范性文件或指示性文件的方式来规范有关行为，而忽视了保护电子公文的功能，往往使公文不能有效执行，体现不出法治特点。我国电子公文制度建设方面还有一个明显不合理的地方，即各级政府走在了中央立法机关的前面，在缺乏电子公文发展宏观规划的情况下，各地行政部门却纷纷启动了行政立法程序，出现重行政立法、轻人大立法的局面。

第五节 我国台港澳地区公文

我国实行"一国两制"，由于台、港、澳地区的政治制度与大陆不同，其公文处理办法也与大陆有很大的不同。不仅如此，有许多台、港、澳在大陆的企业，其内部的行政管理公文体制依旧使用其所在地区的公文文体，与它们打交道时，绝不能用大陆的公文去代替台、港、澳的公文，而应当使用国际通行的行政公文或商务公文。

一、台港澳地区公文的定义和分类

台、港、澳地区与大陆有着共同的语言和文化传统，在公文定义、文种分类等方面有很多相同或相似之处，但由于受社会环境、政治经济等因素影响，各地对公文的理解和具体操作又不尽相同。

（一）公文的定义

1. 台湾公文的定义。台湾《公文程式条例》指出："称公文者，谓处理公务之文书。其程式，除法律另有规定外，依本条例之规定办理。"台湾《文书处理手册》规定："本手册所称文书，指处理公务或与公务有关，不论其形式或性质如何之一切资料。凡机关与机关或机关与人民往来之公务文书，机关内部通行之文书，以及公文以外之文书而与公务有关者，均包括在内。"

2. 香港公文的定义。1997年香港法定语文事务署颁发的《政府公文写作手册》（以下简称《手册》）对公文做了明确界定："政府公文泛指政府机关各类公务文书。公文与一般文牍不同，格式较为规范。"并规定，政府公文必须由政府机关的负责人发出，有明确的受文对象和特定的目的。

3. 澳门公文的定义。澳门《中文公文写作手册》对公文的定义是："公文是行政机关处理公务的重要工具，具有实施效能。因此，在文种、体式和用笔上有严格的规范，在语言上还要求表现准确、规范、简明、照应和庄重等特点。"

总的来说，一般都认为公文是行政机关处理公务活动及相关事宜的工具，都承认公文具有规范体式或格式。所不同的是，大陆的新《条例》明确规定公文"具有特定效力和规范体式"，是依法行政的"重要工具"。澳门除认为公文应"具有实施效能"外，还对公文的文种、体式、用笺和语言使用做了限定，较大陆更为细致、具体和全面。香港则指出"公文泛指政府机关日常使用的各类公务文书"，"与一般文牍不同，格式较为规范"，对公文的定义及效力的界定相对比较宽泛。台湾亦称"文书与处理公务或与公务有关……不论其形式或性质如何与公务有关者，均包括在内"，这种界定显然相对宽泛。

（二）关于公文的分类

1. 台湾公文文种。依据台湾《公文程式条例》第二条规定，公文的类别包括令、呈、咨、函、公告、其他公文六类，按台湾《文书处理手册》第十五条，可将此六类公文使用的对象、范围简述如下：

（1）令。公布"法律"、发布法规命令、解释性规定与裁量基准之行政规则及人事命令时使用。

（2）呈。对"总统"有所呈请或报告时使用。

（3）咨。"总统"与"立法院"、"监察院"公文往复时使用。

（4）函。各机关处理公务有下列情形之一时使用：上级机关对所属下级机关有所指示、交办、批复时；下级机关对上级机关有所请求或报告时；同级机关或不相隶属机关间行文时；民众与机关之间申请或答复时。

（5）公告。各机关就主管业务或依据法令规定，向公众或特定对象宣布周知时使用。

（6）其他公文。其他因办理公务需要之文书，例如，书函、开会通知单、公务电话记录、手令或手谕、签、报告、笺函或便笺、聘书、证明书、证书或执照、契约书、提案、记录、节略、说帖、定型化窗体（即表格化公文）。

此外，上述各类公文属发文通报周知性质者，以登载机关电子公布栏为原则；另公务上无须正式行文之会商、联系、洽询、通知、传阅、表报、资料搜集等，以发送电子邮递方式处理。

2. 香港公文文种。根据香港特别行政区公务员事务局、法定语文事务部2004年11月公布《政府公文写作手册》（第二版）"政府公文类别"条，对香港的公文进行了详细的分类：

（1）政府通用的公文可按性质分为以下几类：公函、政府宪报公告、便笺、通告类文书、会议文书、录事和档案纪要。

（2）公务员为了应付各种公务和社交活动的需要而撰写的酬酢文书：柬帖、金石题铭、演讲词、题词、献辞。

（3）政府内部传阅或送交行政立法机关、咨询机构的报告书和文件：行政会议备忘录、讨论文件、进度报告、报告书、数据文件、咨询文件、立法会参考数据摘要。

3. 澳门公文文种。回归前，澳门政府采用的是葡语公文，并没有中文公文。1987年《中葡联合声明》发表以后及1993年《澳门特别行政区基本法》中规定中文是法定语言后，才在政府公文中出现了中文的译文。1999年回归后使用的中文公文，是由葡文传译改制而成，中文葡文两种文字均适用。

1994年7月18日，澳门政府第31号法令公布了一部名为《行政程序法典》的文件，其中有会议记录、通知、申请、意见书、规章、声明、行政合同等，这些都为澳门回归后设立行政公文文种提供了依据。除此之外，迄今为止，尚未见到专门的行政公文程式的有关规定。为澳门政府培训公务员所使用的《中文公文写作教程》中，将行政公文分为两大类：（1）对外公文。主要有行政命令、决议、批示、公告、通告、声明、布告7种；（2）内部公文。主要有公函、便函、传阅函、报告、请示、建议书、申请书、会议记录、通知、（会议）通知、计划书、工作令12种。澳门特区行政暨公职局于2000年8月公布《中文公文写作手册》（试行本），将常用公文分为公函、报告、请示、建议书、请示/建议书、传阅通知、传阅函、公告、通告、通知、布告、内部通告、内部通知、工作令、备忘录、召集书、会议记录、请柬18种。

综合起来，中国大陆与台、港、澳地区公文的文种如表5-1所示。

表5-1

	中国大陆	台湾地区	香港地区	澳门地区
公文文种	决议	—	决议	—
	决定	—	—	—
	命令（令）	令	令	行政令；工作令
	公报	—	—	—
	公告	公告	政府宪报公告	公告
	通告	通告	通告	通告；布告
	意见	—	—	—
	通知	通知	—	通知
	通报	—	—	—
	报告	报告	报告书	报告
	请示	呈	呈文	建议书
	批复	—	—	批示
	议案	—	—	—
	函	函	公函	公函
	纪要	纪录	会议记录	会议文书

二、中国大陆与台港澳地区公文比较

（一）公文文种比较

由于中国大陆与台、港、澳地区分别属于不同的社会制度，集中地代表着不同阶级的不同利益，因而使为一定制度和政权服务的公文有了不可避免的差异。同时，由于中国大陆与台、港、澳地区都是中华民族不可分割的组成部分，都有着相同的历史文化传统和共同的语言文字，所以，在阶级本质上有所差异的公文，又有了许多相对意义上的"共性"。

就具体文种而言，大致上有如下两种情况：

1. 名称相似，功能各异。由于各地文种内容和使用范围的不同，就造成了海峡两岸和香港、澳门的公文在名称相同或相近的情况下，功能却各不相同。主要体现在以下几个文种：

公告。大陆的公告，仅限于中央授权单位"向国内外宣布重要事项或法定事项"；台湾的公告却是"各机关就主管业务向公众或特令对象宣布周知时使用"；澳门的公告（或通告）是"政府机关将一定事实让公众周知，在政府公报上公布或在报章上刊登的文件"；香港的公告则一分为三，将可张榜公布于众的告示、布告单项使用。比较之下可见：大陆的公告内容单一、面窄，台湾、澳门的内容广泛、面宽，香港的居中。

函。大陆的函用于"不相隶属机关之间相互商洽工作、询问和答复问题，请求批准和答复审批事项"；台湾的函则用于各机关间的公文往复，上行可请示报告，平行可商洽、通报，下行可指示、通知、批复，还可用于民众与机构、部门间的申请与答复；澳门用于凡各类机关、社团或个人为公事而发出的信件；香港可用于政府的对内对外事务。可见，函这个文种在台湾的使用范围最广、频率最高；在大陆的使用范围较小；港、澳函的适用范围广于大陆，窄于台湾。

通告。大陆的通告"适用于在一定范围内公布应当遵守或者周知的事项"；澳门规定通告是"政府机关将一定事实让公众周知，在政府公报上公布或在报章上刊登的文件"；台湾的通告则是"机关内某一单位须将某一事项告知本机关全体同仁用之"，"亦有称通报者"。比较分析可见，大陆的通告范围广，台湾的范围窄，而且与大陆的通报（用于表彰先进、批评错误、传达重要精神或情况）相混；澳门的通告也较宽泛，但与大陆的公告相混。

通知。大陆规定通知"适用于发布、传达要求下级机关执行和有关单位周知或者执行的事项，批转、转发公文"，台湾则规定通知在机关对民众有所告知或答复时使用；澳门的通知"是政府机关把事情知会有关人士的公文"；香港无此类公文存在，在非正式文种中常用会议邀请或法庭传讯代替。可见，大陆的通知功能较强；台湾、澳门内容相似，范围较窄；香港无此文种。

报告。大陆的报告与请示分属两类：报告用于向上级机关汇报工作、反映情况，回复上级机关的询问。请示仅用于向上级机关请求指示、批准；而台湾的报告使用范围广，"多用于私务。凡机关、学校、人民团体，僚属陈述偶发事故，请示上级了解，或请代为解决困难"，同时台湾另立"签"类，其范围只"限于公务，具有幕僚单位性质的机关首长向上级机关请求核准"。看来台湾的报告比大陆使用范围窄，而"签"跟大陆的"请示"有些相似；香港和澳门无此文类。

2. 名称不同，功能相似。由于各地公文种类的名称不同，又造成了海峡两岸和香港、澳门的公文在名称不同的情况下，功能却又大致相同或相近、相似的情况：

通报与通告、公告。大陆的通报"用于表彰先进，批评错误，传达重要精神或情况"；而台湾的"通告"指"机关某一单位须将某一事项告知本机关全体同仁用之"，"亦有称通报者"。这样，台湾的通告就与大陆的通报有相似之点，名称不同，具有相近、相似的功能；而澳门的通告指"政府机关将一定事实让公众周知，在政府公报上公布或在报章上刊登"，这又与大陆的"公告"——"适用于向国内外宣布重要事项或法定事项"名异意近。

请示与签。大陆的请示用于"向上级机关请求指示、批准"，与台湾的签"限于公务，具有幕僚单位性质的机关首长向上级机关请求核准"有相似之处，也属于名异意近的问题。

报告、请示、批复与录事。大陆的报告、请示、批复（上级机关回答下级机关的问题的意见）三类文种区别明显，而香港的"录事"既可以做请示，又可以做报告，还可以做答复文种。这样，大陆的报告、请示、批复，与香港的录事部分交叉，造成名虽异，而部分功能相同的现象。

函与书函、便笺。用于机关部门之间联络工作、沟通信息的文类，大陆常用函或介绍信，台湾有书函，香港有便笺，三地用名各异，而功能相似。

（二）公文语言的异同

1. 大陆对公文语言的要求。大陆的公文是党政机关实施领导、履行职能、处理公务、传达信息、交流情况等的重要工具，对外代表发文机关的法定职权，具有权威性，同时对收文者的行文产生法定效力和一定的强制力。因此，草拟公文时应"内容简洁，主题突出，观点鲜明，结构严谨，表述准确，文字精练"，用语不仅要准确、简明地表达发文意图和客观实际，还要庄重严肃、规范平实，使收文者易于理解和把握，同时又不失其权威与效力。

2. 台湾地区对公文语言的要求。台湾公文在语言运用与表达方面与大陆最为接近，但由于受特殊的社会、历史、经济、文化及政治背景影响，台湾公文使用文言词句的情况多于大陆。1973年6月22日台湾颁行的《行政机关公文处理手册》将不符合时代精神的公文用语概予删削，以期简明确切，提高行政效率。1985年3月18日颁行的《文书处理手册》强调以函为主的行政机关一般公文，"文字叙述应尽量使用明白晓畅，词义清晰之语体文，以达到公文程式条例第八条所规定'简、浅、明、确'之要求"；"文句应正确使用标点符号"；"文内避免层层套叙来文，只摘述要点"；"应绝对避免使用艰辛费解，无意义或模棱两可之词句"。除了上述要求外，对具体文种撰拟说明也提出了要求，如对"签"的作业要求是："清晰：文义清楚、肯定"；"简明：用语简练，词句晓畅，分段确实，主题鲜明"；"整洁：签稿均应保持整洁，字体力求端正"等。这些规定，虽未明确提出"用白话文替代文言文"的口号，但实质上已对旧有公文语言进行了改革，使台湾行政公文出现了新的面貌。

3. 香港特别行政区公文的语言要求。香港在过去的一百多年中由于受英国殖民统治，一直奉行"重英文轻中文"的语言政策，欧化色彩比较明显。1997年回归之前的几年，香港公文及公文语言受台湾公文影响，在表达与实际应用过程中常掺杂有方言、文言文等。1974年，香港政府中文公事署颁发了《法定语文条例》，承认中文与英文享有平等地位。1997年7月，香港特区政府法定语文事务署制定了《政府公文写作手册》，使政府公文语种由以英文为正本、中文为副本的模式，转变为以中文为主、英文为辅的模式，真正巩固了中文在公文写作中的法定主导地位。该手册总论部分文体一栏指出：公文是处理公务的依据，因此内容必须准确，除了条理分明外，还要流畅达意，文字浅白，方便受文人了解公文传达的讯息，所以撰写公文，宜采用大多数人惯用的白话，而不是文言。

虽说采用白话，却不是完全摒弃文言用语，文言言简意赅，行文时为求简洁得体，也会酌情使用。无论用白话或文言撰写公文，都要避免使用冗长、不通顺或不合中文语法的句子，慎防出现西化的结构、空洞的套语、生僻难懂的词句、口语或方言。

4. 澳门特别行政区公文的语言要求。与香港的情形相似，1999年回归前，澳门"重葡文轻中文"的语言政策使得中文在其官方公文写作中运用甚少，澳门政府公文多以葡文撰写，"……以中文撰写公文……多以参考坊间应用文书籍为之"，与香港相比，澳门的中文基础更薄弱，语言的运用与表达欠流畅、得体，在写作过程中常会出现一些生僻难懂的方言、外来语及文言词，欧化色彩比较浓。回归后，为提高行政公文的撰写质量和处理效率，缩小与内地之间的差距，2000年8月，澳门行政暨公职局编写了《中文公文写作手册》试行本，对各类常用公文的文种和体式作了规范，极力加强政府公文中文表达能力的培养，努力提高中文整体水平。该手册明文规定："……在语言上还要求表现为准确、规范、简明、照应和庄重等特点……以白话文撰写，忌用口语词、方言词；而为求文雅庄重、简洁凝练……"该手册的颁布与实施，标志着中文在澳门取得了法定语文的地位。这是澳门特别行政区为加强与大陆、香港、台湾的沟通，促进民族文化的大融合而不懈努力的结果。

中国大陆和台、港、澳地区的行政公文语言，除了同属汉语言文字、共同运用白话文等语体之外，在具体行政公文写作中，也有许多相似或相同之处。

（1）讲究庄重平实，力求准确简明。公文的语言是一种准确度高、规范性强、传播速度快的汉语书面语言。庄重平实的语言，要求遣词造句端庄持重，无虚饰浮词；准确简明要求文字含义明确，合乎语法、逻辑规范，标点符号准确。既简明又要主旨明确、重点突出，力戒套话、空话，防止冗繁、词不达意。

（2）注重实用，根据实际情况进行语言表达。公文的语言是一种实用性很强的语言，要求根据不同的受文对象、内容和文种需求，恰当使用，陈述得当，记事清楚，条理明白，才能有效地处理公务往来文书。例如撰写给社会知名人士的酬酢信函，就要十分注重礼仪，语言凝练、庄重、典雅，所以使用文言语词与句式较多；而对于普通老百姓的答复函件，则必须浅白、明确、及时、礼貌、简洁、清楚。

（3）凝练词语，选择使用适当的文言词语。在特定情况下，中国大陆和台、港、澳都经常使用一些凝练、富有表现力的文言词语。相比之下，台湾地区的公文使用文言语词的现象多，大陆、香港、澳门则比较少，只有一些非法定的应酬文种，如个人函件、请柬、邀约、答谢之类的酬酢文书，才使用一些文言语词。

（4）规范用语，以使用白话文为主。中国大陆和台、港、澳对行政公文的语言文字十分重视，都制定了相应的语言规范要求。大陆、台、港、澳行政公文在语体上都强调使用白话文而不用文言文。虽然台、港地区在实际写作中还有文、白并存现象，但从总的发展趋势看，白话文将越来越占优势。

第六章　中国公文的存在形态

公文作为一种文体形态，既有自己的构成体系，也有自己的结构体系，弄清楚它的构成体系和结构体系对公文作者来讲非常重要。尽管从它的组成来看没有艺术门类那么复杂，但它同样是一个包含许多类别、多种载体的系统，只有将这些问题弄清楚，才能比较客观、全面地反映公文存在形态的面貌。

第一节　公文的形成条件

公文不是凭空产生的，它是建立在一定的经济基础之上，是由上层建筑决定的。

一、经济基础是公文产生的深厚土壤

一定社会的经济基础为公文的产生提供物质保障。公文受一定社会生产力发展水平制约，与一定社会的生产关系组织情况密切相关。正确的公文来自对社会现实和发展的科学预测和判断，来自对客观事物运动规律的认识、把握与运用。生产力发展水平越高，人们对客观世界的认识就越深刻，对规律的把握也就越科学。

公文浅层次解决的是社会管理过程中公务信息的发送和公文受体对公务信息接受间的矛盾，深层次解决的是经济社会中利益所有者之间的矛盾。因此，公文的写作与处理扎根于一定社会的经济基础，又反过来服务经济社会的发展。一定社会的经济基础对公文的产生有着深刻的影响。

经济基础为公文的产生提供人力资源保障。经济基础为人的全面发展提供了物质保障，经济基础决定了人的认知水平、思维水平、思想境界等，这些都是公文形成的必要素质。

经济基础为公文的产生提供必需的素材。公文的产生是建立在对公务活动深刻把握的基础上的，公文产生要经过艰苦的整体思维，而思维的素材归根结底来源于人类社会的生产实践。因此，正确的公文要从社会生产实践中汲取营养。

从生产力发展水平来看，随着人类社会生产力水平的不断发展，公文写作的工具也在不断改进。从原始社会的结绳记事，到后来的竹简写作、纸笔写作，发

展到当今的电脑写作，写作的效率不断提高，公文信息的处理更加快捷方便，公文的生产过程自然也处在不断的调整之中。

从生产关系的演进进程来看，从封建社会的君臣关系发展到现代社会的民主平等，人与人之间生产关系不断变化，公务活动的内容和形式都在发展变化着，公文写作方式也在不断的演进，其产生过程也随之发生变化。

二、上层建筑是公文产生的决定因素

上层建筑是建立在一定社会经济基础之上的政治法律制度、组织和设施以及社会意识形态的总和。它包括政治上层建筑和思想上层建筑。上层建筑对公文产生的影响表现在以下几个方面：

一是政治上层建筑决定了公文的作用导向。政治上层建筑是指人们在一定经济基础上建立起的政治、法律制度以及建立的军队、警察、法庭、监狱、政府部门、党派等国家机器和政治组织。公文写作具有很强的政治性，是服务于国家机关和政治组织的，因此在制定公文时必然要考虑正确的政治导向，这样才能提高公文写作的质量。政治上层建筑的特点也决定着公文的选择，当一定社会的政治清明、开放包容时，公文就呈现简洁单一的特点；当一定社会的政治黑暗、腐化堕落时，公文大都呈现复杂隐晦的特点。

二是思想上层建筑决定了公文的价值取向。思想上层建筑是指适应经济基础的社会意识形态，包括政治思想、法律思想、道德、艺术、哲学、美学、宗教、文化传媒等。思想上层建筑决定了公文的价值取向表现在：思想上层建筑深刻影响写作主体的思维方式，公文形成与写作主体的思维有密切关系，写作主体的思维是形成写作策略的内在驱动。写作思维是公文写作酝酿的动力，写作思维决定了公文写作的格局大小，从而也影响着公文的层次。思想上层建筑深刻影响整个社会心理，社会心理是形成公文的心理依据，整个社会的价值取向取决于社会的文化心理以及由此形成的价值观。公文写作主体对公务活动的价值判断以及公文写作受体对公务活动的价值判断是否一致，关键在于他们是否具有相同的社会文化心理，这种矛盾直接影响公文的形成。思想上层建筑深刻影响一定社会的人文精神，公文需要深厚的人文精神的支撑。中国公文写作扎根于中华文明的传承与创新之中，必然带有浓郁的历史意蕴和民族特性。比如中国的《易经》《论语》《道德经》《孙子兵法》《三十六计》等传统文化对中国公文形成都有着潜移默化的影响。

要认识中国公文的形成，就要对中国的政治体制有着清晰的认识。公文是在公务活动中形成并使用的，公务活动是政治上层建筑的具体化、实践操作化的结果，因此中国的公文必须对中国的政治体制的运行有着清晰的认识。在当代中

国，我国的政治体制有以下特点：一是我国的国体是工人阶级领导的工农联盟为基础的人民民主专政的社会主义国家；二是我国的政体是人民代表大会制度，全国人民代表大会是我国最高的权力机关；三是国务院和地方各级人民政府是我国的行政机关；四是我国实行中国共产党领导的多党合作制度，中国共产党是执政党，各民主党派是参政党，实行政治协商；五是我国的军队建设必须置于党的绝对领导之下，党指挥枪。因此我国的公务活动主要有以下几类：一是党务活动即中国共产党的机关活动；二是政务活动即国务院和各级人民政府的活动；三是各级人大机关的活动；四是各级政协机关的活动；五是军队机关的活动。

公文写作主体要对我国的政治结构清晰把握，不断培养自己敏锐的政治头脑以满足公文写作的需要。要不断加强自己的政治理论学习，要系统掌握马克思列宁主义、毛泽东思想、邓小平理论和"三个代表"重要思想、科学发展观等政治理论知识，掌握马克思主义中国化的最新理论成果，使自己公文写作始终坚持鲜明正确的政治方向。

三、"民为贵"是公文必须遵循的宗旨

从古至今，各王朝的建立和颠覆，无不证明了人民在伟大历史潮流中的巨大作用和不容忽视的地位。唐太宗把人民与统治比作是水与舟的关系，称"水能载舟，亦能覆舟"。古人也曾说："民为贵，君为轻，社稷次之"，足见前人对人民力量的重视，而如今更是得民心者得天下。我党正因为认识到这点，才会在领导人民革命和建设中取得世界瞩目的成绩，同时，这也充分证明了人民群众才是历史的创造者的科学论断。所以，公文在任何时候做任何事，都要把人民利益放在第一位。

坚持"民为贵"，把人民利益放在第一位，公文就要坚持个人利益和人民整体利益的统一性。个人利益是整体利益的基础，整体利益是个人利益的集合与有机联系的统一体。公文的形成必须统筹兼顾好个人利益和整体利益，既要保证整体利益，又要满足个人利益。党代表最广大人民的根本利益，以人民群众的根本利益作为出发点和落脚点，在制定具体政策时，要考虑维护好个体的合法利益而又不损害整体利益。

坚持"民为贵"，把人民利益放在第一位，公文就要充分考虑人民群众的意愿和感受。为人民谋利益应当坚持以人为本，从群众的现实需要出发，站在群众的角度思考问题，真诚倾听群众呼声，真实反映群众愿望，真情关心群众疾苦，切实解决好人民群众最关心、最直接、最现实的利益问题。

坚持"民为贵"，把人民利益放在第一位，公文就要充分尊重人民群众的主体地位。人民群众是我们推动革命和建设的主体力量，每一个公文作者都要把人

民放在心中最高位置，尊重人民的主体地位和首创精神，拜人民为师，把政治智慧的增长、执政本领的增强深深扎根于人民的创造性实践之中。

坚持"民为贵"，把人民利益放在第一位，公文就要注重人民利益的可持续发展。实现人民利益的可持续发展，必须既考虑眼前利益，又考虑长远利益，在经济发展过程中不断改善人民群众的生活水平，让人民群众的利益实实在在、长长久久。

坚持"民为贵"，把人民利益放在第一位，公文就要依靠法律和制度保障社会公平正义。运用法律和制度保护自身合法利益是人民群众的强烈要求。随着经济体制深刻变革、社会结构深刻变动、利益格局深刻调整、思想观念深刻变化，以法律和制度维护社会公平正义，保障人民合法利益不断面临新情况、新问题，必须通过建设现代法治社会来逐步改变传统的人情社会，以法治来为社会公平正义和人民利益提供持久的支撑。

坚持"民为贵"，把人民利益放在第一位，公文就要坚持党的利益与人民利益的一致性。中国共产党从成立的那天起就以最广大人民的根本利益为己任，把群众利益放在第一位，坚持全心全意为人民服务。90多年的历程、60多年的治国理政经验充分证明，我们党除了人民利益外，没有自己的特殊利益，党的一切奋斗，归根到底都是为了人民；只要把人民利益放在第一位，代表人民的根本利益，就会得到人民群众的拥护，群众就会和党同心同德、同舟共济，实现政治稳定、社会和谐；坚持党的利益和人民利益的一致性，实现好、维护好、发展好人民群众的根本利益，我们党就能实现长期执政，国家就能长治久安。

四、坚持实事求是是公文必须把握的基本原则

"实事求是"一词，最初出现于东汉史学家班固撰写的《汉书·河间献王传》，讲的是西汉景帝第二子河间献王刘德"修学好古，实事求是"。明朝王阳明在宋代朱熹"格物便是致知"、"理在事中"的基础上，提出了"知行合一"的观点，倡导"实事求是"的学风。这原本指一种严谨的治学态度和方法，是一个经学和考据学的命题，但也是中国古代公文作者的座右铭。

实事求是作为党的思想路线，它始终是马克思主义中国化理论成果的精髓和灵魂，是毛泽东思想的精髓和灵魂，是包括邓小平理论、"三个代表"重要思想以及科学发展观在内的中国特色社会主义理论体系的精髓和灵魂；它始终是中国共产党人认识世界和改造世界的根本要求，是我们党的基本思想方法、工作方法和领导方法，是党带领人民推动中国革命、建设、改革事业不断取得胜利的重要法宝。

公文坚持实事求是，就必须坚持一切从实际出发。实际事物是具体的，而本

本是对实际事物研究、抽象的结果，不能成为研究问题和作决策的出发点，出发点只能是客观实际。要了解客观实际，就必须深入群众、深入实践进行调查研究，把客观存在的事实搞清楚，把事物的内部和外部联系弄明白，从中找出能够解决问题、符合群众要求的办法来。所以，调查研究是公文从实际出发的中心一环。没有调查就没有发言权，没有调查也没有决策权，没有调查也没有公文制发权。

公文坚持实事求是，就必须坚持理论联系实际。理论是从实践中产生的，理论是否正确还要接受实践检验并要在实践中得到丰富和发展；同时，理论只有与实际紧密联系，才能发挥对实践的指导作用，实现自身的价值和意义。理论如果脱离了实际，就会成为僵化的教条，就会失去其活力与生命力。公文如果脱离了社会实践，只是从书本上来到书本上去，就会成为空洞的公文，而不可能成为党和人民所要求的实际有用的公文。党和人民希望我们的公文作者能够对当今中国和世界的经济、政治、文化、社会等领域的重大问题给予科学的理论说明，能够提供解决问题的正确方案，真正成为理论联系实际的公文家。

公文坚持实事求是，关键在于"求是"，就是探求和掌握事物发展的规律。对事物客观规律的认识，只能在实践中完成。勇于实践、善于实践，在实践中积累经验、进行理论升华，再用以指导实践、推动实践，在实践中使认识得到检验、修正、丰富和发展，这是认识客观规律的根本途径，也是把握公文客观规律的必由之路。我们利用公文作决策、办事情、谋发展，都要认识规律、遵循规律。从这个意义上说，公文能否坚持实事求是，能否按客观规律办事，这是决定我们的公文制发有无主动权和得失成败的关键所在。

第二节 公文的基本特点和作用

一、公文的基本特点

同一般文章、文艺作品相比，公文具有自己显著的特点。

（一）公文具有鲜明的政治性

公文是国家权力的触须，只要它能到达的地方便是国家权力可控制的地方。古代皇帝通过公文控制朝廷（政府），朝廷（政府）通过公文控制国家。公文有着强烈的政治特性。公文反映的是各个阶级之间的斗争，能够在国家的日常工作中发挥重要的作用，因此，公文必然受一定的政治观点的指导，为一定的政治制度服务，从而体现出鲜明的政治倾向性。古今中外统治阶级为了巩固政权，实现自己的政治目的，处理政事、国事、管理社会事务，必须借助公文这个载体传达政令，体现自己的阶级意志和利益。在我国，公文是党政机关领导和组织政治、经济、科技、文化和社会生活的工具，是为巩固人民民主专政、建设现代化事业服务的。党和国家制定的方针政策、措施、办法等，主要是运用公文来发布的，公文的政治性是国家政权性质的具体反映。

（二）公文具有法定的权威性

据留世的法律典籍等档案资料记载，公文制度的发展与各朝代法律有着密不可分的联系。秦朝在公文制度上多用法律的形式予以规定，睡虎地秦简详细规定了公文简牍用材、公文种类、公文书写规范、公文封缄、传送、存档保管等各个环节。《秦律》以刑罚的手段强制文书人员对公文制度的执行和遵守。两汉基本上继承了秦朝的公文制度，使得中国公文制度在秦汉得以最终确定。公文严格的制度化影响造成了秦代公文强烈的规范化特征。由秦而始的公文制度的健全与规范对于整个封建时代的公文撰制产生了深远的影响，这种制度上的奠基之功在现实上弥补了实际创作的不足。隋唐是我国封建社会的鼎盛时期，社会生活和国家组织的复杂化，要求有相应完备和严格的法规制度。《唐律》中对于公文的撰写、审定、传递、收办、归档等各个环节都有严格详细的规定，使得各级官吏及民众有法可依，唐代公文立法，为我国公文工作的法制化和制度化提供了珍贵的历史经验。明代制定了《大明律》，对公文制度多有详细规定，全面、系统地以法律的形式将公文制度加以确认。古代的法律对公文制度有严格规定，保障了其顺利实施，有利于公文在政府各部门之间的传递和管理，有利于明确政府各部门间的责任，有利于提高行政效率，使各部门运行更加有序，也使得现代的公文管理制度也有所借鉴。

现代公文的撰写者是法定的，代表的是依法行使权力和义务的法定机关、团体、企事业单位的集体行为，其他人员不得充任。凡是在规定的职权范围内制发的公文，都表达着一级机关的意志。公文中的命令（令）、指示、决定、决议、布告、通告、批复等下行公文，是党和国家方针、政策、意图的文字表达，是政府机关行使职权、实施行政领导和指挥的重要方式，它要求下属机关、单位和个人必须严格遵照执行，如果不贯彻执行，则有相应的纪律和行政措施来加以约束和保证，因而公文具有法定的权威性和行政的约束力。同时，所有机关的行文，都必须根据本机关的隶属关系和职权范围来确定，不能超越自己的职权。

（三）公文具有现实的指导性

公文具有管理作用。古代公文通过建立各种管理部门，通过管理部门的对外职能发挥，使得管理意图达到预期目的。现代公文对现实工作具有重要指导作用，用来发现问题、反映问题、解决问题，发文机关必须是针对现实工作的、某一具体问题而行文，就是行文目的、观点、思想意图，必须是明确务实的，绝不可无病呻吟，无中生有。一件公文，或是阐明某项工作的方针、原则，提出解决某一问题的政策；或就某项人事作出决定；或是就某项工作如何开展作出具体部署；或者对某一经验作出肯定，号召大家仿效学习，或者就某些错误倾向和错误做法发出通报，进行严肃的批评，以引起其他部门警觉、注意。所有这些，都不是无的放矢，而是为了解决现实存在的种种问题，把我们的各项工作推向前进。下级的请示，上级必须研究批复；上级的指示、决议、决定，下级必须抓紧贯彻落实，绝不允许各行其是。

（四）公文具有材料的真实性

公文选用的材料必须客观、真实。现实公文是传达和贯彻党和国家方针政策的工具，是用来处理实际问题的严肃文件，因而它所选用的材料，无论是现实材料还是历史材料，理论材料还是事实材料，都要有根有据，都必须是客观存在的事实上的真实，既不能夸大或缩小，也不能虚美或溢恶。它不仅要求所写的人名、地名、时间、数字、引文等必须准确无误，而且要求所选用的事例、情况、背景等材料也必须真实可靠、符合实际，绝不允许进行虚构、杜撰。

（五）公文具有程式的规范性

公文讲求格式规范。现实工作中，任何党政机关和单位必须执行党和国家规定的统一公文格式，不得另搞一套，自行其是。坚持公文格式规范化，可以维护公文的权威和庄严，同时保证公文处理及时、准确、安全，提高办事效率和质量。党政机关的公文写作与处理，必须严格遵守《党政机关公文处理工作条例》《党政机关公文格式》的规定行文。一份公文，从用纸幅面规格到印刷版记，都应遵循规范要求。就是各种公文的写法，如语言的定向表述，表达方式、专用词语的运用，党和国家也都有相应的规定，从而形成了公文独有特色。

（六）公文具有语言的严肃性

现实公文以传递党和国家的策令为主要内容，具有法定的权威性，是人们社会活动的准绳，所以在语言的表达上庄重严肃是其基本格调。公文用语要合乎事实、合乎逻辑、合乎语法，判断要准确，推理要周严，所用引语和数据应精确无误。简洁明快，短少精悍，用最少的文字表达最丰富的内容，杜绝一切空话套话。平实易懂，自然无华，在行文时，一般不用抒情、描写等表达方式，不追求华丽的词藻，忌用夸张、双关、对偶、反复、象征等修辞手法。

（七）公文具有效用的时限性

公文要放在时代的大背景下构建，"公文合为时而著"，公文写作就是要牢牢把握时代要求。尤其要注意时效性，任何公文只要时过境迁，就失去了它的应用价值。因此公文的撰写、传递、办理都有时间的限制。某些发布行政措施或法规的文件，都明确规定了执行的时间；某些动员令、非常时期的戒严令、针对某些紧急情况作出的命令、决定等都必须限时发出、限期送达与办理。当然，这种时间的限制有长有短，一旦客观情况起了变化，该公文失去了现实的效用，发文机关就应及时作出调整，或者是部分执行，或者明令废除，停止执行。

（八）公文具有严格的机密性

公文的机密性是由它的政治性决定的。从现实公文的内容上看，公文记载党和国家及所属机关有关政治、经济、军事、外交、法规、科技、文教等方面的大政方针，反映总体战略部署和有关动态，涉及和体现着党和国家的根本利益，有特定的发送范围和阅读对象，有的属绝密，有的属机密，有的属秘密，有的至少在一定的时期内是机密。它不像报纸、杂志、书籍，人人可买，人人可看。

二、公文的作用

公文是管理组织或个人因事成文的一种信息负载文书，是用以记载、公布、传递公务信息和办事凭证的书面记录，在管理国家事务活动中，起着沟通中央集权组织与地方郡县组织的连接作用以及公务链条运转作用。上级机构通过制发公文来实施逐级管理与书面指挥，下级机构通过呈报公文，进行情况反映，接受策令安排，形成公务管理活动中的信息交换与受命行事的运行机制。在古代信息载体落后的状况下，古代公文是"以文辅政"的重要信息运行工具，也是议事决策与办事信用的凭证。对于维护政权建设起着支撑作用。

（一）公文具有治国理政作用

公文是"经国之枢机，政事之先务"。公文最直接地体现国家的政治意图和利益，是国家实施领导和进行有效管理的重要工具。刘勰在《文心雕龙·诏策第十九》中说："皇帝御宇，其言也神。渊嘿黼扆，而响盈四表，惟诏策乎！"皇帝统治天下，其言也神。他深沉静默，坐在画着斧形花纹的屏风后，声音却响彻四海，这就全靠了诏和策，靠公文的政治权威性，治理国家。"敕戒州部，诏诰百官，制施赦命，策封王侯。"

现代公文贯穿于社会生活的各个环节之中，为维护社会秩序、保障社会安全作出了巨大的贡献。公文是社会管理中最常见同时也是最实用的工具，是其他任何一种文体都无法取代的。由于社会在不断地发展前进，国家行政机关不断分化出更多的部门，社会管理工作与活动也越来越多，越来越复杂，因此，要想社会管理工作能够正常运转和顺利进行，公文担负着越来越重的使命。如果公文不存在了，各项管理工作将会立刻陷入一片混乱之中，将给社会的安定带来不利的影响。

公文的社会管理作用或纯社会管理作用有直接和间接之分。就文种而言，如规定、办法、计划、决定、决议等公文都具有直接的管理作用；工作简报、无具体执行内容的通知和向非主送单位抄送的文件，则具有间接的管理作用，它的作用主要是"互通情报"、交流工作活动情况,为有关机关开展某项工作进行必要的"信息储备";请示、报告、会议记录和函等文件也是具有间接管理作用的公文,它们不但具有"信息储备"的作用,同时还有为实施管理提供必要的前期准备的作用。

(二)公文具有经济价值作用

公文受社会经济发展的制约很大,同时公文对经济的发展影响也很大。公文书写载体——纸的发明以及影响公文传输的交通的发展都直接推动了古代公文制度的改变和发展。纸的发明和使用引发了公文载体从简牍和缣帛向纸转变的革命性过渡,毛笔、纸张等书写材料的产生是秦汉公文制度形成的重要条件。交通建设的发展为公文的快捷传递和落实提供了保证。秦代的"书同文"、"车同轨"制度,方便了公文的传达与传送。随着汉代农业进步,水利事业兴建,纺织、冶铁、铜漆器等手工业发展,汉代商业日益繁荣,开通了以长安为起点,抵达地中海东岸的"丝绸之路",推动了交通事业的发展,从而有利于加快公文的传递和实施,推动古代公文制度的确立和发展。

公文作为统治者的行政工具,内容要反映统治者的意识和思想。秦始皇为了维护中央集权的皇帝制度,追求思想舆论的高度统一,他推崇法家思想,采取了一系列措施强化社会意识形态。"焚书坑儒"就是其中一项,而避讳运用在公文里就是始于秦代。汉代统治者吸取了秦王朝短暂灭亡和"秦世不文"的教训,采取了一些有利于社会安定、发展生产的措施,为汉初社会经济和公文元气的复苏提供了保障。同时在思想上以儒家思想为基础,汉初文士多能秉承儒家的意识形态,积极参加到现实的政治生活之中。秦朝覆灭为鉴,总结历史教训,提出解决现实社会的政治问题,公文在促进经济发展上发挥了重要作用。

公文是属于上层建筑范畴的。按照马克思主义关于经济基础决定上层建筑、上层建筑反作用于经济基础的观点,作为反映人们进行社会公务活动的精神产物的公文,一旦同人们的社会公务活动相结合,就会产生巨大的物质力量,就会使人们的精神财富变为物质财富。公文的经济价值作用就在于此。公文的经济价值作用是凭借公文的管理作用来实现的。它的经济价值不像企业生产的经济效益那样直接、明显,而是蕴涵在它的具体内容之中。要使其内含的经济价值产生经济效果,只有通过它的管理作用才能实现。党的十一届三中全会以后,党和国家为了推进农村和城市经济改革,制发了一系列指导性公文。由于这些公文的贯彻落实,在短短的几年时间内,不论是农村经济还是工业生产,都取得了极其可喜的成绩,整个国民经济稳定、协调、持续地向前发展,这一事实是亿万人民有目共睹的。诚然,这些成绩的取得应当归功于党的路线、方针、政策的正确。但是,党的路线、方针、政策是通过公文所反映的,这正是公文的经济价值作用的实际意义所在。

(三) 公文具有规范约束作用

以皇帝为核心的中央集权制度的建立，要求加强和统一公文工作。公文是为政治服务的，为了加强中央集权，配合国家政治制度，君主对公文的各个程序都作出规定。公文制度的建立大大方便了行政管理，而相应的国家行政管理的系统化也会带动公文制度的规范化。国家的统一要求政令统一，有相应的公文和公文工作系统作为控制、指挥的管理工具。

从秦汉起，公文制度随着封建政治制度的建立而确立起来。唐宋的中央集权制度使得公文制度中的避讳、抬头制度较前代严格。到了明代，政体上实行内阁制，明王朝封建专制达到顶峰，随之用字、避讳、抬头、行式处理等公文制度更为严苛。清代的公文撰制机构分工细致明确，相应公文制度也更为烦琐和严格。

在现实党政机关实施管理过程中，公文是规范干部群众行为的一个重要途径。在开展工作和活动时，需要许多具体的法规、规章来规范人们的行为，公文是重要的载体和形式。公文不仅可以让人们在工作和活动中的行为有法可依，而且使之在一定的规范范围内进行，不超越法律的界限。这样，既不用担心损害整体和他人的利益，也不用担心对事物发展出现失控状态，保证工作与活动有条不紊地进行，达到预想的目标。公文还可以使党政机关工作人员从思想上认识到自己的职责所在，在开展工作与活动时，既要履行自己应尽的义务，还要约束自己的行为，依法行政，依法办事。比如执法人员在对案件进行追踪调查时，必须依照法律办事，既不能放过任何一个有嫌疑的犯罪分子，也不能侵犯犯罪嫌疑人的合法权益，在没有确凿的证据之前，不能单凭自己的直觉，对犯罪嫌疑人进行任何思想或身体上的侵犯，应当严格按照法律条例、法律程序办事。只有这样，才不会冤枉一个无辜的人，也不会放过一个犯罪分子。

(四) 公文具有信息载体作用

古代公文主要应用于官方信息交流与信息联络方面，通过公文进行远距离信息交换与沟通联系，掌握社会各地情况，综合分析治事当务之急，思考应对措施，达到政令畅通的目的。公文收发是朝廷的指挥中心和首脑机关进行施政与权势通达的表现，如果公文往来中断，信息不畅，就会失去朝廷的权威，或者由地方自专行文，自行管理，切断公务联系，也就达不到一统天下的要求。如果发文间断，事态将发生新的变化。例如"安史之乱"，唐玄宗仓皇逃跑，中央指挥中心与各地一时失去联系，各地官府不知所措，一下子群龙无首，涣散自行其是。后来得到朝廷公文来件，才形成信息通道，搭上关系。史书载："先是，四方闻潼关失守，莫知（皇）上之所，及是制下，始知乘舆所在"（《资治通鉴全鉴》，司马迁，中国纺织出版社2011年版）。后来唐肃宗在灵武即位发出新公文，形成新的指挥中枢，各地的信息联络也就以此为导向，构成公文管理的信息价值系统。如果各地继续与老皇上唐玄宗联系，信息价值意义不大，只有与新的掌权人物唐肃宗联系，才产生公文的实际信息效用。

古代的信息交流，主要利用书面文字传递信息，笔墨纸砚是写作信息的工具，尤其是形之笔墨的纸质形式，非常重要。纸张颜色与尺寸，信息外观必须附设特殊标记，加盖印记，才能构成公文要素，如果缺乏必要的外观标志，就会视作一般性信息交流，不会认真按公文性质看待，不具有法定约束效力。古代公文显著特征是文与印相统一，印是代表官方旨意或组织行为，文是具体信息内容，实质性东西。我国古代公文信息形成，也是由简到繁，由文体少到文体增多，由简单记载到复杂记录，随着时代演进而逐步规范、程式化起来。早期的公文记载比较简单，百官以书契治国，记录简要，如殷商甲骨卜辞，存档公文也就是"诰"、"命"、"誓"等文体，辞令很短。到了周代，记载文字增加，信息量加大，但是使用文字数量有限，语义内容密集，字简意丰，比较难懂，给后人阅读带来理解障碍，训字加释，慢慢推敲，十分费解。"周诰殷盘，佶屈聱牙"（《昌黎先生集·进学解》），这是指《周书》中《大诰》和《尚书》中《殷盘》，文辞艰涩难读。算是韩愈独到点评。王安石也说殷商早期公文为"断烂朝报"（郭绍虞：《中国文学批评史》，上海古籍出版社1979年版，第663页），主要指其晦涩难懂，利用价值与审美性不大。当然我们不能苛求古人，应该考虑当时的文化历史条件与生产力水平。古文难读，有以下几方面原因：一是造字用词不发达，实词多，虚词少。虚词是最能帮助理解字面意思的词语，舒缓语义，伸展语态，抑扬顿挫语音，读起来顺畅贯通。如果仅仅是实词连接，词义过密，难以断字释义，当然就造成理解困难。二是书写材料需要节省，篇幅不能长。古代制作公文十分费工夫，不宜拉长篇幅，占用过多材料，花费代价大。三是知识水准有限，遇事多取决于天意神意，托神言事，夹杂玄机多。后人阅读必须剔除这些冗余语义，过滤一番信息，删汰一些"神力怪语"，才可以进入理解范围。公文信息到秦汉以后，比较容易理解了。有的文章说理明白，篇幅长些，如李斯《谏逐客书》释例证理，使公文具有耐读的审美层次，信息量也多。公文的信息记录既有为现实政权服务的用处，又有为后来继任者备份产生利用价值。存档入库，传之后人，使之具有回溯性信息本源的利用价值，资政利世。朝廷利用公文起着上下循环的信息贯通作用，加强与地方的血脉联系，同时也是对下监控的管理需要。如果朝廷获得信息渠道不畅，或者所得信息虚假成分多，就有可能引起决策失误，以至于指挥失灵。北魏时期胡太后丧失统治权位，很大原因是各地虚报信息，大量信息记录是报喜不报忧，真实情况被遮蔽。当各地起义闹事，地方部门无力对付，可是依然不敢报告实情。"太后问之，皆言贼弱，以求悦媚"（《资治通鉴全鉴》，司马迁，中国纺织出版社2011年版）。朝廷对下级监管不严，中间宰执隐情不报，有的地区将帅危急时呼救增援，朝廷以为可以对付，无须小题大做，往往不给援助。这种隐匿信息、虚报情况，一直到亡国，才如梦初醒。由此看出，掌握真实信息是治国根本，任何君主必须在信息通道上打开路径，全盘聚集与掌控信息，否则会造成控制力不足。

现代公文是上级对下级传达命令的基本依据。各级党政领导机关通过公文发布指示、传达政令、颁布法规、提出方针政策、安排部署工作、对工作或活动实行领导和指挥，从而保证工作和活动井然有序、有条不紊地进行。领导机关正是通过公文体现法律意志，传达机关意图，统一步伐，协调各方，实现党纪政令的统一。上级制发公文一般都是经过严格审理的，具有一定的法律效力，并且具有强制性，下级在执行时，必须规范自己的行为，严格遵守公文中的规定。公文是下级与上级沟通的基本手段。上级可以通过公文来给下级下达命令，而下级执行情况和结果也需要及时地反馈给上级。下级根据上级的公文精神开展行政工作和活动时，难免会遇到一些具体问题和突发情况，当这些问题和突发情况与上级部门的公文精神产生冲突时，执行者就要及时报告上级，或者将意见和建议请示上级。这样，上级部门才能够及时有效地了解到工作的进行情况，当有问题或错误出现时，使之得以及时解决。由此，公文才真正实现了它的价值，发挥了它的作用。因此，公文是上级决策者与下级执行者之间相互沟通的桥梁，是指挥与执行、实施与反馈、协调与配合的重要载体。

（五）公文具有办事凭证作用

公文既是信息记录的依据，又是照章办事的凭证。各级部门需要依靠公文循规办事，避免把事办歪。为了使办事经得起上级检查，必须把公文存档备案，留下事后的凭证，不怕各种节外生枝或参劾问罪。再说国家也需要保存大量文档，使得治事延续，不因为官员更迭变化而人亡政息，前功尽弃。当然，公文的凭证作用，主要用于现实工作指导方面。凭证性越持久，越显示统治者谋之深远，思考与制定的公文价值大。古代将一些政令条文刻印在石碑金册上，公文质料非常昂贵，力图使之具有长久的工作指导意义。以后办事遇见类似情况，可以照此行事，不至于发生改弦更张、决策转向的事情。例如魏文帝曹丕规定宦官当官，不得担任要职，不得超过诸署令职务，只在本朝不行，还要以后照章行事，作为一条硬性规定相沿成习。下令："其宦人为官者不得过诸署令，为金册者令，藏之石室"（《三国志·魏书》卷二·58页）。把诏令制作成金属类材料，记录收藏警示后人，防止太监势力过重。明代洪武十七年（1384年）朱元璋特意镌铁碑置官门曰："内臣不得干预政事"（清·谷应泰《明史纪事本末》卷二十九，中华书局，1977·2版），这也是防止太监参与朝政的意思，警示天下，可是明代中期太监又得势，英宗时太监王振推倒铁碑，取消这一影响力颇大的凭证规定。统治者采用坚固材料制作公文以及规定，是告知天下，传谕四方的有力证据。外国同样使用之，像在伊朗出土的古巴比伦的《汉谟拉比法典》，法典刻在石柱上，经历几千年依然碑字可辨，看来曾被后人反复利用，得以长久保护。中国的青铜器皿上的铭文，由于古人视作重要公文，才费力制作，使其具有参考凭据的价值。石料制作毕竟笨重，占用空间面积大，携带传示不方便，一般留作固定典藏。而简牍公文轻巧方便，易于携带与传阅，必然为人们广泛采用。中国简牍历时一千多年，使用时期很长，后来纸张发明才促使信息材料廉价易制。黄纸的出现为公文存档做好了充分准备，使公务凭证作用发生了质的变化，聚集信息能量猛增，参合验证有了条件。无形中加大了公文信息流量与复制传播，公文运用社会面更加广泛。在战乱相寻的动荡时期，公文信息保存誊写有了可靠的保证，凭证性认定也可以多方核鉴，多方调取。

在现代公务活动中，通过下情上达，上级机关可以及时了解下情，了解下级机关的实际情况、工作中遇到的困难和问题，以便给予具体指导；上级机关通过公文，把领导机关的意图传达下去，上下相通，使下级更好地贯彻执行。对平行机关和不相隶属的机关，可通过函件往来，联系公务，商洽工作，交换意见，交流情况，争取谅解、支持，协商办理有关事项。公文作为一种信息的载体，它是各级党政机关公务活动的真实记录，不但有现实的指导作用，同时也具有查考保存的价值，作为档案保管继续发挥它的作用。同时，公文也是执行的凭证。下级机关可根据上级行文开展工作，采取行动，解决问题；领导机关只能按照下级机关的请示、报告、答复批示问题。签订协议、合同，也是为了规定双方的责任和义务，以分清责任、解决矛盾。比如当召开某一方面工作的会议时，需要将会议内容记录下来，整理成会议纪要，下发有关单位遵照落实；当某一党政机关要执行某一决定时，要将这一决定的内容进行记录，并对决定实行后的情况加以总结；当要与其他行政机关进行联系时，要将发送的函件，来往的公文内容记录下来，当事件或活动过去之后，需要查证一些情况时，就需要这些记录作为文字参考与真实凭证。公文的这一性质，可以作为各项工作和活动结束后保存查询的依据。除此以外，公文还记录了工作和活动的历史资料，虽然工作与活动已经结束，但由于公文的存在，人们仍然可以从历史资料吸取经验和教训。

第三节 公文的分类

一、古代公文分类

秦代以前没有专门的文种名称，统称为书，通常用公文载体的名称来区别它们的重要程度。春秋战国时期公文开始有了按使用目的加上的笼统称谓：刑法典称刑书，结盟公文称为盟书或载书，君王发布命令的公文称为命书，上级官员告诫属下的公文称为语书，等等。

秦代开始制定按不同公文责任者的身份等级和行文目的使用公文的专名，使公文区分为许多不同的种类，称为文种。秦、汉以后形成的许多文种，可以概括为四大类：

一是，皇帝使用的文种，称为诏令公文；

二是，臣僚上书皇帝使用的文种，称为奏疏；

三是，各官府相互行文使用的文种，称为官府往来公文。

四是，官府与民间沟通联系的文种，称为书状。

从唐代开始，国家对文种的名称有了明确的规定，以后宋、元、明、清各代也都有新的规定。清代规定的诏令公文文种名称有诏、诰、敕，是沿用明代文种；经常使用处理政务、告诫臣僚的公文称为谕旨，是新增的文种；制书在明代是文种名称，清代则只作为发布诏令的一种文体。清代奏疏沿袭明制，使用奏本和题本，康熙年间又新增一种称为奏折，而奏本则在乾隆年间停止使用。明代官府往来公文下行文有札付、帖、照会、故牒等文种，上行文有咨呈、呈状、申状、牒呈、牒上等文种，平行文有咨、关、牒等文种。清代还把明代下行文经常使用的牌文定为法定文种，中叶以后又增添程式比较简便的札文作为下行文种之一，把明代上行文使用的呈状简称为呈，把申状分为评文和验文两种。

二、当代公文分类

公文作为行政管理工具，尽管不像艺术形态那样包含广泛，但它的分类也不是单一分类方式就能完成的。尤其随着现代社会经济越来越发达，社会事物的日趋繁杂，公文的分类也日趋缜密。根据不同标准可以对公文做有实际意义的类别划分。

（一）按照公文的属性可分为规范性公文、法规和规章性公文、事务性公文、专用性公文四种类型

1. 规范性公文。规范性公文是党政机关在工作过程中形成的具有特定效力、法定效力和规范体式的公务公文，是依法行政和进行公务活动的重要工具。根据《党政机关公文处理工作条例》的规定，规范性公文主要分为以下种类：

（1）决议。适用于会议讨论通过的重大决策事项。

（2）决定。适用于对重要事项作出决策和部署、奖惩有关单位和人员、变更或者撤销下级机关不适当的决定事项。

（3）命令（令）。适用于公布行政法规和规章、宣布施行重大强制性措施、批准授予和晋升衔级、嘉奖有关单位和人员。

（4）公报。适用于公布重要决定或者重大事项。

（5）公告。适用于向国内外宣布重要事项或者法定事项。

（6）通告。适用于在一定范围内公布应当遵守或者周知的事项。

（7）意见。适用于对重要问题提出见解和处理办法。

（8）通知。适用于发布、传达要求下级机关执行和有关单位周知或者执行的事项，批转、转发公文。

（9）通报。适用于表彰先进、批评错误、传达重要精神和告知重要情况。

（10）报告。适用于向上级机关汇报工作、反映情况，回复上级机关的询问。

（11）请示。适用于向上级机关请求指示、批准。

（12）批复。适用于答复下级机关请示事项。

（13）议案。适用于各级人民政府按照法律程序向同级人民代表大会或者人民代表大会常务委员会提请审议事项。

（14）函。适用于不相隶属机关之间商洽工作、询问和答复问题、请求批准和答复审批事项。

（15）纪要。适用于记载会议主要情况和议定事项。

2. 法规和规章性公文。法规与规章性公文，是指拥有立法权限的党和国家机关，经过法定的程序制定和公布的除法律以外的法规、规章等公文的统称。根据《中国共产党党内法规制定条例》《中华人民共和国立法法》《行政法规制定程序条例》《规章制定程序条例》的规定和长期以来约定俗成，法规和规章性公文主要有：

（1）章程。用于党政机关、团体对本组织的性质、宗旨、任务、机构、组织成员及活动规则等作出明文规定。

（2）准则。用于党政机关、团体对本组织政治、组织生活和全体成员行为作出基本规定。

（3）条例。用于对某一领域重要关系或者某一方面重要工作作出全面规定。

（4）办法。用于对某项工作或某一方面的活动作出具体安排或提出具体措施。

（5）规定。用于对某一方面重要工作或者事项作出具体规定。

（6）细则。用于根据上级的有关规定或办法，结合本单位本部门的实际情况，制定出详细规则或作出补充性、辅助性说明。

（7）规则。用于机关单位管理具体事务时所作的具体规定。

（8）规程。用于机关单位对内部机构、某项业务的性质、任务、工作程式，或某项工作、某项活动的实施过程、实施办法的规范、规定。

（9）规范。用于机关单位按照有关工作任务的实施要求和科学规律而制定的规章制度。

（10）公约。用于机关单位工作人员（有时是他们的代表），在自觉自愿的基础上，经过充分酝酿制定的、共同遵守的行为准则和道德规范。

（11）守则。用于制定机关单位工作人员的道德和行为规范，以及一些重要工作的具体操作规范。

（12）制度。用于机关单位为加强对某项工作的管理而制定的，要求有关人员共同遵守的办事规程或行动准则。

3. 事务性公文。事务性公文是党政机关、企事业单位在处理日常事务时用来沟通信息、安排工作、总结得失、研究问题的公文。它与规范性公文的区别在于：一是无统一规定的文本格式；二是不能单独作为公文发文，需要时只能与规范性公文组成复合式公文行文；三是必要时它可公开面向社会，或提供新闻线索（如简报）或通过传媒宣传（如经验性总结、调查报告等）。事务性公文主要有：

（1）计划。用于为了实现一定时期的目标决策而制定出总体和阶段的任务及其实施方法、步骤和措施。

（2）规划。用于对总体的、未来的行动作出全面筹划、宏观决策和战略部署（包括对宏观的未来作出预见性的分析和判断），提出主观上预期达到的战略目标和达到这些目标的行动纲领。

（3）工作安排。用于就某一内容单一的活动（工作）所制定的临时性的、时间较短的而且又比较具体、切实的工作计划。

（4）工作要点。用于以简明的文字，扼要地反映某一单位一定时期内的工作计划的重要事项。

（5）方案。用于对未来要做的一件事情作出具体谋划，具有较强的专业性、指导性的工作安排。

（6）调查报告。用于对某一问题或某一事件调查研究后，将所得的材料和结论加以整理而写成的书面报告。

（7）简报。用于向上级汇报工作、指导基层工作、反映和通报情况、交流经验。

（8）总结。用于对前一阶段的工作或开展的一项活动，进行全面、系统的回顾、分析研究，从中找出经验教训，引出规律性的认识，指导今后工作。

（9）汇报稿。用于下级机关单位向上级机关单位反映某项工作的某阶段的进展情况，或对于某项政策、法令、指示的贯彻执行情况时所使用的一种事务性公文，有时也用于向群众汇报情况，经常简化成汇报提纲的形式使用。

（10）述职报告。用于领导干部依据自己的职务要求，就一定时期内的任期目标，向选举或任命机构、上级领导机关、主管部门以及本单位的干部群众，汇报自己履行岗位责任情况的书面报告。

（11）提案。（人大称议案）用于提请党代会、人代会、政协会议讨论、处理的建议和意见。

（12）开幕词。用于大型会议开幕式上有关领导人对会议所做的开宗明义的短篇讲话。

（13）闭幕词。用于在大型会议即将闭幕时，由有关领导人或德高望重者向会议所做的总结性讲话。

（14）讲话稿。用于领导人在会议、集会、媒体等特定的公众场面上当众进行宣讲时所使用的一种文字材料。

4. 专用性公文。专用性公文是某个业务部门、某一行业根据专门工作的特殊需要而使用的，具有该业务部门或该行业特定内容和规定格式的公文。如外交公文（国书、照会、备忘录、条约等）、军事公文、司法公文（起诉书、判决书、调解书等）、经济公文（合同、协议等）、科技公文（可研报告、鉴定意见等）、教育公文（教案等），等等。专用性公文在一定领域和范围内，由专业部门的专业人员使用。此类公文种类繁多，不一一介绍。

（二）按照公文的传递方向可分为上行文、平行文、下行文、多向行文四种类型

1. 上行文。上行文是指下级党政机关向上级领导党政机关呈送的各类公文，如请示、报告等。上行文一般要求逐级行文，即按照中办发〔2012〕14号文件规定，"行文关系根据隶属关系和职权范围确定。一般不得越级行文，特殊情况需要越级行文的，应当同时抄送被越过的机关"，即下级党政机关只向直接主管的上级党政领导机关行文，特殊情况下才可越级行文。

2. 平行文。平行文是指平行党政机关或没有隶属关系的党政机关之间往来的各类公文，如通知、议案、函等。平行的党政机关、社会团体、企事业单位之间，不管属于什么地区和系统，只要有公务需要联系，都可以根据实际情况，以函的形式商洽工作、询问和答复问题、审批事项，也可以使用通知。有人将议案列为上行文，似与议案平等协商的原意不符。

3. 下行文。下行文是指上级党政机关向所属下级党政机关发送的各类公文，如命令（令）、决定、公告、通告、通知、通报、批复等。党委、政府部门在各自职权范围内可以向下级党委、政府的相关部门行文；涉及多个部门职权范围内的事务，部门之间未协商一致的，不得向下行文；擅自行文的，上级机关应当责令其纠正或者撤销；上级机关向受双重领导的下级机关行文，必要时抄送该下级机关的另一个上级机关。

上行文、平行文、下行文都可以是同级党委、政府或同级党委、政府所属各部门及上级党委、政府部门与下一级党委、政府联合行文；也可以是党委与同级政府和军队机关联合行文；还可以是党委、政府部门与同级人民团体和具有行政职能的事业单位联合行文。

4. 多向行文。有的文种可以根据实际使用情况，进行多向行文，即既可上行，又可下行，还可平行，如意见、函、通知等。

（三）按照公文的性质可分为规定性公文、指导性公文、公布性公文、商洽性公文、计划性公文五种类型

1. 规定性公文。规定性公文是指党政机关对某项具体工作或行动作出直接、明确、规范要求的具有约束力的公文。如规定、规则、办法、意见等。规定性公文以行文的针对性、使用的普遍性为显著特点，即都是针对党和国家事务以及社会生活中出现的带有倾向性的问题、需要规范和约束的工作事项而制定的，内容以说明为主，多用肯定语气，简明扼要。

2. 指导性公文。指导性公文是指党政机关对下级党政机关布置工作、阐明工作活动的指导原则、方法和措施时使用的公文，如意见、批复、通知等。指导性公文是下级党政机关开展和安排工作的依据，也是上级党政机关解决问题和指导工作的手段。它直接体现上级党政机关的意见，反映上级党政机关的意图，内容明确具体，语言精练确切，带有一定的强制性。

3. 公布性公文。公布性公文是指党政机关向有关方面或广大群众公布应当普遍遵守或广泛知照事项时使用的公文，如公报、公告、通告、通报等。公布性公文一般没有具体的受文对象，主要以登报、广播、电视、网络和张贴等形式发布，范围广泛，语言庄重，用语严谨，简明易懂。

4. 商洽性公文。商洽性公文是指不相隶属党政机关或单位之间相互商洽工作、询问或答复问题，向有关主管部门请求批准有关事项等使用的公文，如函、意见等。商洽性公文以其灵活简便而深受各党政机关、部队、团体、企事业单位青睐，也以其具有广泛的用途而深受"器重"，所以使用频率极高。

5. 计划性公文。计划性公文是指党政机关对一定时期内的工作事先进行筹划安排所形成的公文，如规划、计划、方案、安排、要点等。计划性公文在内容上一般重点突出、目标明确、任务具体、要求可行、措施得当，并且具有预设性、针对性、指导性等特点。

（四）按照公文内容的秘密程度可分为绝密公文、机密公文、秘密公文三种类型

1. 绝密公文。绝密公文是涉及党和国家最重要秘密的公文，泄露会使党和国家的安全和利益遭受特别严重的损害。

2. 机密公文。机密公文是涉及党和国家重要秘密的公文，泄露会使党和国家的安全和利益遭受严重的损害。

3. 秘密公文。秘密公文是涉及党和国家一般秘密的公文，泄露会使党和国家的安全和利益遭受损害。

（五）按照公文的紧急程度、承办时限要求可分为"特急"、"加急"，其中电报应当分别标明"特提"、"特急"、"加急"、"平急"

1. 特提公文。特提公文是指事情特别重大、特殊紧急，需要打破常规，随到随优先迅速传递处理的公文。特提公文是国务院为电报特设的公文文种，强调其在公文处理中的特殊性。

2. 特急公文。特急公文是指事情特别紧急，情况特别突然，内容特别重要，需迅速传递办理的公文。特急件是发文党政机关对受文党政机关处理时限要求紧迫的公文，它要求在安全、保密的前提下，把承办时间压缩到最低限度。

3. 加急公文。加急公文是指内容很重要、情况很紧急，需要马上传递办理的公文，如公文中的"加急"件，电报中的"加急"件等。加急公文在紧急程度上仅次于特急公文，受文党政机关在处理中也要求争分夺秒，以免延误时间。

4. 平急公文。平急公文是指内容比较重要、情况比较紧急、应该及时传递办理的公文。平急公文虽然在急缓程度上比特提件、特急件、加急件差一些，但时限要求也很急，切不可掉以轻心。

（六）按照公文的信息表达形式可分为文本式公文、表格式公文、图形式公文三种类型

1. 文本式公文。文本式公文是指通篇以文字为信息表达形式且文字较多的公文，如通知、请示、报告等。文本式公文是公文中的主要形式。

2. 表格式公文。表格式公文是指对部分规定程序明确的项目用表格作为信息表达形式的公文，如计划表、审批表等。表格式公文对简化手续、方便工作、减少公文十分有利，而且在某些方面较之文件式公文更直观、更具体。但现实工作中"表格"往往作为正式公文的附件出现。

3. 图形式公文。图形式公文是指以图形为信息表达形式的公文，如建设规划。

（七）按照公文载体的材料可分为纸质公文、磁介质公文、感光介质公文、电子公文四种类型

1. 纸质公文。纸质公文是指外在形式以各种纸张、纸板为载体的公文。纸质公文是沿用时间最长、使用最普遍的公文。

2. 磁介质公文。磁介质公文是指外在形式以磁盘、光盘等含有磁性的材料作为载体的公文。磁介质公文是近几年随着科技革命的发展而被采用的一种公文载体。

3. 感光介质公文。感光介质公文是指外在形式以胶片、录像带等感光材料作为载体的公文。由于使用、保存不便，现已很少使用。

4. 电子公文。电子公文是指在计算机系统中形成、处理、传输和存储的电子文件。电子公文不同于电子杂志、电子书籍、电子广告等电子信息，它直接参与公务活动,并成为公务活动的组成部分或重要工具。电子公文正在迅速取代纸质公文,甚至可能完全替代新生磁介质公文、感光介质公文。

(八)按照公文来源及发出、使用的范围可分为普发公文、单发公文、收入公文、发出公文、公布公文、内部公文

1. 普发公文。指上级机关对所属下级机关普遍送达的下行文。

2. 单发公文。也叫专发文件,只针对某一机关所发的公文,只需主送一个机关,如批复等。

3. 收入公文。即接收主管上级、所属下级单位及其他外部单位发来的公文。

4. 发出公文。即由本机关向外发出的公文。

5. 公布公文。即向人民群众公开传达或通过报纸、电台、电视台以及网络形式向国内外公开发布的公文,如公告、公报、通告、命令等。

6. 内部公文。即党和国家机关及企事业单位组织内部使用的公文。

第四节 公文的外部结构形态

公文的外部结构形态即公文格式,是由构成公文的各结构要素按彼此之间的联系和层次以及特定规则组合而成的具有某种定式的结构体系。公文外部结构形态由一定项目要素构成,而且这些项目要素在公文纸上的排列和书写位置常常被法规与规章固定化,其技术规范刚性强。公文外部结构规范具有以下几个特点:

第一,结构的完整性。即一件公文从整体结构、局部结构到各要素的基本构成都应齐全完整,以便发挥其特定的功能和作用。格式是公文的门面,一份完整美观的公文,给人以赏心悦目的感受,令阅者愉快地读完全文。否则,公文格式零乱无序、蓬头垢面,则令人生厌,从而削减了公文应有的效力。

第二,结构的有序性。公文是诸多结构要素按照一定的结构层次和逻辑序列,建构起来的一个有机的整体。公文写作与文学创作最大的区别在于格式的规范有序。撰写任何公文,都必须严格遵守公文的格式要求,从语言到内容,从格式到语体均不能自行其是、天马行空。

第三,结构的功能性。公文具有两种价值,即第一价值和第二价值。第一价值即公文的现行使用价值(如领导指导作用、公务联系作用、宣传教育作用等);第二价值即公文的档案价值,也就是公文在完成现行使命而转化成档案文献后所发挥的作用(如凭证作用、依据作用、参考作用、情报作用等)。因此,公文的整体结构不仅要为实现公文的第一价值服务,而且要为实现公文的第二价值服务,诸如为档案的收集、分类、管理、检索、著录等提供必要的数据和标识。

第四,结构的适用性。公文结构形态的组成部分较多,这些结构形态不是每份公文都必须具备的，有的公文格式是必有格式，如公文的标题、主送行政机关、正文、落款。有的公文格式是或有格式，根据不同公文的需要分别对待，合理使用，如签发人、密级、紧急程度、附件、附注等。公文作者在写作时，应根据需要合理使用，而不是不分情况，一律把公文的所有组成部分都安到公文中去。如有些普发性公文，如果全部标上密级，不仅失去了密级应有的效果，使应当标注密级的公文失去了应有的"待遇"，而且也使阅文者无所适从、难以处理。因此，公文的格式在使用时还必须遵循合理、需要、适用的原则。

《党政机关公文处理工作条例》规定："党政机关公文由份号、密级和保密期限、紧急程度、发文机关标志、发文字号、签发人、标题、主送机关、正文、附件说明、发文机关署名、成文日期、印章、附注、附件、抄送机关、印发机关和印发日期、页码等组成。"国家质量技术监督局于1999年发布的《国家行政机关公文格式》（GB/T9704—1999），经修订后于2012年6月29日重新发布，名称改为《党政机关公文格式》（GB/T9704—2012），自2012年7月1日起实施。这个标准对党政机关公文各要素排列顺序和标识规则作了具体规定，并将组成公文的各要素划分为版头、主体、版记三部分。

（一）版头部分

版头由份号、密级和保密期限、紧急程度、发文机关标志、发文字号、签发人等结构要素按一定的结构方式组合而成，可分为三个结构组，依次排列版头区域内。第一组为附加标记，包括份号、密级和保密期限、紧急程度；第二组即套印的发文机关标志，包括文件名称；第三组包括发文字号、签发人、间隔线。结构方式如图6-1所示。

```
份号
密级和保密期限
紧急程度（以上为第一组）


            发文机关标志（第二组）


发文字号                              签发人（第三组）
```

图6-1　版头结构方式示意图

置于公文首页红色分隔线（宽度同版心，即156毫米）以上的各要素统称为版头。

1. 份号。份号是公文印制份数的顺序号,是将同一文稿印制若干份时每份公文的顺序编号,涉密公文应当标注份号。如需标注份号,一般用6位3号阿拉伯数字,顶格编排在版心左上角第一行,采用红色号码机套印,如一份公文份号标识为000456。

2. 密级和保密期限。密级是公文的秘密等级。公文中如有关系到国家的安全和利益,在一定时间内只限一定范围的人员知悉的事项时,应标识秘密等级。秘密等级一般用3号黑体字,顶格编排在版心左上角第二行。涉密公文应当根据涉密程度分别标注"绝密"、"机密"、"秘密"和保密期限。保密期限根据实际情况确定,一般分一年以内、一年及一年以上、长期和期限不作标注。期限不作标注一般按保密期限20年认定。保密期限中的数字用阿拉伯数字标注。

3. 紧急程度。紧急程度是公文送达和办理的时限要求。根据紧急程度,紧急公文应当分别标注"特急"、"加急",电报应当分别标注"特提"、"特急""加急"、"平急"。如需标注紧急程度,一般用3号黑体字,顶格编排在版心左上角;如需同时标注份号、密级和保密期限、紧急程度,按照份号、密级和保密期限、紧急程度的顺序自上而下分行排列。

4. 发文机关标志。发文机关标志由发文机关全称或者规范化简称加"文件"二字组成,也可以使用发文机关全称或者规范化简称。联合行文时,发文机关标志可以并用联合发文机关名称,也可以单独用主办机关名称。发文机关标志居中排布,上边缘至版心上边缘为35mm,推荐使用小标宋体字,颜色为红色,以醒目、美观、庄重为原则。联合行文时,如需同时标注联署发文机关名称,一般应当将主办机关名称排列在前;如有"文件"二字,应当置于发文机关名称右侧,以联署发文机关名称为准上下居中排布。

5. 发文字号。发文字号由发文机关代字、年份、发文顺序号组成。联合行文时,使用主办机关的发文字号。编排在发文机关标志下空二行位置,居中排布。年份、发文顺序号用阿拉伯数字标注;年份应标全称,用六角括号"〔〕"括入;发文顺序号不加"第"字,不编虚位(即1不编为01),在阿拉伯数字后加"号"字。上行文的发文字号居左空一字编排,与最后一个签发人姓名处在同一行。

6. 签发人。上行文应当标注签发人姓名。由"签发人"三字加全角冒号和签发人姓名组成,居右空一字,编排在发文机关标志下空二行位置。"签发人"三字用3号仿宋体字,签发人姓名用3号楷体字。如有多个签发人,签发人姓名按照发文机关的排列顺序从左到右、自上而下依次均匀编排,一般每行排两个姓名,回行时与上一行第一个签发人姓名对齐。

(二)主体部分

置于公文首页红色分隔线(不含)以下至公文末页首条分隔线(不含)以

上的部分称为主体。主体主要包括：标题、主送机关、正文、附件说明、发文机关署名、成文日期、印章、附注、附件九个结构要素，分为六个结构组，依次排列行文区域内。第一组即公文标题，第二组为主送机关，第三组为公文正文，第四组为附件说明，第五组为发文机关署名、成文日期、印章，第六组为附注、附件。其结构方式如图6-2所示。

```
                    公文标题（第一组）

主送机关（第二组）
                    公文正文（第三组）

附件说明（第四组）
                        发文机关署名、成文日期、印章（第五组）
附注、附件（第六组）
```

图6-2　主体部分结构方式示意图

1. 标题。标题由发文机关名称、事由和文种组成。一般用2号小标宋体字，编排于红色分隔线下空二行位置，分一行或多行居中排布；回行时，要做到词意完整，排列对称，长短适宜，间距恰当，标题排列应当使用梯形或菱形。

2. 主送机关。主送机关是指公文的主要受理机关，应当使用机关全称、规范化简称或者同类型机关统称。编排于标题下空一行位置，居左顶格，回行时仍顶格，最后一个机关名称后标全角冒号。如主送机关名称过多导致公文首页不能显示正文时，应当将主送机关名称移至版记。

3. 正文。正文是公文的主体，用来表述公文的内容。公文首页必须显示正文。一般用3号仿宋体字，编排于主送机关名称下一行，每个自然段左空二字，回行顶格。文中结构层次序数依次可以用"一、"、"（一）"、"1."、"（1）"标注；一般第一层用黑体字、第二层用楷体字、第三层和第四层用仿宋体字标注。

4. 附件说明。附件说明是公文附件的顺序号和名称。如有附件，在正文下空一行左空二字编排"附件"二字，后标全角冒号和附件名称。如有多个附件，使用阿拉伯数字标注附件顺序号（如"附件：1.××××"）；附件名称后不加标点符号。附件名称较长需回行时，应当与上一行附件名称的首字对齐。

5. 发文机关署名。署发文机关全称或者规范化简称。

6. 成文日期。署会议通过或者发文机关负责人签发的日期。联合行文时，署最后签发机关负责人签发的日期。

7. 印章。公文中有发文机关署名的，应当加盖发文机关印章，并与署名机关相符。有特定发文机关标志的普发性公文和电报可以不加盖印章。

加盖印章的公文，成文日期一般右空四字编排，印章用红色，不得出现空白印章。单一机关行文时，一般在成文日期之上，以成文日期为准居中编排发文机关署名，印章端正、居中下压发文机关署名和成文日期，使发文机关署名和成文日期居印章中心偏下位置，印章顶端应当上距正文（或附件说明）一行之内。联合行文时，一般将各发文机关署名按照发文机关顺序整齐排列在相应位置，并将印章一一对应、端正、居中下压发文机关署名，最后一个印章端正、居中下压发文机关署名和成文日期，印章之间排列整齐、互不相交或相切，每排印章两端不得超出版心，首排印章顶端应当上距正文（或附件说明）一行之内。

不加盖印章的公文，单一机关行文时，在正文（或附件说明）下空一行右空二字编排发文机关署名，在发文机关署名下一行编排成文日期，首字比发文机关署名首字右移二字，如成文日期长于发文机关署名，应当使成文日期右空二字编排，并相应增加发文机关署名右空字数。联合行文时，应当先编排主办机关署名，其余发文机关署名依次向下编排。

加盖签发人签名章的公文，单一机关制发的公文加盖签发人签名章时，在正文（或附件说明）下空二行右空四字加盖签发人签名章，签名章左空二字标注签发人职务，以签名章为准上下居中排布。在签发人签名章下空一行右空四字编排成文日期。联合行文时，应当先编排主办机关签发人职务、签名章，其余机关签发人职务、签名章依次向下编排，与主办机关签发人职务、签名章上下对齐；每行只编排一个机关的签发人职务、签名章；签发人职务应当标注全称。签名章一般用红色。

成文日期中的数字应该用阿拉伯数字将年、月、日标全，年份应标全称，月、日不编虚位（即1不编为01）。当公文排版后所剩空白处不能容下印章或签发人签名章、成文日期时，可以采取调整行距、字距的措施解决。

8. 附注。附注是公文印发传达范围等需要说明的事项。如有附注，居左空二字加圆括号编排在成文日期下一行。

9. 附件。附件是公文正文的说明、补充或者参考资料。附件应当另面编排，并在版记之前，与公文正文一起装订。"附件"二字及附件顺序号用3号黑体字顶格编排在版心左上角第一行。附件标题居中编排在版心第三行，附件顺序号和附件标题应当与附件说明的表述一致,附件格式要求同正文。如附件与正文不能一起装订,应当在附件左上角第一行顶格编排公文的发文字号并在其后标注"附件"二字及附件顺序号。

(三) 版记部分

公文末页首条分隔线以下、末条分隔线以上的部分称为版记。版记应置于公文最后一页,版记的最后一个要素置于最后一行,页码位于版心外。版记,主要包括:抄送机关、印发机关和印发日期、页码。版记各要素之下均加一条反线,宽度同版心。

版记系统共有三个结构要素,分为三个结构组,依次排列文尾区域内,第一组为抄送机关,第二组为印发机关和印发日期,第三组为页码,其结构方式如图 6-3 所示。

抄送机关（第一组）	
印发机关	印发日期（第二组）
	页码（第三组）

图 6-3 版记部分结构方式示意图

1. 抄送机关。抄送机关是指除主送机关外需要执行或者知晓公文内容的其他机关,应当使用机关全称、规范化简称或者同类型机关统称。如有抄送机关,一般用 4 号仿宋体字,在印发机关和印发日期之上一行、左右各空一字编排。"抄送"二字后加全角冒号和抄送机关名称,回行时与冒号后的首字对齐,最后一个抄送机关名称后标句号。如需把主送机关移至版记,除将"抄送"二字改为"主送"外,编排方法同抄送机关。既有主送机关又有抄送机关时,应当将主送机关置于抄送机关之上一行,之间不加分隔线。

2. 印发机关和印发日期。印发机关和印发日期是指公文的送印机关和送印日期。印发机关和印发日期一般用 4 号仿宋体字,编排在末条分隔线之上,印发机关左空一字,印发日期右空一字,用阿拉伯数字将年、月、日标全,年份应标全称,月、日不编虚位(即 1 不编为 01),后加"印发"二字。版记中如有其他要素,应当将其与印发机关和印发日期用一条细分隔线隔开。

3. 页码。页码是指公文页数顺序号。一般用 4 号半角宋体阿拉伯数字,编排在公文版心下边缘之下,数字左右各放一条一字线;一字线上距版心下边缘

7mm。单页码居右空一字,双页码居左空一字。公文的版记页前有空白页的,空白页和版记页均不编排页码。公文的附件与正文一起装订时,页码应当连续编排。

上述三个系统的结构方式各不相同,其功能和作用也不一样。

从总体上看,版头系统主要功能相当于文件的封面,具体作用有:(1)揭示和标明公文的信息源,即文件是哪来的以及具体责任者是谁;(2)揭示和标明该文件的处理时限和安全保障要求;(3)为文件的科学管理和利用提供必要的分类标识和检索途径。

主体系统的主要功能是:(1)传达公文作者的行文主题和意图,它是整个公文的最基本的功能以及文件的价值所在;(2)明确公文生效的法定时间和法律凭据;(3)确定公文的主要受文对象和发放范围与要求等。

版记系统的主要功能有:(1)提供公文主题检索标识;(2)确定公文副本的发送对象;(3)明确印制公文的责任者和责任时间等。

第五节 公文的载体与传输

公文的物质性存在方式是公文现实存在的基础和条件,是公文直接的、可感知的面貌。只有通过它,发文者的信息被承载和传递,收文者、阅文者才能有效地接受和处理信息。这种物质性存在方式,既包括公文的物质载体,也包括公文的传播途径。

一、公文的载体

公文的形成依赖于三个必要条件:公务、文字、载体。

公务,通常指关于国家或组织团体的事务,是形成公文的首要条件。没有公务活动,没有社会管理,公文便无从产生。

文字,是公文制作中不可替代的重要工具。公文的思想内容、性质用途、格式形制,都需要通过文字的组织排列来体现,这是公文形成的又一必要条件。

载体,就是文字书写的物质材料。公文的终极表现是,在一定物质材料上书写的有关公务活动的文字,人们通过对一定物质材料上文字的传递、阅读、保存,实现公文的处理与使用。

随着社会的发展,国家或组织团体的社会管理形式不断变化,作为社会管理重要工具的公文在不断变化,公文的载体也在不断变化。不同的载体形式对公文的格式、篇幅、结构、外观等有不同的影响。根据载体变化对公文的影响,可以将公文划分为三个发展阶段:纸前时代的公文、纸张时代的公文和电子时代的公文。

(一)纸前时代的公文

在人类正式创造文字以前,为了表示和记载各种不同的事情,"上古结绳而治"(《易·系辞下》),"事大,大结其绳;事小,小结其绳"(《易·九家言》),结绳就是用此方式来传播信息、交流思想的。文字在何时被创造发明,迄今为止并没有切实可信的证据表明。但是考古已经证明在商周时代,我国文字已经成熟,刻录书写在各种各样的载体上,公文也是如此。

1. 甲骨公文。最早见于殷商时代的甲骨公文,是我国目前考古发现的最早的公文,以甲骨为载体代表,以锲刻为著文手段,距今大约有 3500 年的历史。所谓的甲骨,是龟甲和兽骨的合称,一般是乌龟的腹甲和牛的肩胛骨,这是当时最主要的文字书写材料。龟在古人心中是神灵之物,牛是供神享用的祭祀品,所以甲骨在古代被作为神圣的占卜工具,记载占卜的时间、事由、结果以及事后的应验情况(见图 6-4、图 6-5)。

图 6-4 殷王武丁贞问妇婡患疾刻辞卜甲
资料来源:现藏北京故宫博物院。

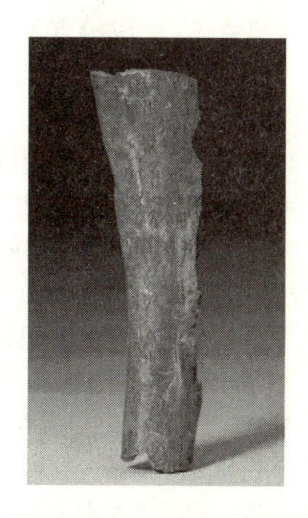

图 6-5 殷王武乙贞问祭祀先公先王卜骨
资料来源:现藏北京故宫博物院。

河南安阳小屯村出土的甲骨文,曾经被认为是我国最早的公文,时间是殷商后期,称为殷墟甲骨文。1986 年在西安市斗门乡花园村又发现刻有文字的甲骨,文字的成熟度与殷墟甲骨文相近,但是时间却早了 1200 年,称为花园甲骨文。又据报载,辽宁西部山区发现距今约 5000 年的大型祭坛、女神庙和积石冢群,其中有大量文物出现,当然包括反映祭祀活动的公文。这样公文的历史可以回溯到公元前 27 世纪,其时最主要的公文载体就是甲骨。

所谓的甲骨文,并不仅仅指刻在甲骨上的文字,还包括那时刻在陶器、玉器和青铜器上的文字,使用的是刀一类有硬度且尖锐的工具,以刀为笔是那个时代文字运用的特征之一。陶器、玉器和青铜器是范铸而成的,上面的文字也是铸上的,但是有的在冶铸时范坏了,文字不清楚或者根本没铸出来,这时就需要补刻。在春秋战国时期由于战事频繁，兵器被广泛冶铸，更由于那时思想百家争鸣，为了体现个人或国家的信仰、个性，在兵器上刻写文字成为潮流。由于硬度问题，在玉器、兵器和青铜器上锲刻文字要困难得多。在那个时期，锲刻技术达到了登峰造极的程度，这些文字也被称为"锲刻文字"。

采用甲骨、陶器、玉器、青铜器作为载体，公文的制作程序一般包括取材、选材、锯削、刮磨、雕刻。由于甲骨材质坚硬，雕刻工具尖锐，所以甲骨文笔画清瘦笔直少曲折，更由于甲骨材料狭小不规则，为节省空间多刻文字，所以同一块甲骨上的文字大小不一、错落无序。雕刻的难度和材质面积的限制，使那时的公文普遍篇幅短小、格式简单，往往仅有几十个甚至十几个字，至今发现的甲骨公文最多也只有 90 多个字。考古学家罗振玉编著的《殷墟书契菁华》（1914 年）中有一则甲骨公文，共 51 个字，内容是卜问下旬有无灾祸的。这篇卜辞是记录国事的，可以看做是战事报告，也可以看做是备忘录。

记录在甲骨上的公文涉及内容极为广泛，上至部落国家政务、战争、经济，下至天象变异、祭祀占卜和帝王生活等，可以肯定的是甲骨公文的内容都是以帝王活动为中心的。郭沫若编写的《甲骨文合集》（1978～1982 年中华书局影印出版）按照内容将甲骨文分为四大类、21 小类：（一）阶级与国家：奴隶和平民，奴隶主贵族，官吏，军队、刑罚、监狱，战争，方域，贡纳；（二）社会生产：农业，渔猎，畜牧，手工业，商业、交通；（三）思想文化：天文、历法，气象，建筑，疾病，生育，鬼神崇拜，祭祀，吉凶梦兆，卜法，文字；（四）其他。总的来说，甲骨公文根据内容可以分为两大类：占卜文辞和记事文辞，其中占卜文辞占大多数，记事文辞占少数。记事文辞的内容一般为干支表、世系祀谱、龟甲的入贡及收藏情况等，也与占卜事件有间接的关系。

甲骨公文虽然篇幅短小，但是已经具备基本的格式：卜辞的最前面是"前辞"，记录占卜日期和卜官的名字；接着是"命辞"，又叫"贞辞"，记录向神请求的问题；然后是"占辞"，也叫"果辞"，记录观察卜兆后的吉凶判断；最后是"验辞"，记录所卜事项的实际结果。还产生类似报告、请示的上行文。但是没有红头标志、印章等权威标志，因为文字在当时仅限于贵族阶级使用，本身就是一定地位、权力和威严的象征。

甲骨公文在西周时期数量锐减，目前考古仅发现西周初期数量有限的甲骨公文，尚未发现西周中期以后的甲骨公文，可以说在西周中期甲骨就已经被淘汰，不再作为公文的载体。甲骨公文被淘汰的原因主要有两个：一是甲骨本身的缺陷——坚硬、不规则、难以制作，逐渐被外形规则、容易制作的木板、竹简取代；二是社会思潮的变化，周人"事鬼神而远之"，占卜活动的影响力逐渐削弱，

第六章　中国公文的存在形态

以占卜为主要内容的甲骨公文逐渐淡出舞台。

2. 金文公文。金文公文，以青铜器为载体代表，以铭铸为著文手段，指通过制范铭铸在青铜器上的公文。青铜器上的文字称为"金文"。

在我国历史上，青铜器从商周时期一直沿用到西汉，有一千五六百年的历史，被视为王权的象征、等级的标志。用它记功烈、昭明志、记誓约、铸刑典，以永久保存，传于后世，维护王权和家族的显赫地位。据考古发现，商代金文铭文刚刚萌芽，主要起标识作用，即如《礼记》中所言，"铭者，自名也"，由此也催生了一种具有"自名体"性质的新文种——"铭"。商代末期，金文公文逐渐发展，数字增加到十几个或几十个，初步具备了时间、地点、人物等记事要素。到了西周时期，随着宗法礼教的日益强化，青铜彝器达到鼎盛时期，金文公文明显加长，通常为百余字，甚至有的达到500余字。郭沫若在《周代彝铭进化观》中指出：西周青铜彝器制造的目的就是在上面铭写公文以记事。春秋战国时期，礼崩乐坏，作为礼制物化形式的青铜器越来越少，承载于青铜器上的金文公文随之迅速减少。当时竹帛已经作为文字的载体被普遍使用，在青铜器上铭著雕刻显然不如在竹帛上书写方便，青铜器作为日用品或艺术品渐多，作为公文载体渐少。

金石公文与甲骨公文，除占卜以外内容基本一致，主要包括祭祀典礼、征伐记功、赏赐册命、刑典契约等，涉及政治、军事、经济、外交、法律、文化等各个方面，具有涉及面广、信息量大、可信度强等特点。相对甲骨公文，金文公文注重记事，字数增加，篇幅加长，结构也更加完整，语言表达也越来越多样化，具有文辞华美、结构完整的特征。值得注意的是，西周时

图6-6　湖北襄樊市出土的西汉青铜印章
资料来源：2006年5月17日新华社发　安福斌摄

期的金文公文中有关册命的公文，在穆王时代逐渐形成了一定的格式，至厉王时期几乎已经达到格式化的程度。观察《两周金文辞大系图录考释》（郭沫若，上海书店出版社1999年版）中所收的恭、懿至厉、宣时期的四十多篇册命铭文，结构基本相同，表述层次基本一致，相当规范。

金文公文的典型代表是虎符（见图6-7），即古代皇帝调兵遣将用的兵符，用青铜或者黄金做成伏虎形状的令牌。令牌一劈两半，一半交给将帅，另一半由朝廷保存，只有两者勘合，才可以调兵遣将。值得一提的金文公文还有1977年

出土于河北省平山中山王墓中的"中山王鼎"（现存于河北省文物研究所）。此鼎为铜身铁足，高51.5厘米，腹径65.8厘米，共469个字，内容主要是赞颂中山国宰相司马赒率师伐燕建立的功勋，并谴责燕王让位于燕相子之。此鼎不仅对研究春秋时期中山国的历史有极大的历史价值，而且也具有很大的公文史学价值。

3. 铁质公文。大约在殷商时期，我们的祖先就已经发现陨石铁并加以利用，春秋时期又发明了冶铁技术，在战国时期铁器广泛用于农业生产以及公文领域。最早见于史料记载的铁质公文是春秋末年郑国子产所铸的"铁鼎刑书"。子产是郑国的执政代表，在改革田制赋税的基础上，为了适应新的封建制和整顿城乡秩序的需要，主持制定了一套刑法，并命人铸之于鼎，公之于众，开创了以法治国的先河。铁质公文（见图6-8）的另一个典型代表是出现于汉代的"丹书铁券"，即古代帝王赐给功臣世代保持优厚待遇以及免予刑事处罚特权的证书，用铁制成，用朱砂书写或刻字后嵌以黄金。《后汉书·祭尊传》中有云："丹书铁券，传之无穷"，充分说明了丹书铁券的作用和效力，这种特殊的公文在历代封建王朝中沿用。

图6-7 战国时代秦杜县的遣兵虎符
——秦杜虎符
资料来源：现藏陕西历史博物馆。

图6-8 公元896年唐昭宗嘉奖吴越国王钱镠铁券
资料来源：现藏中国历史博物馆。

由于铁器比青铜坚硬，不易镌刻，而且容易生锈腐蚀，所以铁质载体始终未能发展成为公文的主要载体。

4. 石刻公文。甲骨质轻体薄，青铜铁器笨重价高，贵族阶级为了满足权力欲望，显示威严权势，强烈需要一种更为厚重庞大的载体来记载刻录公文，石碑应运而生（见图6-9、图6-10）。

图 6-9 刻于陕西省褒城县
（今汉中市褒河区）东北
褒斜谷之石门崖壁上的
著名汉隶摩崖刻石

图 6-10 传说由李斯撰刻的
宣扬秦始皇统一伟业的
琅琊台刻石——石门颂
资料来源：故宫博物院藏拓本。

《墨子》一书提到圣王"书于竹帛，镂于金石"，说的就是古代圣明的君王将公文写在竹简、绢帛上，镂刻在青铜和石碑上。墨子是战国初人，这说明最迟在春秋末年就已经开始将公文刻在石碑上。石刻公文历时更长，宏伟大气，受众更广，具有原材料丰富多产易得、工序简单、难以被破坏转移、可永久保存等优点，能够强有力地体现公文的权威性和严肃性，也能够更好地将统治者或管理者的目的放大并加以强调，大大加强了公文的功能。秦汉时期，石碑逐渐取代青铜器成为鸿篇巨制公文的主要载体。石刻公文的内容并不单一，有的是用来宣扬皇帝的功绩；有的是用来公布皇帝的诏令，宣达朝廷的政策；有的则是用来整肃民风，宣扬封建道德。

史上留下许多石刻公文资料，比如宏伟壮观的孔府、孔林、孔庙中的碑刻，除去历代创修、重修林庙府第的庙记、林墓碑记外，保存了大量历朝历代的御祭文、圣旨、诏文、牒文等公文，供后人观瞻和研究。石刻公文最为风行的时期当数秦朝。秦始皇在一统天下之后，十年之间，巡游四次，在峄山、泰山、琅琊山、芝罘岛、会稽山等六处刻石，宣扬他的功德。从泰山刻石等实物的形状来看，石刻公文的载体逐渐由馒头形的石鼓发展为方形石柱进而扁平形石碑。石碑作为公文的一种重要载体沿用至今，一般用来记载需要昭示后人的纪念性文字，多为公文。

5. 简牍公文。所谓简牍公文，就是指刻写在竹简或木片上的公文（见图 6-11）。我国南方生产竹子，北方生产木材，因此竹木很早就成了公文书写的载体。在造纸术发明之前，简牍是公文的主要载体。

文献和考古资料表明，至少在商代时期简牍就已经成为书写的材料，大约在战国以后被广泛使用。杨树森、张树文在《中国秘书史》中列举了两个论证理由：一是"册"和"典"两字的构形理据——"册"字像将若干条竹（木）简用细绳编缀成一页书的形状，"典"字像将册置于几上或两手捧册之状，由此推测现实中应当是有"册"有"典"；二是司马迁编著《史记》利用材料的推测——司马迁在《史记·殷本纪》中记载的殷契以下诸王世系脉络十分清晰，据王国维《殷卜辞中所见先公先王考》和《续考》考证基本属实，由此推测司马迁在著写《史记》时一定使用了商代史官留下的册典为依据。根据《礼记·中庸》"文武之政（周文王、周武王），布在方策"，以及《诗经·小雅·出车》（周宣王时作品）"岂不怀归，畏此简书"，可以判断西周时期天子发布公文已经广泛使用竹简作为载体。春秋时期则更为普遍，甚至把刑典刻写在竹简上，称为"竹刑"。《左传·定公九年》记载"郑驷歂杀邓析，而用其《竹刑》"，杜预注云："邓析，郑大夫，不受君命而私造刑法，书之于竹简，故云《竹刑》。"战国、秦汉及以后朝代都有大量竹简实物出土存留。

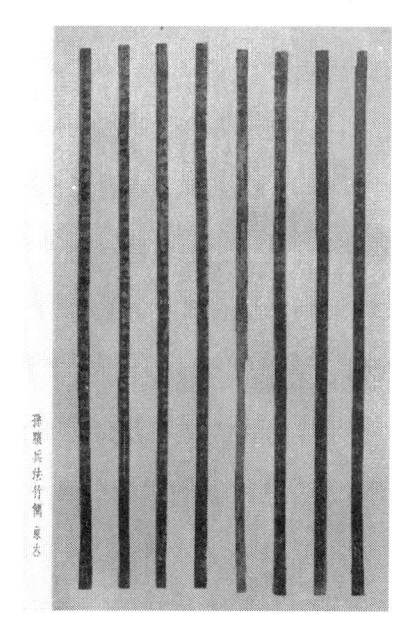

图6-11 银雀山汉墓竹简
资料来源：现藏临沂市银雀山竹简博物馆。

单个的竹片叫"简"（或称牒），单个的木片叫"版"，一尺长的长方形版叫牍，也叫尺牍。比较狭窄的版也叫木简，又小又薄的版叫"札"。用麻线或皮绳将"简"编连而成的整体叫"策"或"编"，将版牍捆在一起的叫"函"。因此刻在竹片上的称为"竹简"，或"简册"、"简策"、"汗简"，刻在木片上的称为"木牍"或"版牍"，古代信函称"尺牍"，文稿称"文牍"，案件称"案牍"等都来源于此。竹简的制作过程为：先选取新竹，截削成片，打磨光滑，用小火烤去汁液，以防虫蛀腐朽。新竹在炙烤过程中，水分汁液会凝聚成汗珠形状，青色也会逐渐褪去，因此这个过程也称为"杀青"或"汗青"。后来"杀青"成了书稿结束的同义词，"汗青"成了史册的代名词。

从西汉起视用途不同而对简的长度作了一些规定，如最大的简长24寸（汉尺），是用来抄写《易经》等重要著作的，即中国古代说的"典"。河南汲县、甘肃武威出土的《仪礼》等著作使用的便是24寸长的简。皇帝封诸侯王的简长

2尺，一般的著作用1尺长的简。考古发掘出土的汉简多长23～27厘米，制版多用柳树、杨树等比较软的木材。在通常情况下，著书立说、传抄经书典籍用竹简，因此简册成为书籍的代称，版牍多用于公文、信札之类。一般只在简的一面写文字，而且只写一行，一枚简多的写有100多字，少的仅有几个字。编连简的绳子叫"编"，多用麻绳，也有用丝的称丝编，用熟牛皮绳的叫韦编。依简的长短，编捆的道数也不同，一般编上、下两道，也有上、中、下三道，个别长简还有用五道的。存放编连成策的简，往往以最后一枚竹简为轴心，将有字的一面向里，卷成捆状，把首简卷在最外面（现在书籍封面上印书名即由此演变而来），然后放在用布帛做的套子里，这种包书的套称"帙"，也叫"书衣"。因此后来"卷帙"也泛指书籍。简牍上的字大多用墨书写，也有用朱笔书写的。新中国成立前后，多次有简牍出土，最早的是战国时期的，如1965年湖北江陵出土有楚简，内容似为论述《祭仪》。从已出土的简牍看，内容十分丰富，除公文外，还有经书、子书、历谱、账簿、遗策等。

在相当长的时期内，竹木制成的简牍是最流行的文字载体。简牍虽显笨重，却相当耐久。大量的典籍，因当初被抄写于简册而流传下来。这不仅是指我们今日所见出土简牍中的古书，也是指那些自"简牍时代"而流传至"印刷术时代"的古书。汉代，纸张出现，使用渐广，但简牍却没有因此被迅速淘汰，而是与纸共存了数百年。由此算来，简牍在中国的使用历史至少有千余年。

6. 绢帛公文。绢帛公文指的是书写在丝织品和棉织品等纺织品上的公文，一般认为丝织品为绢，棉织品为帛。出土最早的绢帛公文是战国时期的楚帛公文。绢帛公文大量使用于皇宫，皇上的诏令一般都以绢帛书写，以显示地位之尊贵，彰显天子之威严。

我们的祖先很早就植桑养蚕缫丝织绢了。商代以前种桑养蚕，到西汉前期，丝织品在社会经济中已占有重要的地位。除了绢帛等常见的丝织品，还有一种绢的副产品"赫蹄"，也常作为公文的载体。东汉应劭《风俗通义》中说："赫蹄，薄小纸也。"当时，一般用较好的蚕茧抽丝织绸，用剩下的较差的茧子做丝绵。做丝绵时，先把茧子煮烂、洗净，然后放到浸没在水中的篾席上捶打，直到茧衣被捶得稀烂，接着把连成一片的丝绵取出，这就是漂絮。漂絮之后，篾席上还必然会有一层互相交织的乱丝贴着，漂絮的次数多了，当把篾席晾干后，它上面就附着一层由残絮形成的薄薄的丝片。人们把它剥下来，发现它同缣帛相近，可用作书写，古人称之为"赫蹄"。"赫蹄"与缣帛不一样，虽然也是由蚕丝构成的，但它不是像缣帛那样由经纬线制成，而由丝絮粘连在一起而成。"赫蹄"在西汉时期的皇宫中已经被使用。据古籍记载，公元前12年，汉武帝后宫一个姓曹的女子生了一个儿子，引起了赵昭仪（即赵合德，赵飞燕的妹妹，深受皇帝的宠爱）的嫉妒，将她投入监狱，并派人用"赫蹄"包裹着毒药，上面写着字，迫她自杀。

绢帛作为书写材料，不仅轻软平整，易于书写卷折，而且裁取随意，不论是运转、携带，抑或展阅、收藏，都比笨重的简牍方便，尤其是绘制版图公文。《战国策·燕策三》记载的荆轲刺秦王"图穷而匕首见"中的"地图"就是绘制在细帛上的。用来承载公文的绢帛最初没有一定的规格，东汉张揖《字诂》记载"古之素帛，依书长短，随事裁绢"，就是说古代用来书写的绢帛根据要书写的文字多少进行剪裁。后来出现专门制造用于书写公文的绢帛：按照一定间距织成条红格，类似后来有格信笺形状，称为"幡纸"。三国两晋时期，使用"幡纸"书写公文仍然很普遍。

由于绢帛等纺织品，制作工艺复杂，价值昂贵，只能在有限范围和特殊时期使用。除了皇室贵族殷实之家外，普通百姓是用不起的。现在可以看到的明清圣旨，制作十分考究，均为上好蚕丝制成的绫锦织品，图案多为祥云瑞鹤，富丽堂皇。圣旨两端则有翻飞的银色巨龙作为防伪标志。作为历代帝王下达的公文命令及封赠有功官员或赐给爵位名号颁发的诰命或敕命，圣旨颜色越丰富，说明接受封赠的官员官衔越高。

绢帛作为公文的一种载体，虽然不是主要载体，但却是重要载体，在封建王朝两千多年的历史中一直作为威严地位的象征被沿用（见图6-12）。

图6-12 明朝隆庆二年（1568年）圣旨
资料来源：现藏徐州圣旨博物馆。

另外，与绢帛极为相似的一种公文载体是兽皮，它的使用范围更狭窄，一般应用在经济、社会不发达的少数民族地区，尤其是以游牧为生的北方地区。那里不产青铜、纸张、绢帛，却盛产兽皮，所以部落、王庭下达命令一般以兽皮为载体。

（二）纸张时代的公文

由于简牍笨重，绢帛价高，人们希望有一种制作简单、书写方便、经济实惠的新材料出现。东汉宦官蔡伦，在精心总结民间造纸经验的情况下，改进造纸工艺，选用价格便宜的树皮、麻头、破布、废渔网等作为造纸原料，制成植物纤维纸。这些原材料不仅容易得到，而且比之原始植物更便于加工，大大降低了成本。公元 105 年，蔡伦把造纸的方法献给汉和帝，得到赞赏和推广，于是纸张被广泛使用，逐渐取代了简牍和绢帛。蔡伦在我国造纸发展史上作出了不可磨灭的贡献，公元 116 年被封为龙亭侯，人们就把他发明的纸称为"蔡侯纸"。蔡伦去世后大约 80 年（东汉末年）东莱人左伯改进造纸方法，造出来的纸厚薄均匀，质地细密，色泽鲜明，人称"左伯纸"。

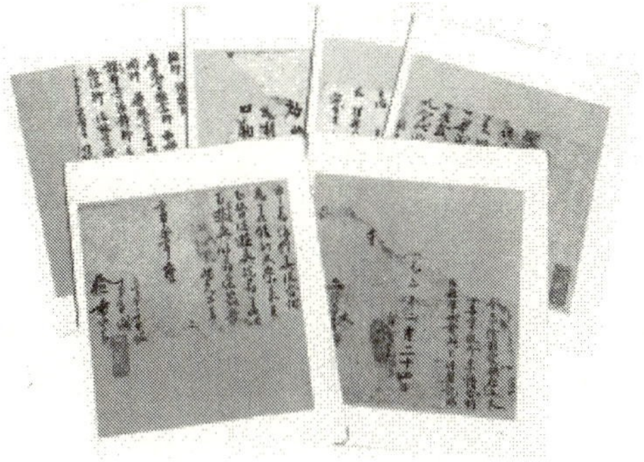

图 6-13　唐代开元年间（714 年）纸质公文档案
资料来源：现存辽宁省档案馆。

图 6-14　明朝海瑞奏折
资料来源：《明代基本史料丛刊》，线装书局 2004 年版。

造纸的一般方法是：先把原材料搅拌石灰，沤过，再放在石臼中舂，把纤维舂散，然后加水煮烂，掺和胶一类有黏性的物质，使纤维互相溶合成浆状，再用细帘在浆中均匀地捞出细碎的纤维，让它干燥。这样就制成了质地轻薄、价廉耐用的纸。

三国时期，纸张与简帛并用，高级的文典还是用帛作为材料，稍次一等的采用纸张，公文往来仍沿用简牍。晋朝时期，造纸技术进一步发展，纸张更加经济实用，适用范围进一步扩大。东晋末年，桓玄称帝后（公元 404 年）随即下令停止使用简牍书写公文，而代之以黄纸。他在诏令中说："古无纸，故用简，非主于敬也。今诸用简者，皆以黄纸代之。"从此以后，纸张取代简帛，成为我国朝廷和各级官府公文的正式书写材料，成为公文书写最主要和最重要的载体，也是沿用时间最长、使用范围最广的公文载体。

公文载体的这一历史性变革，使公文进入飞跃发展的时代，不仅极大方便了公文的书写传递和使用，大大提高了工作的效率，而且对公文的文种类别、制度规范等诸多方面的发展，都产生了重要而深远影响，建立和完善了一系列公文制度。

(三) 电子时代的公文

20世纪，科学技术发展突飞猛进，影响涉及人类社会的各个领域。1946年第一台电子计算机诞生以后，以计算机技术为核心的通信技术、网络技术、多媒体技术对纸质公文在公务活动领域的权威地位发起猛烈的冲击和挑战。20世纪90年代后各国政府纷纷将电子政务提上日程，首先从纸质公文的电子化入手，以实现无纸化办公为首要目标，于是以电子为载体的电子公文历史随之开端，公文载体再一次发生意义深远的变革，公文开始进入电子时代。

电子公文从本质上说就是数字化的公文，相对纸质公文具有易检索、易删除、易修改、易复制、易传输、海量存储等特点。它的产生和发展，与现代信息管理技术的产生和发展密切相关。自1946年以来，世界范围的电子公文发展大体可以划分为四个阶段：(1) 单机文件管理时期 (1946~1975年)，对电子公文的管理主要以录入、修改、保存为主；(2) 局域网办公自动化时期 (1976~1982年)，电子公文实现局域网内共享和交流；(3) 广域网办公自动化时期 (1983~1993年)，电子公文实现跨地区、跨单位的联机广域网络间的交换和传输；(4) 信息高速公路时期 (1994年至今)，从电子公文的传输开始，逐步实现电子视频会议、无纸化办公。

纸张和电子都是信息存储的技术，都是公文的载体形式，从纸质公文到电子公文，并不是一个跳跃过程，而是逐步过渡的过程。从纸张发展到电子中间还经过了一些其他的存储技术阶段，如磁存储技术、微缩存储技术、光存储技术。纸是最普遍、使用时间最长久的信息存储载体，纸质公文最大的优点是使用和携带方便，除了纸笔无须其他辅助器械，缺点是存储密度小、不易修改、不易检索，以后的各种存储技术都是为了克服纸质公文的这些缺点而发展的。(1) 磁技术主要用于录音机、录像机和计算机的数据存储，如磁带、硬盘、软盘等；(2) 微缩技术是用微缩摄影将文献拍摄到感光胶片上，经计算机加工处理后制成微缩页片，存储信息；(3) 光存储技术是一种通过光学方法读写数据的存储技术，主要形式是光盘。磁盘、胶片、光盘等都是可以与计算机方便接口的外部信息存储介质，其中存储的信息可以成功转换为电子信息，加以查阅、传输等。

人类文明发展到今天，信息技术达到新的高度，以光电子学、微电子学为基础，以计算机、通信、控制技术为核心，以微电子学、光电子学、人工智能技术、通信技术、网络技术、多媒体技术为代表，不仅实现了公文的电子录入、修改、输出，而且实现了远距离、短时间的快速准确传送和超大海量存储、超快精准检索，使公文从拟制、修改、传输，到接收、归档、查询等运作程序得到精简，大大提高了工作效率。

二、公文传输

公文是重要的管理工具，也是重要的交际工具。要实现公文的管理、交际功能，就必须将公文传递出去。

（一）古代公文传输

甲骨文中记载殷商盘庚时期（公元前 1400 年左右），边戍报告军情有"来鼓"二字。经考证，"来鼓"即类似今天的侦察通信兵。在《诗经》中，也有"简书"的记载，"岂不怀归，畏此简书"。"简书"就是当时由通信兵传递的官府紧急征召公文。

邮驿与烽火台通信，都是古代国家因政治和军事方面的需要采取的通信形式。据历史记载，在 2700 年前的西周时期，就有了利用烽火台通信的方法，发生了周幽王烽火戏诸侯的故事。利用烽火台传递信息，虽然较快，但只能起到报警的作用，很难满足掌握敌情，指挥作战的需要。所以，随着社会的发展和政治军事上的需要，从殷商时代的"来鼓"到周代已逐步形成了传送官府公文的更加严密的邮驿制度，并与烽火台互为补充，配合使用。

秦始皇统一六国后（公元前 221 年），在全国修驰道，"车同轨、书同文"，建立了以国都咸阳为中心的驿站网，制定了邮驿律令，如何捆扎竹简、如何加封印泥盖印保密；如何为邮驿人马供应粮草；邮驿如何接待过往官员、役夫等，形成了我国最早的公文传输制度。

汉代公文传输继承秦朝制度，并统一名称叫"驿"。规定五里一邮，十里一亭，三十里一驿。邮驿还随着"丝绸之路"的形成而通达印度、缅甸、波斯等国。到了唐代，邮驿大大发展，全国共有陆驿、水驿及水陆兼办邮驿 1600 多处，行程也有具体规定，并制定有考绩和视察制度，驿使执行任务时，随身携带"驿卷"或"信牌"等身份证件。

宋代由于战争频繁，军事紧急公文很多，要求既快又安全，因而将由民夫充任的驿卒改由士兵担任，增设"急递铺"，设金牌、银牌、铜牌三种，金牌一昼夜行五百里，银牌四百里，铜牌三百里。实行每到一站换人换马接力传递。到了元代，由于军事范围和疆域扩大，仅在国内就有驿站 1496 处，并将邮驿改称为驿站。

明代在沿袭旧制的基础上，由于海上交通日渐发达，随着郑和七下西洋，还开辟了海上邮驿。清初有官办驿站 1600 余处，驿卒七万余名，驿马四万多匹，归兵部主管。19 世纪中叶以后，驿站经费多被官吏贪污中饱，驿政废弛。到了清朝末年，近代邮政逐步兴起，驿站的作用日渐消失，于是，1913 年 1 月，北洋政府宣布全部撤销驿站。

邮驿制度起源于奴隶制度的国家，盛行于封建社会，并随着封建制度的衰亡而告终结。邮驿与烽火台通信虽系历代封建王朝的御用工具，但同时也是我国进入有组织的进行公文传输工作的开始。它不仅在我国邮政史上占有一定的地位，同时也为促进公文的发展、社会的进步作出了重要的贡献。

（二）近代公文传输

自1840年鸦片战争后到1949年全国解放前夕止，在长达100多年的半封建半殖民地的岁月中，我国邮权同遭丧失，形成了邮驿、民信局、侨批局、客邮、海关邮政、大清邮政等相继并存的混乱局面。首先是英国在中国领土上任意开办英国邮局，接踵而来的是法、美、德、俄、日等国也在中国领土开办起他们自己的邮局，而清政府把这些掠夺中国邮权的外国邮局美其名为"客邮"。直到1921年在美国召开的九国太平洋会议和限制军备会议上，才通过撤销"在华客邮案"。

海关兼办邮政也是中国沦为半殖民地的产物。1861年，原由各国使馆自派专差传送公文的办法十分不便，故海关要求清政府"总理各国事务衙门"（相当于今天的外交部）代收代寄邮件。清政府承担不久，由于北方捻军和南方太平天国农民起义，总理衙门怕负责任，便想推给海关办理，而当时海关的总务司（相当于今天海关总署署长）英人赫德，对中国的邮权早已垂涎三尺，此举正中下怀，便于当年（1866年）移交海关兼办邮政。1878年7月发行了第一套大龙邮票，并于次年将所办邮局命名为殖民地色彩的"海关拨驷达"（拨驷达是英文邮政—POST的译音）。

公元1896年，虽将海关拨驷达改称为大清邮政官局，但邮政大权仍然操纵在英法等外国人手中。1905年清政府成立邮传部（相当于交通部，主管铁路邮电），直至1911年海关才将邮政移交给邮传部。移交时，海关当局还向清政府索取了所谓办理邮政垫款、白银184万余两，由清政府逐年计息归还。同时，依旧容许外国人担任各级领导职务，实际上邮权并未全部收回。

1911年辛亥革命虽然推翻了清朝，将大清邮政的招牌换成了中华邮政，但邮政大权依旧操纵在帝国主义者手中。例如，当时的邮政总办法国人帛黎，对辛亥革命竟宣布"临时中立"，还在大清邮票上加印"临时中立"字样，经中华民国临时政府外交部、交通部联合提出抗议后，又加印了"中华民国"四个字，成为"中华民国临时中立"的怪邮票。由此可见一斑。

1921年中国共产党诞生后，从此反帝、反封建的斗争在中国共产党的领导下，走上了一个新的历程。1924~1927年，爆发了第一次国内革命战争，在全国反帝、反封建的斗争中，全国邮政职工也卷入了革命洪流，在全国范围内，掀起了撤销洋人邮务长、收回邮权、组织工会、要求改善职工生活待遇等一系列的斗争。这场斗争眼看就要取得胜利，但由于蒋介石的背叛而告失败。

蒋介石在 1927 年背叛革命，建立起他的反动独裁政权后，把军统、中统特务插进邮局，检扣进步报刊邮件，同时摧残和镇压邮政职工的反抗运动。到了民国后期，中华邮政虽具有一些现代通信事业的基础，但由于国民党的腐败和破坏，当 1949 年回到人民手中时，已变成了一个残破不全、连职工工资也无钱发放的烂摊子。

（三）革命战争时期的公文传输

中国工农红军在中国共产党的领导下，首先开辟了井冈山革命根据地。当时在极其困难的条件下，为了革命的需要，创立了一种叫"步递哨"的通信组织。其通信方法是由党组织指定部分群众，负责一村传一村、一站传一站地把各村连成一个通信网。后来为了适应反围剿斗争的需要，又将这种群众性的"步递哨"发展成"传山哨"。传山哨也是群众性通信组织，以农村赤卫队为基础，指定若干哨员，每个哨员有一定哨点，平时在山头放哨，发现敌情，用信号将敌人人数、武器种类、行动方向等传给邻村。另外，革命根据地和国民党统治下的部分地区，还设立了地下交通站，来往传递公文，护送干部和运送物资。

1928 年 5 月湘赣边区工农民主政府，在江西永新县成立了中华赤色邮政湘赣省总局，并于次年发行了邮票。图案是空心五角星，中有镰刀和锤子。1932 年 3 月成立了中华苏维埃共和国邮政总局。赤色邮政对红军指战员及其家属互寄的信件免费优待，党政军各单位的通信实行贴票制度，对中华邮政发来的邮件，代收代投。1935 年 10 月红军长征到陕北，成立陕甘宁苏维埃，各省设苏维埃邮政分局，县设邮局。1936 年在中华苏维埃中央政府、西北办事处内务部领导下，成立了中华苏维埃西北邮政总局。

在抗日战争时期，各解放区内、从边区到各行署、专区、县，甚至各村庄都设有通信组织。如陕甘宁边区即设有通信总站，在各重要地区设有分站，各县设有县站，各区设有联络站，各村还有沿村传递的农村通信站。其他各根据地的通信组织也大体相同。由于各根据地经常处在战争环境中，各机关团体经常移动，有时一天之内要转移三四个地方，但我们的交通站仍能保证各级党组织直到党中央以及各地区彼此间的联系。当时的口号是："一处通，百处通；这里不通，那里通"；"县不出县，区不出区，坚守岗位，顽强战斗"。为了通过敌伪封锁线，还在各交通要道组织了"武装交通队"。当时京汉、京包、京津各个铁路沿线，敌军都在铁路两旁挖了深达两三丈的壕沟，沟外筑起高墙，墙上架着铁丝网，铁丝网上还挂着铃和灯，每隔不远就有座岗楼，由敌伪军守望。我们的交通站就是在这样艰难的条件下完成通信任务的。

在抗日根据地的交通站，不但传送党政军民的公文和信件，还发行抗日报刊。交通员们把抗日报刊传播到各个根据地的每个角落，鼓舞了广大干部和人民群众的抗日斗争意志。有时还把报纸贴到敌人的据点里和岗楼上，甚至贴到敌人盘踞着的城门上，对鼓舞人民斗志、瓦解敌伪军心起了很大作用。从事革命通信工作的前辈们，都是忠心耿耿，把一切献给了党和人民的通信事业。他们在遇到敌人的时候，不惜"与文件共存亡"，用生命来保住党的重要公文，写下了无数可歌可颂的光辉篇章。

在解放战争中，组织和扩大了随军邮政机构来支援战争。在各野战军政治部之下都建立了军邮总局，在各兵团、纵队和师团中设立了许多军邮分局、支局和军邮站，组成了一个完整的军邮通信系统。当时我军采用的是运动战，一支部队常常一天转移几次。可是我们的军邮局却有办法使各部队和后方的邮件随时都能交流。当时，我们军邮局的交通员们一般都是肩背步行，往往白天跑七八十里路，晚上又跟着部队行军。有时在特殊情况下，部队一昼夜行军二三百里路，军邮员也要带着邮件一站一站跟着跑。有些军邮员往往连续十天半月行军，几天几夜不睡觉，而且在长途跋涉之后又立即投入前线战地的通信工作。他们还把后方报刊和指战员们的家信，一直送到前沿阵地，大大鼓舞了士气，支援了解放战争。

（四）新中国成立以后的公文传输

中华人民共和国成立以来，我国邮电通信事业得到了迅速发展。随着我国国民经济的发展和广大人民群众物质文化生活水平的不断提高，各类邮政业务量都有大幅度增长。近几年还陆续开办了特快专递、电子信函、邮政快件业务，深受广大用户欢迎。全国邮路总长度达150多万公里，在全国范围内基本形成一个水、陆、空多层次、多渠道、综合利用、四通八达的邮政通信网。

新中国成立后，公文除了邮政邮寄以外，还发展了机要交通、机要通信、公文交换等公文传输形式。公文机要工作得到高度重视，公文的机要工作作为党和国家、各军区及部队、各企事业单位、公司的一项重要工作，集安全与保密于一身，为社会经济发展保驾护航，起着至关重要的作用。党政机关和邮局有专门途径保障公文机要传递安全。作为一种特殊的邮件种类，机要公文有着与普通邮件不同的交寄、分拣、投递、接收方式。机要工作既要做好涉密公文的管理工作，也要认真完成机要公文及传真电报的阅办，做好机要保密，其中机要公文的传阅、办理都是有严格规定的。机要工作人员既要保守机密，认真做好公文的传阅管理登记工作，确保公文安全；还要注意公文的时效性，掌握公文的急缓程度，及时将传阅完的公文收回，按顺序分类管理，按要求督办查办。

（五）当代电子公文传输

纸质公文历经1000余年的发展，无论是在格式、写作、传输、保密等各方面均已达到制度十分完善的程度。自1946年世界上第一台电子计算机诞生以来，以计算机技术为核心的通信技术、网络技术、多媒体技术日新月异，各国政府纷纷将电子政务建设提上议程，电子公文随之应运而生。电子公文与纸质公文相比，传输方式发生了根本性的变化：

1. 传输渠道与方式不同。纸质公文传输是通过传统物流渠道以载体传递的方式实现的，而电子公文传输是通过网络传输以信息传递的方式实现的，这是两种传输方式最大的不同。党政电子公文传输是依托党政电子政务网络实现部门内部和部门之间公文的发送和签收等操作，以电子文件传输取代传统纸质文件传输的网络办公模式。实现这一办公模式的网络、软件、人员、业务流程和规章制度等构成党政电子公文传输系统。

2. 传输实效不同。传统纸质公文传输需要大量的人工参与和手工工作，如采用印刷有本单位名称的"红头"信笺纸进行印制，用印需要在每份文件上盖章，工作量大，参与人员多等。从公文签发到制作完成到各收文单位收到公文一般需要历时一周左右的时间，效率较低。

电子公文传输也有一些工作需要人工做，如加盖电子印章、将公文与数据加电子签名、压缩打包、加密等，但这些工作的完成不需要太多的时间，一人一机几分钟内即可完成。而后上传到电子文件中心，电子文件中心给发文单位回执，发文单位向收文单位发送收文提示，收文单位收到提示后到电子文件中心接收公文，这一系列的工作都可以通过网络实时完成。理论上，十几分钟或几十分钟就足够了，最多也不会超过两天时间，实现了公文快速传递，降低了业务过程的处理时间，效率高。

3. 传输安全控制行为不同。纸质公文安全因物流环境设定，而电子公文的安全因网络环境设定。电子公文在制作、传输、办理、归档、检索利用以及销毁等各个环节，其安全可靠性严重依赖相关信息技术环境的安全可靠程度，严重依赖相关管理制度措施的科学性。前者属于技术安全保障的范畴，后者属于制度安全保障的范畴。二者缺一不可，相互补充。

电子公文传输涉及各种传输媒体、互联设备和办公设备等物理布局，远程传送电子公文的工作机制有点像拨打一个异地电话那样需要经过大量传输线路和交换设备，所有这些传输媒介和设备共同构成了电子公文传输网络。由于电子公文属于国家电子政务总体框架的一部分，因此，电子公文主要运行于部门内部的局域网和部门间的电子政务专网。

我国电子公文发展时间尚短，从办公自动化起步，经过20余年的发展，技术形态和应用形态几经变迁，虽然发展态势良好，但存在制度建设滞后等问题，面临许多困难和挑战。毋庸置疑，来自技术和应用的双重推动，电子公文已经在部分或全部地取代纸质公文,成为现代办公的重要组成部分,在社会活动中,尤其在党政机关工作中扮演着越来越重要的角色,学习和掌握电子公文的制作规范和方法,已成为党政机关干部、国家公务员、各类社会团体工作人员提高工作水平、工作效率的必然选择。

第七章 中国公文写作原理

公文写作活动是一般写作活动的一种，本质上也是一种精神生产劳动。公文写作特指人们制作公文的劳动过程，即公文的拟稿工作，是公文制发的重要工作环节。熟悉和掌握公文的基本构成以及写作规律，无论对党政机关的一名工作人员提高工作质量和效率，还是对一个部门、单位提高社会服务能力和水平来讲，都具有十分重要的现实意义。

第一节 公文的基本构成

公文构成模式揭示了公文写作规律。模式就是客观事物在其运动过程中反复出现的，带有某种必然性的运动。自然界中的日出日落、潮生潮退、四时代谢是一种模式；戏曲的程式化表演，诗词创作中的词牌、格律、对偶也明显存在一种模式。公文学写作理论最根本、最一般的就是对某种模式的分析和把握。模式是创新的基础，因此公文构成的模式不是坏事，恰恰是有了这种构成模式，公文作者才能更好地把握公文写作，使公文撰写可以遵循一定规范，保证公文写作能快速、高效、优质，保证公文的严肃性。当然如果把模式僵化了，使公文衍化为一种"八股文"就不可取了。因而公文的构成模式是一种规范，而不是套子，我们在公文写作中不应僵化地对待模式，而应"随事立体"、随机应变。

公文构成在公文学界一直是一个众说纷纭的热门话题，但迄今为止，还没有形成一个大家普遍认可和接受的关于公文结构的理论认识。这固然表明了公文写作理论的薄弱和不成熟，但另一方面也给公文写作的理论研究留下了可以开拓、发挥和驰骋的空间。

目前，公文学界讨论公文基本构成的学术观点主要有以下七种：

第一，"三个'问题'珠联璧合"说，即公文的内在逻辑结构是由"提出问题——分析问题——解决问题"的三个问题的"珠联"或者两个问题的"璧合"所构成。这种观点的可取之处是认为公文的逻辑结构是以问题为中心或起点而展开的，公文是解决问题的工具。但它的缺陷也非常明显，众所周知，所谓"提出问题—分析问题—解决问题"的三环递进式结构原本是议论文的一般结构，而公文不是议论文体，公文的主要表达方式是以叙述和说明为主，兼有议论的实用文体，公文的逻辑结构与议论文一定不同。因此这样简单、生硬地移植、套用，把公文等同于议论文，实为不妥。

第二，"公文正文三要素说"，提出以"主旨、依据、分旨"三大要素为核心，构建"本质特性论、要素构成论、写作格式论、评价标准论、教学论、发展论"等公文体系。提出"文心对应"、"表意方式"、"表意文体"、"要素结构"等新理念，以及新的公文定义和新的文体分类、公文分类方法，对公文正文要素理论进行梳理探讨。

第三，"缘由、事项、要求"说，即公文在结构上可以分成开头、主体、结尾三个部分，而公文的开头一般都是交代为什么要开展某项工作的原因，故称"缘由"；主体部分是告知受文方开展工作的各项具体内容，故称"事项"；结尾一般都是针对前面布置的工作事项提出执行、实施的要求或请求，故称"要求"。这种观点比较流行，现在高校使用的应用写作、公文写作教材中都采用这种说法。这种观点虽然比较正确地概括了多数公文的逻辑结构，但并不能说明所有的公文结构。如会议纪要的结构模式，开头一般都是先概述会议基本情况，即召开会议的时间、地点、会议名称、主持人、主要出席人、会议主要议题等，然后，主体部分再着重介绍会议主要情况和议定事项。在这里，开头的"会议基本情况"无论怎么理解，都不可能说是"缘由"，因为它与主体部分的"会议主要情况"和"议定事项"构不成因果关系。所以，"缘由—事项—要求"这种逻辑结构形式只是多种公文逻辑结构类型中的一种，除此之外，应该还有其他逻辑结构类型存在。

第四，"为什么——干什么——怎么样"说，即公文内容构成可对应划分为依据、主旨和分旨三个要素，而这三个要素分别回答"为什么"、"干什么"和"怎么样"的问题。"为什么"、"干什么"、"怎么样"也就是公文的三个层次这种说法与前述"缘由、事项、要求"说比较接近，"为什么"即"缘由"，"干什么"和"怎么样"从内容上看都应该归入"事项"中，但在形式（段落划分）上许多公文的"干什么"却又属于开头部分，与"缘由"密不可分，最后"要求"也是"怎么样"的一部分。这种观点的长处和缺陷与"缘由、事项、要求"说一样，虽然概括了大部分公文的逻辑结构，但不能解释说明所有的公文结构，不具有普适性。另外，这三个要素对应的三个层次在篇幅长短上极不均衡，说明"干什么"的主旨要素常常就是一句话，而说明"怎么样"的分旨部分却占了全文篇幅的2/3左右。这种不均衡的弊病导致了对公文结构说明的失衡，开头部分条分缕析非常细致，主体部分却又很粗疏，语焉不详，而主体往往又是公文写作的重点部分。

第五，"事、据、断、法、析、释、形"七要素构成说，即现代公文是由

"事"、"据"、"断"、"法"、"析"、"释"、"形"七个要素按一定结构方式组成的具有确定功能的系统。其中，"事"即情况、事由和问题，"据"即根据、凭据和依据，"断"即判断、决断、决定，"法"即办法、措施、规则、法则，"析"即分析、辨析、推理，"释"即解释、解答、说明，"形"即形象、状态、样式、格式。这种"七要素构成说"是在赵照的"三要素说（事、凭、断）"、沈国芳的"四要素说"（凭、事、断、析）的基础上提出的。这三种要素说虽然从内容上看有一定道理，但形式不可取，每个要素都用单字命名，看似简洁，但表意不清，还需论者再详加解释，反而更费周折，不如直接以双音节词或多音节词名之更简便。而且要素的数量逐渐增多，有些要素的含义有交叉重复之嫌，缺乏严谨的理论概括。

第六，"五个内容模块组合"说，即公文的逻辑结构由依据、目的、文种承启语、事项和要求五个基本内容模块组成，不同模块之间的匹配、组合构成了公文各种不同的结构模式。该观点的不足之处也是显而易见的。首先，既然是"内容模块"就不应该包括文种承启语（即过渡的词句），因为文种承启语实际上是一种形式要素，不是内容要素；其次，五个内容模块大小不均，运用这种方法分析公文结构，有的地方很详细，有的地方又很粗略。如开头包括依据、目的、文种承启语三个模块，这三个模块都表现为句子的形式，分析开头可以详细到句子的层面，而中间主体部分却只有事项一个模块，表现为层次的形式，事项的内部结构如何却无从知晓，而公文的事项部分又往往是写作的重点，篇幅最长。最重要的部分分析如此粗略，显然对指导公文写作十分不利。

第七，"层次关系"说，即公文的常见逻辑结构模式有总分式、因果式、并列式、递进式等。其实，仔细分析一下就可以知道，所谓"总分式"、"因果式"、"并列式"、"递进式"等都只是揭示了层次之间的关系，并不能充分说明公文的整体逻辑结构样式。与此相类似的还有一种更简略的说法，即公文的基本逻辑结构模式只有"横式"和"纵式"两种。这种说法对于公文逻辑结构的理论概括得非常粗疏，缺乏科学理论的严谨和细致，对公文写作实践的指导意义不大。

上述公文结构的表述无疑都有其长处，对于探讨公文构成规律具有积极意义。但本文认为对于大众化的公文来讲，应该将复杂问题简单化，而不是将简单问题复杂化。公文结构还是以社会上普遍认可的、约定俗成的表述为好。即公文构成应包括公文外部格式形态和公文内部组织结构两种形态。公文外部结构即公文的外部格式，是由构成公文的各结构要素按彼此之间的联系和层次以及特定规则组合而成的具有某种定式的结构体系。这方面内容在第五章中已作了介绍，这里不再重复。公文内部组织结构，指的是公文正文的谋篇布局，一般由开头、主体内容、结尾三部分构成。这里依次介绍如下：

一、公文开头要素

开头是公文正文部分的起点和入笔处，又称导语或前言，用以唤起读者注意，引导阅读。开头是对发文意图的解说，用以帮助阅文者更好地理解文意。写好开头很重要的一点就是要认清开头的构成特点。其实开头不管写的是简是繁、是长是短都是由一些不同的元素构成的。开头的写法虽多种多样，但大多开头是从以下七个元素中选项组合而成的：依据元素、目的元素、意义元素、背景元素、作用元素、重要性元素和主题元素。

（一）依据元素

用以标明发文所依据的有关文件、会议精神或领导人指示等内容。依据元素常由"根据"领起，采用"根据……精神"、"根据……规定"、"根据……意见"等句式。例如：

1. "根据2003年10月21日国务院第25次常务会议精神……"（《国务院关于废止〈汽车工业产业政策〉的批复》国函〔2004〕30号）。

2. "根据《全国人口普查条例》的规定……"（《国务院办公厅关于开展2015年全国1%人口抽样调查的通知》国办发〔2014〕33号）。

（二）目的元素

这是申明发文目的的一项内容。目的元素几乎运用于每一篇公文。目的元素多由"为了"领起与主题元素构成一个目的复句。目的元素所表述的常常是通过什么手段、达到什么目的这样一些内容，为说明主题元素的必要性创造条件。如《国务院关于加强地方政府性债务管理的意见》（国发〔2014〕43号）的开头，"为加强地方政府性债务管理，促进国民经济持续健康发展……"。

（三）意义元素

这是阐明决定事项将产生的重要意义的一项内容，意义元素的写作重在做好由点到面的纵横阐发，揭示出不易为人们所领会的深层含义，以开阔阅文者的视野、深化阅文者的认识，使人们自觉地贯彻执行决定事项。如1983年4月24日《国务院批转〈关于全国利改税工作会议的报告〉和〈关于国营企业利改税办法〉的通知》的开头部分的意义元素是这样写的："实行利改税对于进一步扩大企业自主权，促进企业完善管理责任制逐步克服吃'大锅饭'的现象，对于更好地运用税收这一经济杠杆，鼓励先进、鞭策落后，促进国民经济的发展，对于保证国家财政收入的稳定增长进一步加强财务管理和财政监督等都具有重要意义。"为了揭示"实行利改税"这一重大举措的意义，文件连用了三个"对于"排比句，从九个方面进行了阐述，足以使阅文者清楚地认识到国务院批转这两个文件的必要性和重要意义。

（四）背景元素

这是交代公文所涉事项的背景的一项内容。交代背景元素一般由"近几年来"、"自……以来"等领起对有关形势进行对比回顾。通过回顾，找出存在的问题，为作出决定或提出要求提供现实依据。例如："《国务院关于加快棚户区改造工作的意见》（国发〔2013〕25号）印发以来，各地区、各有关部门加大棚户区改造工作力度……"（《国务院办公厅关于进一步加强棚户区改造工作的通知》国办发〔2014〕36号）。

（五）作用元素

这是陈说决定事项将产生的作用的一项内容。一般用简洁的语言对有关事项加以概括总结，多随背景元素阐述，在肯定成绩的基础上引出存在的问题。如"做好军人军属法律援助工作，事关广大官兵切身利益，事关国防和军队建设，对实现党在新形势下的强军目标，增强部队凝聚力战斗力，促进军政军民团结，具有重要作用"（《国务院、中央军委关于进一步加强军人军属法律援助工作的意见》国发〔2014〕37号）。有时作用元素也用来引出主题元素，例如："建立和实施公民身份号码制度……对于促进我国社会主义现代化建设和经济体制改革、方便群众生活和保障公民的合法权利，具有十分重要的作用。为此，国务院决定自1999年10月1日起在全国建立和实行公民身份号码制度"（《国务院关于实行公民身份号码制度的决定》国发〔1999〕15号）。

（六）重要性元素

这是阐述决定事项重要性的一项内容。重要性元素属议论性文字，一般写在开头以引起人们的关注，加深人们的认识。如《国务院关于加快发展体育产业促进体育消费的若干意见》（国发〔2014〕46号）的开头首先写道："发展体育事业和产业是提高中华民族身体素质和健康水平的必然要求，有利于满足人民群众多样化的体育需求、保障和改善民生，有利于扩大内需、增加就业、培育新的增长点，有利于弘扬民族精神、增强国家凝聚力和文化竞争力。"这段文字用三个"有利于"的排笔句阐述了"发展体育事业和产业的重要意义"，很有号召力，足以引起阅文者的高度关注。

（七）主题元素

这是揭示公文主题的一项内容，一般写在开头的末尾。主题元素要表达的内容就是公文的事由，通常用"为了……现就……"、"现就……提出……"等承上启下的句式点出。这样写一方面为了引起人们的注意，另一方面便于引出下文。例如：

"为进一步促进旅游业改革发展，现提出如下意见……"（《国务院关于促进旅游业改革发展的若干意见》国发〔2014〕31号）

"……现就深化考试招生制度改革提出如下实施意见。"（《国务院关于深化考试招生制度改革的实施意见》国发〔2014〕35号）

公文的开头大体有三种类型：单元素型、双元素型和多元素型。

1. 单元素型。即开头只有一个要素。如"国务院决定对《计算机软件保护条例》作如下修改：……"[《国务院关于修改〈计算机软件保护条例〉的决定》（《国务院令》2013年第632号）]

2. 双元素型。即开头由两个元素构成。例如："为实施东北地区等老工业基地振兴战略，加快东北地区等老工业基地发展，决定成立国务院振兴东北地区等老工业基地领导工业"（《国务院关于成立国务院振兴东北地区等老工业基地领导小组的决定》国发〔2003〕28号）

"根据《中华人民共和国企业所得税暂行条例》及其实施细则和国家有关税收政策的规定，现对广播事业单位征收企业所得税的有关问题通知如下"（《国家税务总局关于广播事业单位征收企业所得税若干问题的通知》）

第一例由目的元素和主题元素构成，第二例由依据元素和主题元素构成。除此之外，还有由背景元素和主题元素、作用元素和主题元素等构成的开头。

3. 多元素型。即开头是由三个或三个以上元素构成的。例如："2013年3月以来，各地区按照党中央、国务院关于改革完善食品药品监管体制的决策部署，坚持机构改革和强化监管'两手抓'，促进了食品药品安全形势稳定向好。但一些地方机构改革进展缓慢、力量配备不足，个别地方监管工作出现断档脱节，食品药品安全风险加大、问题时有发生。近期，'上海福喜事件'引发社会广泛关注，国务院领导同志高度重视，要求充分认识食品安全问题的复杂性、长期性、艰巨性，举一反三，完善监管体制，切实管住管好。为保障人民群众饮食用药安全，维护社会和谐稳定大局，经国务院同意，现就进一步加强食品药品监管体系建设有关事项通知如下：……"（《国务院办公厅关于进一步加强食品药品监管体系建设有关事项的通知》国办发明电〔2014〕17号）

此例由三个元素构成，一二句"2013年以来……近期……"是背景元素，"为保障……稳定大局"是目的元素，"现就……通知如下"一句是主题元素。

需要说明的是在构成开头的各种元素中，主题元素是核心元素，其他元素都是为主题元素服务的。从因果关系来说，主题元素是果，其他元素是因，因此在开头的写作中，其他元素可以有选择地使用，而主题元素是必不可少的。

二、主体内容要素

从系统论的角度说，任何一篇公文，都是一个由相互作用和相互依赖的若干部分（要素）按一定的结构方式组成的、具有确定功能的有机整体，即系统。没有要素就无所谓系统，而不同的要素及要素的排列组合，决定着系统的不同性质和不同功能。明确公文主体构成要素，探讨这些要素的组织秩序及功能，有助于从整体上加深对公文本质特征的认识，掌握公文的写作规律。公文主体构成要素就是公文应该回答的主要问题。公文主体要准确、完整、有效地传递公务信息，基本内容可以概括为七个要素。

（一）缘由元素

即回答"为什么"。公文是"因事而造文"，具有明确的针对性，因此"缘由"既是制文的基础，又是构成公文的第一要素，其思考类型是回答"办理什么事情"、"出现什么情况"、"处理什么问题"等疑问。这个要素存在于一切公文中，举凡事情、事态、事务、事迹、事例、事因、情况、动向、问题、趋势等，都属于"缘由"的概念外延。要把事情、情况、事因和问题等陈述出来，将其过程、原委告诉读者，体现在行文上多采用以叙述为主的表达方式。

（二）依据元素

即阐述"依据什么"。其思考类型是回答"根据什么"、"凭什么"、"依照什么"等问题。公文的制文依据，按其性质和特征，可分为事实性依据、理论性依据和法规性依据三类。凡用来依据成文的事实、证据、凭据、数据、马列主义、毛泽东思想、邓小平理论、"三个代表"重要思想、科学发展观、党和国家的方针政策、法律、法令、法规及其赋予的权利、规定的权限等，都是"依据"的概念所适用的对象。在公文写作中，事实性依据多用叙述，理论性依据和法规性依据则多用说明的表达方式。

（三）判断元素

即表明"要达到什么目的"。公文是以事为由，有据而断，"判断"也就成为公文的核心内容，体现制文的目的，担负系统整体的关键性功能。从思考类型上说，"判断"回答的是诸如"有何结论"、"有何决定"、"有何打算"等问题，其适用范围包括决断、决定、鉴定、决策、判断、结论、意见、要求、建议、号召等。"判断"必须建立在"依据"的基础上，"判断"有时也是"分析"的结果，其功能多以议论、说明的表达方式体现。

（四）措施元素

即告知"怎么办"，明确"如何来实现公文的目的"的途径和方法。其思考类型回答的是"该怎么办"、"要如何做"、"怎样进行"等问题。"措施"往往与"判断"结合，构成公文的核心内容，体现公文的实用性，并具有技术性、可行性和可操作性等特点。"措施"的概念外延包括方法、方式、办法、规程、标准、方案、步骤、规则等，多以说明为主要表达方式。

（五）辨析元素

即说明"为什么这样办"。辨析是一个分析、推理过程，其思考类型是回答

"为什么这样决定"、"为什么必须这么办"、"为什么下这样的结论"等问题。作为思维的基本形式、基本方法的分析、推理，是与判断、综合密不可分的。也就是说，在公文写作中，"辨析"这个要素的功能只有和"判断"结合在一起时才能显示出来。"辨析"是"判断"的前提，"判断"是"辨析"的结果。同时，"辨析"局部目标的实现，又往往离不开"依据"和"解说"这两个要素的配合。"辨析"的功能主要通过议论和说明这两种方式体现出来。

（六）解说元素

即针对"这样办的疑虑"进行"释疑解惑"，加以解释、说明。其思考类型是回答"有什么需要说明的"、"有什么需要解释的"、"有什么需要强调的"等问题。"解说"有对存在问题的说明，有对采取措施的解析，也有对预期实际效果的评判，其功能主要是通过说明这种表达方式体现的。

（七）形态元素

即描述"这样办的结果"。其思考类型回答的是"什么样子"、"什么状态"等一类问题。"形态"的功能在于描摹形象、状态、样式、图示，给人以实感。在公文主体要素中，"形态"主要表现在两个方面：一是与"事"相结合，在叙述情况、事件时，兼有少量描写，而且主要是白描（多见于通报、简报）；二是对有关物品的样式、外观、图案、颜色的说明，以及一些公文附件中所附的表格、图形、样式，如启用新公章的公文，就必须附有新公章的样式，以备对照辨识。

在构成公文主体的七要素中，能充当中心要素的有四个，即"缘由"、"判断"、"措施"、"解说"。像通报、报告、请示、公告等文种的中心要素多为"缘由"。命令、决定、批复、通知、通告等文种的中心要素多为"判断"。章程、条例、规定、办法、准则、制度等文种的中心要素多为"措施"。细则、说明等文种的中心要素多为"解说"。"依据"、"辨析"、"形态"属于公文主体的辅助性要素，而当"缘由"、"判断"、"措施"、"解说"在系统内不充当中心要素时，也弱化为辅助性要素。

公文主体要素大体有以下四种形态：

第一，因果型。因果式结构是现行公文写作中使用率居于首位的结构形式，无论是指挥性公文、公布知照性公文，还是请求性公文，其最主要的内容组合模式都是因果式结构，有的甚至是唯一的结构形式，如"令、决定、通知、请示、函"等。因此，加强对它的认识，探讨其规律，在理论和实践上都有重要意义。所谓因果式结构，即是以公文的基本内容构成要素之间的因果逻辑关系组合公文内容的结构形式。具体地说，就是公文正文的基本内容由因与果两大成分构成。"因"是指制发公文或提出要求事项的缘由，包括原因、目的、背景、理论根据及事实根据等成分;"果"是指公文提出的具体事项,主要包括实施的路线、方针、政策,提出的要求、意见和建议,公布知照的事物,颁发的文件,执行的原则、方法、措施、步骤、时限、要求、希望等成分。也就是说因果式结构是由原因、根据、目的、事项和要求这五个基本要素之间的因果逻辑关系组合公文内容的结构形式。从上面的分析看,因果式结构中的"因",一般包括原因、根据、目的三个要素。而事项和要求这两项就构成了因果式结构中制发公文的最后结果。

第二,并列型。这种安排公文层次的方式是从横向逻辑联系入手,把材料按其性质归类,组成层次,分别从不同方面对问题加以说明,各个层次表现为平等并列关系,以其内在联系构成有序的完整篇章。现行公文多用分条列项的方式表述既有联系又各不相同的内容,形成并列式层次。条例、规定、办法、细则、计划等多为这种层次。在并列式的公文中,如果是各个层次之间为并列关系,此形式一般是根据主题的不同侧面来布局,具有工整明快、条目清晰的优点,其适用范围广泛,尤其以报告、简报、计划和总结居多。并列式公文的突出要求是各个层次必须互不交叉,其关键在于分类必须标准清晰明确。常见的分类标准包括按时间先后分类、按空间布局、按事物性质分类。

第三,递进型。在递进式的公文中,各个层次之间为由表及里由浅入深的进层关系。此结构一般是按照事物发展顺序或人们的认识规律来布局,其优点在于脉络清楚,展开自然有序,常用于领导讲话、工作方案和简报。需要注意的是,此种形式的结构各部分的排列顺序是固定的,必须依次进层,不可颠倒。递进式结构的公文最常见的逻辑错误在于出现部分缺漏或各部分排序不当,其成因在于人们对事物发展顺序缺乏正确把握。

第四,总分型。总分式的公文层次之间为总结和分析关系。一般有"先总后分"和"先分后总"两种方式。"总"为概述和结论,"分"为表象或根据,"总"为"分"纲,"分"为"总"目。总分式也叫主从式,是指构成公文的全部层次中,先从总体上概括内容,然后再具体分述;或先提出总的观点、主张,然后再具体说明。领导讲话、简报、调查报告、总结、计划、通报、报告中多以先概述后分述的形式出现;命令、决定、通知、通告等公文中多是先交代观点,而后具体陈述主张和办法。

三、结尾要素

公文的结尾,又称结语,用以维护公文的完整性,使读者深刻理解作者的意图,为准确而有效地处理公文奠定基础,同时,也防止在正文之后被添加伪造。

古人认为,公文的结尾应像"豹尾"那样简洁有力,恰到好处。结尾内容写多了，会给人以拖沓累赘之感；写少了，则令人有虎头蛇尾之嫌。该写不写，则意犹未尽，不该写而写了，则画蛇添足。看来要写出一个好的结尾也并非易事。公文写作实践证明，一个好的公文结尾，确有点化主题、完善结构之功效。公文结尾方式很多，涉及要素也比较多，下面仅选择常用的十种元素供学习参考。

（一）希望元素

上级机关行文对下级机关有所指示，或对某人某事提出表扬或批评时，在结尾处总要提一些希望和要求。如国务院《关于表彰全国民族团结进步模范集体和模范个人的决定》（国发〔2014〕44号）结尾写道："希望受到表彰的集体和个人，珍惜荣誉，再接再厉，继续发挥模范表率作用，为促进中华民族大家庭和睦相处、和衷共济、和谐发展作出新的更大贡献。"这种结尾方式，有利于重申和强调执行或学习文件内容的必要性和重要意义，以引起下级机关的高度重视。

（二）号召元素

即在正文主体部分对今后工作任务、奋斗目标进行阐述之后，号召人们为完成这一任务，实现既定目标而努力奋斗，这种形式常用于比较重要的公文、重要会议上领导同志的讲话或会议公报等。如邓小平同志在全国政协五届二次全会的开幕词的结束语："在新的历史时期，人民政协作为统一战线组织，任务是十分光荣的，工作是大有可为的。让我们在马列主义、毛泽东思想的旗帜下，在中共中央的领导下，沿着社会主义的道路，为实现四个现代化的宏伟目标团结前进。"这个结束语刚劲有力，有如"撞钟"，余音不绝，给人以一种强大的精神力量。

（三）建议元素

下级机关向上级机关行文汇报工作，反映情况时，针对工作中存在的问题，提出自己的看法或解决问题的办法、措施等，一般采用该形式结尾。《××市公安局关于我市治安情况的报告》结尾是这样写的："我们建议市委召开一次各县市区委领导同志参加的治安工作汇报会议，总结前一段整顿社会治安工作的经验，分析存在的问题及其原因，进一步加强党委对治安工作的领导，继续发动群众，加强综合治理，为使我市治安秩序得到根本好转而努力奋斗。"这种结尾方式多用于"报告"。"报告"用提出建议式结尾时，一般要加"以上报告如有不妥，请指示"之类的结束语。

（四）反馈元素

上级机关向下级机关行文发布指示，同时要求下级机关把指示落实，执行的情况在一段时间内反馈上去，便于上级机关根据反馈性信息，作出新的决策。具有这种目的的下行公文，多采用这种结尾方式。如《国务院办公厅关于多措并举着力缓解企业融资成本高问题的指导意见》（国办发〔2014〕39号）结尾："各部门有关落实进展情况，由人民银行定期汇总后报国务院。"就是"要求反馈"

式结尾。

（五）请求元素

向上级机关行文请求批准，或向同级机关、不相隶属机关行文请求协助工作时，一般采用该形式结尾。即根据行文关系、内容、目的的要求，形成比较规范的惯用结束语。如在呈报给上级机关的请示、报告等上行公文中，结尾用语往往是"以上报告、请审查"，"以上意见如无不妥，请批转各地、各单位贯彻执行"、"以上请示当否，请批复（示）"等。平行公文的结尾一般用"特此函告，请查收"、"敬请函复"、"此函"等。下行公文的结尾一般用"特此回复"、"请认真贯彻执行"、"本规定自下发之日起执行"等。

（六）补充元素

在公文中把应该叙述的问题情况叙述明确后，还要对某些问题作一些交代，对情况作一些补充。具备这种目的公文，多采用该结尾方式。《国务院关于修改部分行政法规的决定》（《国务院令》第653号）中，在列述了对21部行政法规的部分条款予以修改之后，结尾说："此外，对相关行政法规的条文顺序作了相应调整。"这样，就把公文中叙述的一些未尽事宜的善后处理结果交代补充明白了。

（七）展望元素

公文结尾时用充满激情和希望的笔调，勾勒出光明美好的前景，鼓舞人们为实现这一目标去拼搏奋斗，努力进取。如毛泽东同志《星星之火可以燎原》（《毛泽东选集》第一卷，人民出版社1991年6月第2版）一文，在科学分析当时的革命形势，批判悲观主义论调后，结尾时写道："中国革命高潮快要到来……它是站在海岸遥望海中已经看得见桅杆尖头了的一只航船，它是立于高山之巅远望东方已见光芒四射喷薄欲出的一轮朝日，它是躁动于母腹中的快要成熟了的一个婴儿。"这里，毛泽东连用三个贴切的比喻，热情地歌颂了即将到来的革命高潮，表现了高瞻远瞩的革命乐观主义精神和气魄，令人鼓舞，给人力量，催人奋进。

（八）警示元素

为了能使公文规定事宜得以顺利实施，对有可能违反文件规定的人事先提出告诫，行文时常用该形式结尾。《国务院办公厅关于加强和规范政府信息公开情况统计报送工作的通知》（国办发〔2014〕32号）结尾："国务院办公厅如发现报送的统计数据有误，将责成有关地方和部门予以纠正；对于因工作不负责任导致报送情况出现严重失实的，将予以通报。"就属于这种结尾方式。

（九）总结元素

即对正文主体部分所表述的内容和基本思想，在结尾时给予进一步概括和深化，一方面可以加深人们的认识；另一方面可以达到"彰显其志"的目的。在叙述了若干观点或问题后，常常为了引起重视或注意，在结尾处再用概括的语句进行总结归纳，如"综上所述……"这种结尾方式有利于强调主题，突出重点。

（十）自然元素

即随着公文内容的结束而自然而然地结尾，意尽言止，简洁利落。这种结尾形式常用于下行公文中的工作部署，法规性公文如决定、决议、意见、规定、条例、办法一类的公文，上行公文中不要求批答的报告，这些公文往往在叙述了规定事项和有关情况后，感到语意已尽，再没有什么要说的了，就不另写结尾内容而自然结束。

公文结尾形态主要有两种：

一种是"有尾结尾"型，以上列举的十种结尾，有九种属于有尾结尾，当然，有尾结尾不只是这九种形式，还有许多有待总结。

另一种是"无尾结尾"型，即随着公文内容自然结束，不单独出现结尾文字表述形式的段落或层次，这也是公文结尾常见的形式。

现实公文写作中，往往根据行文需要采取多种多样、灵活多变的结尾形式，究竟采用什么形式结尾好，没有固定不变的统一模式，公文作者要根据公文种类和公文内容的需要来确定，不可生搬硬套。

第二节 公文的写作要素

和一般写作活动相比，公文写作又有着自己的特点，如公文写作不是个人的创作，而是代表机关单位的写作，写作主体是机关单位人格化的产物，因而具有鲜明的集体性；公文写作不以主观愿望来决定，不论公文是否撰写和怎样撰写，都是由公务活动的需要决定的，不能按自己的灵感、情感好恶擅自决定写什么和怎样写；公文写作要按照有关法规所规定的行文规则、拟制程序、格式规范进行写作，制作规程都有标准化的要求；公文写作是以预先确定的法定读者为对象，不是每个人都有权阅读的，只能在规定的范围内阅读；公文写作要在规定的时间内完成，超过时间限定就会失去时效，也就失去了公文写作的价值等。尽管如此，公文作为党政机关、社会团体、企事业单位在行使职权、办理公务中形成的公文，跟其他文章的写作一样，离不开主题、材料、结构、语体等写作要素。

一、公文主题

公文主题是公文作者为了写作目的的需要，通过公文的内容表达出来的主要观点、基本主张和目的期求等，它是一篇公文的"灵魂"和"统帅"。在写作的过程中，每一篇公文都必须在主题的选择和提炼上下功夫，因为主题一经确定，即对材料的组织、结构的布局、语言的运用及表达方式等起到制约和调控作用。

（一）公文主题的特点

1. 公文主题具有唯一性。一份公文只能有一个主题，忌讳跑题或者是搞多中心。例如下级机关针对某一问题向上级机关提出的"请示"，以及上级机关对此的"批复"，在写作时必须紧紧围绕所提的问题，不能另生枝节，离题别议。如果做不到这一点，就可能表达不清，意多文乱。

2. 公文主题具有直接的社会价值。公文主题是对某项公务活动的判断，体现着决策、行动和经验。一旦收文单位了解了主题，即领会了公文的基本精神和基本观点，马上会采取相应的行动，这体现了主题的直接社会效用。

3. 公文主题具有很强的针对性。公文主题主要是通过反映公务活动表现出来，它一般只对公务事务"做什么"、"怎么做"、"为什么做"作出判断与表述，不涉及公务事务以外的问题，也不需要塑造人物形象，或进行系统的理论阐述。

4. 公文的主题明白、直接。公文主题通常采用议论、说明的方式直接表达出来。很多公文标题就点明了主题；篇幅较长的公文，篇首的导语是对全篇内容的提要，即主题。即使没有导语的公文，其主题也是毫不隐讳直接告诉读者的，它不像文艺作品的主题，隐含在艺术形象的塑造中，需要读者细细体味和揣摩。

5. 公文主题的确立具有时限性。公文主题形成的时间除特殊情况外，一般比较短，这是由公文的工具性所决定的。上级机关的指示、精神等要迅速传达下去，下级机关在工作中所遇到的问题要及时向上级机关报告和请示，不相隶属的机关和单位之间要通过公文来及时地进行联系和沟通，而这些都需要在有限的时间内迅速确定主题，制发公文。

（二）提炼公文主题的方法

撰写公文，须先确定主题。有些公文，提炼主题很容易，有些则很难，需要掌握一定的方法和技巧。具体来说，提炼公文主题可以采用以下方法：

1. 从丰富材料中提炼主题。材料和主题之间的关系，是一个双向互动的辩证关系。在主题尚未产生、确定之前，材料是第一位的，它代表着存在和现实，而主题是第二位的。而主题一旦确定，也就是说，一旦完成了感性认识向理性认识的飞跃，主题就要根据自己的需要来选择材料。凡能有效表现和支持主题的材料就选用，相反则不用。这时，主题又取得了支配材料的统帅地位。在主题产生的过程中，材料是否全面、丰富（实质上也就是实践是否深入），直接决定着主题是否正确、深刻。所以我们说，主题的提炼，首先要基于深入的实践和丰富的材料。

2. 善于挖掘事物的本质。人的感官所反映的，永远只能是事物的外部形态。

提炼主题，要摒弃表面现象，努力挖掘事物内在的本质，这就需要经过大脑的分析、综合、归纳、比较，将丰富的感性材料"去粗取精、去伪存真、由此及彼、由表及里"，进行加工提炼，完成从感性认识到理性认识的飞跃。因此，提炼主题的过程，也就是一个从个别到一般，从具体到抽象，从现象到本质的过程。

3. 体现与时俱进的时代精神。提炼主题，还必须站在时代的高度，才能精确地把握住事物的本质意义。这首先要求要把反映对象置于广阔的时代背景之中去考察、去思索、去表现。例如，目前我们国家正在深化改革扩大开放的背景下进行现代化建设，全民正在为实现中华民族伟大复兴的中国梦努力奋斗，这样的时代精神，在任何公文中都应该有或直接或间接的反映。缺少了这一时代精神，就会失去前进的方向和动力。

4. 具有前瞻性和预见性。提炼公文主题要采用向前看的分析方法，使之具有前瞻性、预见性。制定政策的目的，是指挥和实施办理国家的公务，其主题如果没有前瞻性、预见性，是处理不好国家事务的。政策具有调整社会各方面关系的作用，但这种调整，是促进问题的解决，推动社会向前发展，而不是让政策成为束缚人们行为的框框。这是我们提炼公文主题时必须予以注意的。要做到自觉地运用向前看的分析方法，提炼公文主题，并非易事。它要求公文撰写人员在平时就要十分留心掌握社会变革中出现的新情况，诸如新的社会关系，新的经济形式，新的社会矛盾，人民群众新的社会需求等。这样，有了丰厚的积累，在拟写公文提炼主题时，就可以将这些新因素融入构思之中。

5. 运用辩证思维方法。金无足赤，人无完人，治国为民亦无万全之策。但是，我们拟写公文，应该力求制定较为完善的政策，发布较为精辟的策见，这就要采用辩证思维方法，凝练正确、鲜明、科学的观点。所谓辩证思维方法，就是在思索问题时，能广泛听取各种不同的意见。对任何事物都能从多层面综合、多角度分析、多方位比较，既要看到一般，也要看到特殊；既能看到现象，又能看透本质；既能看到其利，又能看清其弊。在科学的比较中，经过综合分析，从而较好地确定公文的主题。

6. 着眼于全局利益。提炼公文主题要着眼于全局，使具体的政策规定和理论观点，与党和国家在一个时期的总路线、总目标、总政策吻合起来。因为撰写一份公文，制定某项具体政策，发表某种具体策见，对于全局来说，它总是一个局部，只有把它置于全局中加以衡量，使之与全局吻合起来，才能避免具体政策及其策见思想的偏颇，具体政策及其策见思想才不至与总政策、总目标发生抵触。为了更好地从全局着眼，提炼好具体公文的主题，要认真学习以至十分熟悉党和国家的方针、政策，经常从党和国家的重要文件中，揣摩、体会其决策的战略意向，体察政策调整方向的脉络。这样，在拟写某项具体公文时，所阐述的具体观点，就可以在全局中与总策见恰当地吻合起来。如果胸中无全局，夸大了具体策见的作用，就会冲击全局性的策见及中心工作；而具体的策见达不到应有的高度，也就不能发挥具体政策服务于全局性工作的作用。如果胸中无全局，具体策见应该发布在前而未发布在前，就会贻误时机；具体策见应该发布于后，而抢在前面发布，就会打乱中心工作的步骤，造成全局性工作的被动。如果胸中无全局，不考虑具体策见与全局中其他部门策见的关系，应该联署发布的却单独发布，就会造成政出多门，影响党的总政策的实施；而过分强调具体工作策见从属于其他政策，也难以开创新局面，有损于全局工作。所以，公文写作在提炼主题时，一定要将具体策见放在大局中去衡量，使具体公文的策见与党和国家的总政策、总目标一致起来。

二、公文材料

公文材料是指公文作者为了表现公文主题，从现实工作、学习和生活中摄取并写入公文中的一系列内容，包括情况、背景、目的、根据、办法、措施、意见、规定、时间、数字等。它是提炼公文主题的基础和依据。公文写作离不开材料，离开材料的公文，就丧失了实际意义上的公文资格。

（一）公文材料积累的方法和要求

积累材料的过程，也是学习和熟悉材料的过程。积累的目的是使用。因此，积累材料要注意方法和方法的应用。目前，常用的材料积累方法有以下几种：

1. 查阅资料法。查阅资料是公文作者搜集材料的主要途径之一，所查阅的资料媒介主要有纸质和电子两种类型，查阅的对象主要包括上级来文、已归档文件、工具书籍、各类专业书籍、媒体报刊等。查阅资料法获取的信息材料一般为间接材料，必要时应当核查其原始来源以确保可靠性和真实性。

2. 观察法。观察是人对某些事物有选择、有目的、有计划、伴随着理性思维所进行的知觉反映过程。观察与一般的知觉不同，是受理性意识控制的，对象的选择、目的的确立、观察的发动停止等各个环节都由理性控制，能够实现由表及里、由现象到本质的把握，因此观察往往可以获取许多深入的材料。观察的方法主要有：总体观察（对事物整体的把握）、细节观察（对事物局部细节的观察）、比较观察（在观察中同中求异或异中求同）、进程观察（注重关注事物发展变化的动态过程）等。使用观察法搜集材料时，应注意避免情感立场造成的先入为主的偏见，同时观察者应当注意不要干扰事物正常的状态或发展过程。

3. 调查法。调查是通过到现场实地勘察、找知情人询问、通过问卷获得数据的方法。调查主要有以下几种类型：普遍调查，针对课题在某一范围内对全部相关对象进行调查，如全国人口普查、经济普查，其优点是全面准确，但耗力费时；重点调查，只对影响全局的重点对象进行调查，如对重点企业的调查，其优点是切实可用，但不够准确；典型调查，选取同类事物中最具有代表性的个体进行调查，再由典型推广到全体，成败的关键在于典型选择是否准确；抽样调查，为避免偏见导致的失误，抽取若干样本进行调查。调查的方法主要有：现场勘察、个别谈话、开调查会、问卷调查等。使用调查法搜集材料，前期的充分准备十分重要，应当制订完善的调查方案，明确调查的对象、方法、过程和步骤。在调查进行阶段，应当和调查对象建立起和谐的信任关系，以确保信息的可靠性。如果使用问卷进行调查，则一定要认真设计问题及其备选项，一般不能要求被调查对象书写个人姓名。

4. 经验积累法。公文作者在日常生活和工作中，应当时刻注意搜集和工作相关的各类信息，这些信息大量分散于生活和工作场景之中，同时也是构成公文作者素质的一个方面。例如在参加各类会议过程中，公文作者应当及时观察思考其组织程序，分析其中的优点和不足，积累了大量的这类信息材料后，在拟制公文时才能做到胸有成竹。

积累材料时要注意以下几点：

1. 来源要广。要利用各种渠道搜集材料，随时留意收集来自上下左右相关单位和本单位制作的各种公文及材料，通过交换、主动索取和直接参与等形式汇集横向资料，根据工作需要大量收集有关书籍报刊资料等。

2. 数量要多。在既定目标下，应该尽可能多地收集材料，而且是多多益善。材料多，写作内容才能丰富充实；选择材料才能有回旋余地，去粗取精，写起公文才能纵横捭阖，左右逢源。

3. 占有要全。要全面占有材料，既要占有直接材料，又要占有间接材料；既要占有现实材料，又要占有历史材料；既要占有正面材料，也要占有反面材料；既要占有具体材料，也要占有概括性材料；既要占有本单位的材料，也要占有外单位、外地以及外国的材料。

总之，凡有关、有用的材料，都要尽量收集。这样才能做到平时有备无患，写作时如鱼得水，得心应手。

（二）公文材料选择的标准

公文写作时，并不是将所积累的材料全部堆积在一起，而是要考虑材料的价值，要考虑表现主题的特殊需要，精心选择，严格把关。为了确保材料的质量，在选择材料时要把握以下标准：

1. 主题性。一篇公文的主题确立后，要紧紧围绕主题来选择材料。凡是与主题有关，并能很好表现主题的材料，就应该选用；凡是与主题无关或似是而非的材料，要坚决舍弃，这是一条重要的标准。

2. 真实性。公文中所使用的材料不管是反映的情况、提出的问题，或是告知的事项，都必须是已经存在的事实，要准确无误，真实可靠，符合实际。特别是一些数据，一些关系到问题性质的重点材料，不能道听途说，也不能"合理想象"，必须经过调查和验证。公文中所提出的主张，拟定的解决问题的对策，要经过实践的检验或理论的论证，绝不能草率地把一些争议性的东西或某些个人的不成熟的想法写进公文中去。

3. 现实性。公文是为了回答和解决公务活动中的现实问题，这就决定了它所依据的事实必须具有现实性。所谓现实性是指新近发生的普遍存在的、关系重大的、迫切需要解决的事实。不论是什么类型和什么内容都不应回避现实问题，必须以现实材料为依据。可以这样说，现实性越强的材料，其价值越大。

4. 典型性。以公务活动为内容的公文，不是事无巨细地反映所有问题，而是反映典型性问题。所谓典型，是能够深刻揭示事物本质，具有广泛代表性和强大说服力的材料，写作者只有从纷繁复杂的客观事物中，沙里淘金，选取具有典型意义的材料，才能深刻地表现主题。

5. 新颖性。所谓新颖，就是不陈旧，具有时代感，能够体现时代精神。如果材料陈旧，主题再深刻也难引起读者的兴趣。要善于挖掘新材料，提炼新观点，善于发现生活中的新人、新事、新思想、新问题，这样才能适应时代需要，使读者耳目一新。

6. 系统性。公文材料应该是系统的。只有掌握、运用系统材料，才能全面、辩证地反映公务活动，不致犯主观片面错误。

三、公文结构

公文结构是指公文内容的组织和构造，是公文作者根据主题表达的需要，合理地去安排和展开材料，使公文成为一个有机的整体，是公文作者的构思在所制作的公文中的具体体现。

（一）公文结构的基本内容

公文和其他文体一样，结构内容包括开头和结尾、层次和段落、过渡和照应、主次和详略等。安排结构就是在总体结构思路的指导下，组织安排好这些环节，构成相互紧密联系的有机整体，组成条理清晰、前后连贯、首尾呼应的篇章形式。

1. 公文的开头和结尾。开头是公文正文部分的起点和入笔处，又称导语，用以唤起读者注意，引导阅读。开头要开门见山，一般用直叙形式。公文开头要表达的内容有：发文目的、针对实际情况制发此文的重要性和必要性、此文所要解决的问题、公文的指导思想或主要内容等。公文开头没有一成不变的写作规范体式。开头要紧扣主题、吸引读者。

公文的结尾,又称结语,用以维护公文的完整性,使读者深刻理解作者的意图,为准确而有效地处理公文奠定基础,同时,也防止在正文之后被添加伪造。

2. 公文的层次和段落。公文的层次,又叫意义段、结构段,是公文在表达主题过程中形成的相对完整的思想内容单位,也是结构的基本单位。它体现了公文内容的表现次序,体现了公文内容相互间的逻辑联系,是事物发展的阶段性、客观矛盾的各个侧面以及人们认识和表达问题的思维进程在公文中的一个反映,也体现着作者在写作公文时思想展开的步骤。

层次和段落的关系是:在一般情况下,层次大于段落,一个层次由几个段落组成。有时,层次等于段落,一个段落就是一个层次,也有的公文因其简短,全篇只有一个自然段,如各种条据、启事、简单的通知等。

划分层次,一般按照事物发展的时间、所处的空间、功能和特征的主次、公文的逻辑联系等来安排。例如,撰写请示可分三个层次,第一层写请示的缘由,第二层写请求上级解决的问题,第三层表达解决的愿望,即结语。

具体如何安排层次,应根据不同种类的公文的内容来决定。

公文层次,是公文思想内容展开的次序,是公文中表达思想内容的"意义单元"或"逻辑环节"。公文的层次安排,形式很多,篇章较长的公文层次多采用总分、并列、递进、因果和连贯等方式。

公文的段落是公文中的一个自然段,是公文中最小可以独立的意义单位。段落能够使行文条理,使层次之间的意思承接得更紧密、更自然,帮助读者更好地理解公文的思想内容。

层次和段落既有联系也有区别。层次着重于思想内容的相对完整性,靠其内在逻辑性来划分。段落则着眼于文字表达的阶段性,以语言的间歇停顿来显示。

组织段落既要注意内容的单一性、完整性,也要注意段与段的连贯与和谐。即一个段落只能表达一个中心意思,一个中心意思必须在一个段落里表达完全;段与段既要有内在联系,也要有必要的外部衔接,使用恰当的关联词,力求句子与句子的关系明确,段与段前后照应,联系紧密,而且每个段落的长短在不妨碍意思表达的前提下,力求匀称、适度,使公文成为完整、和谐的有机整体。

3. 公文的过渡和照应。公文的过渡是层次和段落之间的衔接与转换,在公文中起着承上启下的作用。如公文内容由一层转入另一层或表达方式有变化一般需要过渡性语句。有些公文,用过渡词连接上下文。例如用关联词"因此、为此、特此、总之、但是、综上所述、由此可见"等。

公文的照应是前后照顾,互相呼应。前边提到的问题,后边要有交代,有着落;后边要写的内容,前边要有明示,有招呼。照应是使公文内容周密、线索清晰、结构严谨、意思连贯的重要手段。公文常用的照应有：首尾照应、前后照应、题文照应等。

4. 公文的主次和详略。公文各部分的内容，在公文中所占的地位和所起的作用，并不完全相同，有的分量重，有的分量轻；有的为主，有的为辅。分清主次，也是结构安排的一个主要环节。公文不仅要分层次，尤其要分轻重，轻重犹如图画的阴阳光影，一则可以避免单调，起抑扬顿挫的作用；二则轻重相形，重者愈显得重，可以产生比较强烈的效果。如果不分宾主，群龙无首，必定显得零乱芜杂。如果公文中有五六层意思都平铺并重，它一定平滑无力，难以说服读者。

在一篇公文中如何显出主次轻重？可有两种方法：一种是在层次上显出，一种是在篇幅分量上显出。

详是详写，略是略写。公文写作，表述观点时可详可略，叙述和引用材料时也可详可略。而且，详与略在文字上的差异是巨大的，一个事实，可以用十几个字就表达完毕，也可以用几百个字详加介绍。总的来看，公文是讲究精炼实用的文体，表达观点直接明了，叙述事实简练清晰，一般不写细节，更不用精雕细刻的手法，与文学写作相比，公文的略写多于详写。但是，这并不意味着公文写作不分详略，就自身而言，各部分的详略安排还是十分讲究的。

首先，以主次的地位确定详略。大多数情况下，主要观点和重要条文要详写，一般观点和次要条文要略写。

其次，以典型程度确定详略。这是指材料而言。典型材料的说服力强，要表述得充分一些；非典型性的辅助性材料，则可以表述得简略一些。

（二）公文结构的特点

1. 抽象性。公文结构是对于公文及其所反映公务的抽象认识。这一理性化的认识，是前人对于公文结构的把握，经过历史的积淀，又在长期的公文实践中发展。对于具体公文的起草者来说，公文结构只是一个根据主题需要和公务特点而进行安排、选择和组合的问题。

2. 规范性。公文结构的规范性出自公文的本质。在所有文章体裁中，公文结构是最为规范的。公文的规范性，进一步发展成为党和国家所规定的党政机关公文格式。

3. 双重性。公文结构，有内在和外在之分。公文内在结构，指的是从逐步表达主题的需要出发所进行的公文层次和材料的安排。公文外在结构，指的是明显表现在视觉化的书面格式。

（三）公文结构安排的基本原则与方法

在安排公文结构时，主要应把握以下四个基本原则：

1. 正确反映公务活动规律。一切公务活动和所有现实社会活动一样，都有其自身的发展过程和内在联系。公务活动的发展和内在联系是确定公文组织结构的客观依据。当然，一篇公文结构的形成，不是对公务活动的机械反映，而是经过作者的思维加工，是公务活动客观规律和作者布局谋篇的思路在公文中的有机统一和集中表现。

2. 服务公文主题表达需要。主题是一篇公文的灵魂。在起草公文时，如何组织安排材料，包括先写什么，后写什么，材料的主次详略及相互联系，怎样划分层次段落，怎样过渡照应，开头结尾怎样交代等，都必须紧密围绕公文主题或基本观点这条主线去组织安排，使结构更好地为公文的主题服务。

3. 适应公文文种写作要求。由于公文的内容繁杂，文种很多，在组织材料的时候，还必须从所写的内容实际情况出发，采用恰当的结构方式，以适应不同文种的特点，做到内容与形式相统一。例如，综合性的工作总结、工作情况报告、经验介绍等，一般是采取"基本情况概述——做法（经验或体会）——存在问题和今后打算（或只讲不足）"的结构；通知、通报、指示等，一般是采取"提出问题——分析问题——解决问题"的结构；决定、规定、章程、条例、办法等法规性的文件，一般是采取"总则——分则——附则"的结构；公告、通告一般采取首先简要概括地提出问题，然后把解决问题的结果或意见分项列出的结构；批复则基本上是采取对解决问题的结果予以答复这样单一的结构。

4. 符合思维逻辑一般规律。安排公文结构因人、因文而异，一般应注意四个方面：

一要有序。表达公文主题应遵循人们认识公务活动的逻辑顺序，由开端到结尾，由总到分，由远到近，由局部到整体，由特殊到普遍，由原因到结果，由过去到现在，由主到从，当然也不排除个别情况所出现的相反方向。但是无论按照哪种顺序进行表达，总要注意讲求条理，恰当地进行排列，防止忽远忽近，忽主忽从，忽前忽后，以免导致思路不清，结构混乱。

二是连贯。在公文的逻辑结构上，不但要讲顺序，还要注意结构顺序（层次与层次、段落与段落、开头与结尾之间）具有必然性，使全篇思路畅通、前后衔接、语意连贯、浑然一体，避免出现上下语意中断、跳跃和互相对立的现象。

三要区别。对相反的意思，一定要区别开来；对相同的意思则要加以集中，以做到界限清楚，避免混淆不清，妨碍公文主题的表达。

四要周密。在结构的安排上，一定要做到严谨细密，无懈可击。

四、公文语体

人们在不同的社会活动领域中，由于交际环境和任务的不同而形成了不同的语言特点。语体就是为适应表述内容和交际需要而形成的语言材料和表现方法的特点的总和。

由语音、词汇、句法等构成的语言材料是全社会约定俗成的。但是，语言材料在言语过程中发生了功能分化的现象。比如，儿化韵、后缀叠音形容词等更多地出现在日常谈话中，带有较多的表示感情的色彩，而在公文中就较少使用或排斥使用。又如带有长修饰语的长句，一般不出现在口头谈话中，而较多地出现在公文语体中。再如，采用大量的形容性词语进行描写是文学作品常见的现象，而公文是必须禁止的。总之，全民语言材料的功能分化是公文语体存在的客观基础。

应该明确的是：全民语言材料的功能分化往往表现在语音、词汇、句法、修辞等各个方面，形成一个具有特征的言语系列。只有这种为适应一定的交际目的、对象、环境的需要而形成的语言特点的总和，才能称其为一种语体。换言之，语体是依据语言交际功能而形成的语言风格类型。

公文语体是为了适应复杂而多变的公务环境、公务话题、公务对象和公务目的的需要而产生的言语功能变体。因此，公务活动的需要是产生公文语体的社会基础。

（一）公文语体的意义和作用

宏观地看，人们交际活动的言语环境大致可以分为日常生活领域和社会集体活动领域。那些适用于日常生活中的、随意的、非专门性的交谈语言特点系列，我们称为"谈话语体"。那种适用于社会活动的、集体的、有自觉意识的交际语言特点系列，我们称为"书卷语体"。公文语体当属书卷语体，但是，它又有别于其中的艺术语体。换言之，公文语体专指除诗歌、小说、戏剧之外的，为适应特定的公务活动需要而形成的书面语言系列。

另外，还应明确的是：人们言语活动的方式不外乎以语音为媒介的口头语和以文字为媒介的书面语。但是，语体不是言语方式。尽管书卷语体常常采取书面语形式，谈话语体常常采取口头语形式，但这只是二者的交叉，而不是等同。事实上，谈话语体不止于采取口头形式，如公文或文学作品中的人物对话、日常的私人书信等，都是谈话语体的书面形式。同样，书卷语体也不一定只采用书面形式，如工作报告、讲话稿等则是书卷语体的口头形式。

在公文形成之前，公文语体特征和功能对作者有限定和指导作用。在公文形成过程中，公文语体特征和功能对作者有规范和调整作用。在公文形成之后，语体特征使公文显现出鲜明的功能性风格，对读者的读解具有导引和认同作用。总之，公文语体使公文作者更重视公文产生的具体环境、公文阅读的具体对象和公文的社会应用效果。

（二）公文语体的类别和特征

根据公文在交际活动中的功能区别，公文语体大致可分为如下三大类别：

1. 政论语体。政论语体是为了适应社会舆论宣传鼓动的目的运用全民语言而形成的语言特点的总和。政论语体的功能在于通过对社会政治生活领域中各种现象和问题的阐述，教育和组织群众，统一认识和行动，为国家、民族和阶级的利益服务。政论语体一般运用于领导讲话、决议、决定等公文。政论语体的主要特征是：

第一，从宣传鼓动的任务出发，广泛使用各种词语，其中包括相关主题的科学术语，甚至为了适应形势需要创造出一些新词语，如"创新"、"与时俱进"、"中国梦"等。

第二，句类、句型、句式丰富。既有简明易懂的陈述句、判断句，也有情感色彩浓重的祈使句、感叹句；既注意使用语义丰富严密的长句，也多有铿锵有力、节奏明快的短句。

第三，注意运用多种表现方法。在严密的逻辑论证中不乏生动活泼的叙述描绘，在庄重的阐述中不乏热情激荡的号召。鲜明的比喻，合理的夸张，发人深省的设问、反问等修辞格式多见于政论语体之中，以发挥以理服人、以情感人的功能。

第四，在口头言语的宣传鼓动中还应注意语音的协调、语调的变化、长短句参差、口语词汇丰富，讲求言语的听觉效果。

2. 事务语体。它是为适应事务交往目的运用全民语言而形成的语言特点的总和。事务语体的主要功能是在行政事务中起联系、传达作用，同时也担负着社会成员之间事务上的联系和交流的职能。事务语体在规范性公文、法规与规章性公文、事务性公文和专用性公文中均有使用。其中，从公务活动的职能看，还可分为法律事务语体、外交事务语体、军事事务语体、经济事务语体、一般事务语体等。

为了公务活动交往的准确和简捷，在长期的公务实践中，事务语体逐渐形成了一种固定的格式。由于事务交往中交际对象很明确，因此，对象的特点对事务语体的特点有直接的影响。比如《中国共产党章程》《中国共产主义青年团章程》《中国少年先锋队章程》，同为章程，格式相似，但语言特点却因对象不同而有极大差异。

事务语体的主要特征有：

第一，用词准确、精练，少用口语词，多用公文专用词，如"兹因"、"欣悉"、"惊闻"、"值此"等。

第二，句式、句型比较单纯，以陈述句为主，多用完全句，少用或不用省略句、感叹句等。

第三，句子结构严谨，表示目的、手段、依据、对象的定语、状语较多，以使事务语体语义准确、严密、政策性强。

第四，一般不用修辞方式，不追求语言的形象化和艺术化。语言风格平易、朴实、明快。

3. 科学语体。科学语体是适应科学技术领域中的公务活动需要，在使用全民语言材料和表现方法上而形成的语言特点的总和。科学语体的功能在于准确地记述自然、社会和人类思维的现象，严密论证其内在规律，为科学技术本身的研究、发展和传播服务。科学语体包含范围很广，如经济发展计划、科技报告、工作总结、调查报告等等。科学语体的主要特征有：

第一，广泛地使用意义单一的科技术语，并且形成术语系列；较多地使用术语的简称、缩写和符号形式；适当地应用外来词和国际通用术语；有限制地对举使用反义词，以使科学术语所表示的概念更为准确、严密；选用单音节古语词，使语言更为简练和庄重；必要时加用外文，帮助读者正确理解原意。

第二，句类和句型较为单一，主要使用陈述句、主谓句，大多是完全句；排斥省略、倒装等变式，以防止歧义和误解；大量使用各种复句，尤其是因果复句；长句多，准确地反映客观事物的本质和内在联系，以及严密的逻辑思维过程；大量使用限制性定语、状语和逻辑性插说，使语言更明确，风格更庄重。

第三，较少使用或者排斥使用描绘手段和修辞格式。

第四，较多地使用符号、公式、图表、图解，使语言更具备信息量大、简洁明快的特征。

（三）公文语体的交叉和渗透

在长期公务活动实践中形成的语体各有其典型的、为社会所公认的语言特点。各种语体既互相排斥，又相互依存。随着公务活动的复杂化，语体之间也不断混合和交叉，出现种种中间型语体。比如，当代科学技术迅速发展，为适应面向广大群众普及科学技术知识的需要，产生了通俗科学语体，它广泛吸收艺术语体的特点，通俗简易而又形象生动地说明各种科学原理和规律；又如政论语体借鉴和吸收艺术语体的特点，从而形成艺术政论语体；再如，原本限于小说和剧本中的对白体，也出现在讲话稿、调查报告、典型材料中；外交事务公文中也出现了带有感情色彩的礼节恭维词语等。这些现象说明：在保持语体界限明确的前提下，公文语体相互吸引和渗透也是不可避免的。渗透，为公文语体的变动和更新准备了条件。随着公务活动领域的不断扩展、公务活动日益纷繁复杂，公文语体的变动、更新和发展是一种必然的趋势。公文语体是为反映公务活动服务的，是为表述公文主题服务的。尽管公文有各种各样的形式，但其内容的表述必须通过语体这一工具的有效运行来实现。因此，公文语体对公文作用的发挥影响很大。

（四）公文语体的表述方式

公文的功能在于说理办事，开展公务活动，因此，公文语体的表述方式，主要是说明、叙述和议论。这是就公文总体而言，如果具体到某一篇公文，也可能采取其他表述方式或同时使用几种表述方式。为了提高公文的写作水平，叙述、说明、议论等表述方式应努力学习掌握好。

1. 叙述性语言。通过叙述事物的状态和发展变化过程，来表达思想、阐明观点。公文常用的叙述方式主要有顺叙、倒叙和插叙。公文主要是说理，为说理而叙事。因为叙述不是目的，所以叙述不必过细，而要概括叙述，交代明白，详略得当。

2. 说明性语言。对客观事物进行介绍和解说，让人了解某一事物的内容、形式、性质、特点、成因、方法、关系、功用等。其中事物的特征、本质及规律性，则是说明的重点。公文中一些属于法规和规范性的公文，如规定、办法、条例等多以说明为主。公文使用的说明方法，主要有解释说明、分类说明、比较说明、引用说明等。

3. 议论性语言。运用概念、判断、推理的思维方式，揭示事物的本质和规律。在公文写作中，议论作为一种表述方式，它不是就局部某段语言而言，一般是指全篇公文的表述方式。公文中的议论也是由论点、论据和论证三个要素构成的。论点，就是公文中提出的需要加以阐述和证明的观点，也包括所提的主张、意见和所表示的态度。论据，就是确立论点的依据。论证，就是用论据来阐述和证明论点的方法和过程。论点是主题和统帅，论据是支柱和基础，论证是方法，也是论点与论据之间的逻辑联系。

此外，虽然公文写作中表达方式的运用，以叙述、议论和说明为主，但有些文种也不排除描写和抒情方式的运用。但要注意，公文写作中使用描写方式多为客观描写，一般不带作者主观情感，而且是几乎接近叙述的白描。公文中的抒情一般是间接的，将感情色彩依附于叙事和说理中。

第三节 公文的写作规律

任何事物都有自己的规律，公文写作同样有其规律可循。所谓公文写作规律，应该是客观辩证法在公文写作实践中的具体表现，是公文作者从事写作实践活动的规范性法则，是公文写作实践活动本身发展变化的必然趋势和客观结果。

公文，作为一个系统，它是"由相互作用和相互依赖的若干组成部分结合成特定功能的有机整体，而且这个系统本身又是它们从属的更大系统的组成部分"（钱学森语）。公文有自己的信息、体式和风貌，它是由领导者、写作者集体共同创造的，在不同的历史背景下产生不同的社会功能。公文的复杂系统决定了公文规律的多元性。对公文"系统本身"的内部联系的研究，形成了公文的内部规律；对公文与它所"从属的更大系统"的外部联系的研究，形成了公文的外部规律。各种规律有各自的规定性、作用范围和实施要求，需要我们多方位、多层次地给以阐述。

一、公文的内部规律

公文内部规律指公文本体的内在必然联系。公文这个精神产品或信息载体是公文处理全流程中的"中心环节"，我们称为"公文本体"。如果暂时地忽略它的写作流程，有意识地把它当做一个自我完备、相对封闭、独立自在的整体，进行静态地客观地分析，就会发现公文本体在信息、体式和风貌上的种种规律，发现公文内容和形式诸要素之间的有机联系。

（一）"言有序"的层次律

层次是公文内容和形式的秩序，是公文作者思想和表达的步骤。一切文体都遵循"言有序"（《周易·艮》）的法则。公文的语言正是依据作者的"意序"，由先而后地延展的，思想内容的层次决定了语言结构的层次。公文内容的最小单位是"意位"，公文形式的最小单位是句组（也称语段）。王充在《论衡》中说："文字有意以立句，句有数以连章，章有体以成篇。"古代公文的表层结构分为"字＜句＜章＜篇"四级单位，其局限在于把"字＜句"的语法层次与"句＜章＜篇"的章法层次混在一起。现代公文的表层结构分为"句组＜段落＜层次＜文篇"四级单位，句意是对段意的分割，段意是对层意的分割，层意是对文篇的分割。它在标点符号、提行分段、大小标题以及种种显示意序的文字标志上，有着鲜明的形态特征，使公文完整清晰，条贯统序。

层次律讲划分，讲秩序，讲布局。它是客观事物发展的阶段性和作者思维的条理性在公文结构上的反映。层次的安排实为公文本体的建构方法，以时间推移为序安排层次，形成纵式结构；以空间转换为序安排层次，形成横式结构；以时空交错为序安排层次，形成纵横交错式结构；以事理逻辑为序安排层次，形成逻辑结构。多种多样的层次安排形成了千变万化的公文结构。

（二）"统首尾"的衔接律

衔接是公文内容和形式的联络，显示出公文作者思想和表达的缜密。各种体裁的公文都遵循"外文绮交，内义脉注"（《文心雕龙·章句第三十四》）的法则。语言形式的外部衔接取决于公文意脉的内部连贯。刘勰说:"夫人之立言,因字而生句,积句而成章,积章而成篇。"公文本体是一个由字、句、层、篇逐级组合的表达一定主旨的有机整体。公文作为一连串的思想演进过程,必须环环相扣,即字与字、句与句、段与段、层与层,要彼此衔接。或明接、暗接,或纵接、横接,或顺接、逆接,或近接、远接,究其底,都是"意接"支配着"形接"。

和层次律相反,衔接律讲组合,讲连贯,讲谋篇。它是客观事物的普遍联系性和公文作者思维的连贯性在公文结构上的反映。如果说层次律是"总文理"、"定与夺",那么衔接律是"统首尾"、"合涯际,弥纶一篇"。正如刘勰所说:"章句在篇,如茧之抽绪,原始要终,体必鳞次。启行之辞,逆萌中篇之意;绝笔之言,追媵前句之旨"(《文心雕龙·章句第三十四》)。如何衔接?先要弄清公文中被连接的各部分之间的关系,如时间接续、空间相连、分类并列、层级递进、总分分合、原因结果、正反转折、彼此穿插等。在明确事理关系的基础上,再凭关系性质采取相应的衔接方法,如句间关联词语的运用,段间、层间过渡句、段的承启,公文开头、结尾的照应,展开、收束的设置,交代、照应的安排,文气、文情的贯通等。只要意脉流畅,针线紧密,公文就会天衣无缝。

(三)"知一万毕"的统一律

一篇独立完整的公文必然要求内容和形式的统一。它只有一个主题,各部分应环拱于中心,为着中心而存在,字句段层,次第相从,做到"篇之彪炳,章无疵也;章之明靡,句无玷也;句之清英,字不妄也;振本而末从,知一而万毕矣"(《文心雕龙·章句第三十四》)。刘勰所说的"本"和"一"就是公文系统的核心主旨,而"末"和"万"就是外在表层的字词、句子和层次;只要核心主题这个根本得到了振举,其他字、句、段、层等枝叶就会服从和归顺。古代文论中所谓"文质相资"、"华实相胜"、"言意相副"、"经纬相织"、"文道相生"等,都在强调内容和形式统一这条普遍规律。现代公文独特风貌的形成,仍然仰赖内容和形式的统一。

公文的统一是多侧面、多层次的,整体的统一应以局部的统一为前提。就公文形式看,古人于体制上提出了常体和变体的统一,于法度上提出了有法和无法的统一,于文辞上提出了藻丽和淳素的统一,今天我们提倡方法和技巧的统一,语体和文体的统一,分析和综合的统一等。就公文内容看,古人曾提出明道和明理的统一,言志和缘情的统一;现在我们提出历史和逻辑的统一,材料和观点的统一;等等。毛泽东指出:"要学会用材料说明自己的观点。必须要有材料,但是一定要有明确的观点去统率这些材料。材料不要多,能够说明问题就行,解剖一个或几个麻雀就够了。"(《毛泽东选集》第六卷《工作方法六十条（草案）》)毛泽东讲的"材料和观点的统一"，揭示和解决了公文内容的基本矛盾，是实现公文内容统一的普遍法则。

(四)"无悖体"的合体律

公文之"体"，原指按一定机制组织起来的动物躯体。"体，第也，骨肉毛血表里大小相次第也"（东汉·刘熙《释名》）。后来以其喻言、喻文、喻道，衍生出"体制"、"体裁"、"体式"、"体例"、"体统"等各种名目。公文本体，除了具备"层次衔接、统一"等规则性外，还要具有适应性。公文作为公务活动的工具，应依据不同的公务对象、公务场合、公务目的，找到最适宜的表达内容、最恰当的体裁样式、最有效的表达方式、最贴切的语气措辞，这种文体"现象中巩固的东西"，可以概括为"合体律"。释其内涵，包括三重含义：

合文体。文体是公文构成的具体规范和模式，反映了从形式到内容的整体特点。它一面制约着公文的结构、语言和表达方式，一面影响着公文的材料、意旨和情境。以调查报告为例，其构思总是提出问题、分析问题、解决问题，其措辞常为有所指称的科学语言，其表达主题、辨明是非采用议论方式，其论据、论证和论点务必实事求是，旗帜鲜明。否则，将视为"悖体"。

合语体。所谓"语体"主要指表达方式、语气口吻、文风辞藻三方面，它们为文体所控制。一定文体使用一定语体。倘若叙述、描写、论说、抒发几种语体与所属文体错位或失度，就导致文体变质。公文的语气口吻，或陈述，或疑问，或祈使，或感叹，都要看对象，看场合，看目的，恰当选用，使其合乎制发者在社会关系中的位置，合乎公文在社会语言环境中的位置。文风辞藻也有"体"的规定性。曹丕讲"奏议宜雅，书论宜理，铭诔尚实"（《典论·论文》），就是指公文的语言风格。现代记叙类公文的语言要求明白晓畅，质朴无华；论说类公文的语言要求清晰严密，庄重有力；抒发类公文的语言要求挚切深沉，刚柔相济。倘有乖违，就被视为"失体"。

合"道体"。韩愈说："文以载道。"所谓"道体"即公文思想内容的社会体统。章学诚说："凡为古文辞者，必先识古人大体，而文辞工拙又其次焉"（清·章学诚《文史通义》）。公文合体律不但指公文要合文体，合语体，更为重要的是合道体，合大体。一个国家、一个民族、一个阶级，在一定历史时期都有反映其根本利益的政治态度、思想观念和道德规范。韩愈倡言力行的古文要符合儒家的道体；当代中国的公文，则要符合辩证法和唯物史观的真理标准，符合宪法、法律和法规制度，符合以社会主义精神文明为主体的道德规范，符合改革开放、富国强民的时代精神，符合国家统一、和平发展的历史潮流。否则，就被视为"失大体"。

二、公文的外部规律

公文的外部规律指公文本体和公文主体之间，公文本体和公文客体之间的外在必然联系。公文，作为精神产品、信息媒介、审美对象，在公文处理流程中，始终离不开领导者、写作者和执行者。公文，作为认识世界的成果和改造世界的工具，既从实践中来，又到实践中去，永远活动在自然、社会和思维领域中。把公文运动当做一个开放系统来研究，立足"人"和"物"的大视野去考察公文，就会发现：公文的外部规律比公文的内部规律更加复杂，更为丰富。举其大要，至少有四条：

（一）"言之有物"的称物律

称物律是对公文来源于客观事物的本质联系的概括。"言之有物"被公认为中国公文的优良传统之一。陆机在《文赋》里很早从反面提出了"意不称物"的问题。毛泽东在《反对党八股》里则从正面指出"文章是客观事物的反映"，确立了关于公文本原的唯物主义命题。公文这个意识形态，不是超然物外和凭空杜撰的，而是客观事物在公文作者头脑中的真实反映。客观事物包括自然、社会、思维三大领域。没有反映对象——"物"的存在，就不会有关于自然科学、社会科学和思维科学的公文。

客观事物又分现象与本质、外形与内涵两个层次。公文反映客观事物的方式和要求，与文学的艺术虚构、典型塑造和审美把握有所不同，公文反映客观事物既要有本质和内涵的真实性，又要有现象和外形的真实性，既要体现历史的必然性，又要具备客观的实在性。"千古文章，传真不传伪"（《礼记·乐记》）。我们应该看到公文"称物"的特殊规定性。"称物"指"心物相称"，比"言之有物"更进一步。挚虞说："文章者……以究万物之宜者也"（晋·挚虞《文章流别论》）。

"称物"不但要求公文内容符合客观事物，而且要求公文形式符合客观事物。它表现在六个方面：第一，公文的材料要来自实际。不论写人、记事、描景、说物，都要从客观世界中取材，概莫能外。第二，公文的主题要切合实际。公文中的思想是否正确、纯厚、深透、新颖，检验的唯一标准是社会实践。第三，公文的情境要吻合实际。刘勰说："情以物兴。"不管是叙事抒情、描景寄情、托物寓情，抑或说理传情，都不过是客观事物在公文作者心灵中的折射。第四，公文的体式要顺应实际。"其为物也多姿，其为体也屡迁"（晋·陆机《文赋》）。"体以代变"（明·胡应麟语），随物赋体，乃为文法则。第五，公文的思路要源于实际。公文思路是否贯通，根本要看它是否合乎客观事理的逻辑。完美的公文思路都是客观事物的规律性、条理性经过思维加工后在语言文字上的体现。第六，公文的语言要表现实际。词语具有指物性，与文学多采用非指称性语言不同，公文主要使用指称性语言，它要求准确地描绘和概括客观事物的外形和内质。就像马克思的著作那样："每一个字都是一支必中的箭"（李卜克内西语）。充分认识公文诸要素的客观性，将使我们在公文写作与处理中真正坚持唯物主义。

（二）"物心化一"的达意律

达意律是对公文表达作者情意的必然联系的概括。公文是"物心化一"的产物，它反映出来的客观事物并非实在之物，而是灌注了公文作者价值观念的、以文字为代码的意识形态。公文的本质在于给出思想。《尚书·尧典》的"言志"说，司马迁的"发愤著书"说，陆机的"缘情"说，刘勰的"为情造文"说，夏丏尊、叶圣陶的"文心"说，一脉相承，都在说明"文章是抒述作者意思、情感的东西"（《国文百八课·文话一》）。公文给出的"思想"在于可以理解和实践的思想体系。

公文的"达意"，包含两层意思：一是"文能逮意"，做到准确鲜明。欧阳建说："言称接而情志畅"（晋·欧阳建《言尽意论》）。陆机认为"文之为用"，可以"恢万里而无阂，通亿载而为津"，"涂无远而不弥，理无微而弗纶"（晋·陆机《文赋》），任何广远的时空和微妙的道理，无不可以用言辞加以表达。二是"言不尽意"，做到含蓄蕴藉。言和意之间存在着差别和矛盾，公文作者追求"文约意丰"，让受文者能挖掘出"丰富内涵"。公文和文学在"达意"上都需要"鲜明和含蓄兼备"，但公文"以理胜"，表意贵显，且规定性强，不容歧义；而文学"以情胜"，寓意贵隐，且意象性强，允许多义。

达意律不单指公文内容必然表达公文作者的意图，还要求公文形式和公文作者意图密合无间。它表现在三个方面：一是文体跟随公文作者意图；二是结构依从公文作者意图；三是语言固定公文作者意图。公文中那些有条有理组织严密的语言，实际上不过是公文作者头脑里那些有条有理组织严密的思想的外在表现。全面了解公文诸要素的主观性，使我们在公文制发中充分发挥公文作者的创造力。

（三）"有的放矢"的适读律

适读律是对公文适应受文者需要的必然趋势的概括。凡是公文，都预想得到受文者理解、支持，并付诸行动。每一篇主题明确的公文背后，都站着一位或一群在特定环境中生活、有着特定需要的领导者、写作者、执行者。他们或隐或显，或少或多地参与和推动了写作，完成和再造了公文。因为有了他们，公文才成为公务活动的工具，才产生了社会的价值。看准对象，有的放矢，应视为公文的本质属性之一。适读律就是指公文对受文者的适应性。它包括公文的针对性和审美性两重含义，专门解决公文为什么人服务的问题，体现着公文的服务方向和制发者的群众观点。

公文是针对受文者的，制发者要处处为受文者着想。首先，在态度上尊重受文者的地位。要相信受文者的智慧，以平等的态度、商量的口吻和受文者交心，字里行间流淌着诚挚的友谊。其次，在内容上满足受文者的愿望。所写的正是受文者想得到的，受文者渴求的，突出强化；受文者熟知的，回避淡化；受文者反感的，坚决舍弃。最后，在方法上吻合受文者的心理。要设身处地，把握情境，所写的正中下怀，搔到痒处，不让受文者感到有隔膜。公文针对性越强，效能越高。

公文是服务受文者的，写作过程中要时时为受文者着想。动笔之前，考虑面向的受文者属哪个层次，其知识、经验、思想、技能素养如何，预防造成读写断裂。动笔之中，考虑主题的选定、结构的布局、思路的展开、语体的配置、技法的运用等是否易于或乐于被受文者接受等问题。完稿之后，还要多看看，多改改，竭力将可有可无的字、句、段删去，毫不可惜。公文有许多社会规范，诸如真实、充实、有益、明晰、连贯、合体、畅达、生动、通俗、简洁，等等，说到底，都是为了增加审美性。公文对受文者的适应性不只是迎合受文者现有的接受水平，还要保持适当高度，有意去提高读者的鉴赏能力。辩证地理解公文的适读律，必将强化受文者的"公文意识"，同时也必将增进受文者对公文作者的制约和推动作用。

（四）"文为世用"的致用律

致用律是对公文作用于社会实践的必然联系的概括。公文学史上历来强调公文的社会功能，如王充的"有补于世"说，曹丕的"经国大业"说，王安石的"适用为本"说，顾炎武的"有益天下"说等。公文诉诸受文者，其目的无非是交流认识、处理事务和解决实际问题。公文的功能是凭借公文作者赋予的职能在传播过程中依靠受文者创造性的阐发和应用才实现的。公文的制发必以社会为起点，又必以社会为归宿。公文回归社会与否，直接决定其价值的有无。王充强调"为世用者，百篇无害，不为世用者，一章无补"，就是在肯定"文为世用"的必然性。如果说"称物律"是讲公文认识世界的本性，那么"致用律"就是讲公文改造世界的功能。

公文作用于社会的效能与文学有所不同。公文是靠传递实在信息直接地为社会服务的，而不像文学那样靠虚拟信息间接地为社会服务；公文是公务活动的工具，旨在实用，而不像文学那样作为社会感化的手段，重在审美。与古代公文实用、审美一身二任不同，现代公文的本质特点是大众化、实用化。它面向社会，交流信息，讲究直观性、书面性和时效性，形式不追求独立的审美价值，而是为了加强实用。按照毛泽东关于"本质是事物的主要矛盾和主要矛盾方面"的哲理，公文与社会的本质联系主要不是审美关系，而是认知、实用关系。我们把公文看做社会管理的工具、信息传播的媒体、行政工作的手段，意在指明公文对社会实践的巨大作用。认识"致用律"将使我们在公文传播中最大限度地发挥其服务社会的功能。

由上可知，称物律和致用律揭示了公文本体与事物客体的必然联系，达意律和适读律揭示了公文本体与公文作者、受文者的必然联系，构成了"事物—写作者—公文—受文者—事物"的循环上升的公文运动。

第四节 公文的思维方式

由于公文具有鲜明的政治性、高度的政策性、法定的权威性和办理的时效性，因而公文写作在思维方式上也有其独特性，必须把抽象思维、程式思维、系统思维、辩证思维、综合思维贯穿于公文写作的整个过程。

一、抽象思维——公文反映事物客观规律的有效方法

抽象思维即运用概念、判断、推理揭示事物的内在联系，反映事物客观规律的思维方法。在公文写作过程中，公文作者的逻辑思维的运动形式是：由概念到判断，由判断发展到推理，在推理中又产生新的概念和判断，如此反复循环，使人的认识不断提高和深化。常用的逻辑思维方式有以下几种：（1）分析和综合。分析是把整体分解为部分，把复杂事物分解为简单要素，把历史过程分解为片断，把动态凝固为静态来研究的一种逻辑方法。综合是将分析后的各个成分重新组合成整体，动态地考察对象的一种逻辑方法。分析和综合的方法反映了事物整体与部分之间的关系，这两种方法常常在公文的写作与处理中交互运用。（2）归纳和演绎。归纳是根据一般存在于个别之中的原理，由个别事物的已知知识推知这类事物本质和规律的逻辑方法。归纳法主要有完全归纳和不完全归纳两种。演绎是根据个别与一般相联系而存在的原理，由已知的某类事物的一般知识推知同类个别事物的本质和规律的逻辑方法。公文演绎推理的基本方式是三段式，它由大前提、小前提和结论三部分组成。（3）比较与分类。比较是确定和认识对象之间的相同点和相异点的方法。分类是根据对象的异同点，对事物进行类别区分的方法。公文运用分类法必须确立统一的科学的标准，否则就不能得出正确的结论。（4）类比和假设。类比是根据两个或两类事物有许多相同或相似属性的原理，推出它们其他属性也相同或相似的逻辑方法。假设是根据已有的知识，对某种现象发生发展的原因假定推测的逻辑方法。以上这些方法，应根据公文写作的具体情况有机地结合使用。通过对搜集来的错综复杂的材料进行"去粗取精、去伪存真、由此及彼、由表及里"的反复比较和周密的分析研究、筛选和概括，以

确认材料的价值和在各部分的使用情况,在具体的公文表达中,无论公文主题、行文依据、行文目的或意义、公务活动的事项,还是问题、对策、执行要求等等,均以概述、概括说明或简要议论的形式出现,基本要求都是概念要明确、判断要恰当、推理要合乎逻辑,这些都体现了抽象思维的特征。

二、程式思维——公文表达意图的习惯思维方式

以程式思维为基础,规范公文格式。这里所说的程式思维,是指公文作者在起草公文过程中,总是借助于特定文种的既定格式,来体现相应的公文主题,传达发文机关意图的一种思维方式或思维习惯。这种情况在公文写作过程中极为常见。虽然公文写作也要求有独到见解,但那是在内容方面,主要指公文主题,解决问题的具体对策、措施等,而在公文的形式,尤其是格式上,为了提高办公效率,则不要求标新立异,更多的是按照既定模式展开。如许多公文文种的开头,一般都要求写行文根据、目的或意义;主体部分用来叙述基本事实,或阐明性质意义,或提出措施、要求等;结尾部分则是执行要求或期望请求等。不仅如此,许多公文的表达方式和语言也有既定的模式。如开头和正文部分一般只用叙述、说明、议论三种表达方式,其中,开头为简要说明;中间部分多为概叙、概要说明或简单议论;结尾处惯用"敬请批复"、"特此函复"、"请认真贯彻落实"、"妥否,请批复"等约定俗成的套语收尾,目的就是为了保持公文形式上的稳定性和规范性,使公文能以最清晰、最简洁、最便于阅读和理解的面目出现,为贯彻执行提供便利。相反,如果不按照这种既定模式来写作,总是标新立异,反而会为公文的理解、落实带来麻烦。可见,运用程式思维进行公文写作是十分重要和必要的。

三、系统思维——公文写作过程中内在思路的"路线"

以系统思维为保障,调控公文主线。系统思维是指以系统论为思维基本模式的思维形态。它本质上是一种全局性思维,总是从事物的整体出发,思维程序是整体——部分——整体,而整体并不等于部分的简单相加,部分与部分之间最合理的组合才会产生最大的整体效应。系统思维的目标就是要追求这种最大的整体效应。公文主线是指公文内在的思路或思维活动的"路线",其作用是对公文内容进行统筹组织与安排,以使其表达清楚,因而有序号的公文在主线的掌控上是相当讲究的。首先,思路必须完整。公文必须是完整的统一体,首尾要圆合,中心线索要连贯,过渡照应要清楚,既没有顾此失彼、残缺不全的情况,也不能有缺头少尾、七零八落的弊端。其次,结构要严谨。结构要周密,无懈可击,而绝无漏洞和颠三倒四的毛病。最后,行文要自然。要行文自如,顺理成章,浑然天

成，没有人工雕琢的痕迹。要达到这种完美的境界，显然又必须运用系统思维。只有运用系统思维，才能将诸多要素进行统筹安排，形成强大的整体功能，并发挥整体效力。抛开系统思维，即使此句、此段落写得再精准、再美妙也无济于事。只有运用系统思维，统摄全篇，把整体的综合性作为起点，让各构成要素有机结合，才能调控好公文主线，写出高质量的公文。

四、辩证思维——公文主题形成与确立的"灵魂"

以辩证思维为灵魂，确立公文主题。辩证思维是指思维主体在思维过程中，以联系的、发展的、矛盾运动的观点去考察和认识事物，以避免得出机械、静止、片面性结论的一种思维方式。辩证思维不仅是人们探求客观世界奥秘和规律的钥匙，也是我们正确认识公务活动和确立公文主题，使公文发挥应有的指挥、协调或指导作用的重要思维工具。可以说，没有辩证思维，就不会有对公务活动本质的、完整的、规律性的认识，也就不会确立具有前瞻性和指导意义的公文主题。辩证地看待问题及具体问题具体分析这一要求，不仅体现在几乎所有公文主题的形成和确立上，更体现在公文主题的揭示和表达上。如许多公文在肯定某种先进经验时，总要提出不要"一哄而上"，不要搞"一刀切"，各地可根据实际情况，因地制宜地贯彻落实等，这些都是辩证思维的体现。辩证思维的另一优势是用发展的观点来看待事物，不会根据过去、现在的一些规律来推测未来的发展趋势。这对于诸如计划、总结以及调研报告等公文的写作尤为重要。可以说，离开了辩证思维，就不会有正确的公文主题，也就没有了公文的统帅、灵魂与价值。

五、综合思维——公文观察分析问题的立体视野

综合思维就是全面的、客观的、辩证的考虑问题的思维方式。强调全面、细致、多角度的观察、分析，并且将从各个角度考虑后得出的结论加以融合、提炼，从而形成一个充分的、考虑周全的结论、观点。公文写作要对全局性、长期性、根本性的重大问题进行策划与指导。对重大现实问题的研究和解决所应具备的思维能力、思维方式和思维方法，是领导者在进行战略谋划时所特有的思维方式、思维理念和思维活动的总和。可见，全局性、长远性、根本性、预见性是综合思维的最基本特征。综合思维要善于系统地思考问题，把认识对象作为系统，从系统和要素、要素和要素、系统和环境的相互联系、相互作用中综合地考察认识事物。世界上没有任何事物是平面的，实际上都是立体的，左右是并列关系，上下是层级关系，前后是递进关系。因此，公文写作还要善于立体地观察问题，善于左右分类别看问题、上下分层次看问题、前后分环节看问题。如此一来，思

维就能发散开去，就能把点变成线，把线变成面，把面变成立体的东西。

在公文写作活动的过程中，公文作者要善于通过综合思维，在原有思维的基础上组合出新的思维形式，这就是我们常说的创造性思维。创造性思维具有全新性、随机性、多样性和潜在性等特点，是各种不同的思维方式在具体条件下的综合运用。它要求将各种思维方法同特定的任务与环境视为一个整体，并根据实际需要灵活运用，并特别强调思维结构的总体功能。创造性思维主要有五种方式：(1) 发散思维，又叫"头脑风暴法"，即以问题为中心，运用想象、联想、推理等各种思维方式，发现和提出与问题有关的各种因素，广泛地探索解决问题的可能性。(2) 收束思维，在发散思维的基础上，通过比较、概括、抽象等方法将发散思维的结果进行分析综合，提出解决问题的观点与方案。(3) 递进思维，即沿着思维的某一方向不断发掘与深化的思维方式。(4) 反向思维，是向常规的思维路线相反的方向去扩散的思维方式。(5) 聚合思维，是一种运用多种思维方法进行综合性思考的思维方式。

当然，这些只是公文写作中几种主要的思维方式。它们之间也并不是彼此孤立的，而是相互交织、相互作用，共同完成整个公文写作过程的。

第五节 公文的美学价值

中国是一个富有审美传统的文明古国，在每个历史时期，审美的观念和创造都以其特定的内容、形式、方法和途径渗透到社会生活的各个领域，公文也不例外。公文是社会公务活动中用以传达、交流信息的一种特定的文字记载形式，由于公文的产生直接与阶级、社会、国家有关，因此人们历来多注重其政治特性而忽略其审美特性。然而，当我们以更加开阔的视野来审视古今公文时，可以看到在征战、外交、祭祀、惩戒、赏赐、管理等社会政治活动的背后还有一个五彩缤纷的审美境界。

一、公文具有审美性

美，是一个外延极为宽泛的概念。美是事物（物质的或精神的、自然的或人为的、具象的或抽象的、现实的或理想的……）能唤起审美主体某种"赏心悦目的快感"的固有品质，"是主客观在客观基础上的统一"（[苏联] 图加林诺夫）。凡是具有唤起审美主体某种"赏心悦目的快感"品质的事物都可能成为审美的对象。美，是一个博大无比的世界。在这个世界中自然包括公文美。把公文排斥于审美对象之外，是不符合事实、不合情理的。

公文审美有两层含义：一是指公文能从审美角度判定事物，能以直觉的情绪的方式告诉读者什么是美的，什么是丑的，也就是说，公文能反映美与丑的形象及其本质，具有对客观事物进行审美判断的功能。二是指公文本身是美的，有情韵、有趣味、有美的形式，令人感到美满舒适，受到审美陶冶，获得审美享受，即有审美价值。

公文是实用文体，以对事物作出真假善恶判断为主要任务，同时也伴随着审美判断。人们在实践中，在认识真假善恶、改造世界、获得利益的同时，也能动地、现实地呈现自己的本质力量——创造美。人也能从自己所创造的世界中通过感觉直接观照这一本质力量，肯定这一本质力量，引起由衷的喜悦，从而获得美感。美感是作为实践主体的人对自己本质力量的观照。美丑意识，与真假意识、善恶意识同时贯彻于人的实践中，所以宣传客观真理和正义道德的公文，不可能不具有审美功能和审美价值。研究公文现象，不明白这一点，就会囿于就事论事的困境，有时甚至会使公文理论与公文写作实践脱节。认识并重视公文的审美功能、审美价值，是为了在公文写作过程中更自觉地开阔思路，使公文的内容更充实，表达更完美；也为了在公文阅读过程中更自觉地调动感知方式与思维方式，对公文的体会更精确，更有兴致。

公文是否具有审美性？这是一个颇具争议的问题。有人认为，美具有感人的形象（丁枫、李长庆、孙占国《马克思主义审美观》，吉林人民出版社1984年版）。这就把一切不具"感人的形象"的事物都排除在审美对象之外。公文大多数都不具有完整的形象，古今美学研究界绝少有人把公文纳入美学研究的对象之中，大概与此有关。也有人认为，公文的审美性主要是从形式方面来说的，语言的音乐性和语言的形象性以及公文文体的建筑美，就构成了公文审美性的基本内容。这种观点片面而有害，也有碍人们对公文作者美学追求的全面探讨。

与上述观点相左的看法是："文章鉴赏的内容是多方面的。总体来说，不外乎文章的思想内容和表现形式两个方面"（张寿康主编《文章学概论》，山东教育出版社1983年版）。这就是说，公文的审美性既表现在形式方面，也表现在内容方面。

公文内容具有审美性，毋庸置疑。因为它是公文作者审美的结晶。这个结晶是客观事物和主观情思的统一体。作为公文美创造主体的公文作者，首先是一位生活美的审美主体。公文中反映的客观事物是公文作者在一定的审美标准影响下从生活源泉中摄取而来的，公文反映的客观事物或是真的、善的、美的，或是假的、恶的、丑的，本身就具审美性。作为公文内容另一组成部分的主观情思，是公文作者在对客观事物进行审美的过程中孕生的，或者认美为美、认丑为丑，爱所当爱、恨所当恨；或者认美为丑、认丑为美，恨不当恨、爱不当爱。这就是说，公文反映的主观情思，也有真善美与假恶丑之分，本身就具审美性。公文内容的两大组成部分都具有审美性，两大部分的结合体自然更具有审美性。如果两者都美并且水乳交融，那么公文内容总体就是美的；如果主观情思是美的，客观事物是丑的，但在前者的统治下双方实现了对立统一，那公文内容总体也是美的。

二、增强公文作者美学追求自觉

在漫长的发展过程中，公文审美性正在逐渐成为衡量公文价值的一个重要标准。党和国家领导人对此做过很多精辟论述，如毛泽东在《工作方法六十条（草案）》中所说"文章和文件都应当具有这样三种性质，准确性、鲜明性、生动性"，高度概括了公文审美性的特征，具有指导意义。相关法律、法规、规章、规范性文件也作出若干规定，如"内容简洁、主题突出、观点鲜明、结构严谨、表述准确、文字精炼"（《党政机关公文处理工作条例》第十九条），对公文审美性提出具体要求，可操作性很强。一些学者也进行过比较深入的理论探讨，例如，苗枫林曾阐述评价公文文采要坚持"构思高巧、不落俗套、情理动人，具有政治上的感染力，用词准确简练，读、阅、听都给人以美感，使用的材料经过严格挑选，以史喻策、以理喻策、以事喻策，具有动员性"的四条标准颇有见地。蔡义初以李斯《谏逐客书》、司马相如《谕巴蜀檄》、曹植《求自试表》为例，分析古代优秀公文的情理交融、结构严谨、音韵和谐，具有审美价值，为公文审美性提供了范例。

那么，我们为什么要提高公文审美性？主要缘由有如下三点：

第一，它是发挥公文作用的必要前提。公文是管理国家的"重器"，具有规范、组织、协调、宣传、凭据的作用，审美性直接关系到公文作用的发挥。对发文机关来说，不能简单地认为在公文中讲清为什么、做什么、怎么办就可以了，应当从提高公文的表达效果出发，认真提炼主题、选择材料，并安排适宜的结构，使用恰当的表达方式，运用精练的语言予以表现，使其具有吸引力，对收文机关和人民群众来说，读后感到公文管用、好看，从理解、赞同继而产生贯彻落实的热望。因此，审美性强是充分发挥公文作用，进而达到公文目的的一个重要途径。以中共中央2012年"三农"工作"一号文件"《关于加快推进农业科技创新持续增强农产品供给保障能力的若干意见》为例，该文围绕"保障农产品有效供给"这个中心任务，以"加快推进农业科技创新"为主题，提出"三强三保"的总体思路，明确"三个持续加大"的投入要求，出台提升农技推广服务能力的"三大政策"，观点鲜明，政策对头，措施得力，语言简练，是新时期指导"三农"工作的一个纲领性文件，有很强的激励作用。

第二，它是提高公文质量的重要保证。近年来公文质量总体呈上升趋势，但同时也存在一些不足，审美性弱就是一个不可忽视的问题。有的领导和公文作者对审美性缺乏正确的认识，认为公文属于例行公事，写出来、发下去、看得懂并照此办理即可，审美性强弱无关紧要。因而有些公文板着面孔发号施令，关起门来纸上谈兵，不重章法，不讲修辞，导致公文质量低下。这样的公文，受文者不爱看，也不愿执行。国务院办公厅多次强调，"提高文件质量"，要求"注重针对性、指导性和可操作性"，做到"意尽文止，条理清楚，文字精练"，其中多涉及审美性。审美性与公文质量密切相关，应当根据特定的拟稿任务及要求在内容和形式上精心安排，写出质量上乘的公文。

第三，它是改进公文文风的有效措施。党的十八大提出了大力整治文风的重要任务，由于公文特殊的功用，改进公文文风就成为整治文风的"重头戏"。审美性是评价公文文风的主要标尺之一，也是改进公文文风的一个突破口。时下公文中短话长说的情形并不鲜见，例如添枝加叶、拖泥带水，长度有余而力度不足等，让人不堪卒读，公文必须本着精简、高效的原则，力求篇幅短小，内容精要，文笔简练。同时照搬照抄、套话连篇的现象也不少，例如无病呻吟，不关痛痒，看似冠冕堂皇，实则毫无用处，令人感到"官腔"十足而味同嚼蜡。公文要有的放矢，突出特色，注重实效。一些公文有时出现夸大其词、言不由衷的问题，例如掩盖事实真相、回避矛盾和问题等，使人难以置信。公文应当在尊重事实的前提下用真诚感动受文者，用真话取信受文者。

三、努力提高公文的审美性

为此，我们要努力提高公文的审美性。如何做到让公文具有审美性呢？

（一）确定正确的公文审美目标

首先，坚持内容美与形式美相统一的原则。文本的内容美与形式美之间是一种主从关系，失去内容美就失去了文本美的灵魂。然而形式美也不是可有可无的。有人说，一篇公文，只要具有明确的主题，提出切实可行的工作措施，形式不那么完美，也不失其为一篇有价值的公文。我们不能说这种观点是错误的，然而我们相信受文者同时希望这篇公文的形式也完美。例如一个人单有美的灵魂而缺少与之相应的美的肉体，总不免让人感到遗憾。如果在内容美与形式美相统一的原则指导下确定追求的目标，那么追求公文美才有可能到达理想的彼岸。

其次，坚持公文美与生活美相统一的原则。公文美是公文作者创造的，但这种创造是对生活美的发现和展示，与文学创作中的"更高，更强烈，更有集中性，更典型，更理想，因此就更带普遍性"（毛泽东《在延安文艺座谈会上的讲话》）的文学生活美的塑造有着根本区别。后者创造的美源于生活美，高于生活美，前者创造的美源于生活美，精于生活美。公文中的事像是生活中本来的事，公文的逻辑是生活中固有的逻辑，公文的思想是公文作者自身的思想，公文的情感是公文作者心底的情感，公文的结构是客观生活运动过程和主观思维活动轨迹的辩证统一。生活美是公文美的根，公文美是生活美的果。只有在公文美与生活美相统一的原则指导下确定追求的目标，对公文美的追求才是实在的、有效的。

（二）坚持"文"与"道"的完美结合

尽管"文以载道"是古代写作的一种主流意识，但在公文写作尚未成熟之时，还没有形成一整套具有指导意义的科学规范的理论体系，因而从文字触觉到精神生态，人类的本质特征势必会在公文写作中显现出来。从很多公文中可以看出古人十分注重人的精神体验，在写作中优美的文采下总是潜藏着深刻的思想种子，他们把形而上的追求融入他们的文章之中，体现了"文"与"道"的完美结合。

《谏逐客书》（《史记·李斯列传》）是一篇著名的奏议公文。李斯在申述政治主张的过程中，抓住秦王急于一统天下的心理，高处立论，阔处行文，采用大开大阖的手法，由回顾历史写到眼前无可辩驳的典型事例，分析了"纳客"与"逐客"的不同后果，使秦王受到极大震动。该篇奏疏不惜笔墨极力铺陈，排比句接二连三，对偶句交相迭出，语句铿锵，抑扬起伏，显示出汉语独特的音乐节奏感，营造了一种浓郁的艺术氛围。李斯在慷慨陈词时，正反并用，利害对举，反复对比，透彻说理中既含有善意的讽刺，又不乏替秦王成就帝业的焦虑，最后李斯痛心疾首地指出"不问可否，不论曲直，非秦者去，为客者逐"是不明智之举，字字句句都回旋着深沉的忧郁和强烈的政治抱负感。作者的耿耿忠心和精神境界使秦王不能不为其感动。这篇公文既具有诸子散文的智慧巧言，又表现了纵横家的论辩气势，创造了一种开阔高远的政治家的气势和优雅绝妙的公文审美意境，艺术的永恒性和人类的精神追求在这里得到完美的体现。

唐初骆宾王的《代李敬业传檄天下文》（《新唐书·文艺列传》）一向被称为檄文之极品。"檄"是古代军事文告的一种公文文体，主要用于声讨和征伐前通知对方。为了达到讨伐武则天的政治目的，骆宾王怀着满腔义愤历数武则天的种种罪行，将李敬业起兵之正义和威武之盛的感情渲染到极致，向天下人晓之以理，动之以情，文章气势磅礴，语句畅达。作者疾恶如仇的大无畏精神和妙笔生花的文章交相辉映，体现了形而上的艺术审美理念和远大的政治抱负。"一抔之土未干，六尺之孤安在？""试看今日之域中，竟是谁家之天下？"这些脍炙人口的词句，以其形式的质感美、文字的造型美和情绪的激励美，给人以心灵的震撼。正是作者以个人的精神追求和心理体验为动因，才写出了如此之美文。

从文学鉴赏的角度审视古代公文，由于人的情感本性与认识本性是无法割断和对立的，尤其是在文化理想与现实政治冲突之时，个体存在与社会存在产生分裂之时，个人的情感体验与思想认识势必要寻求倾诉的渠道，因此，在公文中张扬个性，用心灵感受政治，以忧患意识、批判精神和英雄气概以及酣畅淋漓的饱满情感进行写作，不仅是最佳的表达方式，而且体现了政治与生命之间巨大的张力，亦为古人审美意识觉醒之必然。对比今天在公文写作中存在的套式化、绝对化、陈词滥调、弄虚作假等不良倾向，这一历史公文杰作应对我们有所启发。

（三）真正以读者为中心

既然公文审美性的着眼点在于适合受文者阅读，发文机关就要树立强烈的受文者意识，真正以受文者为中心，贴近受文者，吸引受文者，这也是"以人为本"理念在公文中的重要体现。罗伯特·根宁公式评价新闻审美性标准之一，就是新闻中含人情味成分越多，其审美性越大。这一观点也适合于公文，坚持受文者至上就能去掉公文中的"官气"，产生亲和力。具体说来，要做到三点：一是明确受文者对象。先要确定由谁来读，是那些收文机关，还是人民群众；二是了解受文者需求。要针对收文机关必须完成的工作或亟待解决的问题以及与人民群众利益密切相关的问题发文，让受文者知道为什么读，读了有什么用；三是满足受文者审美。要根据受文者的阅读兴趣、审美习惯等调动必要的手段，使受文者觉得好读。

（四）注重现实工作的实际效果

公文缘"事"而发，受文者因"事"而读，目的在于解决问题，如同邓小平《在全军政治工作会议上的讲话》（1978年6月2日《邓小平文选》（第二卷）中所强调，我们开会、做报告、做决议以及做任何工作，都为的是解决问题。可以说，解决问题是公文审美性的本质意义。要想解决问题，一方面应当做到把求真务实贯彻到公文处理的各个环节，做到真抓实干。其中，抓是前提，必须真抓，抓得准，抓得牢。干是核心，必须实干，干得扎实，干得漂亮。大体说来，要深入基层调查研究，摸清情况，找准问题，问计于民，为解决问题提供直接依据，在公文中正视问题，抓住主要矛盾和关键环节，作出正确决策，提出切实可行的措施和方法，不能做敷衍虚浮的表面文章，更不能搞劳民伤财的"形象工程"。这样的公文才能让受文者感到用得上。另一方面必须在落实上狠下功夫，强化落实力。这里借用近年来管理学等领域常说的"落实力"来强调公文的效果，真抓实干重在落实，归根到底是看问题能否得到解决，如果单靠以公文来落实公文难免脱离实际，再好的公文有时也会落空，因此要把公文纸上写的变成具体行动和实际效果，这就需要抓紧实施公文，收文机关立即承办、及时催办、按期办结、认真答复。发文机关也要做必要的检查，搜集和分析收文机关和人民群众的反馈情况，对公文效果作出评估，让受文者看到公文的实际作用。

（五）与社会管理创新相适应

在新的历史条件下，公文要与社会管理创新相适应，坚持继承和创新相结合，大胆改革，以崭新的面貌呈现给读者。一方面，解放思想，发扬开拓精神。开拓是从无到有、由小及大、自低至高的开辟和拓展，需要志向、勇气和能力。所以，要摒弃因循守旧、故步自封的观念，拓宽视野，积极探索，开创新局面。另一方面，锐意进取，增强创造力。公文处理是一种创造性的实践活动，需要很强的创造力。要做到以下两点：一是力求新颖。要与时俱进，体现捕捉的敏锐性、分析的透辟性和推断的前瞻性，务求观念更新、材料出新、语言清新。2011年以来，微博公文势头迅猛，以透明、简短、快捷、互动、亲切等特点引起社会上广泛关注，在公务信息公开、新闻舆论引导、倾听民众呼声、树立组织形象等方面起了积极作用，令人耳目一新。二是贵在独创。陈言套话的公文令人生厌，应当着力彰显个性。只有结合本国、本地区、本单位的实际，发现新问题、亮出新观点、采取新做法、总结新经验，才能独具魅力。

现实生活中，公文审美价值未能受到足够重视，这在很大程度上影响了公文的审美性，可见提高审美力十分必要。公文审美也受到对公文美感的鉴别、欣赏和创造能力、生理基础、心理素质、文化素养、社会环境、生活经历等因素的制约，因此要全面提高公文审美能力，还要采取多种形式开展公文审美教育。尤应抓好两个方面工作：一是培训公文写作者，使其树立正确的审美观，能洞察公务活动中各种美感并运用写作技巧予以昭显；二是指导公文受文者，通过宣讲重要公文、出版公文范文选、举办优秀公文展览等形式，让广大读者享受公文的实用美与艺术美，从而达到公文审美性的至高境界。

第八章 中国公文写作方法

公文写作与每一个机关事业单位工作人员息息相关，可以说，具备较强的公文写作能力，是每一个机关事业单位工作人员的基本素质要求。当前，各级各部门都十分缺乏优秀的公文写作人员，重视公文写作工作，加强公文写作工作，提高公文写作能力，对于党政机关尤其年轻干部来说，具有更加积极的作用。

本章根据党政机关公文的写作实际，重点介绍规范性公文、法规与规章性公文、事务性公文、专用性公文的写作方法。

第一节 规范性公文写作

规范性文件，俗称"红头文件"，概念有广义和狭义之分。广义的规范性公文，指所有机关依法制定的具有普遍约束力的决定、决议、意见、制度、规定、办法等文件，包括法规与规章性公文在内。狭义的规范性公文，是指法律、法规与规章性公文之外的具有规范体式的公文的总称，是党政机关在工作过程中形成的具有法定效力或特定效力的公务文书，是依法行政和进行公务活动的重要工具。换句话说，就是党政机关为执行法律、法规和规章，对社会实施管理，规范公民、法人和其他组织行为，制定的具有普遍约束力、可反复适用的、具有一定规范体式的文件。本书所指规范性公文为狭义的规范性公文。

随着社会主义市场经济体制的建立、依法治国方略的实施，我国各级党政机关管理活动逐步从单一的行政手段为主，向经济、法律和行政手段并用转变，向市场监管、公共服务转变。相对来说，为处理一时一事而制发的普通公文在逐步减少，而具有约束和规范人们行为性质的规范性公文正日益发挥着重要作用。正如我国资深法学家指出，"分析我国目前行政管理的现实，我们不得不正视这样一个基本的事实，在国家行政管理活动中，规章以下的行政规范性文件占据十分重要的地位。由于我国行政管理的法制化建设还处于初建阶段，要使国家行政管理完全走上法制化的轨道尚需时日。在相当长的一段时期内，在国家行政管理活动中，规章以下的行政规范性文件将继续发挥重要的作用。"

2012年4月16日，中共中央办公厅、国务院办公厅印发《党政机关公文处理工作条例》，成为党政公文处理的新法规，目前党政机关公文处理工作，必须以此为规范。在这之前，党政机关公文分别由《中国共产党机关公文处理条例》（1996年5月3日发布）和《国家行政机关公文处理办法》（2000年8月24日发布）进行规范。现在党政机关的规范性公文就是指新《条例》中规定的公文文种。

规范性公文是党政机关、企事业单位、群众团体处理公务的工具，各种不同的机关、团体受其职能、权限等因素的影响，其公文的格式设计、运作程序会有所不同，但由于《党政机关公文处理工作条例》属于法规性公文，其约束力涉及社会不同机关、不同系统、不同领域，也都需要遵照执行或参照执行。

一、规范性公文的性质

这里所讲的规范性公文与非规范公文相比较，其突出特性是：工具性、公务性和程式性。

（一）工具性

规范性公文是各级各类机关、企事业单位、社会团体实施管理、组织运行的工具，如发布政令、部署工作、沟通情况、报告请示等，都离不开规范性公文。没有不接触规范性公文的工作人员，也没有不使用规范性公文的党政首脑，各行各业的工作都要求规范化、制度化。因此，新《条例》明确指出："党政机关公文是党政机关实施领导、履行职能、处理公务的具有特定效力和规范体式的公文，是传达贯彻党和国家方针政策，公布法规和规章，指导、布置和商洽工作，请示和答复问题，报告、通报和交流情况等的重要工具。"

规范性公文是机关工作的工具。上级机关下发的规范性公文，对下级机关具有行政约束力。一个命令发出，有关下级必须执行；一个决定下达，有关下级就要贯彻；一个通知下来，有关下级就要照办。同样，下级机关上报的公文，对上级机关来说也具有某种行政约束力。因为国家对每一级机关不仅赋予了一定的职能和权限，同时也规定了一定的义务。下级的请示，上级机关有责任和义务给予批复；下级的报告，上级机关有责任和义务予以审阅，而且这类公文往往是上级机关作出正确决策的依据。

（二）公务性

规范性公文是在公务活动中形成并使用的，离开了公务活动，就不称其为规范性公文。即规范性公文必须在公务活动中形成和使用，没有公务活动便不能形成规范性公文。因此，每一份规范性公文都有明确的制发意图和实际效用，即必须是为了完成特定的现实任务而制发的。

个人的感受认识，只能用文学作品或者一般文章来表达。但是，不管是起草者个人，还是领导个人，都不能用公文来表情达意。领导者个人只有在职务的前提下，并且只能是社会组织的最高领导才能代表社会组织发出公文。公文的内容必须是反映和传达社会组织的公务信息。党纪国法都规定了公文内容的范围和性质。规范性公文不像一般文章可以随时随地有感而发，而是必须针对公务活动中的具体实际情况，适时地提出解决问题的意见、方案、办法或明确的规定，以使公务活动能沿着正确的轨道顺利进行。

（三）程式性

并非所有在公务活动中产生的文字材料都是规范性公文，规范性公文必须是由法定机关按照法定格式形成的书面材料，以法定程序，完成其从此机关到彼机关的运行轨迹，最终成为公务活动的凭证和记录，这才成为规范性公文，这也是规范性公文与其他公文的根本区别。

规范性公文要求具有特定的格式，而且要成文。从标题到签署，从正文到各种附加标记，从文面到用纸，都有特定的要求。规范性公文的格式依据新《条例》规定，由三个部分组成：一是公文的版头；二是公文的主体；三是公文的版记。

只有具备了上述三个特征的公文才是规范性公文。其他文字材料，可能也具备其中的一两个特点，如会计报表、商品说明、介绍信、大事记等，但并不具备全部特征，因此就不是规范性公文。计划、总结、调查报告、会议记录、规章制度等，也只有按公文规定的要求进入处理程序（进入公文的制发程序并以通知或令为载体发出）后才是规范性公文，否则就只是机关内部的一般文件，称为事务性公文。

二、规范性公文的特征

（一）制定主体——广泛性与限定性

制定主体具有广泛性。规范性公文制定主体十分广泛。如行政规范性公文的制定发布权就被授予几乎所有的行政机关行使。

制定主体具有限定性。由于制定行政规范性文件的行为，在法律上称为抽象行政行为，体现行政管理权和行政强制力，所以强调职权法定，其制定必须限定在制定主体的法定职权范围内进行，否则为越权，公文无效。

一般的文章谁都可以写，但规范性公文的作者必须是法定的机关或个人。这个机关或个人能以自己的名义发出该规范性公文并能行使其相应的权力和担负相应义务。一般的文章谁都可以看，但收看规范性公文的必须同样是法定的、具有一定权限和职能的机关或个人。

在我国现阶段规范性公文主要包括：第一类，无立法权的国家行政机关所制定的规范性公文，也称行政规范性文件，如无行政法规或者规章制定权的行政机关制定的具有普遍约束力的决定、命令类公文。第二类，党团组织和其他国家机关及社会组织所制定的规范性公文，如政党的规范性公文，无法律或者地方性法规制定权的国家权力机关的规范性公文，军事机关、审判机关、检察机关的规范性公文，社会团体、行业组织的规范性公文等。第三类，有立法权的国家机关所制定的不属于法的范畴但也具有规范性的公文。如立法机关不是通过立法程序所制定的仅在本机关内部通用的某些决定、意见等。第四类，企事业单位所制定的规范性公文。

正由于规范性公文是法定作者在法定范围内行使职权而制发的，因而其内容便具有法定的权威性和法定的行政效力。如果法定作者在制发规范性公文时，不按法定的权限和法定的程序制发公文（包括法律、法规、规章和规范性文件），那么它所制发的公文便是非法的、无效的"公文"，其上级机关将有权予以废除。这也是法定权威性的一个重要方面。

（二）施行效用——约束性与多层级性

规范性公文具有法定的约束性，这一点，公文在文章中是独一无二的。公文是由法定的作者发出的。法定的作者即社会组织的机关及其部门都规定了隶属关系和职权范围，其公文是这种隶属关系和职权范围的反映。写作公文和办理公文都有一定的规定性。也就是说，对于公文作者和受文者，公文具有法规给予社会组织职权所产生的制约性。制约性在不同的公文中有不同的情况。行政公文的命令，对于公文的接受者具有强制性。如果接受者不按命令办理，就会受到法律的制裁。发出命令的政府机关有权依照法律规定，动用军队或警察等进行处罚。党政公文的决定，具有指挥性和约束力。党政公文的通知，具有规定性、指挥性和指导性。规范性公文正因为有制约性，才能产生现实的管理作用。

不同层次的规范性公文对于一定范围内的有关组织（人员）分别具有行政、组织、道德的强制力、约束力和执行效力，有关组织（人员）必须遵照执行，否则会受到相关行政、组织纪律方面的处分。规定的行为规范、职责目标所针对的是普遍性问题，而不是个别的、具体的问题和特定事项；涉及的是多数人而不是针对特定个别人。

规范性公文只在有效期内有效，应依据实际情况和程序进行及时清理，适时修改，适应发展。按照内容过时、新文件代替旧文件、上位文件替代下位文件等不同情况，将已废止的规范性公文的目录单独或成批集中公布，以保证现行规范性公文的合法性和权威性。

规范性公文的制发要注意与有关法律、法规、规章的衔接和协调：任何规范性公文都不能与宪法、法律、法规相抵触；下一层次的规范性公文不得与上一层次的规范性公文相抵触；在不同效用等级的规范性公文有不一致规范性内容时，除特例外，应适用和执行效用等级高的。以一般规范性公文为例，其效用等级按制定主体统辖权的大小排列，依次为：

1. 省辖市（州、区）、县（旗、市）、乡镇（区），同一辖区内权力机关规范性公文的效用等级高于同级人民政府的规范性公文；在同一组织系统或专业系统内部的规范性公文，制发者级别越高，公文效用等级越高。

2. 国家机构以外的其他社会组织制定的规范性公文的效用等级一般低于国家机构制定的规范性公文。在这些社会组织内部，按其法定的组织序列排列的不同级别组织制定的规范性公文的效用等级是：同级组织中的权力机构（或类似性质的，如代表大会、职工大会、董事会等）制定的规范性公文的效用等级高于执行机构制定的。

3. 中国共产党各级组织制发的规范性公文分别是全党和党内不同级别的具体组织内部全体党员的行为准则和规范。

（三）总体构成——规范性与特殊性

规范性公文的总体构成具有其特定规范和严格要求，必须以《党政机关公文处理工作条例》、《党政机关公文格式》为法定依据，以及要求各地各部门必须结合实际制定的相关规定制度；同时在以下方面呈现出不同于普通公文的特殊性。

——文种使用。规范性公文不能使用法律、法规与规章性公文专用文种名称，如法、条例、办法、规定。《党政机关公文处理工作条例》中规定"意见"、"决定"、"通知"、"公告"和"通告"等文种既可作为外部行政行为的载体，又可作为内部行政行为的载体；既可作为制定规范性公文（抽象行政行为）的载体，又可作为制定普通公文（具体行政行为）的载体。遗憾的是，该条例并没有从严格的法律意义上将这些公文从形式要件、发布范围以及法律性质上区分，使其用作规范性公文文种时存在不可避免的先天缺陷，以致当前一些党政机关公文在面临行政诉讼时还要通过法庭辩论裁定其是否为规范性文件，是否具有可诉性。这一现象值得关注。

——内容设定。一是要少而精。规范性公文所起的作用是调整法律、法规无法顾及的真空领域，要避免搞"大而全"的文件体系。一是必须符合制定主体的职权范围。如行政规范性文件应对规定内容设定"禁区"。（1）可以设定的内容：相关法律、法规、规章和国家政策对某一方面的行政工作尚未作出明确规定的；相关法律、法规、规章和国家政策对某一方面的行政工作虽有规定但规定不具体的；相关法律、法规、规章和国家政策明确授权本机关或者包括本机关在内的行政机关制定相关的规范性公文的。（2）不得设定的内容：行政许可事项；行政处罚事项；行政强制措施；行政收费事项；其他应当由法律、法规、规章或者上级行政机关规定的事项；对实施法律、法规、规章作出的具体规定，不得增设公民、法人或者其他组织的义务，不得限制公民、法人或者其他组织的权利。

——发送形式。规范性公文一般直接发送受文单位，经常以令或通知等形式与法规与规章性公文、事务性公文形成复合式公文予以发布或印发。

(四) 制定过程——程序性与公开性

规范性公文是特殊的精神产品。它的制发不是出于个人的主观感受，而是出于领导意图和工作需要，是集体意志的表现，是集体创作；它代表机关发言，具有法定的强制力和行政约束力，因此必须具有特定的公文处理程序。

新《条例》对规范性公文的拟制、办理和管理作出了一系列的规定。规范性公文的拟制包括公文的起草、审核、签发等程序。规范性公文的办理包括收文办理、发文办理和整理归档三个部分。收文办理的主要程序是要经过签收、登记、初审、承办、传阅、催办、答复；发文办理主要程序是复核、登记、印制、核发；需要归档的公文及有关材料，根据法律法规的规定整理归档。规范性公文的管理包括公文管理制度的建立健全，管理人员和设备的配备，工作的保密，文档的管理、复制、汇编、解密、清退、销毁等规定。

新《条例》所规定的程序，又叫做法定的公文处理程序。规范性公文从发到收、从机关到机关，这就是公文运行的主要轨迹，离开机关，公文这个工具就失去归宿而没有存在的价值。各机关制发规范性公文时，必须严格遵循公文体式的要求，保证公文体式的完整性和统一性，确保公文及时、准确地处理。任何机关不得违背统一规定的原则和要求，自搞一套，各行其是。

公开性是规范性公文制定过程的一大特色规定。中国加入世界贸易组织后，按照 WTO 规则的要求，所有不涉及国家机密的政府信息包括政府所颁布的各类规范性公文都应当通过官方刊物公开。尤其是规范性文件的制定必须要依据公开、公正、提高透明度原则，将"公布"作为必经的法定程序。当前在实际工作中，不少地方和部门为行政规范性文件制定过程设置违规"黄线"，如未经行政法制机构审核把关的无效，未经政府常务会议或部门办公会议集体审议的无效，未在指定公报（政报）或政府门户网站上向社会公开发布的无效，未经备案的党政规范性文件不得施行等，均充分体现了规范性公文制定过程的程序性与公开性的特点。

三、规范性公文的作用

规范性公文是党和国家管理政务、开展公务活动的工具，它有着明确的现实目的和效用。一份规范性公文有时仅起一种作用，有时也可以同时起几种作用。归纳起来，大致有以下几种。

(一) 指挥与指导作用

由于规范性公文是法定的作者在法定的范围内行使职权而制发的，因而其内容具有法定的权威性和法定的行政效力。党和国家的路线、方针、政策及法律、法令、行政法规等，均是以公文为载体而产生效力的。所以，规范性公文的制发就是为了规范人们的行动、约束人们的行为，以此管理国家、维护社会的正常秩序。因此规范性公文具有法规性和约束力。

规范性公文是上级领导机关对下级机关进行领导与指导的一种工具。上级机关通过规范性公文传达领导意图，指导工作，贯彻党和国家的方针、政策，使下级机关能够领会上级指示精神并认真贯彻执行，把工作做好。这就体现了规范性公文所起的领导与指导的作用。

（二）协商与沟通作用

规范性公文是机关之间协商与联系工作、协调行动的重要手段。不同机关通过公文互相沟通情况，接洽工作，交流思想，得以保持联系，互通信息。

上级机关的通知、批复，下级机关的请示、报告，平级机关或不相隶属机关间的函以及会议纪要等都起到知照联系作用。有的规范性公文，如通告、公告、通报等有晓谕、启示、动员的意味，实际上也是一种知照作用。规范性公文的抄报与抄送单位主要也是起协商与沟通作用。

（三）宣传与教育作用

规范性公文在传达党和国家某一方针政策时，往往要说明为什么要这么做，以提高人们的思想认识，调动人们的积极性，保证党和国家的路线、方针、政策的贯彻落实。规范性公文可以让人们明白事理，从而自觉规范行为，因此，规范性公文具有宣传与教育作用。

（四）依据与凭证作用

从总体上说，规范性公文就是为阐明、传达制发机关的意图，使收受机关有据可依而制发的。也就是说，它本身就是用作依据和凭证。可以这样说，依据与凭证作用是规范性公文的最基本作用，没有这种作用，也就谈不上其他方面的作用了。

规范性公文为什么能起到依据与凭证作用呢？第一，它不受时间限制，贯穿于工作过程的始终，日后还可据此进行检验。第二，它不受空间的限制。比如，党中央和国务院联合发往全国范围的规范性公文，对党政军民各界，从中央到地方，都起作用。第三，它具有精确性。制发规范性公文要求从内容到文字明确、简练，使收受规范性公文单位准确无误地了解制文单位的意图、要求。规范性公文只有具备精确性才能使上下左右统一认识、统一行动。第四，它具有正规性。维系公务活动正常开展的各种工具之中，规范性公文最为正规。因为只有见诸文字，形成规范性公文，才具有规范作用、约束作用。不符合规格要求的公文，受文单位有权拒绝接受或退回，因为不正规的公文不具依据与凭证作用。

四、规范性公文的种类

根据《党政机关公文处理工作条例》的规定，规范性公文主要分为以下种类：

1. 决议。
2. 决定。
3. 命令（令）。
4. 公报。
5. 公告。
6. 通告。
7. 意见。
8. 通知。
9. 通报。
10. 报告。
11. 请示。
12. 批复。
13. 议案。
14. 函。
15. 纪要。

（详见本书第 124～125 页）。

五、规范性公文的写作要求

（一）明确写作意图

在机关单位的工作中，发现了某些问题，产生了某些想法，提出了某些要求，需要作出某些安排，并且欲将这些问题、想法、要求、安排通过文字表达出来上传或下达的时候，便产生了写作公文的需要。这就是写作的意图。在实际工作中，公文的写作可以由单位的领导同志自己完成，也可以由其秘书人员完成写作。不管是哪种情况，都需要在写作的过程中体现其发文的意图。而这意图有其规范的要求，那就是传达贯彻的是党和国家的方针政策，公文内容不得违背法律与政策，须是机关职权范围内之事务，不得越权行文。这些都是原则性很强的要求，如有违反，轻者社会影响不好，重者公文无效，甚至追究制发者的责任。

中央多次明确指出：从中央做起，大力精简文件，切实改进文风。可见，公文写作应注重实效，坚持少而精。可写可不写的公文不写。这是一个十分重要的原则。但在现实工作中，因为公文作者大都由文秘人员承担，他们工作繁忙，存在该写的时候，图省事就不写，或者一时来不及写，事后再补。导致工作中应该发文的时候没有发文，单位工作缺乏必要的文字记录和书面材料，在面临上级单位检查时，不得不按相关要求补写相关公文。这样不仅劳民伤财，而且给单位内部工作人员留下应付检查的不良印象，从而影响单位的内部团结和工作干劲，以致降低工作效率。为了避免诸如此类情况的发生，在公文写作之初就应该慎重考虑精简公文，写必须写的公文，从而提高公文写作的质量和水平，促进工作顺利开展，提高工作效率。

（二）正确选用文种

公文的种类众多，每个文种的性质、作用及使用范围都不同。因此，在使用的过程中，需要根据实际情况选用适当的文种。可以说，正确选用文种，是写好公文的关键一环，它直接关系到行文目的能否顺利实现。正确选用文种应该注意：

1. 确定和使用文种，要使用相关法规统一规定的名称和约定俗成的称谓。不可乱起文种名称，更不可将两个不同的文种名称合并或缩并在一起使用。如将"报告"写作"请示报告"，将"关于……的请示"写作"关于……的申请"，这些都是不规范的用法。

2. 确定和使用文种要考虑行文的具体目的和要求。如：向国内外宣布重要事项或者法定事项应使用"公告"，而在一定范围内公布应当遵守或者周知的事项应使用"通告"。

3. 确定和使用文种需要考虑到发文机关的权限以及与受文机关的组织关系。如议案的制发机关须是各级人民政府，而受文机关须是与各级人民政府同级的人民代表大会及其常务委员会。

（三）准确把握主题

规范性公文的主题和一般文学作品有很大的不同，其主体是指写作主体为达到其自身特定的写作目的，而通过选择适当的公文内容所表达的主要观点、基本主张、政治倾向等。它是一篇公文的"灵魂"和"统帅"。公文主题的提炼标准，是集中单一、鲜明显露。要求一文一事，一个主题，主题鲜明突出。主张什么，反对什么，要鲜明直接，不能含糊，不能让人产生歧义。在起草公文的过程中，主题一旦确立，即对材料、结构、语言及表达方式等起到制约作用。因此，正确地确立主题，使其合乎要求，是写好公文的前提。

（四）科学安排结构

规范性公文内容的表达对公文的结构也有着严格的要求。结构是指公文内容的组织和构造。公文写作时，根据主题的需要，合理地去安排和组织材料，使公文成为一个有机的整体，这也就是人们常说的"谋篇布局"。一篇好公文的结构，使人看了之后，感觉逻辑清晰，重点突出。反之就会让人感觉茫然不知所云。公文结构还要求合理划分段落层次,使公文行文线索清楚、条理分明。段落层次对于确保公文结构起着关键作用。因此,必须高度重视。

(五) 合理选择材料

公文材料的选用标准必须是真实典型,新鲜有力。所谓真实,就是实实在在存在的、反映当前事物本质规律的事实。我们分析问题时,所列举的现象,不是假的、人为编造的,也不是偶然现象和个别现象。所谓典型,就是既有个性特征,又有共性特征。新鲜有力,就是我们所列举的、分析的问题、提出的办法,必须是符合当前实际的,必须是有说服力的。你不能在说今年的工作时,还拿去年、前年的数据和一成不变的措施办法,因为事物总是在发展变化,尤其在这个信息飞速发展和人的民主法制意识普遍快速增强的时代下,如果总是一成不变、不思进取,不思考、不调研,写公文也好、安排工作也好,就做不到"有的放矢"。公文的选材标准与文学作品不同,公文强调真实,强调掌握最基础、最真实的材料,摒弃想象、猜测和臆断,而想象则是文学作品的核心和灵魂。

(六) 运用大众化语言

规范性公文作为公共政策载体,需要直面社会公众,除了严谨、庄重、规范、简洁等公文语言特色外,应像当年拿破仑说的"我的民法典要让老太婆都能读懂"一样,扭转历来的"官腔官调"。据报载,某市政府常务会议,当劳动和社会保障部门有关人员汇报完文稿后,提请审议时,会场上一时竟然无人发言,与会人员表示文件难以看懂,故无法表态。主持会议的市长也发出质疑:"这个文件市民怎么看得懂?"与民生相关的规范性公文应该提倡文从字顺、简洁明快、逻辑严谨、通俗易懂;既彰显了以人为本,服务民生,构建和谐的理念,也避免了由于文字理解的障碍,使政策解释权集中在少数人手里,管理相对人无法明晰自身权利,无力监督规范性公文的施行。

(七) 采用适当的表达方式

规范性公文常用的表达方式有三种:叙述、议论和说明。叙述,是用来表述人物的经历或事件发生、发展、变化的过程的,需要在公文中将时间、地点、人物、事件、原因、结果六要素没有残缺地表达出来。如有残缺,就会造成表达不清。议论,就是说理和评断,公文作者需要通过事实材料及逻辑推理来明辨是非、阐发道理、表达见解,一段完整的议论是由论点、论据和论证构成的,三个要素缺一不可。说明,是用言简意赅的文字,把事物的形状、性质、特征、功用等解说清楚,把人物的经历、特点等表达明白的一种表达方法。这三种表达方式在规范性公文写作中被广泛地使用着。使用适当的表达方式可以让公文增色。

(八) 严格执行格式规范

党和国家发布的《党政机关公文处理工作条例》《党政机关公文格式》对规

范性公文的写作与处理作出了明确规定，必须严格执行。

综上所述，规范性公文在写作过程中，各个步骤都有着明确的规范要求。公文作者应严格按照党和国家相关要求，结合本单位工作实际要求制发规范的公文，努力提高公文的质量与品位，促进公文处理工作健康发展。

第二节 法规与规章性公文写作

法规与规章性公文，是指拥有立法权限的党和国家机关，经过法定的程序制定和公布的除法律以外的法规、规章等公文的统称。《党政机关公文处理工作条例》第三十九条规定，"法规、规章方面的公文，依照有关规定处理。"这些规定包括党的法规、行政法规、地方法规、部门规章以及地方政府规章等。

一、法规与规章性公文的性质和作用

（一）法规与规章性公文的性质

如果说军队、警察、法庭、监狱是管理国家的一种重要工具，那么法规与规章性公文也就是管理好国家的另一种重要工具。

我国的政治制度是人民代表大会制度。人民按照民主集中制选举出代表，组成国家机关（包括权力机关、行政机关、审判机关、法律监督机关），统一行使国家权力。中华人民共和国的公民，享有充分的人民民主和自由，但是也有一定的义务。为了保障这种权利与义务，具有立法权的机关，依照法定权限，依据法定程序制定出包括法规、规章（不含国家宪法、法律）在内的强制性公文，这些依法制定的公文，因其法律地位，称为法规与规章性公文。从事公文写作的人员，学习和掌握法规与规章性公文十分必要。依法行政，不仅是执法机关、行政机关的事，就是普通群众也要知道执法者以及所执之法是否合法，其执法程序是否合法。当自己在处理公私事务时，也应当知道怎样去依法、据法、用法。因此，我们学习公文写作应当首先学法、懂法、依法、用法，牢固树立社会主义法治理念。

法规与规章性公文同其他公文相比较，有很大的不同，主要表现在制定的法定性和表述的特殊性上。

1. 制定的法定性。法规与规章性公文制定的法定性，必须具备三个合法条件：

一是制定机关必须合法。即依照《中国共产党党内法规制定条例》《行政法规制定程序条例》和《规章制定程序条例》的规定，具备法规与规章制定权资格，而且其制定内容是在本机关权限之内。

二是制定程序必须合法。即依照《中国共产党党内法规制定条例》《行政法规制定程序条例》或《规章制定程序条例》的规定，从立项、起草、审议到通过等一系列过程，都合乎法律法规规定。

三是公布必须合法。即依照法律法规的规定程序进行签署、公布。例如行政法规由国务院总理签署以国务院令公布，地方政府规章由省长或自治区主席或市长签署政府令予以公布，国务院部门规章由部长签署以部门令公布。

这三者缺一不可，否则就是违法、非法，会受到上级机关或同级人大的撤销或被宣布为无效。

2. 表述的特殊性。法规与规章性公文在文字表述形式上不同于其他公文。无论是在篇章结构的方式上或者是在遣词造句的手法上，都表现得非比寻常。

法规与规章性公文一般采用独特的公文结构方式——章、节、条、款、项、目式结构，其用语十分规范、准确、严密，符合逻辑。

（二）法规与规章性公文的作用

随着依法治国、依法行政的逐步深入和发展，法规与规章性公文将会依据社会实践的需要而不断增添，所依的法将会更加完善，各种法律法规将会在规范人们的行为、教育人民、制裁违法、维护人民权益诸方面起到更有力的作用。

从学习公文写作的角度考虑，掌握法规与规章性公文的相关知识，其意义在于正确处理公文写作中需要依法处理的各个环节。在日常的公务活动中，无论是司法实践，还是行政管理，往往会出现不同法律之间、法律与法规之间、行政法规与地方法规之间、法规与规章之间对同一事项的个别规定或对个别适用的理解不一致的现象。当这种现象出现时，其唯一正确的方法就是依法按程序处理。这就需要我们掌握和运用法规与规章性公文知识。因此，法规与规章性公文又是我们正确处理公文写作的基本工具。

根据我国现行规定，当法律、法规、规章之间发生适用不一致的情况时[①]，应按以下方式处理：

一是宪法具有最高的法律效力。一切法律、行政法规、地方性法规、自治条例和单行条例、规章都不得同宪法相抵触。法律的效力高于行政法规、地方性法规、规章。行政法规的效力高于地方性法规、规章。

二是同一机关制定的法律、法规、规章、特别规定与一般规定不一致的，适用特别规定；新规定与旧规定不一致的，适用新规定，新的一般规定与旧的特别规定不一致的，由制定机关裁决。

三是地方性法规与部门规章对同一事项规定不一致的，由国务院提出意见，

---

① 适用不一致时——是指法律、法规、规章之间的规定有了矛盾的时候。

国务院认为应当适用地方性法规的，应当作出在地方适用地方性法规的规定；认为应当适用部门规章的，应当提请全国人大常委会裁决。

四是地方人民政府规章同国务院部门规章之间，或者国务院各部门规章之间有矛盾的，由国务院法制办公室协调；经协调不能取得一致意见的，由国务院法制办公室提出意见，报国务院裁决。

对行政法规某一具体规定执行不一致时，按照《国务院办公厅关于行政法规解释权限和程序问题的通知》（国办发〔1993〕12号）办理。凡属于行政法规条文本身需要进一步明确界限或者做补充规定的问题，由国务院作出解释。这类立法性的解释，由国务院法制办公室按照行政法规草案审查程序提出意见，报国务院同意后，根据不同情况，由国务院发布或者由国务院授权有关行政主管部门发布。凡属于行政工作中具体应用行政法规的问题，有关行政主管部门在职权范围内能够解释的，由其负责解释；有关行政主管部门解释有困难或者其他有关部门对其作出的解释有不同意见，要求国务院解释的，由国务院法制办公室承办，作出解释，其中涉及重大问题的，由国务院法制办公室提出意见，报国务院同意后作出解释，答复有关行政主管部门，同时抄送其他有关部门。凡属于国务院、国务院办公厅有关贯彻实施法律、行政法规的规范性文件的解释问题，由国务院法制办公室承办，作出解释，其中涉及重大问题的，由国务院法制办公室提出意见，报国务院同意后作出解释。国务院、国务院办公厅其他文件的解释，仍按现行做法，由国务院办公厅承办。

五是对不适当的法律、法规、规章的处理。全国人民代表大会有权改变或者撤销其常委会制定的不适当的法律和批准的不适当的自治条例和单行条例；全国人大常委会有权撤销同宪法和法律相抵触的行政法规、地方性法规、自治条例和单行条例；国务院有权改变或者撤销不适当的部门规章和政府规章；省人民代表大会有权改变或者撤销其常委会制定和批准的不适当的地方性法规；地方人大常委会有权撤销本级人民政府制定的不适当的规章；省、自治区人民政府有权改变或者撤销下一级人民政府制定的不适当的规章。

掌握了上述原则，有利于我们应用法规与规章性公文，依法行政，适当处理公务，使法规与规章性公文发挥更大的作用。

二、法规与规章性公文的种类

2013年5月中共中央发布的《中国共产党党内法规制定条例》规定，党内法规是党的中央组织以及中央纪律检查委员会、中央各部门和省、自治区、直辖市党委制定的规范党组织的工作、活动和党员行为的党内规章制度的总称。党章是最根本的党内法规，是制定其他党内法规的基础和依据。

自 2000 年 7 月 1 日起施行的《中华人民共和国立法法》、自 2002 年 1 月 1 日起施行的《行政法规制定程序条例》《规章制定程序条例》规定，行政法规是国务院领导和管理国家各项行政工作，根据宪法和法律，并且按照《行政法规制定程序条例》的规定而制定的政治、经济、教育、科技、文化、外事等各类法规的总称。行政法规的制定主体是国务院，行政法规根据宪法和法律的授权制定，行政法规必须经过法定程序制定，行政法规具有法的效力。行政法规一般以条例、办法、实施细则、规定等形式制作。发布行政法规需要国务院总理签署国务院令。它的效力次于法律、高于部门规章和地方法规。

行政规章分为部门规章和地方规章。部门规章是指国务院各组成部门以及具有行政管理职能的直属机构根据法律和国务院的行政法规、决定、命令，在本部门权限内按照规定程序制定的规范性文件的总称。地方规章是指省、自治区、直辖市以及较大的市的人民政府根据法律、行政法规、地方性法规所制定的普遍适用于本地区行政管理工作的规范性公文的总称。行政规章是行政管理活动的重要根据，数量多、适用范围广、使用频率高。

根据党和国家颁布的有关法规规章规定和实际工作的约定俗成，法规与规章性公文主要有以下种类：

1. 章程。
2. 准则。
3. 条例。
4. 办法。
5. 规定。
6. 细则。
7. 规则。
8. 规程。
9. 规范。
10. 公约。
11. 守则。
12. 制度。

（详见本书第 125~126 页）。

三、法规与规章性公文的制定、批准和公布

（一）制定法规与规章性公文的主体资格

在我国，除了全国人民代表大会及其常务委员会可以制定、修改包括宪法在内的法律和解释法律外，享有法规与规章性公文制定主体资格的机关有：

1. 国务院。根据宪法和法律，可以制定行政法规。

2. 省、自治区、直辖市的人民代表大会及其常务委员会。在不同宪法、法律、行政法规相抵触的前提下，可以制定地方法规。

3. 较大市的人民代表大会及其常务委员会。在不同宪法、法律、行政法规和本省、自治区的地方性法规相抵触的前提下，可以制定地方性法规。

4. 民族自治地方的人民代表大会。有权依照当地民族的政治、经济和文化的特点，制定自治条例和单行条例。

5. 国务院各部委、委员会、中国人民银行、审计署和具有行政管理职能的直属机构。可以根据法律和国务院的行政法规、决定、命令，在本部门的权限范围内制定规章。

6. 省、自治区、直辖市和较大市的人民政府。可以根据法律、行政法规和本省、自治区、直辖市的地方性法规，制定地方政府规章。

（二）法规与规章性公文制定、批准、公布的程序

行政法规，依照《行政法规制定程序条例》的规定，有立项、起草、审查、决定、公布等法定程序。其程序大致是：首先由国务院有关部门提出立项申请，国务院法制机构进行研究、汇总，拟订出立法工作计划报国务院审批；经批准立项的，由国务院组织起草，草案由国务院法制机构负责审查，经报国务院同意或经国务院常务会议审议；最后由总理签署国务院令，向社会公布施行。

地方性法规，依照《中华人民共和国宪法》《中华人民共和国立法法》的规定，省（省会市、较大的市）人民代表大会及其常务委员会可以制定适用于本地方的地方法规，其立法程序由各省制定的《地方法规立法程序条例》进行规定。首先由有提议资格的机关、代表团或10名以上代表联名提出立法案，依照立法程序和步骤，经审议，列入议程；再经讨论或征求社会意见召开立法听证会，经会议表决，过半数人同意为通过；最后以人大公告公布施行。

部门规章，依照《规章制定程序条例》的规定，部门规章的制定有立项、起草、审查、决定、公布等法定程序。首先由部门内设机构向该部门报请立项，该部门的法制机构进行汇总研究，拟出本部门规章制订工作计划，报本部门批准；由部门组织起草，在起草规章时，应深入调查研究，广泛听取有关方面的意见，或举行座谈会、论证会、听证会等；规章送审稿由法制机构统一审查；经部务会议或者委员会会议决定；报请本部门首长签署部门令予以公布。

地方政府规章，同样依照《规章制定程序条例》的规定，依立项、起草、审查、决定、公布等法定程序进行。规章经省、市人民政府常务会议或全体会议决定后，由省长、市长签署政府令公布。

四、法规与规章性公文的写作要求

(一) 法规与规章性公文的称谓

党内法规的名称有：党章、准则、条例、规则、规定、办法、细则等。

行政法规，称条例、规定、办法，由国务院制定、修改。

地方性法规，称条例、规定、办法，由各省级、较大市级以上人大及其常委会制定、修改。

其他法规，称条例、规定、办法，由具有立法权限的中央机关制定、修改。

部门规章，称规定、办法、规程、规范、规则等，由国务院各部门制定、修改。

地方政府规章，称规定、办法、规程、规范、规则等，应当经政府常务会议或者全体会议决定。

(二) 法规与规章性公文的结构方式

法规与规章性公文的结构是指法规与规章性公文在公文表述上的结构方式。它的结构方式，与一般的公文不同。法规与规章性公文的结构比较独特，即采用"章条式结构"进行表述。其结构分为"形式结构"和"内容结构"两种。

所谓形式结构，就是将要表述的内容以合理排列的顺序、科学的方式进行表述，一般分为章、节、条、款、项、目。具体表述形式是"章断条连式"。即第一章为序言（总纲），分若干条进行表述；第二章和以后若干章表述正文，章次与第一章相连承，其条序亦相承，"章断"（该章内容结束）但其条序仍然承袭上一章的序码，表述正文的各章统称分则；最后一章为附则，也可分若干条表述其特殊规定。

所谓内容结构，就是指将具有相同性质的内容安排在同一部分，注意逻辑顺序，注意措词准确、严密，无懈可击，一般包括序言、总纲、正文、特殊规定和附则等。

(三) 法规与规章性公文的具体写法

所谓写法，是指组成法规与规章性公文的各个结构部分应该怎样表述。

1. 标题。一般由内容（即被规范的对象）、文种两部分组成。必要时在内容前写明作者名称，在文种前后写明"暂行"、"试行"、"实施"、"补充"等限定词①。如：

---

① 限定词——这是对法规公文名称的限定，也是表示其法律效力层次。"暂行"、"试行"是指该法规的执行条件尚未完全成熟，待条件成熟后再修订、更新。如《国家公务员职务任免暂行规定》的内容现已归入《中华人民共和国公务员法》。"实施"、"补充"是为执行该法规的实施或补充的具体办法，其法律效力要比法律低一个层次。

《中国共产党地方组织选举工作条例》（1994 年 1 月 26 日）

《国家公务员职务任免暂行规定》（1995 年 3 月 31 日）

《国家公务员行为规范》（2002 年 1 月 27 日）

2. 题注。题注是指发布或通过、批准的日期，标注于标题之下，用圆括号括入。这是该公文法律效力生效的时间标志。

3. 正文。正文即规范的具体内容。一般包括：

（1）总则。通常用于阐明制定目的、依据、适用范围、有关定义、主管部门（指对文件的执行或监督执行负有直接和主要责任的部门）。

上述内容依次排列在公文的首部，若分章表述时，总则为第一章，每章必须设两条以上的条文。

（2）分则。用以阐明具体的规范内容，即明确规定支持、保护、发展什么，限制、禁止和取缔什么，规定机关团体和其他社会组织以及有关人员的作为和不作为。

表述奖惩办法的条文可作为分则中最后的条文，也可单独构成"罚则"或称"法律责任"、"奖励与处罚"等。

（3）附则。用以阐明施行程序与方式、施行日期、有关说明事项。

正文内容多以条文形式表达，即按章、节、条、款、项、目等层次组织，以条为基本单位。

第三节　事务性公文写作

一、事务性公文概念

事务性公文，就是各类机关，包括党政机关、人民团体、企事业单位，在日常公务活动中为处理事务、实施管理、沟通信息、指导工作而制作和使用的规范性公文之外的各种具有实用性、事务性和某种惯用格式的公文。主要用于处理日常事务沟通信息、安排工作、总结得失、研究问题时使用。

事务性公文不属于正式公文，但机关（包括企事业单位）在处理日常公务时少不了它，其使用频率很高，具有极为广泛的适用性，其中有一些公文在必要时也可以经过公文的制发程序，以公文的某一文种为载体，转变为有效的正式公文。

这些公文记载了该机关公务活动的实际情况，为上级领导机关了解情况提供了现实资料，为本机关做好其他工作提供了参考资料。如果下级机关或不相隶属机关需要借鉴的话，也可以作为参考性资料。

二、事务性公文的特点

同规范性公文相比较，事务性公文的性质有所不同，制发程序和表现形式也有很大的差异，因而形成了自身的文体特点。主要表现为以下的"四个不同"：

1. 作者的名义不同。规范性公文除命令、议案外都以机关的名义制发，而事务性公文则有时以机关的名义，有时以机关某一部门的名义，或以领导人的名义制发。

2. 制发程序不同。规范性公文的制发必须严格依照法定的工作程序进行，即依照法定的权限，执行法定的程序，使用法定的文种，依法办事、依法办文，从拟稿、核稿到会签、签发、缮校、封发，各个环节都离不开固定的运作轨道。而事务性公文则没有法规规定，如机关业务部门的简报、调查报告等不必交由机关的秘书部门统一处理，由业务部门的领导者签发即可。但是，如果某一机关事务性公文要成为公文的一部分，则须进入公文制发的程序，经历从拟稿、核稿到会签、签发、缮校、封发等各个环节。

3. 体式不同。规范性公文要求使用法定的体式和格式，规定严格，不允许出错。而事务性公文的体式是在长期的公务活动实践中约定俗成的，不是由法律法规所规定的，在使用上没有严格的限定。这类公文，一般在本机关内部使用，如果需要上报或下发，要以规范性公文报告、通知或函为载体发出。

4. 效用不同。规范性公文为机关立言，代表机关的意志，其运行轨迹是从此机关到彼机关，令行禁止，不容怠慢。事务性公文为机关工作服务，记载该机关公务活动的实际情况，成文的公文一般不出本机关大门，特殊需要的仅作附件以供需要者参考；若要"走"出本机关大门，则须以规范性公文文种为载体上报或下发。

三、事务性公文的分类

常见的事务性公文主要有：

1. 计划。
2. 规划。
3. 工作安排。
4. 工作要点。
5. 方案。
6. 调查报告。
7. 简报。
8. 总结。

9. 汇报稿。
10. 述职报告。
11. 提案。
12. 开幕词。
13. 闭幕词。
14. 讲话稿。

(详见本书第 126~127 页)。

四、事务性公文的写作要求

(一) 对象的明确性

事务性公文的写作有明确的对象, 特定的受文者, 对于受文对象有明显的约束力, 一般来说受文对象非看不可。如给所属上级单位的计划、总结、简报、调查报告等, 所属上级单位或领导必须阅读, 通过这些事务性公文了解和掌握下级单位的工作情况。

(二) 内容的实效性

事务性公文是直接用来处理事务工作的, 要注意实用, 讲求效率。为此, 事务性公文从主题的确立到材料的使用, 都必须切合实际讲求效率, 写作形式的运用也要讲求实际和效率, 便于公文内容的落实和处理。

(三) 一定的程式性

事务性公文一般都有约定俗成的惯用格式。虽然它不像规范性公文那样有着非常严格的格式要求, 但在长期的应用中, 事务性公文的实用性和真实性决定了它逐渐形成了较为稳定的结构层次、习惯用语、处理程序等组成要素。虽然格式上有一定的灵活性, 但总体上是相对稳定的。

(四) 较强的时限性

事务性公文总是针对工作活动中的具体事务而撰写的。而一项工作任务的完成, 一个问题的解决, 大都有一定的时间要求, 虽然它没有规范性公文那样紧迫, 但同样也要在限定的时间内及时完成, 否则很难发挥事务性公文的作用。

第四节 专用性公文写作

一、专用性公文的概念

专用性公文是相对于通用性公文而言的, 主要是指在一定专业部门或专门的业务范围内，根据特殊需要形成和使用的、具有该业务部门或该行业特定内容和规定格式的公文。不同系统、不同行业、不同用途都有与之相适应的专用性公文。

专用性公文有行业使用范围。同设计、经营、生产的企业打交道，要使用合同、协议、意向书；到法院打官司，要使用起诉状、答辩状等。它们都是各自所属行业专用的，外行业并不使用。

当然，各行业虽自成系统，各有其社会功能，但各行各业各单位又都是社会成员，与社会的各方面都有广泛的联系，尤其是社会经济的发展、法制建设的不断完善，使社会各界越来越多地参与经济、法律等活动，这就要接触甚至使用经济公文、法律公文等专用工具。其中的一些专用性公文是面向社会的，成为社会各界与这些行业打交道的工具。

二、专用性公文的特点

（一）内容的专用性

专用性公文是专门用于处理专业性强、行业色彩浓的有关事务的公文。专用性公文有其专有的使用范围和专业专用的特点。超出某一专业领域，该专业的专用性公文就不适用于其他专业领域。比如经济公文中的经济活动分析报告，在其他专业领域、专业工作部门就不一定用得上。同样，买卖双方要明确相互间的权利和义务，就要签订买卖合同；原告要起诉被告，要请人民法院受理诉讼，就要向人民法院递交起诉状。

（二）功能的单一性

专用性公文的目的性和针对性很强，专用性公文一经签发，便具有正式公文的效能，在一定范围内有着某种程度的约束力和法律作用。每个文种均专用于某一方面，如起诉书、答辩书等。

（三）格式的多样性

许多专用性公文有特定格式和项目，如统计和会计类公文，除书面文字形式外，较多地采用数字表格形式。有些有其特殊制作程序，如统计快报、会计月报等。

（四）使用的严肃性

专用性公文的写作要切合实际，不能弄虚作假，不能脱离实际，不能与现行的国家法律、法规以及党和国家的方针政策相抵触。

三、专用性公文的分类

根据行业和用途，常见的专用性公文分为以下几种：

（一）经济公文

经济类专用公文是指经济部门业务上常用的公文。主要文种有：经济合同、协议、协定、协作议定书、企业管理办法、规章、宏观经济分析、微观经济分析、工资核算分析、固定资产核算分析、商业广告、用户意见书、市场预测分析、行情报告、商品供求平衡统计分析、物价统计分析、各项统计报表等。此外，还有会计公文，包括会计凭证、账簿和会计报表等。

（二）科技公文

科技类专用公文是指在科研、生产、基建等活动中形成并使用的图纸、图表、计算材料和文字材料。主要文种及公文形式有：设计图纸、设计说明、使用说明、科技合同、科技协定、委托设计任务书、科普分析、科技情报、科研计划、科研措施方案、科技资料、计算说明、计算方法、各类图表、照片等。

（三）司法公文

司法类专用公文就是公安机关、人民检察院、人民法院在司法业务上使用的专用公文。

公安机关专用公文主要有：公安局立案报告、公安局破案报告、调查笔录、现场勘察笔录、预审笔录、搜查笔录、公安局起诉意见书、公安局提请批准逮捕书等。

人民检察院专用公文主要有：调查笔录、人民检察院起诉书、人民检察院抗诉书等。

人民法院专用公文主要有：人民法院一审刑事判决书、人民法院二审刑事判决书、人民法院再审刑事判决书、人民法院民事调解书、人民法院民事判决书、庭审笔录、合议庭评议笔录、宣判笔录、死刑验身笔录、查封笔录、人民法院公告等。

刑事诉状、刑事上诉状、民事诉状、民事上诉状、申诉状、公诉词、辩护词等也属于司法公文。

（四）外交公文

外交公文是专用于外事工作的公文，是外交、外事机关在涉外活动中依照法律、规定和国际惯例形成和使用的公文。外交公文主要有：国书、白皮书、照会、备忘录、外交声明、最后通牒、护照等。

专用性公文涉及各行各业，种类繁多，都是根据专门工作的特殊需要而使用的，具有该业务系统和部门或该行业特定内容和规定格式的公文，除上述专用性公文外，还有许多，如党的机关有组织公文、宣传公文、统战公文等，行政机关有行政复议公文、行政处罚公文、行政奖惩公文，等等，不一一介绍。

四、专用性公文的写作要求

（一）了解专业知识

专用性公文有行业性，了解行业特点是专用公文写作的前提条件和基本要求。每一行业都有自己的工作范围、工作性质、工作任务、工作程序，有本行业的政策、法规、纪律、职业规范、职业道德，有本行业的上下级关系，有本行业通用的术语和专用名词。对这些不了解、不熟悉或知之不详，是很难写好某行业的专用性公文的。

（二）熟悉业务内容

专用性公文有业务性，熟悉某项工作的业务内容是专用性公文写作的关键。专用性公文都是为某项具体事务而写的，它必然涉及该项事务的具体业务内容。对具体业务内容越熟悉，专用性公文就越能写好。反之，对具体业务内容不熟悉，就很难写好相关的专用性公文。例如，对服装行情不了解，对其面料、做工、工艺等知之甚少，恐怕不可能签订好服装买卖合同。

（三）掌握格式规范

专用性公文的专用格式有三种情况：一是由行业行政管理部门、业务指导部门颁布，供遵照使用的规范格式，如合同格式、起诉状格式；二是约定俗成的习惯格式，如信函的格式；三是较特殊的情况，即临时性专用公文模式，如由招聘、招考单位确定的格式，每位应试者都必须遵守。写专用性公文，有规范格式的，必须使用规范格式；没有规范格式的，按照习惯格式书写。格式有其确定性、稳定性、规定性，不可随意变更。

（四）选择恰当文种

专用性公文文种众多，用途各异，写作专用性公文必须依照写作目的，选择恰当的、合适的文种，文种选择不当，将直接影响专用性公文实用效能的发挥。专用性公文因涉及各行各业，其分类并没有统一的标准，但多数是以行业划分，行业不同，同一文种名称，用途、格式、写作与处理要求也不尽一致，需要灵活掌握使用。

第九章　中国公文处理

公文制发机关为使发出的公文行文目的得以实现或公文受理机关为使收到的公文发挥其应有的作用，按照一定的规范和方法，对公文所进行的起草、校核、签发、印制、办理、管理、立卷归档等一系列衔接有序的工作就是公文处理。公文处理工作的基本原则是坚持实事求是、准确规范、精简高效、安全保密。各级党政机关应当高度重视公文处理工作，加强组织领导，强化队伍建设，设立文秘部门或者由专人负责公文处理工作。各级党政机关办公厅（室）主管本机关的公文处理工作，并对下级机关的公文处理工作进行业务指导和督促检查。

公文处理要做的事情很多，主要有文稿的撰拟、校核、签发和缮印、用印；公文的分发、传递与传阅；公文的签收、登记、拟办、批办、承办、催办和办毕回复；公文的保管、清退与销毁；公文的立卷和归档，以及领导同志交办的其他公文处理任务。本章仅就公文处理一些重要环节和重要任务加以讨论。

第一节　公文拟制

公文拟制包括公文的起草、审核、签发等程序。

一、公文起草

公文起草，是指执笔人按照领导人的指示，写成公文初稿的行为过程，是形成公文的初始阶段和重要环节，也是公文写作的主要研究对象。公文起草是公文其他各个环节制作的基础。草稿的质量对最终成稿的质量有着重要的作用，因而有着重要的意义。如果在文稿的草拟过程中能深思熟虑、科学撰写，那公文的效率自然会提高，内容容易被受文者理解，措施容易得到落实。好的文稿甚至还可以丰富完善领导者的思想理念。

公文起草是一项政策性、思想性和业务性很强的工作，是比其他公文处理环节更具创造性的劳动，撰稿环节所费的时间、精力较多，往往是一个比较艰辛的过程。

（一）公文起草的主体

公文草拟初稿所需撰稿人员，可由主管领导或秘书长、办公厅（室）主任根据任务轻重程度而定。一般情况下，一二人即可，重要党政公文的起草，如党代会、人代会的工作报告，带有全局性的决定和指导性强的领导讲话，法规与规章性公文如条例、办法、规定等则需组织一个精干的写作班子，一般以五人左右为宜。其中，要确定一位思想、文字水平较高的主笔人，由他主持讨论研究，统筹安排全文。

（二）公文起草的过程

1. 领导交拟，确定主题。交拟是机关单位的领导者向有关人员交代写作任务，使其按照领导要求撰拟文稿的过程，是一篇公文撰制的开端。公文的性质和特点决定了文件拟写者所写文件是代表法定机关意志的，因此首先必须得到授权。领导可以以口头交拟或书面交拟的方式直接或间接地向拟稿人交拟。在这一过程中，拟稿人要理解所写公文的主题、依据和背景以及领导的态度和要求、阅读对象和完成时限等，以便公文拟写的开展。

领导交拟之后，领会了领导的意图，就可以开始确立公文主题了。公文主题是公文的灵魂，确立公文主题，要符合党和国家的政策、方针以及法律法规，符合实际情况。公文内容提倡什么、反对什么、支持什么、禁止什么，都必须清楚明白，其观点、要求、倾向不得有半点含糊。公文的主题要单纯明确，要围绕一个问题、一项工作，集中笔墨把要说的主题说得透彻深入。确定主题要符合形势发展的要求，要研究新情况、分析新问题、总结新经验、提出新观点，这样才能使公文很好地产生工作效率和社会效益。

2. 酝酿构思，拟定提纲。这仍可以说是准备阶段，主要包括材料的准备和提纲的拟写两个方面。围绕公文的主题，必须准备大量的材料，包括正面的和反面的、直接的和间接的、现实的和历史的、感性的和理性的、典型的和一般的。在此基础上，撰稿者才能以比较全面、客观的眼光看待和分析问题，用充分的事实依据来说明问题。要选取最具有典型意义的材料，然后进行整理和加工。拟写提纲是在公文正式撰拟之前，围绕主题对公文结构和材料进行通盘考虑、具体排布，为拟稿打好基础的重要步骤。

3. 全神贯注，起草公文。起草，又称打草稿，是将写作提纲经加工及丰富而生成公文初稿的过程。这是公文制作过程中最艰苦的环节，需要凝神静心，注意力高度集中。起草方式有多种，如果是一人动笔，那可以采用一气呵成法、分段完成法和撰改交融法，其中一气呵成法更具时效性，既可以争取时间，又可以使公文通达顺畅、首尾一气；如果是众人合作，可以采用先分工后合作的方式，也可以采用由一人主述，其他人帮助的方式。在如今办公自动化日益成熟的背景下，计算机成为非常实用的辅助工具，使公文的起草大大提高了效率，人们可以利用键盘直接敲击出文字，而且在办公软件上可以进行直接修改，还可以运用删除、剪切、复制等功能进行编辑，不用动笔就可以写成公文。

4. 仔细推敲，认真修改。公文起草完毕，需要拟稿者自己或请人进行修改。修改往往要反复几次，以达到更好的效果，如果时间允许，有时可采取改一改、放一放的方法，往往会使文稿大为增色。修改的范围涉及方方面面，小到标点符号，大到主题结构，主要包括修正主题、审查观点、调整材料、理顺结构、推敲文字等方面。

（三）公文起草的基本要求

1. 符合国家法律法规和党的路线方针政策，完整准确体现发文机关意图，并同现行有关公文相衔接。

2. 一切从实际出发，实事求是分析问题，所提政策措施和办法切实可行。

3. 内容简洁，主题突出，观点鲜明，结构严谨，表述准确，文字精练。

4. 文种正确，格式规范。

5. 深入调查研究，充分进行论证，广泛听取意见。

6. 公文涉及其他地区或者部门职权范围内的事项，起草单位必须征求相关地区或者部门意见，力求达成一致。

7. 机关负责人应当主持、指导重要公文起草工作。

二、公文审核

公文文稿签发前，应当由发文机关办公厅（室）进行审核。审核亦称校核、把关、把口，是对下级机关上报的需要办理的公文进行综合性审核，是对公文内容、体式、文字和手续等进行全面审查、修改的加工过程。

（一）审核的意义

1. 审核能减少公文瑕疵，提高公文质量。由于公文具备法定性和权威性等特点，所以要求比其他类的文章具有更高的水平和质量。公文因疏漏而造成的后果，往往非常严重。公文的撰写是一项具有较高难度的工作，加上撰拟者的业务水平和文字能力也有差异，经草拟形成的草稿可能会与客观实际、领导的意图甚至法律法规有不相符的地方，也可能存在着细节上的失误。审核这一过程可以修改这些问题，提高公文的质量。

2. 审核能控制公文数量，提高发文效率。作为机关公文处理工作中枢机构的办公厅（室）要纵观全局，起到"承上启下"、联系各方的作用，通过对各部门公文文稿的审核，对公文进行综合平衡，避免重复发文和零散发文，做到发文的精简、高效和规范，有效控制公文的数量。

3. 审核能辅助领导工作，帮助领导简政。某些机关部门的草稿，直接送交领导，这样会给领导带来沉重的负担，尤其是质量较低的文稿，更加费时费力。

办公室人员进行审核,清除公文中的错误和缺陷,可以节省领导批改文稿的时间和精力,为领导签发公文打好基础。

(二)审核的主体

审核工作,由办公厅(室)负责,在较大的党政机关一般都设有责任核稿员,专门从事文稿的审核工作,专职人员通常设在文秘处或综合处的核稿科。基层单位如果限于编制和条件,则可设兼职核稿员,多由办公室主任、副主任或秘书兼做。责任核稿员要有较高的思想、政策水平和文字水平,要有高度的责任心和认真负责的工作态度。

业务部门起草的公文,首先要交部门负责人审核,这是第一关。业务主管部门的审核人员主要就文稿中业务方面的问题进行检查和修改,因为他们对业务方面的内容更为熟悉。需要发文机关审议的重要公文文稿,审议前由发文机关办公厅(室)进行初核。

一些区(县)级以上的重要公文特别是普发性的规范性公文、法规与规章性公文等,通常要经过会议讨论,也就是审议,审议的人员可能包括各机构各部门的负责人或代表以及拟稿人等,可看做是集体审核。

(三)审核的内容

《党政机关公文处理工作条例》第二十条规定,公文文稿签发前,应当由发文机关办公厅(室)进行审核。审核的重点是:(1)行文理由是否充分,行文依据是否准确。(2)内容是否符合国家法律法规和党的路线方针政策;是否完整准确体现发文机关意图;是否同现行有关公文相衔接;所提政策措施和办法是否切实可行。(3)涉及有关地区或者部门职权范围内的事项是否经过充分协商并达成一致意见。(4)文种是否正确,格式是否规范;人名、地名、时间、数字、段落顺序、引文等是否准确;文字、数字、计量单位和标点符号等用法是否规范。(5)其他内容是否符合公文起草的有关要求。

在实践中,有人把审核的重点归纳为把"四关":

1. 行文关。即确定有无行文的必要和以什么形式行文,精简高效是公文处理的重要原则。要杜绝无病呻吟、小题大做的文牍主义倾向,可发可不发的公文坚决不发,可用电话、传真、网络方式解决的,就不再发纸质公文,已经有过明确规定或公开登载的就不再重复发文。下级党政机关职权范围内的事情不以上级党政机关的名义行文。要根据文稿的性质、内容,正确确定行文名义。哪些以领导党政机关的名义发文,哪些以办公部门的名义发文,哪些用正式公文的形式,哪些用函件、参阅件党政公文或"白头党政公文"行文,要严格区别。这样,可以减少公文数量,维护公文的权威性和严肃性。

2. 政策法规关。审查文稿有关内容,是否符合党和国家的现行方针、政策、法律、法规，与过去上级党政机关或本党政机关已经发布现仍在执行的政策、法规有无矛盾。如需提出新的政策、规定、建议，要看是否经有关部门协商研究，是否在职权范围之内，是否需要废止现行有关政策规定。

3. 文字关。审查文稿结构是否条理清晰、简明扼要、合乎逻辑，遣词造句是否符合语法、准确凝练。篇幅力求简短，一般不超过三千字，上行的公文超过三千字，应附内容提要。标点符号、数字数量、人名地名、专用术语等是否正确规范。时间应写具体的年、月、日。引用公文应注明发文时间、党政机关、标题和文号。用词用句要准确、规范。使用简称，应在首次使用全称的同时加注说明。公文不使用异体字、繁体字和不规范简化字。

4. 格式关。党政机关必须按照党和国家或权威机构对公文格式的相关规定行文，对于公文的标题、受文党政机关、发文党政机关、附件、附注、主送单位、密级、编号、紧急程度等都要仔细审核，使公文格式符合规范要求。

（四）审核的方法和步骤

1. 审核方法。审核的方法大致可以分为五类。一是通读审核法，这主要是针对全文的总体布局、结构安排以及主题的把握进行的审核。通过通读，核查公文的思路是否清晰，结构是否妥当，逻辑关系是否严密，如果有问题，则先从总体上来修改。二是审阅审核法，指审核人员对文稿从字到词、从词到段，乃至全文的结构仔细审核，发现问题随时留下标记，待全文审阅完毕，再进行逐项修改。三是讨论审核法，指某些重要而复杂的文稿，需要组织有关人员进行集体讨论修改。四是特邀审核法，在对一些政策性强、业务难度大的文稿把握不准时，邀请专业人士或领导进行核稿。五是电脑审核法，随着科学技术的进步，出现了一些有着一定纠错功能的软件，尤其对一些错字、基本的语法错误有一定的识别功能，虽然目前还不是很完善，但也是一种有用的辅助工具。这种方法一般适用于初审阶段。

2. 审核步骤。公文的审核一般分两步，即初审、复审，有些文稿还需要会审。初审即初步审核。就是公文核稿人员收到文稿后，不忙于拿起笔来就改，先将文稿大致看一遍。这样做有一定的好处，一是通过初步了解文稿内容，可以确定可否发文，文种是否合适等，或需不需要发文，或是否可改为部门发文，如果出现否定情况，则可将文稿退回起草部门；二是对可发文的文稿，可看其是否需要大的修改，如果看到文稿结构混乱、表述不清，必须做大的修改，也可退回原起草部门，建议重新拟写，没有大问题的，则可留下进行复审；三是通过初步了解内容，可以看出文稿的紧急程度，如果稿件较多，可以按照紧急程度的高低安排发文的次序。

复审即正式审核，就是对文稿从头至尾，逐字逐句逐段地反复推敲，认真修改。

会审也称会稿，是对初审、复审后的文稿的继续审核。

（五）审核的原则及要求

审核工作如同产品质量的检验和再加工环节，非常重要，在审核的时候应把握以下原则：

1. 严肃认真，谨慎把关。核稿人员必须明白公文审核工作的重要意义。在审核公文的时候，首先要有一种认真负责的态度，这样才能做好这一把关工作。核稿人员要谨慎从事，不可潦草轻率、马虎大意。只有严肃认真，集中精力，仔细查找，反复斟酌，按照项目，一一过筛子，个个把关口，才能纠正错误，去掉毛病。有的机关提出"三核终审制"，即送签前初核，领导签后复核，用印前终核，确为保证质量的可行措施。经审核不宜发文的公文文稿，应当退回起草单位并说明理由；符合发文条件但内容需作进一步研究和修改的，由起草单位修改后重新报送。

2. 先核后签，正向运转。审核是签发之前的一道程序。《党政机关公文处理工作条例》规定：公文送负责人签发前，应当由办公厅（室）进行审核。这就规定了审核在前、签发在后的运转程序。但在实际工作中，往往会出现违规操作的情况，即所谓的公文"倒流"，或者称为公文逆转，就是有的业务部门起草文稿后，绕过办公室，直接送至主管领导处签发，然后返回办公室审核。这种行为往往会产生一些危害，甚至对公文的权威以及机关的形象造成不良影响。

3. 确保质量，适度处理。在审核中，对不同的问题，要有不同的处理方式。第一，不应发的，应退回文稿。比如核稿人认为不需要以本机关名义发文的，可将文稿退回，由部门自行处理，而思想内容问题很多，文字修改量很大，不具备修改基础的，可考虑退给拟稿人重新写；如果接近发布水平，依然存在一些问题，可在认真准备的前提下，会同拟稿人一道研究修改；一些合并发文的，如果文稿部分内容可取，可与拟稿人或部门负责人商讨，根据同一性原则，可将几份文稿合为一份，以达到内容集中、精简发文量的目的。第二，需要调整的，可协商处理。审核中，对于文稿的一般性问题，核稿人员可与拟稿人共同修改或核稿人先修改，再征求拟稿人意见，对于存在重大问题的文稿，核稿人可向拟稿人指明问题所在、提出修改意见，由拟稿人作重大修改，修改之后再次审核。第三，微小的问题，可自行操作。对于文稿中的较小问题，即经过删改、校正而不伤原意的，如错别字、标点符号、个别词语和语句的表述问题等，核稿人可自行动笔修改，而不必与拟稿人商讨。

审核人对文稿核查无误后，应规范地在"发文稿纸"的相应栏目内签注姓名、时间，以示审核的结果及对公文审核工作的负责。

三、公文签发

文稿审核修改后,应及时送有关领导签发。签发是指发文党政机关领导人对已审核的文稿进行最后审定,使之成为最后定稿并批准印发的一项决定性工作。签发是领导人、负责人行使自己职权的一种表现,是一项十分严肃的工作。

(一)公文签发的意义

签发是对文稿的又一次全面审查,更是对公文质量与正式效用的最终确认,可以说签发是一个决定性的环节。文稿一经领导人审阅并签字,文稿的性质就由未定稿变为定稿,具有了法定效力,并可据此印制正式公文。文稿签发后,签发的领导代表机关对公文负全面责任,签发人对文稿签字,使之合法化、效能化,同时又对公文的整体负有责任,因此签发公文是十分严肃的。

(二)公文签发的种类

1. 从功能上来看,领导人在公文上的签字名称不同、位置不同,种类也就不同。一是公文发行。机关领导人经审阅、修改等一系列加工,决定发文,便在发文稿纸的"签发"栏内,明确写上同意发文一类意见,并签署姓名。但这种签发是隐蔽式的,除以机关领导人名义发布的公文,其他的公文一般不会出现签发人的签字,阅读公文只能看到发文机关名称,却不知是何人签发。领导人签发的文稿,要做原本保存,不向外界发布。二是制发者署名,也称签署。凡以机关领导人名义对外发出的公文,领导人亲笔在落款处签字,代表公文制发者,证实公文的效用,需要签署的公文主要有:双方签订的合同、协议书、议定书等;各级机关发布的命令、决定及国家行政机关向同级国家权力机关提出的议案等;国家行政机关和军事机关中的两个或两个以上同级机关联合发布的命令、通告等。公文签署一般只限机关正职领导人。这种签字位于正文之后,成文日期之前,职务全称后面,与第一类不同的是,这种签名对外是公开的。三是上行标注。《党政机关公文处理工作条例》中规定:"上行文应当标注签发人姓名。"一般只限于上行文如报告、请示等。

2. 根据签发人身份、地位及工作程序的不同,签发被分为正签、代签、核签、会签等数种。正签指签发人在自身法定职权范围内签发公文,如机关负责人签发以机关名义对外发出的公文。代签指根据授权代他人签发公文。核签(又称加签)指上级领导人签发下级机关或部门的重要公文。会签则指两个或两个以上机关联合行文时,由各机关的领导人共同签发公文。

(三)公文签发的方式

1. 集体讨论通过。对于具有全局性的规则、计划和重要的工作部署,带有综合性的重大方针政策的公文,通常采取召开领导人会议的方式,集体讨论审查，如党委常委会、全委会、机关领导人办公会、党政联席会等，通过充分发表意见，共同把关，最后通过。从实质上说，这就相当于集体签发。

2. 领导个人签发。在公文签发中，以领导者个人操作为多数。其依据是职务权限，体现在业务分工上。

第一，重要公文的签发。凡以机关名义发出的公文，其中内容比较重要涉及面较广，对全局工作具有普遍指导意义的公文，由正职或主持日常工作的副职负责人签发。党、政联合行文，分别由双方正职或主持日常工作的副职负责人签发。

第二，一般公文的签发。对于一般事务性公文，或虽属重要但有既定方针政策的公文，或属某一方面工作的公文，由主持日常工作或主管该项工作的副职负责人签发。如需党、政联合行文，则由党、政双方上述负责人签发。

第三，联合公文的签发。几个机关联合行文，针对具体事由，由联合行文主管该项工作的领导人会签。相关领导人签毕，公文方才生效。

第四，代行公文的签发。有些公文虽以办公厅（室）名义发布，但内容已超出办公厅（室）工作职责范围的，须由党或行政的主管领导人签发。这类公文如果需要党、政两办公厅（室）联合发布，也要由双方主管领导人分别签发。而属办公厅（室）职权范围内的文件，则由其领导人签发。此类公文如需党、政办公厅（室）联合发布，也由两个办公厅（室）领导人分别签发。

第五，部门公文的签发。凡以业务部门的名义发出的公文，由部门领导人负责签发。业务部门的联合行文，由联合发文的各部门领导人分别签发。对于业务部门发出的涉及方针、政策的重要文件，部门领导人签发后，还应送机关主管领导人处审阅并加签。至于业务部门代机关起草的文稿，部门领导人审核签署意见后，由机关领导人审定签发。

第六，函件的签发。以机关的名义发出函件，由机关主管领导人签发。有的制发一般事务性函件，从减轻机关领导人负担的角度考虑，签发手续可以简略一些。

（四）公文签发的格式

公文签发的格式包括核准意见、签发人姓名、签发日期三项，缺一不可。

核准意见要具体。常见的核准意见有："同意印发"、"打印发出"、"抄清后发"等，多数是在发文稿纸的"签发"栏内签批"发"。如果认为文稿还应送其他领导同志审阅，应该写明"请×××同志审阅后印发"。

签发人姓名要齐全，不得只签一个姓，如"王"、"李"等，也不能写名不写姓。

签发日期格式要正确，签发日期应年、月、日都有，时间应写公元纪年全称,不得略写,否则,时间一长,有些公文,就无法认定和查考其生效日期。

在实际工作中,有的领导人经常用圈阅的形式代替签发。圈阅,指审批文件的领导人阅毕文件后,在送阅、送审单内自己的姓名周围画一个圆圈,把自己的姓名圈在里面,表示对文件的内容已经审阅并同意。《党政机关公文处理工作条例》中规定:"签发人签发公文,应当签署意见、姓名和完整日期;圈阅或者签名的,视为同意。"可以看得出,圈阅是有条件的。

(五)公文签发的要求

1. 高度重视,完全负责。领导人签发公文,应有神圣感、使命感和责任感。大政方针、任免奖惩、某些法规条文,都要通过公文的形式予以公布,这些公文就成了表达领导机关意志的依据和标志,"签发"这项工作,也就成了代表领导机关行使决策权的重要形式之一。

2. 严格审查,严肃要求。虽然前面已经有了审核的过程,但审核代替不了签发。领导人要站在更高的角度,从多方面去把握公文,其重点与审核程序中的"把四关"是一致的。如果发现问题,领导要善于使用其否决权,还可以根据公文写作人员的工作质量对其进行奖惩。

3. 遵守程序,限定职权。首先要坚持正常的运转程序,防止在公文的制发过程中出现文稿"倒流"现象。业务部门是基础,应该首先做好自己的工作,办公部门要掌管好文稿的内部运行,要加强宣传培训,并坚持原则,领导人是关键,应率先垂范并监督下级。其次要建立一定的制度,切实保证领导人在公文签发方面行使权力、承担责任,各机关和单位要建立健全并认真执行公文签发制度。在具体工作中,从领导人分管业务的实际出发,根据集体领导、分工负责的原则,各司其职、各负其责,领导人之间要职责明确,分工协作。最后,要遵守原则。例如,《党政机关公文处理工作条例》中规定:"重要公文和上行文由主要负责人签发;党委、政府的办公厅(室)根据党委、政府授权制发的公文,由授权机关主要负责人签发或者按照有关规定签发。"领导人的职责不同,公文的类型不同,所以签发中有不同的分工。既要避免分散紊乱、自行其是、越权擅签的现象,又要防止集中包办、独断专行的倾向。联合行文时,必须做好会签工作,使各机关或部门负责人履行会签手续。

还有一点应该注意,文稿一经签发,即成定稿,其他人不经签发人同意,不得对其再做任何修改,否则将负行政或法律责任。有关部门或承办人对原文或修改部分有疑义,可向签发人申诉意见,不得自行改动。

4. 签署明确,合乎规范。签署是领导者对公文文稿具体处理的决定,是具有可操作性的明确表态。因此,所用文字必须明确具体,便于下属理解和执行。例如,"发"、"同意"、"抄清后发"、"即发"、"请×××同志阅后发"、"限某日内发出"、"此件不发为宜"等,都是表达清楚的签发意见。如果签发意见措辞含糊、表意不清、态度不明,那么下级就难以理解,执行起来就会困难。合乎规范是指领导人的签发行为符合常规,格式规范。首先是核准意见、签发人姓名、签发日期都必须完整。其次是签发的位置要正确。最后是签发人应用楷书或字迹清晰的行书签批,以便识认。不得直接在文稿上签批,这样既影响文稿的整洁、严肃,又不便于处理。

第二节 公文办理

公文办理包括收文办理、发文办理和整理归档。

一、收文办理

(一)收文办理的主要程序

1. 签收。对收到的公文应当逐件清点,核对无误后签字或者盖章,并注明签收时间。

2. 登记。对公文的主要信息和办理情况应当详细记载。

3. 初审。对收到的公文应当进行初审。初审的重点是:是否应当由本机关办理,是否符合行文规则,文种、格式是否符合要求,涉及其他地区或者部门职权范围内的事项是否已经协商、会签,是否符合公文起草的其他要求。经初审不符合规定的公文,应当及时退回来文单位并说明理由。

4. 承办。阅知性公文应当根据公文内容、要求和工作需要确定范围后分送;批办性公文应当提出拟办意见报本机关负责人批示或者转有关部门办理;需要两个以上部门办理的,应当明确主办部门。紧急公文应当明确办理时限。承办部门对交办的公文应当及时办理,有明确办理时限要求的应当在规定时限内办理完毕。

5. 传阅。根据领导批示和工作需要将公文及时送传阅对象阅知或者批示。办理公文传阅应当随时掌握公文去向,不得漏传、误传、延传。

6. 催办。及时了解掌握公文的办理进展情况,督促承办部门按期办结。紧急公文或者重要公文应当由专人负责催办。

7. 答复。公文的办理结果应当及时答复来文单位,并根据需要告知相关单位。

(二)收文办理需要注意的问题

在收文办理过程中,有些公文已经批交有关部门承办,需留存备用;有些公文办理完结,需留存待查。整理、保管好这些公文,可使公文便于查找利用,同时也打好了公文归档的基础。对这部分公文，应注意以下几个方面：

1. 收文份数。在受理公文时要注意报送份数，对下级机关报送份数不足的，要及时要求呈报单位按规定报送，以便满足运转和存查的需要。

2. 公文去向。在公文运转中，要密切跟踪公文去向，保证登记在册的公文齐全收回。特别是对上级机关发送的仅有一份的公文，要随时记录运转情况。

3. 公文原件。对领导同志批示过的公文原件，要着意保管。在公文批办时，一般不将领导批示件原件转出，而应当使用复印件。在保存好原件的同时，应在登记簿上将领导同志批示内容记录下来，有些查询可直接查看登记，不必再查找原件。

4. 办理或办结的留存件。对已转出办理或办结的公文的留存件，要有序存放。或按来文单位分类保存，或按收文号排序保存，还可按是否已办结分别保存。总之，根据有利于查找利用的原则确定适当的存放、保管方式。

5. 分类存放。对查用率较高的公文，不要急于归档，应在经办人员处专门存放。一般一个年度归档一次。归档前要加以清理鉴别，对确无归档价值的，可归类存放，一般再存 1~2 年即可销毁。销毁公文要按规定经过批准。对有存档价值的，在登记簿上注明归档。

6. 完整归档。对本机关报出的请示及函件获得的回复性来文，运转完毕后，要查找对应的呈报文件，将来文原件及已存档的呈报件合并归档。

无论何种公文，都是公文制发机关公务活动的记录和结果，因此在管理中应明确：一是公文不属个人所有，工作人员调离工作岗位时，应将本人暂存、借用的公文按照有关规定移交、清退。二是公文管理不能出现空档。机关合并时，全部公文应当随之合并管理；机关撤销时，需要归档的公文立卷后按规定移交档案部门。三是要有公文管理的责任制度，公文归档前，该公文的具体经办人员，应当负责公文的管理，保证不丢失、不缺少，有序存放，便于使用。

二、发文办理

（一）发文办理的主要程序

1. 复核。已经发文机关负责人签批的公文，印发前应当对公文的审批手续、内容、文种、格式等进行复核；需做实质性修改的，应当报原签批人复审。

2. 登记。对复核后的公文，应当确定发文字号、分送范围和印制份数并详细记载。

3. 印制。公文印制必须确保质量和时效。涉密公文应当在符合保密要求的场所印制。

4. 核发。公文印制完毕，应当对公文的文字、格式和印刷质量进行检查后分发。

（二）发文办理需要注意的问题

发文办理中运转的是保存完好的公文文稿，对全面准确地反映公文的形成过程十分重要。在工作中应注意以下几点：

1. 底稿的保存。有的文稿，几经修改，前后会形成几个修改稿，特别是重要的政策性文件的修改稿、领导审签稿，要保存好原件。形成文件后，与公文印成件一并归档。

2. 会签意见的保存。有的部门在会签时会附上专门的会签意见；有的会在送请会签的文稿上修改，这些都必须原貌保存，防止缺漏。

3. 签发及审签意见的保存。要将有关审核、审签、签发的全部材料保存齐全，特别是签发人的签署件，要确保完好。如遇特殊情况需传真到外地请领导同志签发公文时，事后要请其正式补签，不可保存传真件和复印件。

4. 联合发文的文稿保存。联合发文的，文稿原件应保存在主办机关（编写公文字号的机关），合办单位保存复印件。

5. 送印文稿的管理。发文文稿送厂印刷文件时，印刷单位应保管好文稿。公文印制完毕后，随正文一起交文秘部门保存。文秘部门经办人员应负责检查文稿是否完整，无误后保存以备归档。未经制发机关文秘部门允许，不得将文稿和印成件交给其他人员取走或捎转。

6. 文稿与印成件一并保存。发文文稿一经印制成公文，就应及时整理准备归档，不应由个人长时间保存。公文印成件要与正文、附件及有关材料一并整理，按档案管理的要求归档。文稿由发文办理移交归档时，要予以登记，办好签收手续。

7. 涉密公文的办理。涉密公文应当通过机要交通、邮政机要通信、城市机要公文交换站或者收发件机关机要收发人员进行传递，通过密码电报或者符合国家保密规定的计算机信息系统进行传输。

三、整理归档

需要归档的公文及有关材料，应当根据有关档案法律法规以及机关档案管理规定，及时收集齐全、整理归档。

（一）立卷归档

1. 立卷。公文是随着各种事务的处理活动一份一份地产生，它们记录了人们从事社会活动的思想、计划、研究结果、意图等，由于社会活动中各项工作的延续性和继承性决定了这些公文之间必然是相互联系和彼此依存。公文立卷正是遵循公文形成的自然联系和特点，剔除无保存价值的公文，将有保存价值的公文进行立卷，使之成为具有内在联系的公文体，这种有序、有机的公文体，既能够全面地反映出各种事件和工作活动的发生、发展以及变化的过程，又能方便公文和档案的保管及日后的查考利用。因此，公文立卷工作是一项极其重要的具有深远意义的工作，它不仅能够保留承载人们从事各项社会活动的原始记录，而且能为现行各机关提供快捷、有序的信息服务。

2. 归档。归档，是指现行的各级各类社会机关在处理自身事务活动中形成的公文办理完毕之后，将其中有一定保存价值的公文，由公文处理部门或承办部门按照公文立卷的原则和方法整理立卷，并定期向机关档案室移交，由档案室来集中统一保管。简而言之，即把编立好的案卷向机关档案室移交并由其集中保管，这一工作就称"归档"。

3. 立卷归档的原则：

（1）公文办理完毕后，应当根据《中华人民共和国档案法》和其他有关规定，及时立卷、归档。个人不得保存应当归档的公文。

（2）归档范围内的公文，应当根据其相互联系、特征和保存价值立卷，要保证归档公文的齐全、完整，能正确反映本机关的主要工作情况，便于保管和利用。

（3）两个以上机关联合办理的公文，原件由主办机关归档，相关机关保存复制件。

（4）本机关负责人兼任其他机关职务，在履行所兼职务职责过程中形成的公文，由其兼职机关立卷、归档。

（5）归档范围内的公文应当确定保管期限，按照有关规定定期向档案部门移交。

（6）拟制、修改和签批公文，书写、所用纸张和字迹材料必须符合存档要求。

4. 立卷归档方法。把握公文的特征，同其所同，异其所异，进行科学的分类、组合与编目。要保证立卷公文的齐全、完整，能反映本机关的主要工作情况。电报随同公文一齐立卷。

5. 立卷归档的程序：编制立卷类目（分类归卷方案）、平时归卷，年终调整、排列卷内公文与编号、填写卷内公文目录与备考表、拟写案卷标题（题名）、填写封皮与装订、案卷排列与编目、归档。

（二）清退

清退，即经过清理将有关办毕的收文按期退归原发文机关或由其指定的有关单位。

公文清退工作的目的在于保证重要公文或机密公文信息内容的安全，避免公文丢失或失密、泄密现象的发生；保证公文郑重性、严肃性、权威性与有效性，避免无用或错误公文信息扩散，给各项工作造成负面影响。

需要清退的公文包括：绝密公文、有重大错漏的公文、被明令撤销的公文、仅供征求意见或审阅的公文、一些未经领导本人审阅的讲话稿、其他发文机关指定需要清退的公文。清退公文的办法，或按规定成批定期进行，或随时清退。但无论以何种方式清退，都应该办理一定的手续。对要清退的公文，任何人不允许私自摘要或复制。具体的清退办法如下：

一是对注明清退日期的绝密公文及其他公文材料，应由机要部门或文秘部门按制发机关要求的清退时限退还。清退时应逐件核对清点、退还，同时要在《收文登记簿》或者《公文清退单》上注明清退日期和清退编号；下级机关报送的绝密公文，一般不予退回，由上级机关销毁或暂存备查。

二是对虽未注明清退要求但属不宜在收文机关久存的重要公文，收文机关秘书部门应及时主动与公文制发机关联系，按照发文机关的意见处理。

三是需清理的会议公文（包括征求意见稿、讨论稿），由会务组负责找持件人清退。本机关内部征求意见稿，由承办单位的承办人或公文管理人员直接清退。外单位征求意见的公文（文稿），由本机关的文秘部门定期或不定期地统一清退。

需清退的公文（文稿）一般应与其他公文（文稿）分别保管；任何人不得私自翻印、摘录、复印。清退公文时，应认真清点、防止夹带其他公文，交接双方应履行交接手续，出具书面凭据；成批清退时，应附一式两份的《公文清退清单》，双方均应在此清单上签注姓名和时间，以示对清退工作负责。

（三）销毁

销毁即对没有保存价值的办毕公文所做的毁灭性处理。需要销毁的公文主要包括：所有没有留存价值的公文，没有留存必要的重份公文，不立即销毁有可能造成失密或损坏的公文，一般性的没有保存价值的草稿，印制公文中形成的校样、印版等。

公文销毁必须经由有关领导批准后方可予以销毁。一般来说，销毁一般公文，由文秘部门与业务部门负责人审核，机关保密部门审查批准，定期销毁。销毁秘密公文及重要的公文，填写《公文销毁清单》后，由各机关文秘部门负责人审核，机关保密部门与分管领导人审查批准。销毁计算机储存的公文，可经有关部门或领导人审查批准后定期清洗软盘。未经审查批准，任何部门和个人均不得私自销毁公文。待销公文平时由文秘部门妥善保存。

销毁的方式有：焚毁、变成纸浆、粉碎、清洗消磁等。但对要销毁的公文必须按照规定履行有关手续，个人不得私自销毁公文。

（四）暂存

公文的暂存，是指对既不应立卷归档或清退，又暂不宜销毁的公文，仍需再留存一定时期以备查用。部分公文暂时留存保管，能方便日常工作中的查阅参考，可以减轻业务部门频繁查找归档公文带给档案部门的压力，以及带给归档本身的磨损，还可以节约大量的人力和时间。

暂存公文的范围：凡不需立卷归档或清退，对本机关工作仍具有一定参考利用价值的公文，均可列入暂存公文范围，具体包括：频繁查阅的已立卷归档公文的重份文本与复印本；具有参考价值的公文、简报等；一时难以准确判定是否留存或销毁的公文；反映一般情况的公文、报表等。

暂存公文应由各机关的公文部门统一、集中保管，并按一定的方法加以管理，重要的常用的暂存公文，应根据立卷的原则与方法进行系统整理并组成案卷，如不便或不能装订成卷（册），也应置于公文夹内妥善存放，防止散失。可以编制简便的案卷目录或公文目录，以便于日常的查找利用。在提供利用时，必须建立必要的借阅制度，严格办理借阅登记手续。

第三节 公文管理

公文管理工作贯穿于公文处理工作全过程，是一项十分严肃、要求很高的工作。这里所讲的管理，不仅是指在公文办理、运转过程中对公文的保管、保存，还包括文秘部门为使公文生效所做的一切工作，其中公文归档也是纸质公文管理的重要组成部分。

一、公文管理的原则

（一）统一管理的原则

《党政机关公文处理工作条例》第二十九条规定："党政机关公文由文秘部门或者专人统一管理。"统一管理是公文管理工作应把握的重要原则。公文管理的统一，就是统一到文秘部门一个机构运转公文上面来，这是规范公文运转程序、防止多头管理带来的混乱和无序、提高公文处理工作效率的需要。

公文由文秘部门统一管理，是国家党政机关公文处理工作的一贯要求。长期以来，这种管理方法得到了较好的实施。凡是统一管理原则执行得好的地方和单位，公文处理工作的规范化程度就高，做法就统一，运转就顺利，管理也有序。反之，那些多头管理的地方和单位，往往容易出现以下情况：一是难以形成统一的办文规范和标准，不利于完善制度，严格把关；二是易造成公文过多的流转环节，不利于简化程序，加快运转；三是不利于明确责任，加强公文运转跟踪，容易造成公文办理中的扯皮、推诿，影响工作质量和效率。

当然，公文统一管理要有相应的保证条件，这包括：稳定、充实的文秘机构和人员，业务内行的分管领导，相对固定的运转程序，严格细化的责任制度。

（二）保守秘密的原则

对公文进行管理的目的之一，就是保证国家秘密的安全。关于保密的问题，《党政机关公文处理工作条例》在"公文管理"一章中作了具体规定，文秘人员对这些规定，第一是要熟知，第二是要落实。因为这些规定涉及公文管理的诸多环节，具体而又细致，执行起来不能似是而非，不能想当然。在实际工作中，往往会因细节的走样而造成大的保密责任事故。对此，文秘人员要高度重视，文秘部门要有严格的制度，保证规定的落实到位。

（三）便于利用的原则

管理好公文，是为了利用好公文，使公文最大限度地发挥其效用。在公文管理中正确处理好加强管理与发挥效用的关系，在严格执行管理规定的前提下，充分开拓公文使用的渠道，提高公文的公开度、透明度，促进依法行政。

二、公文管理的要求

1. 各级党政机关应当建立健全本机关公文管理制度，确保管理严格规范，充分发挥公文效用。

2. 党政机关公文由文秘部门或者专人统一管理。设立党委（党组）的县级以上单位应当建立机要保密室和机要阅文室，并按照有关保密规定配备工作人员和必要的安全保密设施设备。

3. 公文确定密级前，应当按照拟定的密级先行采取保密措施。确定密级后，应当按照所定密级严格管理。绝密级公文应当由专人管理。

公文的密级需要变更或者解除的，由原确定密级的机关或者其上级机关决定。

4. 公文的印发传达范围应当按照发文机关的要求执行；需要变更的，应经发文机关批准。

涉密公文公开发布前应当履行解密程序。公开发布的时间、形式和渠道，由发文机关确定。

经批准公开发布的公文，同发文机关正式印发的公文具有同等效力。

5. 复制、汇编机密级、秘密级公文，应当符合有关规定并经本机关负责人批准。绝密级公文一般不得复制、汇编，确有工作需要的，应当经发文机关或者其上级机关批准。

复制、汇编的公文视同原件管理。复制件应当加盖复制机关戳记。翻印件应当注明翻印的机关名称、日期。汇编本的密级按照编入公文的最高密级标注。

6. 公文的撤销和废止，由发文机关、上级机关或者权力机关根据职权范围和有关法律法规决定。公文被撤销的，视为自始无效；公文被废止的，视为自废止之日起失效。

7. 涉密公文应当按照发文机关的要求和有关规定进行清退或者销毁。

8. 不具备归档和保存价值的公文，经批准后可以销毁。销毁涉密公文必须严格按照有关规定履行审批登记手续，确保不丢失、不漏销。个人不得私自销毁、留存涉密公文。

9. 机关合并时，全部公文应当随之合并管理；机关撤销时，需要归档的公文经整理后按照有关规定移交档案管理部门。

工作人员离岗离职时，所在机关应当督促其将暂存、借用的公文按照有关规定移交、清退。

10. 新设立的机关应当向本级党委、政府的办公厅（室）提出发文立户申请。经审查符合条件的，列为发文单位。机关合并或者撤销时，相应进行调整。

第四节 公文安全

2013年8月，某境外网站全文刊发了一份中央机密文件，随后多家网站进行转载，引起了社会广泛关注。北京警方专案组在掌握大量证据的基础上，于2014年4月24日将犯罪嫌疑人抓获，并在其居住地起获了重要证据。经审查，犯罪嫌疑人高瑜交待了将一份非法获取的中央机密文件提供给某境外网站的犯罪事实。公文安全始终是党政机关值得高度重视的一个问题，也不仅仅是一个保密问题。

传统纸质公文，由于各个环节都有专门的机构负责，有专门的工作人员参与，而且，纸质公文不会受到网络方面的威胁，不需要利用计算机技术对公文中有可能出现的威胁进行防御，因此，其安全性和可靠性要比电子公文高得多，但这并不意味着纸质公文在运作过程中不需要注意安全问题，它同样也存在一定的安全隐患。

一、公文载体的安全

公文有多种表现形式，如在会议上经过讨论得出的一致性意见，通过电视讲话、广播甚至网络等方式传播，而传统公文最常见的方式则是通过纸张将公文印制出来分发，进行传播。因此，这里所说的公文载体的安全主要是其载体——纸张的安全。

（一）纸质公文载体安全内涵

根据纸质公文载体的特性，其安全性主要指公文的可识别性、原始性和可控性。

1. 可识别性。公文载体是记录公文内容信息的重要工具和依托手段，纸质公文形成以后，载体、信息内容便不可再分，因此，保证公文载体在长期储存过程的安全就是间接保护公文内容的完整性。而公文保存的根本目的是一段时期以后公文仍可以发挥其鲜活资料和有力证据的作用。为了便于查阅，在保存过程中首要的和基本的要求就是公文内容的可识别性。如果公文中的一些数据、日期等重要信息不可识别，势必会影响其发挥应有的效能，甚至也失去了保存的必要。

2. 原始性。所谓原始性就是在保存的过程中要按照公文本来的面目保存，不能随便复制或更改。公文的一大特点是权威性，因此保存公文时在没有特殊说明的情况下，只有具有红头标识和印章的公文内容和数据才能作为日后工作的材料和依据。如果将公文复本中的内容尤其是数据信息作为决策的依据就不具备足够的可信度，因此，在公文归档时一般不把公文的复印件作为保存对象，除非复印件上有明确说明（该原件遗失，此复印件有效）并加盖印章。

3. 可控性。所谓可控性是指在日常管理中，公文载体作为公文信息的外在形式要做到"该留的必须留，该毁的必须毁"，如果一些该保存下来的公文没有保存下来，而被弄丢或销毁，则会影响一些数据信息的统计，进而有可能影响工作决策。相反，一些密级性公文如果在规定的时间内不及时销毁而被一些人泄露出去，则可能会对公文管理甚至社会管理造成威胁。

（二）威胁公文载体安全的隐患

纸质公文载体较为单一，主要是纸张，基于纸张本身的特点，这类载体主要容易在管理方面和销毁方面受到威胁。

1. 管理安全。纸质公文载体管理方面的安全又包括人为可控的安全和非人为可控的安全。所谓人为可控的安全，指在公文载体管理过程中通过人为干预，可以避免由于该项原因造成的信息丢失。人为可控的安全可以归纳为以下几方面：

（1）霉变威胁。通常把霉菌引起的破坏作用叫做霉变。在高温、潮湿条件下，纸质文档很容易生霉，从而降低纸张、字迹的耐久性。随着温度的上升，细胞中生物化学反应速率加快，霉菌的繁殖速度就会加快。同时，湿度对霉菌也有一定的影响：霉菌细胞中含有大量的水分，在相对湿度达到 80% ~ 96% 的环境下生长发育最旺盛，此时纸张耐久性受到的影响也最大。霉菌孢子在相对湿度达到 38% ~ 39% 时仍能成活。因此，库房的相对温度和湿度直接关系到纸质公文载体保存的安全问题。

（2）光化变质威胁。光是所有危害纸质档案因素中最强烈、最广泛的一种，纸张的耐光力决定了纸张曝光后的光化变质速率。纸张对光的抵抗力取决于纸张的成分和造纸纤维物质的种类。现代机制纸，制造方法和纤维纯度对纸张耐光性影响极大，加上红外线、紫外线照射及光氧化作用，纸张容易变色、褪色、机械强度降低，并发脆、发黏、老化和变质。

(3) 虫蛀威胁。危害纸质档案的生物主要是细菌、霉菌等微生物及害虫,其中霉菌危害最大。由于霉菌在新陈代谢过程中合成各种有色的次生代谢产物,积累在细胞内或分泌于细胞内的色素使纸质受污染出现霉斑,促使纸张老化变质。

(4) 空气污染物威胁。档案库房中空气污染物主要有两类,一类是微粒物质如灰尘等;另一类是有害气体,如二氧化硫、氨气、氯气等。微粒物质与湿气结合在一起,沉积并降落在纸张上,成为细菌、霉菌等微生物的寄生地;有害气体使纸张变色、褪色甚至酥碎变质。

非人为可控的安全威胁是指在人的意志所能控制的范围之外所导致的载体破坏。尽管非人为可控的安全威胁在人的控制力之外,但了解了这些威胁可以更好地管理载体,当一些非人为可控的威胁真正出现时,可以将损失降至最低。

(1) 自然灾害。纸质公文在存档时一般会设置一处专门的档案馆或档案室,将所有资料放在里面,而且纸质公文与电子公文相比有不易备份的特点,一旦一些自然灾害如地震、水灾等情况发生将对纸质公文的载体造成致命性的损害。

(2) 失盗。纸质公文信息与载体不可分的性质决定了一旦公文载体被盗,就会导致公文内容信息外流,这也会对公文管理造成一定影响。

2. 销毁安全。公文管理中一些不具备归档和存查价值的公文,经过鉴别并经办公厅(室)负责人批准可以销毁。公文都是利用一定的载体表现出来的,因此,销毁公文就是销毁公文载体。目前主要使用的销毁方法是焚毁、粉碎、重新制成纸浆,这些途径基本上可以满足纸质公文载体的销毁。这里需要强调的是要避免销毁不全的情况,所谓销毁不全是指本应属于销毁范围内的公文却没有全部销毁,主要包括两种,一是密级性公文的复本应一并销毁,二是在公文制发的各个环节过程中出错的公文也应一并销毁。只有这样才能更好地保证纸质公文管理中的安全。

(三) 保证纸质公文载体安全的措施

纸张的耐久性取决于纸张中纤维素的性质,纤维素在一定的条件下,如高温、高湿、氧化剂等条件下,可发生水解和氧化反应。对此,在保护档案实际工作中已经取得了预防和防范发生两大化学反应的有效经验和措施,只要注意排除发生两大化学反应所需要的条件,就可以使纸质档案的保存期限达到上百年甚至上千年。具体来说,在管理过程中要注意以下问题:

1. 配置合理完善的基础设施。

(1) 档案馆或档案室的库房位置及环境。纸质档案库房应设置在空气流通、光线好、防潮防火设施好的楼层中,库房要远离锅炉房、车间、生化实验室等,防止二氧化碳、硫化氢、灰尘等有害物质和高温、潮湿对纸质档案的影响和损害。

(2) 档案馆或档案室库房内的设备。纸质档案库房内除对通风、防火、防晒、防潮、防灰尘、防虫、空气调节等基础设备要求完善外，对档案柜架要求不能紧贴墙壁摆放，中间要留有通道；购置普通档案柜和专用档案柜，以满足不同档案摆放的要求。

2. 营造科学保管环境。

(1) 合理控制、调节库房温湿度。温度和湿度是影响纸质档案材料老化变质速度的重要因素，控制、调节好库房的温湿度，是延长纸质档案寿命的重要措施。霉菌的代谢活动和生长繁殖有一定的温度范围，一般可分为三个温度界限，即最低生长温度、最适宜生长温度和最高生长温度。超出最低或最高生长温度范围，霉菌的生命活动就要受到抑制或中断。因此，对库房温度加以控制，可抑制霉菌的生长。

周围环境的水分越高，霉菌的发育与繁殖越快，反之，即使环境中具有足够的养料，如果没有一定的水分，霉菌也不能生长。因此，库房的相对湿度的大小直接关系到纸质公文的载体安全问题，只有相对湿度控制在45%~65%，才能抑制霉菌在公文载体上生长繁殖。档案室或档案馆经常采用的除湿方法是安装去湿机或自然通风或采用放置一些无水氯化钙、硅胶、石灰等简易办法吸湿。

一般情况下，如果档案室的温度控制在18~22℃，湿度控制在50%~60%，在这样的环境下保存的纸质公文载体，霉变的可能性会大大降低。

(2) 降低光对纸质档案的影响。在档案室或档案馆中应采取防光措施，避免阳光直接照射纸质公文载体。这样能将阳光中的有害光线对纸质公文载体的威胁降至最低。

(3) 注重对空气污染物的防护。在入室口和换气孔通道口安装过滤设备，换气小窗上应覆以纱网，确保进入室内的空气清洁、新鲜。另外，管理人员应经常用软抹布、排笔刷来消除灰尘，用吸尘器定期清扫房屋。

(4) 加强对危害物质档案的生物防治。要保持档案室或档案馆的清洁卫生，减少霉菌孢子污染源的产生；库房的内壁和地面涂上防霉涂料或油漆；进入库房要穿上工作服，换上拖鞋；新接收和利用的档案材料应先杀菌再入库房，防止微生物污染。

3. 选择正确的保管方法。

(1) 根据纸张制作工艺和书写材料分类存放。由于纸张制作的原料、工艺及书写材料不同，影响因素不同，纸质档案存放时应分门别类。对字画、图纸等字迹材料不同的档案应分开存放，从而延长其保存年限。

(2) 根据纸质档案的性能特点，有针对性地保管。如对酸性较强的纸张，根据其抗虫害能力强，但纤维素容易分解、聚合度下降、韧性差的特点，应密封保管；对图纸、字画档案，根据其纸张材料特殊且幅面较大，易磨损破碎的特点，应折叠保管或推开平放保管。

二、公文传输过程安全

传输过程是公文处理中跨度最大的一个环节，从公文的制发、定稿、用印分发到公文的传递，然后到收文单位的接收，整个过程环环相扣，在公文处理过程中处于极为重要的位置。发文办理过程的主要职责是把公文起草出来，准确表达自己的意思，在不违背公文相关条款的原则下将其发送给收文单位，这一过程的安全主要是保证信息的完整性、准确性和保密性等。传送过程要尽量保证公文能安全到达，接收和办理过程则需要收文机关及时、有效地将公文办好。

（一）纸质公文传输过程安全要求

1. 保密性。保密性是公文传输安全的最基本要求，也是长期以来颇受人们关注的问题。这里所说的保密性与目前各级政府倡导的政务公开并不矛盾，政务公开是将已经决定了的事件或政府部门作出的决策通过政府网站或其他方式公布于众。这里的保密性是对那些未经办理的或仍在传输过程中的公文而言，因为这些公文中的某些言论可能与最后拍板的言论有些出入，一些意见或请示经上级领导部门研究商讨后可能并不能通过，如果所有的信息都发布到网上，公众并不能准确判断出哪些是已经办理决定了的事件，哪些是还没有办理的公文，一旦公众得到的结果与在网上看到的文件传输过程中的言论不一致，有可能会有一些抵触情绪或行为，这些都不利于国家和社会的管理。同时，保密性还指对密级性公文的机密信息进行保密，发文单位之所以将一些信息内容设定为密级性公文就是指该信息只能在一定范围由特定人员知晓，如果这些信息泄露也会造成不必要的麻烦。

2. 准确性。传输过程中的准确性包括多个含义，归纳起来有四个方面：（1）公文文种的准确性。目前党政机关采取一套公文处理标准，但同一套标准中的几种文种可以同时表达一类相似事由，因此，在使用过程中要首先选准文种。（2）信息的准确性。公文是连接发文机关和收文机关的桥梁，是表达公文起草者思想的主要手段。为了确保公文作为纽带能顺利完成其职能，在公文起草过程中必须保证公文信息的正确性。信息准确性具体包括：文字本身的正确性，公文行文中要杜绝错别字；话语表达的准确性，公文行文中要做到消除歧义句，同时在行文过程中要正确使用行业语、简称、英文名称等，要使用统一标准规定的规范用法，以便准确表达思想。（3）公文逻辑的准确性。一篇公文对某件事情的陈述、观点和态度前后不能矛盾，一个单位对某一事件的观点不能忽左忽右。（4）发文份数的准确性。一份公文印制了多少份、转发了多少份，在本单位都应有详尽的记录,这样有利于加强密级性公文的管理。

3. 合理性。公文制发的目的是通过公文的法定效用实现的,因此,公文的合理性是指公文的制发符合国家法律、法规、规章,符合上级的指示和政策。具体来说:(1)该公文该不该发,有无存在的必要。(2)该公文是否由本机关制发。各机关都有自己的职责,所发公文必须是本单位职责范围内的事项,发文不可涉及其他部门职权范围内的事项,如果涉及则应主动与有关部门协商,取得一致意见后方可行文。(3)收文单位合理性。收文单位是与本公文有直接关系的单位,在收文单位这一问题上需要注意主送机关和抄送机关的准确性,不能将二者混淆,否则也会影响公文办理效率。

4. 完整性。一份完整的公文包括公文本身结构的完整和程序的完整。结构完整是指基本数据项目不缺不少,保证能消除对方有效行为所需要消除的一切认识上的不确定性。除了公文本身陈述事实完整外,还要求必须包含合法性标识,如红头标识和公文生效标志——印章。只有这样才能实现公文管理事务、处理政务的职能。

(二) 纸质公文传输过程安全隐患

1. 与公文相关规定相悖。公文产生于管理日常工作的实际需要,从公文制发、生成到发送中的任何一个环节如有不按照法律法规规定办理的,都会影响机关正常工作。文种确定以后其格式、行文规范就基本确定,如果文种确定错误,误将请示写成报告,那么上级领导翻阅的时间可能会延后,这样对本部门、本单位的工作正常运行必定会有影响;如果将函写成请示,这就违背了公文的正常运行规则,如果收文单位按照严格的行文要求,可能会把公文退给发文单位,这样就会降低工作效率。

2. 制发监督力量较弱。尽管公文是管理国家处理政务的工具,但不是唯一的工具,因此公文并不是发得越多越好。如果不对公文制发进行严格控制,大量可发可不发的公文都发布出来,就会浪费大量的人力、物力和时间,从而加重机关处理公文的任务,使机关工作陷入文牍主义之中。

3. 公文表述不清。这里主要指两方面:具体内容信息失真和收文单位表述不当。信息的失真包括:(1)数据信息的失真。下级机关对上级机关下达的通知应坚决执行,但是如果将原定于3月8日召开的会议传达成3月6日召开,必定会给正常的工作带来不便;如果在起草政府工作报告时误将某方面原本135.654万元的收入误写作13.5654万元,这不仅影响政府各个方面的数据统计信息,还有可能影响政府的决策。(2)文字表达的失真。在一次事故调查中误将"一名乘客重伤"写成"十一名乘客重伤",后果可想而知。

4. 收文单位不当。主送机关指公文的主要受理机关,应当使用全称或规范化简称、统称；抄送机关指除主送机关以外需要执行或知晓公文的其他机关，应当使用全称或规范化简称、统称。例如，一份县级政府向市级政府请示拨款的请示公文中，如果把市级人民政府和市财政局同时作为主送机关，就违背了"请示不能多头主送"的原则；如果将市财政局作为主送机关，一是不符合请示的事由"向上级机关请求指示、批准的公文"，二是市财政局与县人民政府是平行机关，应用函而不能用请示。无论什么原因造成的收文单位不当，都会延误公文正常办理时间。

5. 公文管理不善。这里的管理既包括公文立卷归档、长期保存的过程也包括公文制发和传递的过程。例如，为了保密，一些机密和绝密性文件，上级机关下发给收文单位时要限制份数，而单位内部出于工作需要可能将其复印数份，如果对这些复印件管理不严，有可能导致密级信息泄露，或者在发送密级性公文时发文机关写错了收文机关，而收文机关在接收公文时没有进行仔细审核，未能将送错的公文及时退给发文机关，甚至使该文件在本系统内传阅，这些情况的发生也会对密级公文的管理带来威胁。公文管理无论在哪一环节出现纰漏，这些密级性公文外传都会对日常事务管理带来不便，严重时甚至会影响国家安全。

（三）纸质公文传输过程的安全措施

1. 提高工作人员意识。这是防止传输过程中出现隐患的最核心也是最关键的一步。校对工作做得再好，对数据失真的状况仍然难以克服，公文初稿形成以后，不急于将文稿送交他人校对，而是要对照自己收集到的资料数据，检查文稿中的数据是否准确。在时间紧迫的情况下，可以不必逐字逐句地推敲语言表达，但其内容尤其是涉及数据、时间一类的信息一定要准确，起草一份不准确的公文要比少起草一份公文的危害大得多。

2. 反对文牍主义。在确保公文有效的前提下，努力简化公文的格式与语言表述，简化公文处理的程序手段与方法。因此，在进行公文制发过程中要从实际出发，加强调查研究，反对为发公文而发公文的形式主义与文牍主义。

3. 扩大校对范围。校对是保证公文信息正确的最直接的要素，从校对这一环节讲，可以从以下几方面加强公文的安全保护：

（1）增加参与校对的人数。通常情况下，同一公文稿件经过几个不同的人校对比只有一个人校对的准确性高。

（2）提高参与校稿人的知识储备。校稿是一项基础性的工作，但同时又需要具备相应的知识水平，尤其是一些专业性强的公文，如工业、国防、科技等，在行文中可能会涉及一些专业术语，如果在校稿时能请专业人士帮助校稿，意思表达会更明确，公文的实用性功能也就更显而易见。

（3）校稿的全面性。全面性主要是指在校稿过程中不仅是查看公文中的文字表达而且要仔细核实与公文签发相关的每项内容，确保所发稿件准确无误，如行文的方向是否正确，文种选择是否恰当，格式是否与国家相关规定一致，公文内容是否与国家当前的政策、法规相一致。

4. 妥善管理公文。保存公文形成过程中的有关文稿。包括：底稿的保存，有些文稿，前后会形成几次修改稿，要保存好原件；会签意见的保存，在会签时附上的会签意见以及在送请会签的文稿上修改，这些都必须原貌保存，防止缺漏；签发及审稿意见的保存，将有关审核、审签、签发的全部材料保存齐全，尤其是签发人的签署件；联合发文的文稿保存，联合发文时，原件应由主办机关保存，会办单位保存复印件；文稿与印成件的保存，发文文稿一经印制成公文，就应及时整理准备归档，不应由文秘人员个人长时间保存。

5. 加强业务培训。定期对从事公文处理的人员进行公文处理标准解读式的培训，有利于提高工作人员的业务水平，使他们对公文基本要素、公文文种的确立、主送机关与抄送机关的区分等问题做全面、深入地了解，便于提高工作效率。

三、公文档案管理安全

公文的作用之一是实现其档案和史料作用，只有做好档案管理工作，公文的这些功能才能淋漓尽致地发挥出来，否则公文就只能作为当前工作的凭证，无法对日后工作起参考价值。

（一）公文档案管理安全属性

1. 完整性。纸张在长期保存的过程中最有可能变色、褪色甚至破碎，因此在纸质公文档案管理过程中，首要的要求就是保存材料要完整，这样才能便于日后查阅。

2. 时代性。随着科学技术的不断进步，纸质公文逐渐要被电子公文所代替，基于电子公文具有的纸质公文不可比拟的多种优点，应该努力使纸质公文在档案管理方面向电子公文的归档方式靠拢，这样可以降低非人为可控因素对纸质公文的损害。

3. 原始性。即使通过现代技术将纸质公文转换成电子公文的形式，仍然要保持公文的原始性，只有这样才能发挥其作为资料数据的作用。

（二）影响纸质公文档案管理安全的要素

1. 纸张的破损。这是困扰纸质公文档案长期保存的最大问题。纸张在保存过程中容易撕裂、折碎、变质，这些因素都会使公文信息完整性遭到破坏。

2. 字迹的消退。用油墨或铅印的字迹在长时间的保存中都有可能褪色，这与纸张破损一样也会对公文信息完整性造成影响。

3. 借阅的安全。公文长期保存、归档是为了更好地发挥其作为鲜活资料的作用，而不是把档案馆建成博物馆，里面的东西只可以观赏不可以外借。而公文档案管理的这一特性也成为影响公文长期保存的因素：一些不方便拿出档案室的文件可能需要复印，而多次复印会对公文纸张寿命造成影响；一些借出档案室的文件，如果管理不当就有可能导致信息外流、公文丢失等，这些因素也会从一定程度上影响公文安全。

（三）保护公文档案安全的方法

1. 检查。纸质档案最常见的损坏：一是撕裂、断裂和破碎，特别是折痕和皱纹处；二是表面脏污容易形成斑痕；三是易出现卷边、折皱和裂损。因此，纸质档案入馆前或存放中，管理人员要认真检查，发现问题及时处理。或进行小的修补，或进行整体加固，或封装和放置在耐用的硬纸夹中保持其清洁，或者使用衬和框架对纸质公文的档案进行保护，防止有价值的公文受到更深层次的损坏。

2. 物理防护。对纸质档案脆裂和褪色等问题可采取增湿、去酸、加固等物理防护措施。可以用酸性纸缓冲、中和、去酸增加纸的韧性，也可以用红外线照相法将曝光复制的纸质物品记录在胶片上防止其褪色。

3. 修裱。通过修裱可以使受损的纸张平整、坚固。修裱中用纸应厚薄相近，色泽一致，柔软并有一定的强度。一般来说，手工纸修裱的效果比机制纸好。修裱的技术分为补缺和托补两种。补缺是对残缺及有空洞的受损公文进行修补；托补又分为溜口和接后背。溜口是对公文上已磨损的折叠处进行修补；接后背是对装订边窄小的档案进行加边。根据字迹水溶情况，托裱分为湿托与干托。湿托是把胶黏剂刷在受损公文背面，然后上托纸，一般用于耐水字迹的档案。干托是把胶黏剂刷在托纸上，再将半湿的托纸上到受损公文上，一般用于耐水差的字迹的纸质档案。

4. 缩微复制。对于近乎"碎化"而又无法修复的档案，采取缩微贮存复制的方法，用录像设备或其他摄影手法，把以纸张为载体的档案材料按照一定的比例缩小在胶片上，然后将缩微胶片冲洗，编目归档。随着办公条件的改善，还可以利用数码相机拍照，建立电子档案，进行贮存保护。

5. 严格公文日常管理。对于一些文件能不复印就不复印，能不外借就不外借，尽量在档案室查阅资料；而一些必须外借的公文要规范其借阅程序。

第十章 网络时代与电子公文

21世纪世界全面进入信息时代，计算机信息处理技术成为发展速度最快的科技领域之一，同时也大大推动了全球网络化进程。在这样一个世纪里，网络已成为人类社会最为便捷、使用最为广泛的传播媒介之一，而且随着网络新媒介的普及与渗透，将对全世界政治、经济、文化、教育以及每个人的生活产生巨大而深远的影响。公文作为颁布法规、指挥管理、交流信息、宣传教育、商洽协调、凭证依据的工具，也不可避免地会受到影响，面临前所未有的挑战，这就是电子公文的应运而生。由于电子公文是个新生事物，名称很多，目前还有电子文书、电子文件、电子文档等名称，为表述统一方便，本书除特殊情况外，一律统一为电子公文。

第一节 网络时代对公文的影响

比尔·盖茨曾说过："因特网改变了一切。"的确，网络媒介的革命浪潮来势汹汹，只用短短的几年便将每一个人包围。公文所承载的信息在数量上的膨胀与内容上的复杂与日俱增，使网络信息技术和办公自动化方式成为公文处理工作的有效改革途径，并建立了新电子政务这一新型的公务活动模式，面貌一新的电子公文应运而生。网络新媒介环境下的电子公文写作不仅仅是一种书写工具、物质载体和传输载体的更新，随着计算机网络技术的不断成熟与发展，更深层地表现在计算机不再作为公文写作主体的辅助工具，而是作为与公文写作主体互动的要素，促进并制约着公文写作活动。它改变了公文写作的物质载体、写作方式和写作程序，与此同时还引发了公文写作活动系统中公文写作主体的写作思维的转变，公文写作受体的阅读方式的变化，公文写作主体和公文写作受体对公文写作客体认识能力的增强，以及促进公文文本标准化、简单化、一体化的发展等一系列变化。

一、网络对传统公文发起挑战

网络的确对公文写作与处理产生了积极的影响，但同时也给公文带来了一系列的新问题。

（一）公文的凭证性受到冲击

从信息内容与载体的关系看，纸质公文的信息内容绝对固着于纸质载体上，一经写入便会永久保留下痕迹，通过对字体、字迹、印文、签名等物理属性的鉴定，便可判断文件的真实性，因此又可成为鉴别公文真伪的标志之一。然而，不像纸质文件那样有着固定的时空属性，网络电子公文却可以动态地发生变化。由于储存机理不同，电子公文的信息内容与记录载体已不如纸质公文那样紧密，已不能像传统公文那样利用封泥、骑缝、指纹、画押、盖章等方式来确认写入者身份，公文真实作者的身份难以辨别，电子公文的凭证性和法律意义受到极大的冲击。

我们认为，解决电子公文凭证性危机必须依赖于相关的计算机加密技术和电子立法的支持。数字签名技术便是确保电子公文凭证性的有效探索，在使用该技术时，公文发布者把全部文本数据带入哈希函数生成一个消息摘要，即一个128位散列值，再用自己的专用密匙对这个散列值进行加密进而形成数字签名，数字签名以附件形式与公文内容进行捆绑发送，公文接收者可通过政府证书获取有关公共密匙，再对捆绑文件进行解密和还原，从而确保电子公文的凭证性和不可抵赖性。目前，数字签名技术已广泛应用于商业领域，然而其法律问题却还没有得到法学界的足够重视，有关法律和规章的紊乱抵触已成为电子公文数字签名的最大障碍。抓紧制定和完善统一的党和国家电子公文处理办法和格式标准，消除电子公文与纸质公文的法定效力差距，已是大势所趋。

（二）公文的安全性受到威胁

从公文的传递形式看，纸质公文的传递有普通邮寄、机要通信、机要交通、公文交换等，除第一种传递类型带有普发性和无保密性外，其余的三种类型都有极高的安全性。而在公文电子化后，所有的党政公文都将通过数字网络进行虚拟的公文传播，由于网络的共享性和全球性，如果没有良好的操作权限控制和系统安全保护，信息极易在外部入侵或内部破坏的情况下被泄露、冒充、篡改甚至删除，通过对数字签名的冒用，网上高技术的身份欺诈在未来将更为严重，电子公文的保密性、完整性、可用性、可控性将受到极为现实的威胁。

（三）公文的长期审美性面临考验

电子公文的数据载体多为磁性介质，杂散磁场、氧化作用、老化变质、污染划痕等，会很容易地损坏这些介质上的记录信息，即公文的物理损耗。此外，由于信息技术的更新换代，各种新的不兼容的文本工具或硬件设备不断涌现，致使许多过去保存的电子公文在物理损耗前就已无法为新的工具读取，即公文的逻辑损耗。例如，当前许多笔记本电脑生产商已用 USB 代替传统的软盘驱动器，致使保存在软盘上的公文信息不能为笔记本电脑所读取。另外，不科学的电子公文管理方法也加剧了电子公文的失读化。

二、网络对公文写作要素产生影响

网络新媒介成为公文写作活动系统要素的渠道，将公文写作活动链接成为一个高速运转，与外界信息相连的立体多面结构体。与此同时，各要素自身也由于网络媒介的深入，悄然发生着蜕变。

（一）网络对公文写作主体的影响

公文写作主体作为公文写作活动的主导，变化最为深层。

1. 公文写作主体的思维由线性思维转为立体的非线性思维。电脑网络上各个电脑终端之间的联系，绝非如同传统电话那样只有一条单一的线性通道，而是四通八达，呈现出一种千丝万缕的连接。与此相关联的是两种截然不同的思维方式，即线性思维与网络思维。线性思维，是一种直线的、单向的、缺乏变化的思维方式。而网络思维则是由众多点相互连接起来的，非平面、立体化的，无中心、无边缘的网状结构，类似于人的大脑神经和血管组织的一种思维结构。

传统公文写作，常采用线性顺序。由于受写作载体稿纸等有限空间的影响，人们必须按照一定的时空顺序和逻辑秩序来书写、表达某种信息，而且它很快就固化、定型，失去了可塑性。一旦在某个节点上想加入新的内容，由于受稿纸空间的局限，很难进行变动，除非删除这个节点之后的所有文字，再重新续写。加上受书写速度的影响，活跃的思路常常受到阻碍。而腹稿的灵活性、可塑性就比较大，但又不能有效地存储和清晰地显示，如果不抓紧记录下来使其显影和固化的话，信息很容易遗忘和丢失。大脑中思考的东西常常处于空灵和朦胧的状态，在脑沟中的刻痕很浅，不及时地加以捕捉就会稍纵即逝。

网络的新功能产生了电脑公文写作这一新的思维模式。它是在采用新的书写媒体和网络来进行信息传递的情况下，人们大脑中形成的一种新的思维框架。这种通过电脑彼此沟通的网络方式，正在逐渐改变我们传统的思维方式。电脑公文写作，由于采用键盘以后，书写的速度大大提高。因此公文作者的思路能够畅通无阻，常常是思路跟不上打字的速度。电脑公文写作的载体几乎没有空间的限制，完全可以突破时间顺序和逻辑秩序的线性轨道，自由翱翔于思维的广阔天地，进行随意的跳跃和生发。它可以在文本的任何一个节点上，增加和补充新的思想内容，删除不合主题的冗余材料，不同的部分可以任意调换先后次序，进行自由组合。因此思维不再被强制地运行在一个线性平面上，而是允许在四通八达的网络中穿梭往来。传统文本的定位，常常靠页码的前后顺序，其修改也是从前往后逐句逐字地进行。而电子文本利用"查找"或"定位"功能，可以超越时空顺序瞬间到达具体目标，尤其是相同问题的修改，可以利用"替代"功能一次性同时完成。另外，传统文本属于线性叙事，事件的发展顺序都是精心安排的，就是有插叙、倒叙、补叙等，其叙事流程也不可更改。由于电脑超文本的链接功能，公文作者能随意地从电子文本的一点跳到另一点，从而打破了线性叙事的神圣规律。

2. 公文写作主体的写作方式发生改变。在电子公文处理系统中可自动生成党政机关各个文种的格式，也可以自动生成公文中要素的位置、字体、字号、自动标引常用术语等。另外，公文写作过程中，利用中文软件可实现自动校对、自动编写公文摘要等。

电脑公文写作将改变几千年来传统的写作方式。以纸笔为写作工具的传统写作方式正在逐渐被淘汰，而电脑键盘的文字输入和屏幕显示将成为一种新的信息表达和传递方式。电脑公文写作主要是指人们借助电脑对公文进行文字处理，其公文写作资料可以来自网络但不局限于网络，而公文可以在网上发表，也可在纸质媒体上发表，是以现代信息思想为主，以电脑网络为公文写作环境，充分发挥公文作者的主动性与创造性的一种新型写作模式。美国电脑写作学家约翰·布络克曼在他的著作《未来英雄》中指出："新媒体和旧媒体的不同，不仅在于内容，更在于思考方式的形成过程。"（约翰·布络克曼：《未来英雄》，海南出版社，1998年第1版）由于书写工具的改革，使公文写作者的思维方式也发生了革命性的变革。公文写作的本质就是思维，思维的变革是一种观念的变革，电脑公文写作思维的变革也是一种公文写作思维理论的变革。比照传统公文写作思维方式的特点，将电脑公文写作思维方式纳入我们的研究视野。我们的公文写作理论才可能真正随着时代进步，从而将公文写作理论研究推向深入。

传统公文写作载体中的公文写作工具及物质载体是分不开的。公文写作载体主要指公文作者进行公文写作活动的工具、公文写作成果的凝聚物、语言文字符号以及由语言文字符号和篇章结构外化而成的"文本"——公文。首先是公文写作主体与公文写作工具的协作关系发生了改变。与传统公文写作工具笔和纸只是简单的辅助工具不同，现代先进的电脑及设备成为公文写作主体的"合作伙伴"，在软件的帮助下，电脑具有智能，可以使主体公文写作活动更为轻松。例如，自动生成、改错字等。因此，公文写作主体的写作思维也随之改变。其次，公文写作主体受受体反馈的制约影响更多了，因为网络使主体、受体可以互动。最后，公文写作主体对客观世界的认识也发生了改变，网络让世界结合于一体。

（二）网络对公文写作载体的影响

传播媒介的进化过程本身就是写作载体的演变进程。时期较早的记录手段是夏朝的土陶烧制，到了商代则出现了三种书写载体，分别是甲骨文、钟鼎文和简牍公文。到了春秋战国时期，产生了新的书写材料，使书写的物质手段大大改善，并促进了公文写作的发展。这一时期的书写材料为简牍，新产生的还有缣帛公文和石刻公文。由于战争和外交的往来，也建立起了公文传递制度。

纸的发明与推广是公文写作载体的重要里程碑，也使公文写作发生重大变革，大大地提高了公文工作的效率。纸张的应用，引发了书写工具的改进，毛笔成为主要书写工具，公文的书写速度和质量都大幅度提高。近代还有电报等新的公文传播媒介产生。

（三）网络对公文写作受体的影响

公文写作受体在信息传播过程中，会根据主体自我与劳动实践的需要，有意识地、批判地、自觉地进行信息的选择与吸收。网络传播作为一种开放的互动传播方式，使受众的地位发生了根本性的改变，公文写作受体的主体性表现得十分明显。它打破了传统媒介所制造的权力空间，是对传统话语权分配模式的颠覆性革命。

计算机网络条件下的公文写作受体呈现出以下三个特点：一是公文写作受体的独立性，网络传播从根本上改变了传播者与接受者之间的关系，通过 Web2.0 互联网模式，传播者与受众可共享网络信息平台。二是公文写作受体的自主性，受体可以自由选择自己喜欢的公文信息或服务，可以根据自己的需要"拉出"公文，更重要的是，受众在时间上和空间上有更多的自主性。与传统媒介的受众不同，网络受众自主行为增添了新的内质，受众不再是被动的接受者和旁观者，还更多地加入到传播的过程中表达自己的看法，提出需求和发表意见。三是公文写作受体的选择性，即受体对复杂信息进行辨别选择，从而使公文信息的传递发布更加公平、民主，也使政府工作更加透明。

（四）网络对公文写作客体的影响

公文写作客体可以汇聚网上，使公文写作主体能够跨时空地收集材料。传统公文在写作前收集材料，了解公文写作客体的工作量比较大，公文作者必须亲自到图书馆、档案馆，或者通过实地调查研究收集所需材料，需要花费大量的时间和精力。由于时间和空间的限制，对公文写作客体的掌握和搜集还不能全面触及，对社会各层面的调查缺乏全局性的把握。而在网络新媒介条件下进行的公文写作，写作客体的信息可汇聚在网上，公文写作主体尽享网络共享特性，可以访问各级政府办公部门的网站、电子公文数据库，利用搜索引擎的强大检索功能轻而易举地找到所需信息，大范围地调研、反馈信息，快速准确地下载所需资料。如十八大会议精神，现阶段党的路线方针政策，国家的法律法规，上级政府的政策指示，相关部门的重要通知，调查对象的信息反馈等都可以"一网打尽"。

跨越时间和空间的搜索材料，使过去与现在、本地与外地、国内与国外的各种相关信息尽收眼底。网络新媒介使公文作者获取材料的时间之快、范围之广、内容之全都是传统公文写作方式——手工摘抄无法比拟的。

三、高科技时代的写作

现代高科技以其全面而强大的力量对人类社会产生了深远影响，就写作活动而言，影响最大、最直接的是以计算机和网络为代表的信息技术，这些影响的积极方面和消极方面往往纠联在一起，很难截然分清，但是为了行文的方便，下面的阐述将有所侧重。

（一）高科技对公文写作活动的积极影响

1. 工具的变革引起写作主体观念的变化。在人的劳动中，工具、媒介并不是纯粹消极、被动地为人所用，它们也对劳动者（人）的心智产生影响。一个长期骑骆驼的人与一个长期开小轿车的人，对时间、速度甚至对生活价值的理解是有明显区别的。公文写作也是这样，长期使用电脑和网络的公文写作主体，在公文写作观念上与传统的以纸、笔写作的人也会有差别。就电脑和网络影响公文写作观念而言，主要体现为：

（1）增强了汉语公文写作融入世界潮流的信心。汉语公文写作的媒介是汉语书面文字。"汉字落后"是自20世纪以来就一直存在的观点。"五四"运动时期，有的过激者甚至提出"废除汉字，改用罗马拼音文字"。其立论的基础就是：汉字不能像西方拼音文字一样与高效率的书写工具（那时还是打字机）和书写方式（用键盘输入）联系在一起，因而也就无法与发达的科技手段对接。电脑被创造出来以后，西方迅速进入了文字信息处理电脑化的新时代，而汉字与英文字母差别有如天渊，直到20世纪70年代末，汉字还不能输入计算机，打印设备也无法实现汉字输出。因此，汉字能否与现代高科技接轨，不仅是一个技术上的难关，更是一个重大的文化拷问：中华民族的文化能不能迈过现代化这道门槛，能否取得现代化入场资格，当时有人对此持悲观态度，"汉字落后论"又被人说起。20世纪80年代初，汉字输入技术问世，但普及的广度不够，有人对用电脑写汉语文章十分担心：传统的汉语写作是"积字成句，积句成文"，用电脑写作，不再是一笔一画地写字，而是先要在头脑里把方块汉字"编码"，再用键盘输入，这样，书写速度是不是要比手写慢得多。即使能在电脑上用汉字写作，实际价值又有多大。现代科技的发展把这些疑虑一一都消解了。事实证明，随着汉字输入技术取得重大突破，输入方式多样化，电脑公文写作也越来越普及，在熟练者手中，用电脑写公文的速度大大超过手写速度。这不仅解决了公文写作上的应用技术，更解答了社会发展中的一个重大问题。现在，一个使用汉语进行公文写作的人，不管他在世界的哪个角落，只要有相应的设备和软件，都可以在电脑上完成公文写作。

(2) 有助于形成开放、交流的公文写作观。前面说过,电脑的长处在于它强大的记忆和计算功能,但这是就一台独立的机器而言的。如果把电脑放到网络背景下来看,情况就远远不止这样了。在网络时代,不能简单地把电脑看做是帮助人处理复杂信息和数据的工具,它的本质不仅仅是帮助人计算,而是为了帮助人们通过网络更好地进行交流。早在20世纪60年代,美国行为心理学家,最早的互联网精神领袖克莱德就再三强调:"电脑(computer)不是计算机(docsou.comor)。"电脑的作用只有在网络中才能充分体现出来。甚至可以说,电脑就是为网络而生的。在网络条件下,电脑无边界交流的本质特征正在反过来影响公文作者的思维方式,这也就是人们常说的"心智受到技术的影响"。如网络上"超文本"(hypertext)的出现,为公文作者的构思提供了一种新的开放式、链接式的思路。电脑加上网络,使公文写作很容易与传播交流结合起来,不再是传统公文写作中公文作者个人的自写自读或少数人的相互欣赏。

交流传播对于公文写作来说极为重要,因为公文的影响与其传播范围密切相关,而传播范围又与可复制程度成正比。一段刻在石面上的碑文,因为可复制程度低,传播范围就不可能广泛,影响也就受限制,而印成纸质的公文,传播范围就大大扩展了。现在利用电脑进行公文写作,电子文本无限的可复制性决定了传播交流范围的扩展和影响的扩大。而且电脑公文写作的文本也不再是单一固定的文稿形式,同一篇公文,可以用电脑编辑,排版为不同的文本样式,使公文作者可以看到相关领导和人员的修改过程。总之,在电脑上进行公文写作,不再仅仅是"积字成句,积句成篇"的单一性的劳动,它可以与复制、编辑,特别是与交流、传播相联系,写作活动包括了更为广泛的内容,从而使写作更富有趣味。

2. 技术的优势为公文写作带来诸多便利。广义地说,公文写作就是处理信息,信息对于公文写作的重要性不言而喻。现在,公文作者利用电脑存储和网络链接的优势,处理信息的能力大大增强。首先,存储和采集信息非常方便、快捷。用电脑进行写作材料的准备,有几种常用的途径和方法:其一,在单机情况下,利用电脑的存储器(硬盘、软盘、U盘等)存储,索取所需的资料,或运用扫描仪对书籍报刊上的材料进行扫描识别后存为文件,以供检索;其二,上互联网检索和下载材料;其三,从电子出版物读取和调用有关材料;其四,收发电子邮件来获取材料。对公文作者而言,电脑不仅仅是"写"的工具,还是获取公文信息的"千手千眼"。再者,修改也更便利、更迅速、更整洁。公文写作的修改包括增、删、调、改等,仍然是在处理信息。纸笔写作,修改之后需要重新誊清,是一件耗时耗力的工作。在电脑上写作,无论怎样增、删、调、改,文稿总是即改即清。尤其是在调换或增补句子、段落时,利用剪切、复制、粘贴,使公文写作有了更自由的跳跃的余地,而且瞬间即可完成。快捷、方便,文稿整齐、美观，并节省了抄写的时间，把公文作者从体力和时间的消耗中解放出来，大大提高了写作效率。用电脑公文写作，叙述的顺序也比纸上写作更为自由，可以从开头写，可以从中间写，甚至还可以从结尾写，到最后完成时都是完整、整洁的文稿。在电脑上，可以将文稿保存，再次乃至多次利用。另外，在电脑上还可以进行编辑、排版，借助网络将公文写作文稿交流、传阅、修改，这更是传统公文写作无法比拟的。

3. 新型的公文写作方式影响主体的写作习惯。这里主要说的是电脑的输入方式对公文写作主体心理的影响。长期用拼音输入的人，不仅可以纠正自己原来关于某些字的错误读音，而且在公文写作过程中还会下意识地关注文章的诵读效果。不论拼音输入还是字形输入，电脑汉字输入的规律是"打词"比"打字"要快，成语或词组的输入更快。因此，用电脑写作久了，公文作者在心理上就会更偏爱于使用"词"，特别是常见词，有人甚至特别喜欢使用成语。这样的心理习惯可以促进写作效率的提高。

（二）高科技对公文写作活动的负面干扰及对策

电脑、网络既给写作带来福音，也带来前所未有的新问题。例如，未来公文写作的"无手稿化"就是学者们深为忧虑的。因为，从传统写作的观点看，无论是研究思想还是研究写作技巧，著名领导者、文秘人员的手稿，历来都是珍贵的资料。而在"电脑写作"条件下，"手稿"将不复存在，这就使"手稿研究"这一历史甚久的传统领域将会随之消失。但这只是一个社会文化的"问题"，而不见得是一种弊端，因此本书对此不拟展开讨论。以下侧重分析电脑、网络条件下公文写作可能出现的消极现象，并提出相应的对策。这些消极现象主要体现为：

1. 沉湎于虚拟世界，忽略"阅文"和"阅世"。有人认为，有了网络，可以真正实现"足不出户而知天下大事"的理想，从而沉湎于网络世界之中，并形成疏远社会、疏远他人的不良心理。有人写公文，主要依靠到网上寻找资料，而不愿意阅读文献书刊，更不愿意走进现实生活。其实这是把电脑和网络"神化"了。首先，网络只是一个虚拟世界，其信息无论多么海量，在广阔性和真切性方面都不能与现实生活相比；其次，虚拟世界可以复制信息，但是它却无法复制物质和能量，无法复制一个真实的世界；最后，网上信息虽然新、快，但整体来看鱼龙混杂，真假难辨。网络发表不像纸质公文、正规出版物经过比较严格的"把关"，因而其信息有很多是未经澄清的泡沫，有的简直就是垃圾。主要依靠这些来写作，其结果可能是面目雷同，或以讹传讹，更严重的是剽窃抄袭，写作质量可想而知。

2. "空心化"的"公文制作"消解公文的个性。真正的公文写作是一项创造性的活动，公文作者"手下"所写的文句应当来自他的内心，公文写作的个性特征正是由此而显现出来。然而，在电子时代，越来越多的写作呈现"空心化"状态，公文作者可以不动脑筋（当然不是绝对不思考）地写出几百、几千甚至几万字来。很多预制好了的"写作部件"可以使公文作者不费力气地拿过来"组装"成公文，最常见的情况有：其一，利用"写作软件"来"组装"。目前流行的形形色色的"写作软件"里，包含着大量的写作模式和描写词语，好像提供了一堆堆的"零部件"，可以供公文写作者选用、组装。这实际上是把形形色色"公文词典"由印刷品变成了电子版。所不同的是，"词典"上的句子还要抄下来，而现在只要公文作者轻轻操纵鼠标，就可以把"零部件"组装成"公文"。这类软件对于初学公文写作者有一定帮助，不可一概否定。但是，当它成为公文写作的依赖品时，就把公文写作活动引向了歧途。其二，借助网络来"拼凑"。网上信息太多，而且在电脑和网络上复制、剪切、粘贴又十分方便，因而很多出自公文作者"手下"的文句其实并没有经过本人的思考，而只是经过了公文作者的"观看"。有创意的公文本来是要抵制思维的"套板反映"，而电脑和网络条件下的公文写作却是"机械化"地把一些文句、段落堆积在一起，公文如同"搭积木"。从形式上看，段落整齐，每句话也都顺畅，但句与句之间、段与段之间很少联系，全文缺乏贯通到底的文气。如果以公文的有机整体性来衡量，这样的公文写作是有明显缺陷的。

3. 技术手段的便利导致公文写作修改的缺失。在传统写作状态下，"写完了"并不意味着"写好了"，未完成的公文草稿在提醒公文作者：还需要推敲、修改、誊清。而用电脑写作，文面形式上始终都是整洁的"清稿"状态。如果公文作者缺乏修改的自觉性，就大大减少了对文稿的阅读、检查和推敲，因而特别容易形成写作产品内在的粗糙化——立意肤浅，取材雷同，结构模式化，语言拖沓、松散、浮肿。总之，在网络时代，堆积式的"码字"越来越容易，而有创意的、精练的公文写作却越来越稀少。对很多人来说，"公文写作"似乎越来越简单，日撰万言已经没有什么了不起，但真正意义上的创造性公文写作却越来越困难。这就形成电子时代普遍存在的矛盾现象："会写"的人越来越多，而全社会普遍的公文写作水平却在下降。

4. 抄袭的滋生冲击公文写作规范和道德。借助电脑、网络进行公文写作，复制、粘贴，大段大段地移植在几秒之间即可完成，这种情况下，"互为文本"，互相"拷贝"，你中有我，我中有你，就会屡见不鲜。当然，公文写作中模仿、抄袭的情况并非始于今日，在纸质公文的背景下也同样会出现，但是在电脑和网络时代更为突出，也更为复杂。抄袭，如果说在过去尚属个别的行为，那么现在已有泛滥成普遍风气的趋势。目前，互联网滋生抄袭已成为全球性的问题。很显然，这样的"公文写作"，从内容到语言，都与创造性的公文写作背道而驰。抄袭不仅仅是违背公文写作规范，更重要的是违背了社会良知和职业道德，也是对党政机关形象的严重损害。

2008年6月，国务院安全生产督查组在听取贵阳市修文县政府关于安全生产工作情况汇报时，发现该县汇报材料与前几天听到的邻县的汇报材料基本相同。后经证实，系修文县抄袭邻县汇报材料所致。处理结果：贵阳市政府就修文县政府安全生产工作报告抄袭一事，对其进行全市通报批评，并对相关负责人及直接责任人员予以相应处分。

2013年2月26日，吕梁交城县委书记李志安在组织召开第二批群众路线教育实践活动动员大会上的动员稿与一周前吕梁市委书记高卫东在该市"党的群众路线教育实践活动动员大会"上做的讲话雷同。网友表示，李志安的讲话稿超九成抄袭自高卫东的讲话。处理结果：交城县委召开常委会，就网络反映县委书记李志安抄袭讲话稿进行反思和剖析，李志安作了检讨。

目前，网络条件下公文写作引发的道德失范已经对真正的公文写作构成挑战，每一个有社会责任心和道德感的公文作者对此都不能无动于衷。

科技是一柄"双刃剑"。对现代高科技，我们不能只想享受它带来的福惠而不愿看到它的负面影响。对当前公文写作实践中出现的一些消极现象，必须以科学的、积极的态度来认识：

第一，这些现象并非"存在就是合理的"，它们只是人类文化发展过程中暂时的现象，对此绝不能认可，更不能参与。

第二，仅仅叹息、感慨，也是无济于事的，公文作者能够做而且也必须做的就是坚守人文精神的阵地。公文写作活动中消极现象的出现固然有现实土壤，但最根本的原因还是公文写作主体自身的人生观、价值观和道德观出了问题。电脑和网络毕竟只是工具，用这种工具做什么，则要靠人的思想意识和道德观念来驾驭。公文写作需要科技手段，更需要人文精神。公文写作主体应当始终用正确的人生观、价值观支配自己的公文写作活动。一个真正的公文写作者，应当对数字化时代铺天盖地的信息保持清醒的头脑意识，坚守正确的公文写作信念。其一，不管上网获得信息多么方便，它毕竟不能代替读书，更不能取代"阅世"和"读人"。古人强调"读万卷书，行万里路"，这一原则仍然是网络时代的公文作者应当坚持的。其二，网络数据库等丰富的信息资源，是供人阅读、吸收的，而不是让人照搬照抄的。别人的文章，不论是登载在报刊上还是发表在网络上，对写作来说都只是资料而不是内容。再丰富的资料都必须经过公文写作主体的消化才能成为文章的内容，公文作者的思维加工永远都是公文写作中最为重要的环节。"剪刀加糨糊"的写作方式，即使在电子时代能做得不露一丝痕迹，真正的公文作者也是会摒弃它，反对它的。其三，电脑公文写作的文面整洁不等于公文的精练，公文写作需要认真的修改，努力追求精益求精。鲁迅当年教导青年写作者的话："写完后至少看两遍，竭力将可有可无的字、句、段删去，毫不可惜。"（鲁迅：《二心集·答北斗杂志社问》，上海合众书局1932年版）这句话至今依然应当是公文作者的座右铭。

电脑和网络是人的发明，由此带来的新问题也是对人类的挑战。曾经以《大趋势》一书轰动全球的美国著名未来学家约翰·奈斯比特在他的新书《高科技·高思维》中提出，科技有时会侵犯人性，当前特别需要以"高思维"来与高科技保持平衡。所谓"高思维"，基本内涵就是人文精神，即健全的理性和良好的道德。凭着这些法宝，人类就能成功地运用高科技，从而使高科技时代的公文写作更好地为人类社会服务。

公文写作是人类社会常见的思维活动，要认识其奥秘，掌握其规律，就不能满足于寻常的经验和体会，而是要追求科学意义上的准确理解。现代高科技正在改变着人类的生活，也在深刻地影响着公文写作活动。但无论如何，公文写作作为一种公务活动，永远是机器无法取代的。在公文写作活动中，"人脑"永远比电脑更具决定性的作用。面对高科技的挑战，一个真正的公文作者需要以主体的身份驾驭科技手段，为社会发展贡献自己的力量，同时在"立言"的过程中实现"立人"。

第二节 电子政务对公文的要求

电子政务产生于20世纪90年代，自其产生开始便迅速地在世界范围内发展起来。进入21世纪以来，伴随着网络信息技术的飞速发展和政府执政理念的不断创新，电子政务的发展呈现出更加蓬勃的态势。作为电子信息技术与政务管理的有机结合，电子政务业已成为当代信息化最重要的领域之一，其作为一种全新的政务处理手段对各国的政府管理都将产生深远的影响。随着电子政务的日益兴起，越来越多的政府部门将通过网络实现无纸化办公，依靠计算机技术、网络互联技术、现代通讯技术对公文的办理、传输、交换、归档实行电子化管理，电子政务的普及和推广对公文提出了更高的要求，使传统公文面临新的挑战。

一、电子政务的概念

电子政务最早是由美国前总统克林顿于1993年提出来的。这一概念提出以后，国内外出现了许许多多的提法，至今尚未形成确切、统一的电子政务概念。各种提法都有其侧重点，综合各种定义，我们认为电子政务就是政府机构在其管理和服务职能中，运用计算机、网络和通信等现代信息技术手段，实现政府组织结构和工作流程的优化重组,超越时间、空间和部门分隔的限制,建成一个精简、高效、廉洁、公平的政府运作模式,以便全方位地向社会提供优质、规范、透明、符合国际水准的管理与服务。电子政务系统可以简单概括为两方面:政府内部利用先进的网络信息技术实现办公自动化、管理信息化、决策科学化;政府部门与社会各界利用网络信息平台充分进行信息共享与服务、加强群众监督、提高办事效率及促进政务公开等。理解电子政务的定义必须把握两个方面:一是管理公共事务、提高公共服务效率;二是实现手段,也就是网络信息技术。电子政务有别于传统的政务活动,在机构存在的形式和业务流程上有明显的不同,技术手段和服务方式上也存在明显的区别。因此,"电子"是载体和手段,"政务"是根本、是核心。除此之外,正确理解电子政务的概念还应正确把握电子政务与办公自动化、政府上网工程和电子商务的区别。

(一) 电子政务不等同于办公自动化

有很大一部分人将电子政务与办公自动化等同,这种观点是不正确的。电子政务虽然与办公自动化相互联系,二者在网络信息技术的运用方面也具有相同性,但是电子政务的出现并不是对办公自动化的替代和否定,相反,电子政务要以办公自动化为基础,在办公自动化的基础上,打破部门界限,实现网络化办公和互动式作业。因此,电子政务是网络时代办公自动化意义的外延,是更广义的政府办公自动化,并将其拓展为"面向全社会的政府全方位办公自动化",进而,电子政务也成为办公自动化在范围和功能上的对外延伸。

(二) 电子政务不同于政府上网工程

"政府上网工程"一词源于1999年,是由中国电信联合国家40多个部委的信息部门共同倡议发起的,这项工程推动了政务公开的民主化进程和行政机关的信息化进程,为电子政务的发展奠定了一定基础。正是这样,有很多人将电子政务与政府上网工程等同。其实,政府上网工程并不是电子政务的全部,它只是处于电子政务发展的初级阶段。政府上网工程在很大程度上只是具有政府部门在网上发布信息的静态功能,缺乏互动性和信息资源的共享性。电子政务则是一个含义更为广泛的概念,除非进一步深化政府上网工程,整合各种政府网络,强化互动性、共享性和网上办公,否则政府上网工程与电子政务之间不能简单地等同。

(三) 电子政务不同于电子商务

广义上的电子商务是基于互联网和WWW的、在企业业务流程上用于执行与支持价值链增值的一切商务活动。电子商务为企业创造了崭新的商业环境,也成为人们日常生活的一部分。企业通过网络技术提供服务的有效性和质量标准的这种情况,为政府公共部门公共服务的提供造成了压力。因此,政府公共部门开始加快建设和应用电子政务。从这种意义上讲，电子商务为电子政务的发展建设起到了积极的推动作用。但是，两者之间也存在着明显的不同。首先电子政务的实施主体是国家机关和公共部门，而电子商务则是企业经济实体。其次，两者的目的不同。电子政务着眼于将网络信息技术与政府部门机制改革有机结合与互动，达到社会效益的提升。而电子商务的最终目的依然是追求经济效益和利润的最大化。再者，两者应用范围不同。电子政务主要应用在公共部门之间、公共部门与公众之间，而电子商务则主要应用于企业的外部环境。

综上所述，电子政务是一个系统工程，应该符合三个基本条件：

第一，电子政务是必须借助于电子信息化硬件系统、数字网络技术和相关软件技术的综合服务系统。硬件部分：内部局域网、外部因特网、系统通信系统和专用线路等；软件部分：大型数据库管理系统、信息传输平台、权限管理平台、公文形成和审批上传系统、新闻发布系统、服务管理系统、政策法规发布系统、用户服务和管理系统、人事及档案管理系统、福利及住房公积金管理系统等数十个系统。

第二，电子政务是处理与政府有关的公开事务、内部事务的综合系统。除政府机关内部的行政事务以外，还包括立法、司法部门以及其他一些公共组织的管理事务，如检察事务、审计事务和社区事务等。

第三，电子政务是新型的、先进的、革命性的政务管理系统。电子政务并不是简单地将传统的政府管理事务原封不动地搬到互联网上，而是要对其进行组织结构的重组和业务流程的再造。因此，从管理上而言，电子政府与传统政府之间有明显的区别。

二、电子政务的特点

相对于传统行政方式，电子政务有以下特点：

1. 行政方式的电子化，即行政方式的无纸化、信息传递的网络化、行政法律关系的虚拟化等，这是电子政务的最大特点。

2. 在电子政务的概念中，核心内容是"政务"，即政府的两大职能——管理和服务，电子政务不过是提高政府行政效率的手段。

3. 电子政务是对政府组织结构和流程的优化和重组，而不是简单的流程电子化。

4. 电子政务提供跨越空间、时间和部门限制的沟通和协作渠道，用于提高政府的管理水平和服务水平。

5. 电子政府必须规范、透明，符合国际标准，它要求政府必须转变职能，符合WTO规范。最简单的例子就是政府网站必须支持多语种文字，如韩国首尔政府网站支持韩文、中文、日文和英文四种语言。

三、电子政务对公文写作的影响

信息技术、计算机网络技术从产生至今发展迅速，已成为人类具有标志性意义的智力工具。在网络信息技术无孔不入地渗入到人类生存与发展方方面面之时，无疑也影响到了国家机关的政务活动方式。为适应信息时代的发展要求，电子政务蓬勃地发展起来。这对于政务活动的重要组成部分——公文写作活动，同样产生了巨大的影响。

随着现代管理信息技术的快速发展，以及电子政务对全面提高工作效率的迫切要求，信息技术成为公文写作中的崭新要素已成为不争的事实。因而，信息技术成分的介入强烈地冲击着传统公文写作活动中的方方面面。无论从传统的接受方式、思维模式到写作工具、写作方式、写作资源的检索利用等各个方面，都产生了极大的变化。信息技术的介入无疑为公文写作活动带来了便利，提高了公文写作的效率和公文的质量；拓展了公文写作主体的思维广度，减轻了公文写作主体的写作劳动强度；方便了对公文写作客体或者说公文写作资源的搜集与检索；改变了公文写作受体的地位，提高了受体的自主性和选择性，增强了受体的话语权；彻底改变了公文写作载体的物质形态，扩大了载体的空间等。

同时，电子政务的发展也为公文写作活动提出了更高的要求，无论对于公文写作整体发展还是对于公文文本本身，特别是对于公文写作主体而言，在面对电子政务中信息技术所带来的巨大利益的同时，都必须进行更好的自我完善，包括进行观念的更新、自身技术水平和理论知识水平的提高以适应电子政务的发展。而对于公文文本本身来说，电子政务所倡导的无纸化办公和信息资源的集成与共享，对公文提出了更高的要求。总之，电子政务的发展，网络信息、技术的介入，对传统的公文写作活动造成了巨大影响，为公文写作活动注入了新的活力，相信，公文写作将以更科学、更蓬勃的发展态势呈现在电子政务的未来发展中。

四、电子政务对公文的挑战

电子政务的迅速发展，对公文本身也提出了新的挑战，要求公文快速化、数字化、规范化、多样化。

（一）"以人为本"要求公文快速化

传统的政务管理模式对于行政管理的四大职能即宏观调控、依法行政、政策咨询、公众服务的体现有所偏重，其中主要是体现了宏观调控和依法行政的职能，而对于政策咨询和民众服务职能未能很好地体现；而电子政务的推行和发展将要为公众提供的是一个高效、优质、廉洁的，并且是能够进行一体化管理和服务的新型政府。

由于电子政务使得政府与公众的双向实时交流变成可能，政府要秉承"以人为本"的重要理念，就必须扩大交流，深化服务，快速及时地解答公众的各种问题，及时双向地回答公众的各种咨询，甚至是对于政府的质疑。而此时政府与公众之间的交流最基本的方式就是公文，所以公文必须要做到快速化来满足电子政务的发展要求。同时，公文要满足电子政务中信息发布及时的要求并且达到迅速反馈的目标，就必须快速形成和传递并具有动态性的新特征，只有公文向快速化发展，迅速地成稿并流转，才能提高政府在行政服务和管理方面的效率，优化办公流程，进而精简政府机构。

电子政务奉行"以人为本"的理念，推行政务公开，一切以人民利益为出发点，尽可能快速、高效地解决群众的问题和困难。例如，电子政务中办公可以实现完全的实时化和异地化，遇到问题和亟待解决的事件时不必考虑时间和空间的限制，即使主管领导身在异地也不成问题。这也为公文提出了新的考验，更要求公文要快速地形成、快速地传送，满足供领导随时批阅的要求。无论物理距离有多远，公文上传下达都可以迅速完成，实现公文的异地实时共享。

（二）资源共享、协同办公要求公文数字化和规范化

传统的办公环境相对独立，整体依赖性也不够明显。电子政务运用计算机网络技术作为政务处理的技术支持，电脑和网络在信息的获取和处理方面占据主导地位，实现跨部门、网络化协同办公，打破了传统的区域与部门的限制，形成了业务与服务的集成与整合。也就是说，实行电子政务，完全摆脱了以往时间和空间的制约。

以往，人民群众若要了解相关的法律法规和政策办法，要办理相关的业务，必须到指定的地点、指定的部门，在指定的时间进行。而推行了电子政务以后，公众可以随时通过网络了解想要了解的政策。同时，通过各部门的协同办公，公众可以在网上直接而一体化地办理相关业务，如网上交费、网上申请等，既省时又省力。而此时的公文便需要在政府内部、政府部门之间甚至异地之间实时流转，而传统的纸质公文若要做到这一点基本是不可能的。显然传统的纸质公文已经不能满足电子政务的发展，必须向数字化转变。公文只有以数字形态存在于计算机中，通过计算机设备进行制作和流转，借助于网络进行传递和发布才能服务于电子政务，满足公众的要求，才能在电子政务中实现公文本身应有的价值，达到其本质效用。

传统的公文由于单一性的限制，在同一时间、同一地点，只能有一个人使用和阅读，远远达不到资源共享的要求。而公文以数字形式转化，以数字形式存储于介质中，便可以借助于网络满足资源共享的要求，只要是网络能够达到的地

方，同一份公文只要人们有阅读的需要便可以在同一时间、不同的地点进行阅读，达到多人共享，甚至是万人、百万人的共享，这也是传统纸质公文根本达不到的。

在计算机网络技术为政府办公和政务处理提供技术保障的同时，由于其本身对于数字信息的规范化标准要求很高，这也为公文提出了规范化的要求。况且，公文信息以数字编码的形式转换并存在于电脑中，也必然存在标准的问题。所以，公文必须规范化发展，这也同样是实现资源共享的前提条件。因为不同的办公环境、不同的办公软件、不同的信息处理与存储媒介，都将对公文信息的读取和处理产生影响。

电子政务中公文的格式，一方面指信息在载体上的存储位置，这取决于载体的状况；另一方面指公文信息内容的表示形式，这取决于所依赖的软件。由于目前我国电子政务发展尚不完善，不同的部门中采用的软硬件设施的不同，尤其是OA即办公自动化系统的多种多样，导致数据格式千差万别。若要保证公文的格式完全相同并且在不同部门中顺利地交换与共享，就要求公文必须要有严格的格式和版式标准，以国家有关公文标准与规范为基础，如前文提到的《党政机关公文处理工作条例》和国标《党政机关公文格式》等。同时要符合各级机关目前电子政务发展的阶段性特征，进而保证公文在任何一部电脑上都能够读取，并且内容和形式完全相同，避免公文在此部门能够顺利地读取，而在彼部门却打不开的现象，而影响到政府工作的效率，实现不同电脑软件的兼容，进而实现真正的资源共享、协同办公。

（三）信息集成要求公文多样化

按照不同的标准可以将传统的公文划分为多个种类，包括上行文、平行文、下行文、多向行文；通用性公文、专用性公文、事务性公文；规定性、指示性、计划性公文等。而在电子政务中，由于公文的载体发生了变化，更由于政府行政理念和政务处理方式发生了变化，必然会带给公文更新的变化和要求，使得公文的种类和形式多样化发展。

电子政务中我们最常见也是最经常用到的就是文本型的公文，它通过文字、数字、字母和符号等来表达公文包含的内容和信息，在政务处理中发挥着基础性作用。与此同时，电子政务赋予了政府工作人员现代化的办公手段，为政务处理提供了便利条件，对于公文质量的期望值也随即提高。如工作汇报以及请示类公文，上级机关工作人员会期望更直观地看到汇报人的业绩或者下级机关请示内容的必要性和紧急程度，这时就需要一些图表类公文，可以利用电脑软件辅助完成。由电子政务现代化的办公手段作为支持，我们不难想象公文在未来的发展中，特别像报告类的公文将会运用文字配以视频影像的形式出现。例如，在一些突发事件的事故现场，如果只是靠文字来描述场面往往不能真实地展现现场情况，无法让人身临其境地感受到现场状况，如果此时在公文中添加使用视频捕获设备录入的数字影像，那将两全其美。同样，领导的讲话录像、会议录像等都需要这种影像类公文的支持。另外，在一些特殊的公文中，特别是在电子警务环境中，会更频繁地运用到声音和图像来辅助政务工作的完成。所以使用数字设备采集制作画面、用数码相机等拍摄照片、用音频设备录入生成公文等技术，都将在未来的电子政务发展中得到广泛使用。

因此，在电子政务环境下，多种信息集成化运用是未来公文发展的必然趋势，在这种条件下的公文形式也必须多样化发展。这样才能够满足日益趋向成熟发展的电子政务的要求。

第三节 电子公文的制作、传输与管理

一、电子公文制作

电子公文的制作包括三个方面：一是在文档中引入所需的内容，如文本、图形、图像和公式等，最常用的方法是一个字一个字地键盘输入，或者扫描输入、语音输入、手写输入、从其他电子公文或互联网上直接复制、粘贴等；二是对字体、段落样式、版面风格等内容按照党和国家的有关规定标准进行相应的排版；三是得到公文某种形式的输出，如电子公文的显示、打印或存盘等。

编辑排版技术是制作电子公文的必备技术，目前，常用的公文排版软件主要有Word2013、WPS2013、方正书版、Adobe Acrobat等。Word和WPS是目前国内最流行的两种文字处理软件，它们都经历了不断发展、不断完善的过程，其编辑排版功能越来越强大，使用越来越方便。

电子公文制作看似简单，但从实际看，仍有些电子公文在制作上还存在一些问题，如不规范、有些文件打不开等。这些问题的出现和我们对电子公文的制作原则有些模糊认识存在一定的联系，因此在制作电子公文时应遵循以下几个原则。

（一）真实性原则

公文具有权威性、规范性，我们在制作公文时，必须符合公文法定的体式。文头多大、什么颜色、间距多少，党和国家都有明确的规定。这些规定是针对正式公文而言的，对电子公文同样适用。电子公文是纸质正式公文的翻版，纸质公文是什么样的，电子公文必须和它一模一样。如果不一致，公众会感到不舒服，觉得它像伪造的一样，不太真实，令人无法相信。

(二）通用性原则

所谓通用性原则，就是一般的电脑程序都可以打开公文，不需要单独再安装特定的程序。

(三）严肃性原则

电子公文的制作有严格的程序，制作什么样的电子公文、制作哪个机关的电子公文，必须取得相关机关的书面同意、授权，如果没有取得授权还想发布的话，应该考虑是否以信息发布的方式进行。在这里需要说明的一点就是带有密级的公文千万不能上网。

(四）全文发布原则

制作一份电子公文也许只要几分钟的时间，但作为一个发布机关所要负的责任却是永久的，既要对它的真实性负责，也要对它的完整性负责。这就要求我们必须坚持全文发布的原则，完整地、准确地、不加评论地把它报道出来，这样才有利于公文的最终贯彻落实。

(五）关联性原则

关联性原则是指与一份公文有关的所有文件的链接。如要制作《中华人民共和国档案法实施办法》的时候，就应该想到把它和《中华人民共和国档案法》进行链接，以方便用户的查找利用，也可以使用户对此问题的全貌进行了解。

二、电子公文传输

电子公文传输是依托电子政务网络实现部门内部和部门之间红头文件的分发、接收、传阅等操作，以电子文件传输取代传统纸质文件传输的现代办公模式。

电子公文传输与纸质公文传输有三大不同：一是载体的天然差别，电子公文的物理存在形式是电子文件，纸质公文的物理存在是纸质文件。二是传输路径的特殊依赖，电子公文传递于电子网络中，纸质公文传递于物流网络中。三是不同的安全控制行为，电子公文的安全因网络环境设定，纸质公文安全因物流环境设定。

由于电子公文传输系统还不够成熟，因此在工作中难免存在这样那样的问题，在进行公文传输时要注意以下几个方面：

1. 对有公章的公文进行盖章打包时，如果磁盘上的公章文件名与排版时公章注解不一致，就不能盖章。同时加密卡的拨动开关必须设置在启动位置上，方能保证公文进行盖章打包的安全。

2. 当浏览公文文件，出现"非法文件"提示时，必须检查密码输入是否有误和是否安装了书生卡。如果没有安装书生卡却安装了书生浏览器也会出现上述提示，因此两者必须同时安装。

3. 打印的公文文件如为黑头文件时，检查是否在浏览器中进行打印；当打印的公文文件的字体全部为楷体时，要进入系统设置，选择初始化进行字体替换，并检查字体是否被替换成楷体，是则点击"全部缺省"按钮，否则将无法完成打印。

4. 系统不能进入方正书版9.0时，要检查是否正确安装方正书版9.0，否则须重新安装。

5. 文件中如有补字，打字员必须将补字文件通过登记库双击文件附加到"补字字库"域中发送至发文库，或拷入发文机器上的 e：\ seholar \ auxforit 目录下。

6. 使用人员在六个数据库的存取控制权限必须按照存取控制列表所规定的权限分配，否则将无法完成公文文件的登记、发送、接收和归档工作。

7. 公文登记辅助库在系统配置栏中，发文库和收文库在添加时要按顺序添加，第一个字母 $ 必须大写，否则无法接收上级发来的公文。同时在数据库路径栏中添加数据库路径时，也必须将公文传输系统中的邮件服务器名称添加上去，否则就无法完成文件归档工作。

三、电子公文管理

电子公文管理有别于纸质公文管理的特点是电子公文可以完全依靠 OA 系统来实现自动化处理。由于 OA 系统本身还处于发展的初级阶段，尤其是程序设计、技术规范不够统一，电子公文处理系统的安全性能和效率还比较低。就系统本身来看主要存在以下几个问题：一是设计标准低。目前大多是依靠有线网络实行纸质公文、电子公文"双轨"运行，特别是在公文的起草、送审阶段，文秘人员的工作量几乎与传统公文处理等同，有时甚至还增加了工作量。一旦文秘人员离开了办公室，公文处理就可能处于断档状态，有时只好依靠传真、电话等手段进行处理，"无纸化"办公并未真正实现。二是系统功能弱。从传递过程看，既有上下左右之间的公文往来，又有隶属和不相隶属关系之间的公文往来。由于公文的发送对象日益复杂，公文传递的方向、层次也发生很大变化。公文信息的来源、材料的收集与处理，以及收文、发文、起草、会签、核稿、审签、印刷、装订、用印等程序都应有规范的技术要求，在系统设计与运用方面还存在许多漏洞和不完善的地方。三是保密设防难。按照国家保密法规定，政府公文可分为国家秘密类公文和普通类公文两大类。国家秘密类公文又分为绝密、机密、秘密类公文，这三类公文都有不同的保密期限的要求，普通类公文也有一些需在一定期限、一定范围内才能公布或传达，这对电子公文处理系统的保密设计提出了很高的要求，在不设防或缺乏有效设防措施的自动化系统中制发公文，极易受到"黑客"的攻击，造成国家秘密的泄露。四是法定效力缺。目前，我国电子公文尚不具备与纸质公文同等的法定效力，这已经成为制约公文处理自动化系统进一步深入发展的"瓶颈"。

对于目前电子公文管理系统存在的上述问题，究其根本原因，是由于现阶段还缺乏电子公文标准化系统。尽管已经出台了一系列标准，但是我国的电子公文管理标准建设仍然存在一些欠缺，主要表现在：

1. 标准的系统性不足。由于缺乏统筹规划、组织协调，各标准研究制定单位相互封闭、各自为政，造成各个标准之间难以衔接，甚至相互冲突，整个电子公文管理领域的标准结构散乱、不成体系。

2. 标准的数量不足。目前仍缺乏涉及一些电子公文管理关键环节（如形成、捕获）、核心技术（如迁移、封装）的标准；缺乏音频、视频、网页等特殊格式，银行保险、航天航空、国防核工等特殊行业的电子公文管理标准。

3. 标准的国际化程度较低。我国电子公文管理领域采纳国际标准的比例比较低，而且自身的标准在国际上的影响力较低。

4. 推广不够。在实际工作中，部分单位和电子公文管理软件系统研发企业缺乏标准化意识，一些标准没有得到充分的推广应用。

为了应对以上问题，我们应积极借鉴国际电子公文标准、推广电子公文管理标准，并尽可能地完善标准的系统性，加速我国电子公文管理标准的国际化进程。

构建电子公文管理标准体系，应全面梳理当前我国电子公文管理领域内标准的情况，在分清哪些标准已经失效、哪些标准需要修订、哪些标准继续适用、哪些标准亟须制定的基础上，根据电子公文管理的客观规律和要求，构建一个科学、完善的标准体系。在标准体系的搭建过程中，需要认真考虑各种标准之间的一致性与协调性，并以标准体系作为标准建设的重要指南，科学规划，循序渐进地推动我国电子公文管理标准建设。

第一，加快研究制定亟须的核心标准。根据当前实际工作需要，尽快制定电子公文管理术语、标识、系统功能需求、元数据、迁移、封装等亟须的基础性、关键性标准。据了解，国家电子文件管理部际联席会议办公室委托中国人民大学、国家档案局等单位研究起草的《电子文件管理系统通用功能要求》《电子文件通用元数据规范》已经多次征求意见，将于不久正式发布。希望电子文件管理术语、标识、迁移、封装等标准也能加快研究制定。

第二，提高标准的国际化程度。要加强与国际标准化组织信息与文献技术委员会档案/文件管理分技术委员会（ISO/TC46/SC11），以及西方发达国家的文件管理标准化组织的交流与合作，积极采纳国际标准，同时努力增强我国标准在国际上的影响力和话语权。

第三，加强标准的推广应用。要大力加强我国电子公文管理标准的宣传、贯彻，提高标准推广、实施效果。可以通过开展电子公文管理系统测评认证，对有关电子公文管理软件产品进行标准一致性测评认证，强制要求政府采购通过测试认证的软件产品，从而引导和约束党政机关、研发企业遵从各项电子公文管理标准。

毫无疑问，随着电子公文管理标准建设步伐的加快，我国电子公文将进入一个新的发展阶段。

第四节　电子公文的发展趋势

一、电子公文的优点

从功能上看，电子公文与纸质公文有相同的本质，都是公文的一种形式，履行公文的职能，是信息与载体的统一体，都具有物理的实态。但电子公文自身所具备的特点，决定了它在信息社会里较纸质公文又具有以下优越性：

（一）存储密集

随机存储介质（如磁盘和光盘）的出现使电子公文存储摆脱了对空间的依赖性，满足了现代办公对信息存储的高密度、大容量、小型化、低价格的要求，这是传统纸质公文无法比拟的，这一点有具体的数字为证。300本100万字的书籍用一张容量为650MB的5寸光盘就可以存储，占用空间小，便于携带和保管。

（二）检索便捷

各单位在检索纸质公文时需要按照时间和空间顺序在公文档案中进行查找，尤其是年代久远的公文查找起来更是费时费力。而电子公文可以充分利用计算机强大的检索功能，通过键入日期、标题、文种、发文单位、收文单位等检索条件，足不出户，就可以在极短的时间内迅速、准确地找到所需要的公文信息。

（三）传输迅速

传统纸质公文的传递，在时间和空间上都具有单一性，而电子公文可以借助现代通信技术实现远距离网络化传输，在几分钟甚至几秒钟内就可实现上传制发的文件和向下级发布信息等。

（四）时效性高

纸质公文的传递由于受到时间、空间的限制，会影响公文信息的时效性。而电子公文可以通过电子政务系统，在短时间内实现以点带面式的信息发布，大大减少中间环节，缩短公文流程的时间，提高工作效率。

（五）输出灵活

传统的纸质公文可以实现文字、数据、图形等信息的输出，但对于图像、语音等信息的输出是难以实现的，而电子公文通过对各种媒体信息的集成化利用，可以产生图文声像并茂的效果，这一点是纸质文件所无法实现的。

（六）公文的处理、归档一体化

电子公文依靠现代信息管理技术可以完成收发、流转、立卷、归档过程一体化，通过电子政务将公文的处理与归档这两个环节连接成为一个紧密相连的整体。

当然，任何事物都不可能十全十美，电子公文作为一个新生事物，也有其不足之处。标准化、网络安全隐患、电子公文处理软件的开发应用、机电配套技术、传统观念等方面的问题制约着电子公文的发展。然而，电子公文是信息时代的产物，它的使用和普及也将是时代和社会发展的需求。

二、电子公文的发展趋势

（一）多维信息一体化，催生多媒体公文

随着网络媒体技术在电子公文处理的逐渐普及，电子公文的信息形态比传统的纸质公文更加丰富，不仅采用字符，而且采用声音、图像、视频、动画等多种形式，催生多媒体公文，这将大大改善公文的传播效果，提高工作效率。

（二）格式规范国际化，适应国际交流与合作的需要

随着国际社会交流、合作的日益频繁，国际公文的交流与合作也必将成为一个趋势，因此制定统一的电子公文往来规范就变得越来越迫切。

（三）安全认证制度化，确保公文安全运行

系统的安全不仅要依靠稳定可靠的硬件设备和良好的网络环境，更重要的是软件系统平台能够提供灵活、安全的措施以保证系统功能的安全稳定和数据的准确保密。因此，应该在区分不同网络信息资源和不同电子公文的前提下，在统一系统平台的基础上，在充分考虑安全成本、工作效率的同时，加大对硬件设施和软件设计的投入力度，通过身份验证、权限分配、访问跟踪控制、数字签名、电子印章、水印、加密等手段提供安全保证。当然，保障电子公文系统的安全，仅仅依靠技术是不够的，规范的管理制度也为电子公文系统的安全提供着有效保障。如可以通过建立分级管理、实时监控、定期备份、病毒控制、操作方法等相关制度，确保电子公文的真实性、完整性、安全性和可识别性，从而使得电子公文得到科学保管和有效利用。

（四）阅读设备智能化，开发人性化的人机界面

毋庸置疑，纸张比显示屏更能迎合人类视觉的需求，因此如何利用电脑的智

能化技术研制出更加人性化的人机界面，使电子公文也像纸质公文那样"易看"、"易用"是未来电子公文追求的目标。

（五）系统平台统一化，避免重复投入和浪费

随着国际的公文交流和合作日益频繁，国际化的系统平台建设就成为电子公文处理系统未来的发展方向。因此在系统建设中应采用统一的技术标准规范和安全保证体系，建立统一的数据标准，做好工作流程、工作术语以及各种定义的标准化工作，以利于现在和将来的各种应用程序的集成、系统的可规模化以及软件的升级和维护，从而避免低水平的重复建设，最大限度地实现信息交流、信息共享。

（六）文秘人员复合化，对机关人才素质提出更高要求

人类已进入了信息社会和知识时代，新的形势也对公文工作提出了数字化、国际化、全球化的要求，传统的工作观念、工作方式已经不适应新形势的发展，各单位对复合型秘书的要求越来越迫切，在招聘文秘人员时，不单单要求文秘基本技能过硬，还要求其知识结构多元化；不仅要懂得现代信息技术的相关知识，还要能够熟练应用电子公文系统。这样一来，不仅可以节约培训成本和时间，还可以大大提高工作效率和质量。

（七）制作传输开放化，加快政务信息公开步伐

随着公文电子化传输问题的解决，一些用户也开始提出了对电子公文应用的更高要求：信息脱密后的开放性应用。这意味着电子公文应用面临着第二个新的台阶。2005年年底，全球第一个针对文档信息处理的 UOML 操作标准被推出，它为实现不同文档的互操作提供了一个可行的解决方案，同样也为电子公文的开放打开了一扇窗口。随着 UOML 操作标准被引入电子公文应用，电子公文在脱密后将可以更加方便地进行批注和被不同的人员以各种不同的文档软件打开阅览、编辑、审批等。由此可见，通过对 UOML 的支持，电子公文系统将逐步走向开放。这也将使我国电子公文应用走向一个新的开放时代。

（八）公文发布微博化，及时、迅速、透明地进行公文处理

目前，有些部门开始尝试以微博方式发布公文，如2011年4月浙江海宁市司法局试行微博公文，开国内微博公文之先河。专家认为，上网的公文一般都是需要广而告之的讯息，微博公文能够促进公务及时传播，高效且覆盖面广泛，是值得肯定的新尝试。不可能每件公务都召开座谈听证，也不可能所有事都进行请示和汇报。微博公文的存在让人们都可以参与到公务的讨论中，增加了公务的透明度，是一件省时又讨好的事情。

（九）公文办理无纸化，实现由"双轨"向"单轨"的转变

我国发达地区如深圳、重庆等地早在2002年2月前就取消了纸质文件。近

几年来,各地、各部的"无纸化"办公步伐不断加快。随着电子公文应用和管理法律法规的不断完善、电子印章的逐渐推广、信息化知识和操作技能的不断提高、移动通信技术的日益普及,公文办理正在由"双轨"向"单轨"转变,预计未来十年将全面实现"无纸化"办公,公文也将随之进入无纸化办理时代。

虽然目前电子公文应用还存在着诸多问题,但是随着办公自动化、政务信息化和电子政务的发展,公文处理电子化已显现出势不可挡的必然趋势。这就要求我们从思想上、技术上、硬件软件上、社会大环境上做好一切准备,努力学习新知识、新方法,迅速提高驾驭现代化技术的能力,不断加强对电子公文方面的研究,使电子公文向着制度化、规范化、标准化的方向迈进。

第十一章　中国公文作者修养

公文必须是具有法定资格的作者才能写作和发布。所谓法定资格的作者是指依据宪法和有关法律、法规成立的并能以自己的名义行使法定的职能权力和担负一定的任务、义务的机关、组织或代表机关组织的领导人。负责公文文稿的撰写者，只是代言人，并不是法定作者。严格来说，公文的签发人也不是法定作者，他只是法定作者的代表，类似于人们通常所说的"法人代表"。公文的法定作者应该是文末印章上所标定的那个机关。

公文的撰稿者写出的文本，在没有定稿、签发、用印之前，还没有得到法定作者的认可，不具有权威性和合法性。只有在领导集体认可，主要负责人签发，办公部门用印后，才被法定作者认可，具有法定的效力。公文撰稿者是具体写作公文的人；公文作者是公文署名的人，也是公文的法定作者。比如秘书给领导写发言稿或者总结等公文，秘书是具体的公文撰稿者，而领导则是公文的作者。由于公文往往是由集体撰写修改完成的，因此，本章所指公文作者是公文撰写者个人和法定作者集体兼而有之的代称，公文作者修养包括所有参与公文写作的人的修养。

第一节　公文作者与秘书的认识和界定

现实的公文作者，人们的印象主要是由"秘书"来承担的。但最初的秘书并非如此。我国最早出现"秘书"一词是在东汉时期，其含义与字义是相关的，指宫中密藏之书，也即皇宫中秘密收藏的图书典籍。《汉书·刘向传》记载汉成帝"诏（刘）向领校中《五经》秘书"。《汉书·叙传》也记载："（班）游（东汉著名史学家班固的先人）博学有俊才……与刘向校秘书。每奏事，游以选受诏进读群书。上器其能，赐以秘书之副。"《后汉书·苏竟传》中，苏竟劝说刘龚投降的一封信中也称："昔以摹研编削之才，与国师公从事出入，校定秘书。"《晋书·荀勖传》也说："及得汲郡（西汉名臣）冢中古文竹书，诏勖撰次之，以为中经，列在秘书。"这几处古代文献中提到的"秘书"都是指宫中密藏之书。

除了指宫中密藏之书外，"秘书"一词后来也指那些用来占卜吉凶的谶纬图箓之书。因为古代的农民运动常常利用这类书籍中的术语、口号来发动或组织起义队伍，因而统治阶级严禁这类书籍在民间流传，只将其在宫廷内部保存，故称其为"秘书"。《后汉书·郑玄传》记载，郑玄青年时"遂博稽六艺，粗览传记，时睹秘书纬术之奥"。东汉许慎《说文解字》中写道，"秘书说：'日月为易，象阴阳也。'"段玉裁注："秘书，谓纬术。"由此可见，"秘书"还可以指谶纬图箓之书。

随着时代的发展，"秘书"的含义逐渐发生了改变，由原来的指物演变为指人。从东汉后期开始，"秘书"一词开始指朝廷中掌管图书秘籍的一类人的官职。《文献通考》（宋·马端临）中有这样的记载："后汉图书在东观，桓帝延熹二年，始置秘书监一人，掌典籍图书。"这里的"秘书监"就是一种官职的名称。曹魏时期朝廷设"秘书令"，职责是"典尚书奏事"，负责管理机要事务。其后历代封建王朝均设"秘书"官职或机构，其职责主要是奏章宣事及掌管国家典籍。

从上述内容可以看出，我国古代虽然很早就出现了"秘书"这一概念，但无论是指物还是指人，其含义与今天的秘书存在着很大差异。其实，我国自远古以来，就有类似现代秘书的工作，也有相当于现代秘书的职位，但都不用"秘书"这个名称。古代中国从事秘书工作的人，其名称在不同的时期有不同的称谓。

汉代以前皇帝的秘书统称为"史官"。传说中，黄帝时期，朝廷就开始设置史官，仓颉和沮诵大约就是我国最早的史官。他们负责记录黄帝的言论和行为，并且传达号令，是黄帝身边的"秘书"。夏朝百官中的太史令（辅助君王处理国家政事的高级官员）、左史（负责记录国君的行为）、右史（负责记录国君的言语），西周时期的外史（负责处理对外公文）、内史（类似私人秘书）、女史（掌管王后的公文和生活，是我国最早的女秘书）等都是当时的秘书官员。

汉代以后朝廷的秘书官员因朝代的更迭而时有变化，有时是尚书、中书、侍中、仆射，有时又是中书舍人、翰林学士。这些官员的权力和地位在不同的朝代有不同的变化，但工作职责多少都带有秘书的性质。他们分工很细，或专理外朝政务，或主管内廷事务，或只为皇帝个人服务，选用的人员或者是文人士子，或者是朝中官宦。

除朝廷中设立秘书官员以外，古代地方政府里也普遍设立秘书职位，只不过名称不同。常见的有主簿、记室令史、掌书记、判官、书佐、幕僚、师爷等，这些人官职低下，数量众多，广泛分布于各地方政府机构之中。他们或草拟公文，或掌管图书，或抄写校对，为各部门和地方长官服务。

尽管我国古代对秘书人员的称谓五花八门，但有一点是基本相同的，那就是普遍认为秘书是通过掌管公文等活动在国君或地方长官身边的、辅助他们处理政事的工作人员。

翻开一些常用工具书，其中也有对"秘书"的定义，如《现代汉语词典》

（修订本）认为，秘书是"掌管文书并协助机关或部门负责人处理日常工作的人员"。《辞海》则认为，秘书是"职务名称之一，协助领导综合情况，研究政策，密切各方面工作的联系，办理公文、档案、人民来信以及其他日常行政事务和交办事项"。大家的共识是秘书首先是一种职业，是公文写作与处理工作的主要承担者。

现实工作中公文作者可以是一个人，由一个人独立完成全部写作任务。如党政机关秘书队伍中的文字秘书，就是以撰写文稿为主要职责的秘书。他们大多能说会写，具有较强的口头与书面表达能力，能协助领导完成公文撰写工作。当然，秘书的工作内容是非常复杂的，除撰拟和处理公文外，还有接打电话、接待信访、调查研究、安排会议等职责，因此，还有机要秘书、通讯秘书、信访秘书、事务秘书、生活秘书等分工，这里不做讨论。有些专业性强的公文，文秘人员和一般的领导者不能驾驭，往往需要选择"行家"，即专业人员来进行撰写。

公文作者也可以是群体作者，由两个或两个以上的人为完成公文写作任务所组成的写作团队。在"知识爆炸"、全球经济一体化步伐加快的今天，竞争日益激烈，技术进步一日千里，社会变化日新月异，形成"学习型"写作团队，以适应迅速发展的社会变化已成为时代的必需。一个科学合理的写作团队，一定要依照适应性原则，层级、规模与实际工作性质、工作量相适应。

公文作者也可以是领导干部。我们党历来提倡领导干部自己动手写公文。领导不仅要领导、指导拟稿工作，还要经常拿起笔来，亲自操作。改进文风是我们党对各级领导干部的一项重要要求，领导干部要带头讲短话、讲实话、讲新话，通过自己以身作则带出好文风来。这里很重要的是领导自己要亲自参与重要文稿的起草。邓小平同志说过："拿笔杆是实行领导的主要方法。领导同志要学会拿笔杆。开会是一种领导方法，是必需的，但到会的人总是少数，即使做个大报告，也只有几百人听。个别谈话也是一种领导方法，但只能是'个别'。实现领导最广泛的方法是用笔杆子。用笔写出来传播就广，而且经过写，思想就提炼了，比较周密。所以用笔领导是领导的主要方法，这是毛主席告诉我们的。凡不会写的要学会写，能写而不精的要慢慢地精。不懂得用笔杆子、不会拿笔杆子，这个领导就是很有缺陷的。"（1950年5月16日邓小平在西南区新闻工作会议上的讲话）现在各级领导干部的理论素养和知识素养在不断提高，如果时间和条件允许，还是要尽可能自己动手。一些重要讲话和公文应当全程参与，出思想、谈看法、拿主意，在大的方面把好关。因此，领导干部是最重要的公文作者。

第二节 公文作者的个性特征

公文作者的个性特征素养又叫公文作者生理心理素质，是指公文作者进行写作所具备的独特、稳定的心理、生理品质,就公文作者而言,主要包括个人的天赋、气质、性格、兴趣等要素。

一、天赋

我们所说的天赋,首先是指一个人神经系统的正常、无缺陷。正常的先天生理条件对一个公文作者的成长具有决定性的意义,也是他后天个人独特心理品质发展的根基。不承认公文作者天赋对写作的影响是不符合公文写作实际的,也是唯心主义的观点。刘勰在《文心雕龙》中曾说"才由天资"、"功以学成",讲的就是天赋与后天增减的关系。这两句话告诉我们,后天的训练无疑是对天赋的成全、补充、完善与合理发展。只有既承认天赋的存在又同时承认后天的培养才是我们应当树立的辩证观点。

二、气质

气质是人的高级神经活动类型特点在行为方式中的表现,是个人心理活动的动力特征。人的气质很早就为心理学家们所注意与研究。而与公文写作密切相关的则是苏联生理学家巴甫洛夫关于"纯粹属于人类的类型"的气质划分。他将气质分为思维型、艺术型和中间型三种。思维型的作者适合在逻辑思维的天地里开创他的天地。而艺术型的作者似乎更适合在形象思维的境界里发挥作用。介于上述两者之间的公文作者则属于中间型。逻辑思维与形象思维的和谐统一,使得中间型作者可以发挥其两者兼而有之的优势,融说明、议论、描写、叙述及抒情于一体,成为写作上的"两栖"人才。气质在很大程度上决定着作者的写作或创作的观点、过程、语言乃至风格。公文写作作为以抽象、逻辑思维为主的写作活动,要求公文作者最重要的是要具有思维型和中间型的气质。

三、性格

公文作者的性格主要表现在他对外物的感知、认识、推理、判断及感情意志等心理活动中,对公文写作过程中题材的处理、主题的提炼、文种的驾驭、语言的表达及个性风格的形成都会产生深刻的影响。

四、兴趣

"兴趣是最好的老师",公文写作是种复杂而艰苦的精神劳动,如果没有对公文写作的强烈兴趣,是很难写出佳篇力作来的。兴趣是指一个人经常趋于认识掌握某种事物,力求参与某项活动,并且有积极情绪色彩的心理倾向。公文作者的个人兴趣对他写作过程中的材料选择与主题提炼、内容的倾向性和生动性及风格的形成都有直接的影响。因此，公文作者应当具有广泛、持久、深刻、健康的兴趣，才有可能写出好的公文作品来。

五、人际关系

公文作者离开了人际关系就无法开展工作。美国的教育家戴尔·卡耐基曾做过一个成功的调查，认为事业成功的人，只有15%是靠他的技术，而85%是靠人际关系和处世技巧。对于秘书而言，既要处理好上下级关系，又要善于合作，因此良好的人际关系是工作的润滑剂、事业的催化剂。公文作者可以充分通过如下途径来建立和谐的人际关系：

（一）真诚待人

学会真诚地关心他人，爱护他人，帮助他人，是建立和谐的人际关系的重要途径。

（二）做好听众

公文作者每天要面对各种各样的人，要同他们沟通交流，此时，公文作者最明智的做法，就是做一个好听众，多听少说。

（三）多用礼貌语

礼貌语是沟通人际关系的桥梁，是公文作者个人涵养的体现。

（四）注重交际礼仪

公文作者在日常工作中必须掌握一些固有的礼仪，适度地使用交际礼仪能反映公文作者的文化修养、道德品质。有时，还能化敌为友，事半功倍。

第三节 公文作者的基本素质

公文作者应当具备的基本素质，主要应当包括思想政治素养、智能素养、业务素养、职业道德素养和个性特征素养。公文作者只有不断提高自身素养，不断加强学习和历练，才能跟上时代的步伐、适应工作的要求。

一、公文作者的思想政治素养

思想政治素养包括个人的人生观、法制观、政策水平等综合素质的修养。人生观是指个人对人生的看法，也就是对于生存目的、价值和意义的看法。对于公文作者来说，应当具有"情为民所系、权为民所用、利为民所谋"的人生观，树立真心实意为人民服务的思想。法制观是指个人对法律制度的看法，也就是对法律的制定、法律的执行、法律的遵守的看法。对于公文作者而言，应当具有学法用法、依法行文、依法办事、为法律的健全和普及不断探索新思路的法制观念。

政策水平是指个人贯彻党和国家不同历史时期制定的行动准则的能力。对于公文作者而言，应当具有自觉学习政策、积极宣传政策、认真执行政策、及时反馈意见、辅助领导决策的政策水平。

良好的思想政治素养无疑是对公文作者的一个基本要求。首先，道德观念是人的共同生活及其行为的准则和规范。公文作者从事公文写作时总会按照一定的道德标准去评判生活、人物，衡量是非曲直。作者的立场和信仰决定着公文本身的政治倾向与阶级爱憎，作者的觉悟与人生观、生活态度则直接作用于公文作者对问题情况认识评价的正确与否和深刻程度。可以这样说，优良的思想品质是公文作者正确地感知、体验、理解、判断、分析现实生活的基础。

公文作者如何加强自己的思想政治素养呢？

（一）牢固树立克己奉公、为民谋利的人生观

所谓克己奉公，即克制自己的私心，奉行公事；艰苦奋斗，即不怕艰难困苦，努力奋斗。这两者是相辅相成的，综合起来就是"为民谋利"人生观形成的基础。凡是真心实意为民谋利的人都是从克己奉公、艰苦奋斗做起的。

（二）牢固树立依法办事、依法行政的法制观

公文是法律的传播阵地。公文作者是法律的宣传者、实施者和监督者。因此，公文作者必须具备法制观念，才能保障法律的实施，防止违法事件的发生。公文作者应该善于运用娴熟的法律知识来监督公文、分析公文、处理公文，应该具备较强的法制观念，平时注重法律法规的学习，养成遇事用法律法规的标准来衡量的工作作风。

（三）牢固树立实事求是、注重实效的政策观

实事求是既是解决矛盾的前提，又是制定政策的前提，更是增强政治素质的关键。只有坚持实事求是，尊重和承认客观事实，努力排除个人的主观随意性，才能全面地、发展地看问题，通过去粗取精、去伪存真、由此及彼、由表及里的科学分析，才能制定并贯彻执行正确的路线、方针和政策，提出切实可行的工作措施和解决问题的办法。

二、公文作者的智能素养

公文作者的智能素养是一个多层次、多因素的综合体。形成完善合理的能力结构，绝不是一件轻而易举的事情，需要终身为之奋斗。能力的高低决定智能的高低、强弱，智能是才干的基础。因此，要增强公文作者的智能训练。要想增强智力，可以从五个方面入手：知识积累、思维训练、临机智力训练、记忆训练和反思能力。

（一）知识积累

主要包括马克思基本理论、国际政治、国内政策、历史、文化、逻辑科学、领导方法、决策艺术等。此外，工作经验、社会阅历也是知识，而且是开发智力和才能的重要知识。这不是要求公文作者对每一门知识都精通，而是要求对一般知识懂得一些即可。对有所侧重的知识要懂得很多、很深，这样才能做好公文写作工作。

（二）思维开发

人的智能高低，是由思维能力的开发程度决定的。若从认识论的角度来说，人的智慧，则是社会实践活动的结果。因此，加强智能训练的途径之一，就是积极参加社会实践活动。从公文作者的工作角度看，加强思维训练，应当加强语言能力、逻辑能力、思辨能力、认识能力、领会能力等诸种能力的训练。公文作者要同各种人员打交道，语言表达能力低，就会影响工作。逻辑能力、思辨能力、认识能力都是思维的基本功，都是思维能力的要素。训练思维能力，就是使人能熟练地运用逻辑思维辨别、认识事物的本质和现象，而这就是一种智能。领会能力也是公文作者必不可少的智能。上级交代意图、布置工作要领会，下边汇报情况、请示工作也要领会。公文作者必须反应快、领会准，才能正确贯彻意图，提高办事效率。

（三）临机应变

临机智力包括了应变能力，但还不只是应变能力。而是在一切情况下所表现的反应迅速、思路敏捷、处之泰然、机智灵活的智能。它是以知识、经验和思维力作后盾的，并与心理素质、行为智能和精神状态密切相关。提高这类能力，一要靠思维开发，二要在实际工作中学习和锻炼。公文写作工作内容丰富，思路千头万绪，缺乏临机智力的公文作者是不足以完成的。

（四）强化记忆

很强的记忆力是公文作者具备的基本功。为了工作方便，公文作者必须善于认人、记人、记事。这就会使公文作者强记博取，应付自如。记人，除了要求掌握方法、诀窍之外，主要还得靠平时勤下工夫多动脑子。懒惰是学不到本领、开发不出智力的。

（五）善于反思

一个人要随时回顾自己的言行，善于总结自己的成功经验和教训。特别要善于发现自己的过失和不足。"吾日三省吾身"，"见贤思齐焉，见不贤而内自省焉"。善于自省的人，容易开发智能和增长才干。公文作者在多数情况下要靠个人发挥聪明才智去完成这样那样的工作任务，而他们的工作又是为领导机关、领导人服务的，因此特别要求其把事情办得妥善、得体，这就要不断反思自己的言行，使智慧和才干在不断总结中增长起来。

三、公文作者的业务素养

对于公文作者来说，业务素养指的是胜任公文写作应具备的专业能力，主要是指表达能力、组织能力、理解能力、社交能力和办公能力。

（一）较高的表达能力

文字表达能力是公文作者的基本功。公文作者工作中的一个重要任务，就是从事大量的文字工作。因此，公文作者须具备扎实的文字功底，不仅要精通语法、修辞和逻辑知识，还要掌握写作规律。写作是一种综合能力的表现，要做到内容与形式的统一，并不是一件轻而易举的事。这就要求公文作者加强写作实践，熟练掌握各类公文的特点、写作要求和语言表达技巧，随时注意积累资料，不断提高写作水平。

（二）较强的组织能力

根据职责的要求，公文作者经常要按照领导的意图组织各类活动，如果缺乏一些现代的、科学的组织管理能力，就无法把工作搞好。对此，公文作者一方面要通晓办事的渠道，提高办事的效能，平时多接触一些具体事物，处处留意他人和自己的上级是如何处理问题的，不断增加自己的阅历和经验。另一方面要用系统的观点，统筹安排工作。

（三）较快的理解能力

公文作者要有较快的理解能力，关键是要听得快、听得清、记得牢。为此，要有集中的注意力、灵敏的反应能力、牢固的记忆力、准确的判断力。世界上的事物总是瞬息万变、不断发展的。人们办事的计划和预案，常常会与现实不大相同。有时会突然变化，把原来的计划和预案完全打乱。在这种情况下，公文作者要胸有成竹，迅速作出抉择，一案不行另换一案，原则不变，灵活处置，以达到预期目的。

（四）广泛的社交能力

处理人际关系是一门学问，而交际能力，又是处理人际关系的重要因素。社交对于公文作者来说同样重要。首先，在广泛的社交中，可以博采众长，学习各方面的知识以丰富自己。知识出才智，才智是谋本，这样在实际工作中就能更好地发挥参谋助手的作用。其次，社交是办事的辅助，可以帮助公文作者选取捷径，克服阻力，提高办事效率。

（五）特殊的办公能力

随着社会现代化程度的提高，公文作者必须适应形势发展的需要，掌握现代化办公手段和技能。主要包括：电脑操作技术、复印技术、缩微技术、摄影技术、录音录像技术、打字技术、速记技术、书法艺术、编辑技术、校对技能和驾驶技术。

四、公文作者的职业道德素养

所谓职业道德，是指担负不同社会责任和服务的人员应当遵循的道德准则。它通过人们的信念、习惯和社会舆论而起作用，成为人们评判是非、辨别好坏的标准和尺度，从而促使从业人员不断增强职业道德观念，不断提高服务水平。公文作者的职业道德素养，主要有以下几个方面：

（一）秉笔直书、刚正不阿

中国古代公文作者在记录历史事实时，所依据的准则不是君主的意志，而是上古传沿下来的职业操守，即秉笔直书、刚正不阿。直笔强调以事实为根据，因此，我们今天才能拥有大量接近史实的典籍，因而也更能了解历史的真相，从中得到借鉴。可是，维护这一职业操守的代价是非常高昂的，很多人为此被革职查办，甚至牺牲生命，由此才换来秘书职业道德生命的延续。

在中国文秘史上，秉笔直书、冒死以谏的文秘官员代代有之。他们认为，必须直笔，才能垂训鉴戒，这是对历史的一种负责任的态度。直笔后来慢慢衍化成公文作者的原则和传统，也成为公文作者"仗义直书，不避危难"的精神支柱。孔子对于直笔的褒扬和儒家人文精神以及"圣主明君"的提倡使得这种精神大为发扬。直笔历来是公文作者遵循的职业道德与精神支柱，那些可歌可泣的事迹激励后辈们前赴后继、视死如归。因此，直笔精神被誉为公文文化核心中最重要的道德价值与优良传统，世世代代被人宣扬和赞誉。

（二）忠于职守、操守高尚

古代公文作者讲究"忠"。尽忠，最直接的反映就是对自己本职工作的忠实。他们恪尽职守，忠实地记录下自己所闻所见的历史事实，忠于自己的本心，遭逢君王错误对待的时候，能据理力争，冒死进谏。这种忠更表现为对自己气节、操守的一种坚持，富贵不能淫，贫贱不能移，威武不能屈，他们忠于的不单单是君国、职业、历史的真相，最终是对自己本心的一种坚持。

纵观我国公文史，可以知道古代的公文作者大多能忠于职守、勤勤恳恳，而且才华横溢、落笔成文，具有较高的文化修养。公文工作这一职业，要求文化素养较高的人来担任。古代选拔公文作者，具体要求就是"必求博闻强识、疏通知远之士"。（《隋书·经籍志》）担任公文作者一职的都是通天文晓地理的文官，并且，负责公文工作的人通常都具有承续性，祖孙三代从事公文职业的大有人在。世代的文化积淀可以带给一个家族文化上的优越性，他们的子孙就算不是才华横溢，也至少通文墨，对公文工作有较深的认识。还有很多公文作者，虽然没有显赫的家世，但靠着勤奋以及朝廷的取士制度，也能够出人头地，这样的例子不胜枚举。不管是出生书香世家一脉相传，还是出生低微靠一己之力取得成就，古代秘书官员大多是落笔成文、文采四溢的。

今天的公文作者忠于职守，大而言之是忠于党、忠于国家和人民利益；小而言之，要忠于本职工作。忠于职守的另一个含义是对工作认真负责、一丝不苟。忠于职守还意味着恪守本分，甘当助手、配角，甘当无名英雄，不越权或滥用职权。

（三）保密奉廉、爱岗敬业

古代公文作者对保密工作很重视，这也是"忠"的表现之一。三国时魏国设中书令、中书监，专管秘密事物和公文，他们大多都有良好的保密习惯，珍惜自己的职业和职位，对机要公文有很高的警惕性。此后，各朝代都有了规定，公文作者之间的密折和公文不传阅、不互通、不偷看，下行密本收存时也不能给任何人看。他们大多都能执行保密纪律，严守秘密内容。古代对泄密的惩罚也是严厉多样的，对后人也有警示的作用。廉洁奉公，洁身自好，是古代公文作者的自觉追求，也是公文作者做人的原则之一。他们大多能自觉抵制拉拢腐蚀，宁愿清贫也不为物质所动，兢兢业业，恪尽职守，表现了很高的职业操守。这对当今的公文作者有着很好的榜样作用。

保密奉廉、敬业爱岗对今天的公文作者来讲，既是纪律要求又是自觉的行为和良好的习惯。公文作者知密度很深，既是保密重点对象，又是泄密重点对象。公文作者要严格执行国家有关保密规定，严守党和国家的机密，不在任何场合向任何人炫耀和泄露，以免给党和国家造成损失。公文作者一定要注重工作效率，当场可以办理的事，就不要说"研究研究"；当日可以处理完的，就不要推到明天；急办的事就要立即去办。总之，要把公文处理的时间压缩到最低限度。"雷厉风行"应该是公文作者的工作原则和应有作风。

第四节 努力提高公文写作能力

公文写作是机关工作人员的基本功。要顺顺利利地在机关工作，长久拿不起笔来是不行的。从锻炼提高自身素质的角度看，学习公文写作也是十分有益的。文如其人，文如其面。公文写作能力是整体素质的集中反映。公文写作不是纯粹的文字工作，公文写作上的差距既反映了文字功底上的差距，又反映了理论水平、思想水平、认识能力上的差距。让三个人组成一个工作组下去调查研究，听到的看到的都一样，回来以后，让他们分头写调查报告，三份调查报告对情况的分析、结论和提出的建议不会完全一样。原因就在于他们观察事物的眼力不一样，把握全局的能力不一样，分析综合能力不一样，抽象概括能力不一样。所以，公文写作能力的提高是整体素质的提高。这种素质将会使自己终身受益。提高公文写作能力既是提高工作效率、做好机关工作的需要，也是发展和完善自身的需要。那么，怎样从根本上提高自己的公文写作能力呢？综合理论与实践经验，主要应从以下四个方面努力。

一、系统学习理论知识，努力锻造理论思维

公文作者的思想理论素养主要是指作者的人生观和世界观，包括道德品质、宗教信仰、文化知识和理论素养等。它直接决定和影响着公文的立意，而立意就是公文的灵魂，是一篇公文的纲。所以，公文主题的深刻、新颖与否，主要来自于公文作者的思想深度和理论水平。所谓文品即人品，就是这个道理。要提高公文作者的思想理论素养，必须加强学习马列主义、毛泽东思想、邓小平理论、三个代表重要思想和科学发展观，用现代科学文化知识武装头脑，加深对党和国家的方针政策的理解，努力深化对各种社会现象和社会问题的认识。只有这样，才能以正确的思想和科学的方法来指导公文写作。

恩格斯认为，任何一个民族，要想保持旺盛的发展活力，就一刻也不能离开理论思维。相比之下，我们往往不注意对工作进行理论思维考虑，而喜欢就事论事。这直接导致我们一些公文起点不高、深度不够。实践证明，我们要正确地认识全局工作中的各种现象，正确地处理工作中的各种矛盾、各种关系，就不能不认真地学习有关的理论。理论是我们观察、认识和分析有关问题的指南。只有理论素质提高了，才能头脑更敏锐，思维更活跃，眼光更长远，写出来的东西才能有正确的立场观点和深刻的思想内容，才有不可动摇的逻辑力量。当然，理论的作用是间接的。一份调查报告可能没有直接谈理论问题，但它的观点是对调查材料进行透视和思维的成果。理论的作用是潜移默化的，不能指望学理论立竿见影，现炒现卖，打牢理论基础必须作长期艰苦的努力。

二、熟悉精通业务知识，科学优化知识结构

我们每天都在接触知识，并在不自觉地进行着知识积累。在积累知识时，既要注意量的增长、面的扩大，还要注意根据自己的职务和专业分工，设计自己的知识结构，有目的地进行知识积累。所谓知识结构合理，就是既有专业知识，又有外围知识，专业知识精，外围知识博。专业知识的精，是没有止境的，那么，外围知识要宽到什么程度呢？如果要画一个圈的话，这个圈应该把日常公文写作所涉及的领域基本覆盖。这样，在写作公文时，即使涉及不懂的知识，也不会是完全生疏的，起码知道从哪里获得这些知识，从什么地方查到所需要的资料、数据。专业知识必须熟悉、精通。在写作中用到这些知识时，不必每次都去查找。

要像律师熟悉法律条文那样熟悉自己的专业知识。

积累资料需要技巧，更需要毅力。偶尔剪辑、摘记一点资料，做一点卡片，比较容易，长期坚持相当不易。积累资料绝不像有些同志想的那样是剪刀加浆糊的工作，它会耗费很多时间和精力。要积累资料，就要阅读资料，判断资料的价值及分类。如果由他人代劳，自己对资料内容没有印象，用时就无处查找。积累资料的过程，也是熟悉资料的过程。只有熟悉资料，才能在需要时，从资料储备中迅速把它调出来。当然，这里说的熟悉，并不是指熟悉资料的具体内容，而是指了解资料的类别、属性。资料是供备查用的，没有必要把它的内容都记住，知道能在哪里找到它就行了。为了便于查阅，积累资料要注意分类，并定期整理。资料的积累不能代替思想的积累。所谓思想积累，就是脑子要想事、装事，注意把一些一闪即逝的想法捉住，记下来，并加以联想。我们读报纸的时候，看文字的时候，调查研究的时候，与人交谈的时候，要开动脑筋，思考问题，使头脑总处于一种准备状态，这样，受领公文写作任务以后，进入情况就快，完成任务也快，不至于什么时候都是从零开始。

公文一般都有极强的专业性，常常与有关专业和业务有密切的联系。公文作者必须懂得甚至精通相关方面的专业知识才行。因此说，具备一定的专业知识，就是写好公文的重要基础和前提条件。例如，经济类公文写作必须具有经济方面的知识，司法类公文写作必须具有法律方面的知识，而写科技公文、教育公文更要求作者是那个领域的专家。撰写工作计划、进行工作总结等，也必须熟悉有关的业务。如果撰写有关企业改革方面的公文，作者对企业方面的专业知识缺乏研究，尽管你有很高的写作水平，要写好这方面的公文也是非常困难的。

三、了解掌握全局情况，面对大局思考问题

机关工作分工是很细的，对分工的工作了如指掌是应该，但不应满足于此，还要熟悉全局。只有懂得全局，才能更好地把握局部，才能正确地估量本地区、本部门、本系统的工作在全局中的位置和分量。不懂得全局就往往见木不见林，把自己承担的工作任务强调到不适当的程度，给他人提出一些不适当的要求。强调了解全局，还有一个原因，就是有些中心工作往往要从各个部门抽调人员完成。如果对全局性工作很生疏，就会感到不适应。因此，在精通专业的同时，必须多了解全局。年度工作要点，基本思路，重大活动，近期召开一些重要会议的情况，上级和本级制发的重要文件、领导的讲话和指示、重要典型的情况，都应一一了解。能多参加一些活动多接触部门固然好，没有这些条件，通过阅读文件和有关材料也能了解不少情况。例如，某个单位的现场会开过以后，找来有关材料看看，也可以了解大体情况，并非只有到现场去才能了解情况。有些同志没有

养成看文件的习惯，这很不利于了解和熟悉全局情况。有时兴师动众往返几天到一个单位去开座谈会，了解情况不一定比从文件上得来的多。通过阅读文件，既能掌握政策，又能了解情况。对于机关干部来说，阅读文件是一种多快好省的学习办法，不充分利用文件，未免可惜。

公文是传达党和国家的方针政策、贯彻执行国家法律与法规的重要工具，是为社会主义建设和广大人民群众的根本利益服务的。公文作者的政策水平的高低和法制观念如何，将对此产生重大的影响。因此，公文作者必须不断加强自身的政策修养，强化法制观念，时时处处坚持依法行政，依法办事同时还要十分熟悉工作中常用的条例规定、政策措施、基本数据。在公文的写作实践中，无论是表达集体观点，还是个人意愿，都必须以党和国家的方针政策为指导，以法律、法规条文为依据。不仅要使公文写作内容符合政策和法治原则，而且还要注意行文关系的制度化、规范化，真正做到思想性、政策性和法制性相统一。

四、研究一点写作之道，在公文写作实践中提高写作能力

根据一些同志的体会，学习写作之道的主要途径，一是多学一点公文拟制的有关规定和方法。公文的分类、作用、一般内容、拟制要求以及公文格式，是最基本的写作之道，要认真学习并熟记。二是多读一点公文写作理论方面的专著。这些书会告诉我们怎样确定主题、怎样建立结构、怎样使用材料，以及对比照应、起承转合等公文写作的基本知识。三是多学一点语法和修辞。学语法的目的是消灭病句，把句子写通顺；学修辞的目的是把公文写得优美、富有文采，两者都是需要的。有的同志认为，公文讲究严肃、庄重、朴朴实实，不能使用修辞手法。其实这是误会。讲修辞，并不是使公文华而不实。在我们所见的公文中，一些特别精彩的地方，恰恰是运用了修辞手法的结果。对比、排比、对偶之类修辞手法要善于灵活运用。不讲修辞，公文就不免平淡、呆板。四是多学一点逻辑学。逻辑与公文写作的关系非常密切。有一些公文之所以犯偷换概念、改换论题、自相矛盾等逻辑错误，就是由于没有掌握起码的逻辑规则。五是多学一点公文范文。阅读文件时发现写得好的公文，不要看一遍就过去，要仔细研究它的结构、观点、材料以及论证方法和叙述方法，研究它好在什么地方，想一想，如果让自己写这个问题，自己会怎样写，写法的差别在哪里，还有没有别的写法，等等。仔细揣摩、体会、研究，定会悟出些道理。这就是通过精读公文学习写作之道。还有一种方法，就是通过对照公文的修改稿学习写作之道。一份公文有时要写好几稿，每写一遍都会经过有关领导和人员修改，都会有新的提高。把这几稿，特别是领导修改过的稿子收集起来，仔细对照，边对照边思考为什么这样改，将会受益匪浅。

站在岸上，一辈子也学不会游泳，因为游泳是一种技能。同样，公文写作也是一种技能。由知识转化为技能必须经过实践这个中间环节。用筷子吃饭是一种很简单的技能，只听人家讲，看人家做，自己不拿一双筷子在手里练一练，也掌握不了，何况是公文写作这样复杂的技能！因此，提高公文写作能力最有效的办法是大胆实践，刻苦练习。在这方面要注意三点：一是既不要把公文写作看得轻而易举，也不要把它看得高不可攀。提高公文写作能力是个长过程，不能企求一步登天。一开始写不好不要紧，只要坚持写，一定有提高。二是既要勤于练习，又要善于总结。毛手毛脚地写，只求数量，不求质量，即使有提高，也比较慢。要使自己打一仗，进一步，就要善于总结。每完成一份公文的写作，都回过头来总结一下有什么经验教训。三是要高标准要求自己，不要抱有应付态度。起草每一份公文，都要把自己的潜力充分挖掘出来。这样，才能写一次公文有一次提高。如果能挑一百斤，只担九十斤，时间长了，一百斤的担子就挑不动了。有的同志不愿修改自己写的东西，总希望领导高抬贵手，降低标准，凑合过关，这样是不利于提高公文写作能力的。

第十二章 中国公文改革与文风建设

中国公文随着历史变迁，经历了无数次改革，其中包括公文文种、公文格式、公文处理、公文管理等各个方面的变化。时至今日，这种改革和变化仍未停止。虽然党政机关公文处理工作规范在改革中逐步趋向科学合理，走向了党政统一，公文文风也在改革中发展，但是，改革仍是中国公文发展的重要手段和必然趋势。

第一节 公文的改革与完善

2012年4月，中共中央办公厅、国务院办公厅联合发布《党政机关公文处理工作条例》，标志着党政机关公文处理工作步入一个崭新的阶段。这是长期以来公文改革发展的成果，也是与工作实践的迫切需要，和公文学界的研究和推动有着密切关系。随着社会的发展，公文的改革与完善将不断进行，弄清楚公文处理规范的改革历程具有十分重要的参考价值。其中，公文文种的历史演变与改革，在公文改革中具有重要代表性。

一、公文文种历史演变与发展

从最早记录占卜、战争等事件的原始公文至今，公文发展历经数千年，文种作为公文的重要组成部分也经历了无数变革，公文文种的变化，也是公文处理规范改革的核心内容。

（一）公文文种主要发展模式

首创式：即新造一种公文文种。如西周时期，没有专门的文种来表达"教告众民，昭告诸侯，禁戒、受命之辞"，于是就创造了"诰"这一文种承担此功能。这种发展模式如今越来越少。

沿承式：文种自产生至今一直在使用，且适用范围、职能都未有较大变化。最能体现这一模式的文种是"令"。尽管在先秦时期认为"大曰命，小曰令"，秦汉时期称为"诏"，后期也有其他名称。但"令"作为"帝王对臣下的言辞"这一功能没有变化。到现代，"令"的使用主体已经发生根本变化。但至今国家层面在发布法律法规，宣布履行重大措施，嘉奖有关单位和人员时仍在使用这一文种，而且具有极高的权威性。

间断式：随着公务需要产生，在一定时期消亡，而在另一时期又继续发挥职能作用的文种。如向上级表达个人政治见解的"书"，最早见于春秋，很长一段时间停止使用，明朝又恢复使用，只是职能略有变化。

裂变式：文种开始是基于某种需要而产生，随着社会发展，同一文种开始细化为两种以上。如命令体中的"册"产生于殷商，至明清时期逐渐分化为玉册、金册、银册、纸册等10余种。

合并式：在文种简化过程中出现将具有类似功能的文种合并为一种的情况。如历史上曾出现命令、指令、训令、令并存于世的现象，现在只保留了一种命令。

更替式：随着公文的发展，一些文种不能较好地满足其职能需要，原有文种就会被一种新的文种取代，原有文种消失，或者功能发生变化。如秦始皇将"命改为制，令改为诏。"

（二）影响公文文种发展的要素

统治需要：公文自开始出现便承担了管理政务的辅助职能。公文发展至今，其职能仍然没有发生变化，公文的出现、变革、发展都是为了更好地满足统治阶级的需要。

效能变化：随着时代的发展，公文不再是只有管理者才能接触的事物，平民也会使用和接触公文，文种发展必须适应这种变化，如状、函、书等文种。另外，为了更为准确地表述，便于贯彻执行，一些文种也会出现合并或分裂，如请示、报告。

时代背景：文种的出现、消亡与时代密不可分。如军事上常用的"檄文"在清代以前经常使用，而在现代社会，已经逐渐消亡。圣旨、诰命随着封建制度的灭亡而退出历史舞台。

二、公文规范的改革与进步

我国古代公文经历了漫长的演变过程，其变化主要体现在文种分类及功能的转变上。近代开始制定明确的公文处理规范。如民国时期，1912年，南京临时政府刚成立，就制定并颁布了《公文程式条例》。1927～1928年，民国政府先后颁布了三个公文程式条例，文体增加到27种。1927～1933年、1933～1937年、1938～1945年，民国政府还进行过三次"公文改革"运动。

中国共产党成立后，在各革命根据地，建立新的公文制度，对旧的公文制度进行了一系列的改革与创新。上述内容已在本书第四章中做了论述，不再重复。

就以1949年新中国成立之后，进入社会主义阶段的公文来看，关于公文文种也是经过了多次修订变化。从行政机关来看，1951 年 9 月，《公文处理暂行办法》规定为 7 类 12 种；1957 年 10 月，《关于公文名称和体式问题的几点意见（稿）》规定为 7 类 12 种；1981 年 2 月，《国家行政机关公文处理暂行办法》规定为 9 类 15 种；1987 年 2 月，《国家行政机关公文处理办法》规定为 10 类 15 种；1993 年 11 月修订的《国家行政机关公文处理办法》规定为 12 类 13 种；2000 年 8 月，《国家行政机关公文处理办法》规定为 13 类 13 种。

党的机关公文处理，经历了由文书到文件，再到公文的变化。1955 年和 1956 年中共中央先后制定了党内规章《中国共产党中央和省（市）级机关文书处理工作和档案工作暂行条例》《中国共产党县级机关文书处理工作和档案工作暂行办法》，当时的规定带有浓厚的革命色彩，也比较简单，还没有对公文进行科学的分类，只是规定文书"包括收文、收电、发文底稿、发电底稿、内部使用的文件以及电话记录、会议记录、出版物原稿、簿册、图表、照片、录音等"，格式上保持文字竖排的书写方式，规定公文用纸为 16 开，对公文保密的规定也比较简单。其后，经过多次反复的修订或全面更新，1989 年 4 月 25 日，首次颁发了有关党内公文的规章《中国共产党各级领导机关文件处理条例（试行）》，规定正式文件常用的文种有 13 类 13 种。在试行了 7 年之后，1996 年 5 月 3 日，又进行了调整修订，正式颁布了《中国共产党机关公文处理条例》，规定了党的机关公文文种有 14 类 14 种。这一党的公文处理规范一直使用到 2012 年《党政机关公文处理工作条例》的施行。

总的来说，我国党政机关公文是在逐步发展和提高的，作为处理事务、应用广泛的工具，它日益完备；作为一种语言方式，它逐渐发展而具有准确丰富的表现力。但是，公文在发展过程中也曾出现过繁缛虚浮的现象，强调固定格式，难免僵化。随着办公自动化程度的不断提高，党政机关对公文文种和处理方法不断地进行调整和完善，逐步走向统一，这是十分必要的。

三、公文文风的传承与变化

文风表现为两个层次，一是时代文风，二是个人文风。

时代文风，一般是指公文本体及其流传过程中那些具有普遍性、倾向性的现象。时代文风，是由某一时代的社会思潮与风尚对公文写作的影响而造成的。政治的治乱、制度的优劣、时代的兴衰、社会风气的刚柔，都影响文风的好坏。刘勰说："文变染乎世情，兴废系乎时序。"（《文心雕龙·时序》）历代公文现象一再显示了这一点。春秋战国时期，社会变更较快，诸子蜂起，百家争鸣，公文写得比较活泼，形式更不拘一格；阅读也较自在，没有限制理解的定式。在封建制度得到巩固的汉王朝，"遭遇太平"，社会暂趋稳定，统治者要求"扬其鸿藻"，为自己歌功颂德，便产生了由辞赋为代表的铺采摛文，堆奇砌艳的文风。在尊儒风气形成之后，阅读时也有了"礼教"、"王道"的定式，非孔孟之书不读，读时也极力向孔孟圣贤的思想去贴靠、去附会。西晋的玄言文风是当时尚玄谈理的社会风气在公文中的表现。宋代千篇一律、诡伪穿凿、剽窃仿造的场屋之习是科举制度的产物。科举制度越强化，对文风影响也越大，到明、清就发展成为八股文了。陕甘宁解放区力倡马克思列宁主义的革命文风。同一国度、同一时期文风不同，其根本原因在于政治制度不同。"学风和文风，也都是党的作风，都是党风。"（毛泽东：《整顿党的作风》，1942年2月2日在《解放日报》上首次发表，后于1953年收入《毛泽东选集》）文风不仅具有鲜明的时代性、阶级性，而且当它成为某一社会集团、党派的公文现象的一股风气的时候，便体现了这一社会集团、党派的世界观与作风。

个人文风，可能受到某一公文大家或流派的倡导和公文实践的影响，如韩柳欧苏开唐宋文风，桐城派影响晚清文风。也可能因某个最高统治者的偏爱或措施而有所变化，南朝艳丽轻靡文风的形成，就与文人迁就宋明帝、南齐竟陵王萧子良的"竟陵八友"、梁武帝父子、陈后主叔宝等人酒色加风雅的生活方式有很大关系。明太宗厌恶当时奏议之文的啰唆冗长，大臣茹太素的一个奏折，写了17000多字，当他听到6370字，还没听出个所以然来，便命令停念，当着文武百官给茹太素一顿廷杖。这一打，打出了简练务实的文风。

某一个人的文风，在总的倾向上受时代文风的制约。每个时期的文风倾向，会影响一批人，使这些人成为这种文风的追随者；即使无意追随，也会受潮流的裹挟，或多或少被时文习气所熏染，在自己的"文习"中具有时代文风的特征。当然，个人文风也与个人的写作态度、工作作风有关系。例如，为名利作文、为泄私愤写作、草率命笔就是坏作风，这样写出的公文也令人讨厌。

中国古代公文值得我们认真总结予以汲取的东西很多。刘勰的巨著《文心雕龙》论文体21篇，有12篇是研究公文的。《古文观止》220多篇文章中，属于公文写作范畴的多达70余篇。历史上流传至今的优秀公文丝毫也不比抒情散文、政论散文、哲学散文逊色。即使是公文中的糟粕部分，如谄媚封建帝王，颂扬"太平盛世"的表奏等，也和诗歌中的香艳诗、宫体诗之类的情况差不多。研究其成为糟粕的原因，对于我们写作新公文也不无助益。比如说，"八股文"在其出现之初，对文章结构、文章气势、文章韵味的研究未尝没有合理的一面，只是在其形式趋向模式化、凝固化，取材受到严格的限制之后，才走向反面，成为桎梏人们思想的工具。公文也和其他文体一样，应该有活水源头，在应用过程中也需要不断研究新情况，总结新经验，发现新问题，采取新对策，形式随着内容变，规范中间有应变，才不会变成束缚人们手脚的"新八股"。

第二节 公文改革的法制化取向

法制通常指国家的法律与制度，法律包括成文法与不成文法，制度包括依法建立起来的政治、经济、文化等各方面的制度，其中也包括法律制度。一般认为法制是指一个特定国家或地区中一切法律现象的综合体系，包括立法、执法与守法三个方面。中国公文法制化，就是通过法律对党政机关的公文制发、公文处理以及公文的执行进行调节和规范，将公文发生效力的步骤和程序进行法律化，为公文发挥在党政机关管理中的重要作用提供法律依据和法律保障。公文的法制化，是法治社会建设的重要组成部分。

一、公文的法律地位

（一）作者的法定性

公文必须有法定的作者，即依法成立并能以自己的名义行使权利和承担义务的组织。各级党政机关、组织团体、企事业单位等，都是依据法律、条例、章程、决定、决议等建立和合法存在的，只有他们才具备作为党政公文法定作者的条件。公文就是这些党政机关单位根据自己的职能和权限制作发布的。

（二）职权的法定性

党政公文主要以各级党政机关或以党政机关某一部门的名义发布，有时也以党政机关首长的名义发布，特别是国家重大法律法规的发布、对党政机关主要领导的任免等，多数以国家领导人或行政首长的名义发布。不论是以党政机关或单位名义，还是以领导人个人名义制发的党政公文，都具有职权的法定性，都必须按照法定的行文关系和处理程序进行处理。

（三）实施的法定性

法定的作者在法定范围内行使职权制作和发布的公文，就具有法定的权威性。一份公文，代表着它的制发机关的职权，反映与传达着制发机关对于某些工作事项作出的决断和意见，同时也是人们执行或处理公务的依据，其法定的权威性十分明显。例如，一项"命令"宣布施行重大强制性行政措施，要求下属单位必须坚决执行；一项"决定"对重要事项或者重大行动作出安排，要求下级党政机关必须认真贯彻；一份"请示"报送上级领导机关，上级领导机关必须就有关事项给予明确指示或批准。

二、公文法制建设的问题与不足

为了使公文制发及处理实现规范化、制度化和科学化，自新中国成立以来，各级党政机关先后制定了一系列公文处理法规与规章,为我国党政公文提供了法律层面的支撑,也为公文写作与处理人员认识、理解、掌握公文提供了依据,同时也增强了公文的法律约束力,提高了公文的严肃性和权威性。公文法规出台以来,其本身的合理性和科学性,极大地发挥了其应有的作用。但是,从目前我国公文运行的实践层面来看,仍然存在着不少问题,有待于进一步的研究、完善和修正。

(一)公文法规与规章自身存在一定缺陷

近些年来,我国出台了一系列关于公文的法律、法规和规章,如《中华人民共和国立法法》《中国共产党党内法规制定条例》《行政法规制定程序条例》《规章制定程序条例》《法规规章备案条例》等法规性公文处理规定,《中华人民共和国保守国家秘密法》《国家秘密文件、资料和其他物品标志的规定》等保密规定,《中华人民共和国档案法》等档案管理规定,《中华人民共和国电子签名法》《电子公文传输管理办法》等电子公文处理方面的规定。党的机关和国家行政机关的公文处理规范,也进行了数次修订。2012年《党政机关公文处理工作条例》颁布实施,标志着我国党政机关公文处理工作的科学化、规范化、制度化建设进入了崭新阶段。从现实情况看,这些法规和规定只是涉及对公文的一些基本要求和规范,并不能完全保证公文治国安邦等本质功能的发挥,与一些西方发达国家相比,我国公文法制法规还不健全,公文的法制化程度还远远不够。

(二)缺失企业公文法规以及民间与党政机关往来的公文文种

在新中国成立初期和"文化大革命"时期,在计划经济体制下,企业与政府之间存在着行政上的隶属关系,所以长期以来企业公文工作也参照党和国家机关的公文处理办法。但是随着我国改革开放的深入发展,私有企业的数量逐步增多,企业之间的事务往来也日益频繁,特别是《企业法》颁布后,原有的国有企业不断的改革,现代企业制度逐步建立,实现了政企分开,原来的适用于国有企业的党和国家机关公文处理规定已经不再适用于现代企业了。目前,企业之间的公文随着企业行为的个性化、多样化,文种逐渐增多,往来公文的法律意义越发增强。但由于既无强制性的规定,也没有约定俗成的规则,往来比较混乱,为了提高工作效率并且方便管理,客观上急需建立一套科学合理的企业公文处理法规。

我国自古就有民间与官方沟通的公文文种,如书、状、牒、咨等。现行党政机关有15种规范性公文,但如此之多的公文却都是机关与机关之间的往来公文,没有适用于机关与民间群众之间的往来文种。随着政务公开、民主管理的实施,党政机关应该建立起与人民群众的沟通渠道,广大的人民群众也愿意向党政机关建言献策。例如,对人民群众的建议、意见、询问、问责的答复类文种,目前的公文处理规范没有作出明确规定，由于公文作者的表达习惯差异，群众的知识结构的差异，不同的人对其解读也会不同，错误的解读轻者使公文行政再次产生，严重的可能造成矛盾升级，甚至造成混乱。可以预见，随着我国民主化进程的加快，百姓参政议政意识的提高，适用于人民群众与政府机关往复的公文文种急需作出规定。可以探讨试行在现有文种的基础上扩大某个文种的适用范围，使之具备这样的功能，或者直接创新一种新的公文文种专门用于与人民群众的沟通往复。

（三）公文法规的执行缺乏权威性和约束力

公文的约束力来源于法律的强制性，就总体而言，现行的公文法规的约束是逐渐加强的，以2012版《党政机关公文处理工作条例》为例，其发布机关为中共中央办公厅和国务院办公厅，其权威性、约束力明显较低。新《条例》也明确了公文工作中的各项要求，但是目前的法规体系中却没有相关的法律惩罚内容，使得公文法规的权威性大打折扣。在法规公文的具体执行中可能会使各项规定无法按照规定的要求实行。例如，在公文处理过程中，存在着严重的公文积压现象，大大地降低了办事效率，另外，公文处理中相互推诿扯皮的现象也很普遍，对这些问题都没有相应的强制性的惩罚措施。

2010年4月，《人民日报》发表《让红头文件在法治轨道运行》时评文章。这篇文章就"一份《关于审批〈某某市某某征地补偿标准和安置方案〉的请示》，竟出现三个版本，年份相同文号相同，标题、盖章单位也一样，但格式与内容不同，甚至有的条款相互打架"这一情况进行了分析和探讨。三份文件相互"打架"，导致拆迁农民的困惑。"三胞胎"文件前后不一，凸显了行政公文发文盖章的随意和公文处理程序上的违法违规。

（四）公文文种体系臃肿，交叉重复

随着服务型机关建设的力度逐步加大，客观上要求公文处理要精简高效，而现有的文种体系却过于庞杂，党政机关公文种类达15种之多，难以适应公文实践的要求和实际工作的需要。事实上，公文种类从繁到简是世界上各国各地区公文改革的趋势，例如，我国香港特区新修订的公文法规中规定文种数量只有8种，即公函、通告、布告、告示、通函、便笺、录事/档案纪要和会议记录。应该说，公文文种数量的减少既是时代的客观要求，又是公文自身发展规律的必然趋势。

现行党政机关公文文种中，一些文种功能重复，如告知类公文文种有公告、通告、通知、通报、公报，数量达5种之多。具体分析它们之间的关系可以看出它们的区别主要在于不同的适用范围。同类文种过多而且界限模糊极易造成混用、错用现象，影响文秘人员在公文制发和处理过程中的工作效率。对于这样的

现象，唯一的解决办法就是精简同类文种，将所有的同类文种合并为通行的一种或者两种。是否将宣布、公布、发布和传达功用公文文种合并为一种公文，是值得认真研究对待的现实问题。

三、推进公文法制化建设的途径

推进公文法制化建设，是加强民主法治建设的重要组成部分。中国进行了几千年的封建统治，历史证明，由个人来决定国家的命运是极不科学和存在着很大风险的。一个国家只有由制度掌握才能长治久安，推行法制化成为历史的必然。法制化的最终目标就是法治，纵观西欧的民主政治发展，法制化推行的几百年后，法治已经完全取代了人治，为我们法制化的建设提供了经验，西方发达国家成熟的公文法制化也为我国公文法制化提供了参考模式。

公文法制化的推行有利于依法执政的发展。依法执政的有效实施，可以形成权责明确、相互配合、相互制约、高效运行的司法体制，可以不断健全和规范执政程序，维护宪法和法律的权威。只有执政部门真正做到依法执政，完全依照完善和健全的法律体系办事，人治才可以真正地被杜绝和抛弃。近年来，我国实行依法治国的基本方略取得了丰硕的成果，比较完善的社会主义法律体系基本建成，但是要实现法治完全取代人治，还离不开公文法制化的大力推行。

推进中国公文法制化建设，是党的机关和行政机关增强工作推进力度、提高工作效率的重要保证。如果公文的制发和运转依据不清，法律效力不明确，一方面会导致公文的重复印发，出现公文之间相互矛盾的情况，另一方面，也会出现部门职能混乱，降低公文权威性和可信度的问题。公文实现法制化，可以保证党政机关公文应有的法律效力，让公文在行政管理和社会管理中发挥应有的作用。

与全面落实依法治国基本方略一样，公文法制化的推进，需要一定的过程，需要解决很多的问题，当前一个时期主要应做好以下五个方面的工作：

（一）加强公文立法，保证公文的法律效力

作为党和国家传递公务信息、实施公共管理、开展公务活动、进行宣传教育、依法行政的重要工具和手段的公文，必须强化其内容的合法性、发文主体的法定性、文种使用的规范性、制发颁布的程序性。如果经常受到冲击和侵害，势必淡化和削弱公文应有的权威性和严肃性。《立法法》第2条规定：法的渊源为法规、行政法规、地方性法规、自治条例、单行条例和规章，没有将公文的主体包含在内。尽管现有党和国家对公文的规范化、科学化、制度化作了规定，但公文的法律效力明显低于法律规定。要实现公文的法制化，加强公文立法，保证公文的法律效力是今后工作的首要任务。

我国现行《党政机关公文处理工作条例》的内容有8章共计42条，约8000

字。但仅仅对党政机关的公文处理工作作出了规定，社团组织、企业（包括国有、股份制企业、合资、外资企业、民营企业）和人民群众没有纳入公文法规中。从国外的经验看，公文处理法规应该涵盖社会的方方面面，统一规范和标准，并且简单易行，容易被人们理解和有效掌握，也便于广泛推行和使用。

统一的公文法规体系要求探讨公文一体化。虽然我国党的组织、行政机关、军队、人大、政协以及社会各行各业单位地位不同，职能不同，具体的工作也各有区别，这些不同和区别也必然会反映到公文处理活动上来。但是从目前出台的各种公文规定来看，内容都大同小异，而且我国是一党执政，各个系统之间为同一个建设目标而奋斗，它们之间的公务往来也十分密切，加上现在公文处理法规分体系运行造成的诸多弊端，必须探讨创造公文一体化的内部条件和外部条件。综合各方面因素来看，制定一套能够适用于各种系统的公文法规，实现公文法规的通用性和一致性是历史发展的必然趋势。

完整统一的公文法规体系，需要建立一部独立的《公文法》。目前我国的各种公文法规虽然具有了一些法律特征，但是在适用范围上各种法规只运行于与之对应的体系之内，不具有普遍性，约束力方面缺少了惩罚方面的内容，使法规的强制力受到了制约，这些方面的缺陷都使现有的公文法规达不到成为法律的要求。因此，要结合政治体制和行政体制改革，立足现实，认真规划，面向未来，建设具有中国特色的《公文法》。

（二）完善制度建设，提高公文的运转效能

现行的《党政机关公文处理工作条例》对于公文工作的规范化、制度化和科学化建设，无疑起到了积极的保障推动作用，但是它只是关注了公文工作本身，并没有包含对公文运行外围因素的考虑。例如，公文处理过程中的文秘人员的权利义务，以及机构和人员之间的关系等。从目前的法规规定上看，大多数的规定责任和义务的内容都是针对下级机关或者下级工作人员的，与之相对的领导者和上级机关被赋予权利的同时并没有与之相应的义务。这样的规定造成了上级权利多责任少，下级权利少责任多的不对称现象。不仅违背了"法律面前人人平等"的立法精神，也不利于实际工作的有效开展。

通过完善公文制度建设，保证使用主体在制度面前实现平等。要将法制观念上的义务本位转为权利本位，在法制制度层面上侧重于规范政府行为，在法制操作层面上侧重于遵循公正合理的程序。

（三）加大监督力度，建立有效的公文运行机制

要杜绝《人民日报》时评中提到的文件"三胞胎"现象，彻底解决红头文件的违法违规问题，必须实现内部监督与外部监督相结合，保证公众监督与行政监督、司法监督等多管齐下。时评中对"三重监督"进行了重点阐释：就公众监督而言，规范性公文制定必须通过听证充分吸纳公众意见，使听证制度合法化、常态化，并及时反映在将来的"行政程序法"中。就行政监督而言，对"红头文件"也要像对行政规章一样，建立备案审查程序，以便上级行政机关及时掌握动态，政府法制部门严格把关，防止公文相互"打架"。就司法监督而言，针对违法的行政公文等抽象行政行为提起的诉讼，人民法院应当依法受理，切实维护社会公平正义。这三个监督，是实现公文法制化的重要途径和基本着力点。

（四）坚持依法行政，让"红头文件"走上法治轨道

2009年9月，《检察日报》发表文章《行政复议法：让每一份"红头文件"都走上法治轨道》。文章以2001年河北律师乔占祥"叫板"铁道部，要求撤销其当年1月4日公布的春运期间部分旅客列车实行票价上浮的行政行为这一场著名的公益诉讼为例子，提出了依据行政复议法推进公文走上法治轨道的重要意义。作者认为，1999年九届全国人大常委会第九次会议审议通过的《中华人民共和国行政复议法》中关于"对抽象行政行为的审查"的规定体现了极大进步。抽象行政行为，是指行政机关针对非特定人制定发布的，针对发生法律效力并具有反复适用性和普遍约束力的规范性公文——也就是各级行政机关制定的各类效力不一的"红头文件"。在实际生活中，这些"红头文件"具有重要影响，是很多行政机关的执法依据。但由于行政机关制定"红头文件"、实施抽象行政行为的程序少、监督弱，一些行政机关利用抽象行政行为乱收费、乱罚款、乱摊派，一些"红头文件"成为人们深恶痛绝的"三乱"之源。长期以来，我们对此类公文的监督却十分薄弱，现行的备案审查制度远远起不到有效的监督作用。相应地，遭受此类文件损害后取得救济也十分困难。因为以往的《行政诉讼法》把针对抽象行政行为提起的行政诉讼排除在法院的受案范围之外，《行政复议条例》也没有将"红头文件"纳入申请人的申请权范围。而行政复议法则规定：公民、法人或其他组织在对具体行政行为申请复议时，如果认为一个具体行政行为所依据的规定（除国务院行政法规、部门、地方政府规章之外的各级行政机关的规范性文件）是违法的，可以一并提出审查申请。复议机关有权处理的必须在30天内处理，无权处理的必须在7日以内转送有关部门，有权机关必须在60日内处理完毕。专家认为，"行政复议法的这项规定，开了对抽象行政行为实施个案法定监督的先河，为今后行政诉讼制度的改革探索出一条新路。"积极发挥行政复议法等相关法律的规定，是推进公文法制化的一项有力措施。

（五）建设法治政府，逐步实现公文法制化

第一，公文法制化具有发展方式上的政府主导性。我国法制现代化与西方有着不同的背景，任务极为艰巨，需要有一个充分行使公共职能的强大国家来推动法制的转型，需要国家和政府自觉地担负起正确引导法治发展的时代责任，从而决定了中国的法制现代化在发展方式上带有政府主导性。在当代国内外背景下，没有党和政府的领导，希望像西方国家那样通过市民社会的成熟，自下而上地实现现代法治，是一种不切实际的幻想。中国公文的法制化，也必须通过建立一个理性化、法治化的政府，使公共权力的运行合法化、合理化来实现。第二，公文法制化要充分考虑目标的阶段性。公文法制化是一项复杂的系统工程，面对国内相对落后的经济和薄弱的民主政治，以及来自国外的压力和挑战，其目标的选择必须从中国的国情出发，带有阶段性。公文法制化要在确认和实现公民的权利和自由的基础上，要形成一套完善的机制，使所有公文都能根据法律的要求来制发和行使职能。第三，公文法制化具有价值取向的双重性。在当代中国，法制现代化的价值选择集中地表现为对公平与效率关系的合理解决。公文法制化也应兼顾并处理好"公平与效率"的关系。第四，公文法制化必然面临过程的非协调性。法制的现代化是一个立法、司法、执法、守法协调发展的过程。因为法制建设进程较短，我国立法存在质量不高、可操作性相对较差等问题，关于公文的立法，也存在这个问题。推进公文法制化，必须以稳步推进政治体制改革和法治观念的变革为基础，推进公文立法改革，必须面对一些改革的困难，拿出改革的决心，拿出有效的改革措施。

第三节 公文文风特征与存在的问题

一、文风的概念与特征

简单地说，文风就是作者在文章中所体现出来的思想作风。文风综合地体现着作者的立场、修养、观念、趣味等，其实质代表了某种普遍性的时代现象或倾向性的社会风气。

古代文论中的"文风"，与我们现在的文风概念不尽相同。《文心雕龙·风骨》有"结言端直，则文骨成焉；意气骏爽，则文风生焉"，宋代韩琦《欧阳修墓志铭》有"景祐初，公与尹师鲁以古文相尚……于是文风一变，时人竞为模范"，其中所涉"文风"，都指文章的格调及所产生的感染力。王勃《上武侍极启》"攀翰苑而思齐，傃文风而立至"中的"文风"，则侧重于文章格调的教化力量。清代叶梦珠说的"文风之坏，盖由选家，专取伪文，托新贵名选刻，以误后学"中的"文风"，和我们现在说的文风比较接近，指文章中表现出来的社会思想风气。

文风具有政治时代性特征，主要是就一个时代主导的政治思想、意识形态而言。中国传统社会中，统治阶级对思想文化控制相当严格，每一时代的文风往往打上政治意识的烙印。先秦诸子散文的那种感情激越，设想奇特，辞采绚烂，正是政治控制松动，传统意识形态解体的社会背景下出现的文化景观。建安文学的苍劲雄浑和慷慨悲凉，来自军阀混战下风衰俗怨的社会现实。文风在官方公文中更为突出。《新唐书·文苑传序》中讲述唐代文变时提到"高祖、太宗，大难始夷，沿江左余风"，出现了"缔句绘章，揣合低昂"的景象，而"玄宗好经术"，群臣稍厌雕琢，文风也"崇雅黜浮，气益雄浑"。可见，唐代文风经历了由华靡富艳到庄严浑厚的变化，与统治者的爱好和提倡有直接关系。明朝永乐到天顺时期，在以三杨（杨士奇、杨荣、杨溥）为代表的"台阁重臣"的提倡下，文坛上出现"台阁体"，并占据了统治地位。清朝的考据学风，是文字狱迫害反弹的结果。因为无法讨论现实，文人只好埋头于故纸堆中。至于"文革"文风，更是那个特定时代政治思想、意识形态的直接产物。

文风具有社会群体性特征，主要就横向的影响面而言。尽管文风通过文字表现出来，但它不是一般的写作方式、技巧问题，而是源于深层的思想意识，且根植于社会、时代的土壤之中。个人文风，同作者的价值观相联系，而个人的这种价值观在一定的历史时期形成，受特定意识形态的支配，具有一定的普遍性。古人所说的"治世之音安以乐"，"乱世之音怨以怒"，"亡国之音哀以思"，即表明文风与时世的联结，表现为社会现象、群体现象。比如说，汉代铺排描写的大赋，成为许多文人的所好；六朝绮靡华丽的习气，弥漫到整个文坛；唐诗中明丽的格调、阳刚的精神、清新的意象，形成了诗坛的绚丽气象，创造了一代诗风的辉煌。

文风具有价值差异性特征，就是说文风中有高下优劣的区分。文风中包含了明确的价值判断的内涵。有刚健的文风，有萎靡的文风；有进步的文风，有颓废的文风；有清爽的文风，有病态的文风；有优良的文风，有恶劣的文风；等等。优良的文风能够促进文化发展，恶劣的文风则会阻碍文化发展。王充在《论衡·自纪》中，主张写文章应当"没华虚之文，存敦庬之朴；拨流失之风，反宓戏之俗"。即是说，要驱逐华而不实的辞藻，保存敦厚朴素的品格；扭转流荡失实的风习，恢复伏羲时代淳朴的风情。中唐古文运动后形成的刚健朴茂、生动流畅的文风，历来为人们所肯定，它同六朝讲究骈俪浮华的形式主义文风形成了鲜明的对照。

二、端正公文文风具有重要意义

古代及近现代文学史，经历过很多文风的重要变化节点。中国共产党也一直重视文风建设和改革，进行多次大的文风整顿。2012年12月4日，中共中央政治局召开会议，审议并通过了中央政治局关于改进工作作风、密切联系群众的八项规定。其中第 2 条为:"要精简会议活动,切实改进会风;提高会议实效,开短会、讲短话,力戒空话、套话。"第 3 条为:"要精简文件简报,切实改进文风,没有实质内容、可发可不发的文件简报一律不发。"这两条,与公文文风都有密切关系。改进公文文风具有重要的社会意义以及现实意义,是一项需要长期推进的工作。

为什么要改进文风?文风不是小事。改进公文文风符合党风建设的要求,符合时代特征和社会进步的要求,是提高政府决策力和公信力的必要途径。党风决定着文风,文风体现出党风。文风建设是党风建设的重要内容。人们从文风状况中可以判断党的作风,评价党的形象,进而观察党的宗旨的贯彻落实情况。我们党历史上进行的延安整风,整顿文风是其中的重要内容。习近平同志 2010 年 5 月 12 日在中央党校 2010 年春季学期第二批入学学员开学典礼上发表了《努力克服不良文风,积极倡导优良文风》的重要讲话,在讲话中历数了几任新中国领导同志的文风改革:毛泽东同志对党八股进行了淋漓尽致的批判,号召全党抛弃党八股,采取生动活泼新鲜有力的马克思主义文风。在这方面,他为我们树立了榜样。翻开《毛泽东选集》,鲜明朴实的文风扑面而来,生动活泼的语言引人入胜,深入浅出的论述让人茅塞顿开。邓小平同志历来注重务实,反对不实风气,粉碎"四人帮"以后他带头恢复党的实事求是的思想路线,针对党的优良文风在"文化大革命"中遭到严重破坏的现状,大力倡导并率先垂范开短会,讲短话、讲实话、讲新话。他反复强调:"我们开会,做报告,做决议,以及做任何工作,都为的是解决问题。"江泽民同志在党的作风建设上明确提出了"八个坚持、八个反对"的重要思想,一再强调要纠正不良文风。他指出,有些文章翻来覆去老是那么几句套话,也有的哗众取宠,乱造概念,词句离奇,使人看不懂,这种不良文风应加以纠正。党的十六大以来,胡锦涛同志同样重视文风建设,多次强调各级领导干部要发扬求真务实精神、大兴求真务实之风,下决心从文山会海中摆脱出来,把心思用在干事业上,把精力投到抓落实中。他在党的十七大报告中明确指出,要"改进学风和文风,精简会议和文件,反对形式主义、官僚主义,反对弄虚作假"。

几任国家领导人对整顿文风的高度重视,都体现了文风改革的重要性和必要性。除了具有重要的政治意义外,改进公文文风还具有重要的现实意义。改进公文文风是与时代发展和社会现代化接轨的重要内容。当今时代是节奏加快、追求效率的时代,公文的写作与处理也必须有很高的效率;当今社会是开放的社会,公文写作也不能故步自封、思想僵化,否则会落后于历史步伐,也不容易被人民群众接受。当今社会发展的主旋律是现代化,公文文风也必须顺应现代化的发展,做到求真务实,顺应潮流,为国家建设和党政机关顺利开展工作做好服务。

另外，改进公文文风是减轻负担、减少浪费的必要手段。全国上下都开短会、讲短话，需要拟写的公文数量就会少很多，机关公文写作人员不必要的工作负担就会减轻；需要印刷的会议材料数量、篇幅都会下降，自然就会减少纸张和粉墨的使用。

三、公文文风存在的突出问题

改革开放以来，党的优良文风在新的历史条件下有新的发展。但弘扬优良文风、纠正不良文风是一项长期任务，不可能一蹴而就、一劳永逸。当前，在一些党政机关公文、一些领导干部讲话、一些理论文章中，文风上存在的问题仍然很突出，中央领导曾痛斥公文的"长、空、假"。

"长，就是有意无意地将文章、讲话添枝加叶，短话长说，看似面面俱到，实则离题万里。群众形容说，这样的讲话有数量无质量，有长度无力度；这样的讲话汇集的书，有价格无价值，有厚度无深度。""空，就是空话、套话多。照抄照搬、移花接木，面孔大同小异，语言上下雷同，没有针对性，既不触及实际问题，也不回答群众关切，如同镜中之花，没味、没用。""假，就是夸大其词，言不由衷，虚与委蛇，文过饰非。不顾客观情况，刻意掩盖存在的问题，夸大其词，歌功颂德。堆砌辞藻，词语生涩，让人听不懂、看不懂。"

公文文风由各方面的因素造成的，下面列举一些主要因素：

（一）真实与虚假

文贵真。真，首先是主题要正确鲜明，即观点、结论是从对现实材料的分析中自然引出来的。其次是材料要准确典型，不能粗枝大叶，道听途说，想当然，更不能随意制造事实和数据。对第二手材料要反复检证，引文不能漏字漏句，篡改原文，也不能断章取义，随意曲解。要运用代表本质的材料，列宁说："如果从事实的全部总和、从事实的联系去掌握事实，那么，事实不仅是'胜于雄辩的东西'，而且是证据确凿的东西。如果不是从全部总和、不是从联系中去掌握事实，而是片面和随便挑出来的，那么事实就只能是一种儿戏，或是甚至连儿戏都不如。"（《列宁全集》第29卷，279页）

（二）充实与空洞

充实与空洞的界线，不仅在于有没有观点和材料，关键在于公文有没有针对性，是否达到了观点与材料的统一。如果公文不提出问题，不解决问题，只罗列一些事实，不作科学的分析与综合，不演绎出规律，不归纳出结论，只是泛泛地重复现成的一般原理、结论和口号，用一般代替个别，抽象代替具体，便是苍白无力的"克里空"。

（三）鲜明与模糊

在公文中，作者的倾向和态度表露有鲜明与含混之分。赞同什么，反对什么，要做什么，不做什么，应该很确定，很明朗。但有的公文表意摇摇摆摆，含含糊糊，究其原因有这样一些：一是立场问题。与人民与社会作对的公文，往往以藐视公正的面孔来哄骗读者，污染视听，但无论如何说不通，便只好含混蒙人。二是认识问题。或对遇到的问题没有研究透，或对具体工作没有底，勉强作文表态，便只能含混过关。三是态度问题。由于没有勇气进行思想交锋，只好以"此亦是也，彼亦是也；此亦非也，彼亦非也"的论调回避矛盾绕道走，公文无角无棱，钝刀子割肉，半天不见血。四是表达上的问题。或因平铺直叙，面面俱到，失去重点；或因气氛不当，喧宾夺主；或因把握不力，材料湮没主题；或因结构混乱，思路不清；或因遣词命句、修辞手法运用不恰当，病句丛生，等等。

（四）生动与呆板

公文生动，是指写得活泼多姿，具体形象，能吸引人，令人越看越有启发。生动的实质在于下列两个方面：一方面要使公文适应于对丰富多彩、深刻微妙的客观事物的表达。僵化的纯抽象的论说不可能把情理辨析透彻；干瘪、生硬的叙述，不可能清晰地为事物绘貌写形。要曲尽情理的奥妙，要使叙述活灵活现，公文必须生动活泼。另一方面要使公文适应于阅文者的心理特征、认识规律和美学趣味。公文展开过程中把多种思维因素结合起来，使表达能吸引阅文者去感受、去理解。

另外，还有新鲜与陈腐、自然与诡异、质朴与靡丽、通俗与艰深、说理与谩骂、精悍与冗长、详明与简陋、严谨与草率等不同的表现。

总体上，公文存在"文山"现象，公文的内容经常存在脱离基层、脱离实际的问题，公文写作的结构往往存在千文一面的情况，公文写作的语言模式也不断趋向类同化等问题，都是受形式主义和官僚主义的影响。党的历史经验证明，文风不正，危害极大。它严重影响真抓实干、影响执政成效，耗费大量时间和精力，耽误实际矛盾和问题的研究解决。不良文风蔓延开来，不仅损害讲话者、写作者自身形象，也降低党的威信，导致干部脱离群众，群众疏远干部，使党的理论和路线方针政策在群众中失去吸引力、感召力、亲和力。可以说，一切不良文风都是不符合党的性质、宗旨的，都是同党肩负的历史使命相背离的。大力纠正不良文风，积极倡导优良文风，已成为新形势下加强和改进党的作风建设的一项重要任务。

第四节　在端正文风上下功夫

文风，是作者的立场观点、思想方法、工作作风、写作动机、写作态度、写作技能和方法等的综合表现。我们要具备良好的文风，除了认真实践，树立正确的世界观、人生观和价值观，养成良好的思想作风、工作作风外，还要努力提高公文作者的基本素养。

端正文风的标准是什么？两千多年前孔子就给出了答案——"辞达而已矣。"（《论语·卫灵公》）任何文章都有传播的使命，或告知，或引导，或教育，或娱乐，"达"是传播的基本要求，传而不"达"等于传而不通，传播效果自然无从谈起。诸葛亮的《出师表》是给皇上的奏章，典型的公文，他用平实生动的语言，吐尽两朝两臣之心，最后一句"今当远离，临表涕零，不知所言"，情难自已，喷涌而出，千百年尤余音绕梁。美国总统林肯的《葛底斯堡演说》仅寥寥二三百单词，短短两三分钟，听众以为他刚刚开始，他却已经结束了，就是这篇情文并茂、彪炳史册的政治演说，将并非林肯原创的"民有、民治、民享"的理念广为传扬。

文风改不改，领导是关键。如果各级领导干部能带头树"辞达而已"的清新文风，党的路线、方针、政策和各级各部门的决策的传播效力必定会大大增强。有关干部要增长知识和经验，提升功底和能力，讲出新话、管用的话来；要克服思想懒惰，下苦工夫深入调查研究和独立思考，不在现成的文件、书本上讨生活、照抄照讲；要改变讲长话就是要对工作重视和认真认识错误；要敢负责任，明明知道用处不大的稿件，不能照念不误；要排除患得患失的思想，不讲大话、空话、套话、歌功颂德的话。领导干部要加强对党的基本理论的学习，通过学习新知识，了解新事物，不断拓宽视野，提高自己的综合素质。要学习古人语言中有生命力的东西，充分合理地继承和运用。理论功底扎实了，知识积累厚实了，肚子里装的东西多了，才能厚积薄发，言之有物、深入浅出地讲话、写公文。增强党性修养也是十分重要的一方面。要坚持以德修身，努力成为高尚人格的模范。只有自己的境界高了，没有私心杂念，才能做到言行一致、表里如一，讲出的话、写出的公文人们才愿意听、愿意看。如果时间和条件允许，领导干部应尽可能自己动手。一些重要讲话和公文应当全程参与，出思想、谈看法、拿主意，在大的方面把好关。

从机关工作人员来讲，端正文风要注意以下几点：

一、明确写作目的

就写作目的而言，孔子为明君臣父子的礼义而著《春秋》，因此它"文见于此，起义在彼"（清·刘熙载《艺概·文概》），藏微言大义于叙事。司马迁写《史记》，目的在于"究天人之际，通古今之变，成一家之言"（《报任安书》），同时，也为了抒发对当时现实的不满之情，借叙史抨击周围的黑暗现象。因此文章规模宏大，意气雄逸，行文疏荡有奇气，而意理却细入无间，寓主意于客位，常含悲愤之情，可谓"无韵之《离骚》"。就写作态度而言，鲁迅写杂文抱"论时事不留面子，砭痼弊常取类型"的态度，因此有辛辣而又深刻、冷峻而又形象的风格。就读者意识而言，奏议之文，当数汉之贾谊与唐之陆贽最有气象，但二人的风格有别，因唐德宗的肚量远不如汉文帝，故陆贽的奏文纡余委备，平婉深切，不像贾谊那样"激昂辩析"。当今公文（除书信）写给某一个人看得很少，但公文作者往往有自己的读者群，这种意识往往会促成公文作者的风格。一个公文作者风格的形成，与不断接收读者的反馈有很大的关系。

公文写作目的与公文作风关系极为密切，以极大程度影响公文作风各个因素。公文，是为了解决社会主义物质文明建设与精神文明建设中的现实问题。有了这样的目的，自然会使公文写作步入正道。公文写作动机不纯正，路子就会走歪。在公文写作中只要有一点为了表现自己或夹私报复的心理，公文就会出现许多毛病，甚或侵犯别人的权利，侵犯别人的名誉，引起诉讼。为什么而写，公文应产生什么社会效果，是个根本问题。在公文写作实践中须臾不可忘记的是：公文是为社会主义事业服务的，是为人民服务的。

二、端正写作态度

公文的态度包括两个方面：一是对自己的态度；二是对读者的态度。是严谨细微、精益求精还是粗心大意、粗制滥造？是实事求是、诚恳老实还是哗众取宠、装腔作势？是平等地对待读者、相信读者，还是凌驾于读者之上、藐视读者？是有根有据，文责自负，还是信口雌黄、出尔反尔？是不折不扣、不夸不浮，还是添枝加叶、花言巧语？是不怕冷清、不怕孤立，还是请人捉刀代笔、哗众取宠？不同的态度会带来不同的公文作风，这是不言而喻的。

在历来把公文当做"大业"、"盛事"的文明中华，历代公文大家一再告诫作者"起事不空为，因因不妄作"（王充《论衡·对作篇》），"慎勿怪、勿杂、勿务速显"（柳宗元《唐柳先生集·报袁君陈秀才避师名书》），"须慎重，要传久远，不斗速也。"（《欧阳文忠公文集·与杜欣论祁公墓志书》）要认真地、兢兢业业地从事写作，对公文要一丝不苟地斟酌推敲，反复修改，珍重自己的文名，更注意公文对读者、后人的影响。我们应继承这种优良传统，发扬毛泽东等领袖人物认真对待公文的精神，纯化我们的公文作风。

端正写作态度，提倡优良文风，需要多管齐下，标本兼治。尤其要加强调查研究、深入了解群众呼声。没有调查就没有发言权。领导干部改进文风，应当走出机关，深入基层，在实际生活中"望闻问切"，在充分占有和分析第一手材料的基础上概括出新思想、新观点、新论断、新举措，把群众的创造吸收到公文、讲话中来，使思想和公文体现时代要求，符合实际情况，能够解决现实问题。

端正写作态度，即使公文作者的表述有欠全面、欠深入或欠完美的地方，读者也能予以体谅，愿与其讨论。如果公文以居高临下的态度教训人，或马马虎虎滥造词句，即使说得有理，读者也可能产生抵触情绪，不愿意受他那一"训"，不耐烦读那些似通非通的句子。文风，给予读者第一印象，能把读者吸引到公文中来，也能把读者轰走。

三、注意写作风格

"风格即人。"文风在很大程度上是时代的明镜，形式主义、官僚主义、享乐主义和奢靡之风，都在文风上表现出来。千篇一律、千人一面，老生常谈、了无新意，居高临下、颐指气使，烦冗堆砌、空洞无物，照抄照搬、不知所云，佶屈聱牙、装腔作势，差错频出、贻笑大方等恶劣文风，无一不反映了"四风"为害之甚。公文要力求简短精练、直截了当，要言不烦、意尽言止，观点鲜明、重点突出。能够三言两语说清楚的事绝不拖泥带水，能够用短小篇幅阐明的道理绝不绕弯子。讲符合实际的话不讲脱离实际的话，讲管用的话不讲虚话，讲有感而发的话不讲无病呻吟的话，讲反映自己判断的话不讲照本宣科的话，讲明白通俗的话不讲故作高深的话。力求思想深刻、富有新意。新意既包括在探索规律、认识真理上有新发现、前人没有讲过的话，又包括把中央精神和上级要求与本地区、本部门、本单位实际结合起来，在解决问题上有新理念、新思路、新举措的话；既包括角度新、材料新、语言表达新的话，又包括富有个性、特色鲜明、生动活泼的话。

四、重视写作方法

改进公文文风要注意谋篇布局的技巧和语言使用的技巧。传而欲"达"，首先要有平实、简洁的语言。在这个意义上，老子的"美言不信，信言不美"正好与"辞达而已"互为注解。华而不实，拖沓冗长，是文风的大忌。孔子夸闵子骞"夫人不言，言必有中"，用到公文文风上，就是每一字、每一句都言之有物，每一字、每一句都恰到好处，这样的公文，不会长，不嫌长。语言的平实、简洁，并不意味着枯燥无味。事实上，"辞达"更需借助灵动、清澈、珠落玉盘的语言。孔子说自己，"饭疏食饮水，曲肱而枕之，乐亦在其中矣。不义而富且贵，于我如浮云。"诗情画意，令人神往。孔子夸颜回，"贤哉，回也！一箪食，一瓢饮，在陋巷，人不堪其忧，回也不改其乐。"寥寥数语，状"贫而乐道"的孔门首徒如在眼前。"知者乐水，仁者乐山。"意象生动，直入人心。"子在川上，曰：'逝者如斯夫！不舍昼夜。'"人生的感喟，哲学的思辨，荡漾至今。公文写作应以务实为本，在充分调研、广泛征求意见的基础上，所有段落和材料的组织都紧密围绕主题，以明确措施方法为主要内容。公文的语言应追求雅俗共赏，以朴素的文字风格为主，避免过多华美的辞藻堆砌。但拒绝浮夸的行文风格，不等于不要文采，公文写作中适当地运用大家耳熟能详的历史典故，适当地运用一些排比句式，适当地运用一些生动词语，都有助于公文发挥更好的作用和效果。

公文写作方法直接影响公文文风。我们提倡踏踏实实又敢于创新的文风，提倡摆事实、讲道理、有分析、有概括的写作方法，要求写公文必须是从实际中发现问题，提出问题，经过仔细的调查，占有丰富而可靠的材料，然后进行认真的研究，深入的探讨，在公文中对问题作出科学的分析，引出正确的结论，提出解决的办法，并让公文去经受实践的检验。有人提出领导讲话能否不要"一、二、三……"应抛弃千文一面的"一、二、三……"模式，给人一种感觉似乎文风是"一、二、三"的错。事实上，公文文风的问题并不在于此。许多文种的公文在正文主体部分分条列项阐述是非常必要的，条理清晰才能层次分明。首先，条例、办法、规定、章程等法规性公文通常项目很多，不可避免地要用到"一、二、三"；一些通知、通报、决议、意见篇幅较长，也要逐条列出；领导讲话中，如果没有了"一、二、三"，听者也就不容易找到重点，不便于把握讲话的思路。同样，一些公文尤其是讲话中，经常会连续使用到"第"、"是"，如"第一，第二，第三""一是，二是，三是"等，这些表达方式在分述时经常使用，同样能达到结构严谨、层次分明、言简意赅、庄重有力的效果，不可简单地排斥。

公文写作方法还牵涉对语言规范、文面规则的遵守和写作技巧的运用等问题。尤其是公文写作技巧的运用也是变化无穷的，可以说是因人而异，千姿百态。但从公文文风的角度说，首要的是一句话，"毋意、毋必、毋固、毋我。（《论语·子罕》）"公文写作要端正文风，就必须向孔夫子学习，努力克服四种毛病，就是不臆测、不武断、不固执、不主观。

附录 1

党政机关公文处理工作条例

（中共中央办公厅　国务院办公厅联合颁布　2012年7月1日起施行）

第一章　总　　则

第一条　为了适应中国共产党机关和国家行政机关（以下简称党政机关）工作需要，推进党政机关公文处理工作科学化、制度化、规范化，制定本条例。

第二条　本条例适用于各级党政机关公文处理工作。

第三条　党政机关公文是党政机关实施领导、履行职能、处理公务的具有特定效力和规范体式的文书，是传达贯彻党和国家的方针政策，公布法规和规章，指导、布置和商洽工作，请示和答复问题，报告、通报和交流情况等的重要工具。

第四条　公文处理工作是指公文拟制、办理、管理等一系列相互关联、衔接有序的工作。

第五条　公文处理工作应当坚持实事求是、准确规范、精简高效、安全保密的原则。

第六条　各级党政机关应当高度重视公文处理工作，加强组织领导，强化队伍建设，设立文秘部门或者由专人负责公文处理工作。

第七条　各级党政机关办公厅（室）主管本机关的公文处理工作，并对下级机关的公文处理工作进行业务指导和督促检查。

第二章　公文种类

第八条　公文种类主要有：

（一）决议。适用于会议讨论通过的重大决策事项。

（二）决定。适用于对重要事项作出决策和部署、奖惩有关单位和人员、变更或者撤销下级机关不适当的决定事项。

（三）命令（令）。适用于公布行政法规和规章、宣布施行重大强制性措施、批准授予和晋升衔级、嘉奖有关单位和人员。

（四）公报。适用于公布重要决定或者重大事项。

（五）公告。适用于向国内外宣布重要事项或者法定事项。

（六）通告。适用于在一定范围内公布应当遵守或者周知的事项。

（七）意见。适用于对重要问题提出见解和处理办法。

（八）通知。适用于发布、传达要求下级机关执行和有关单位周知或者执行的事项，批转、转发公文。

（九）通报。适用于表彰先进、批评错误、传达重要精神和告知重要情况。

（十）报告。适用于向上级机关汇报工作、反映情况，回复上级机关的询问。

（十一）请示。适用于向上级机关请求指示、批准。

（十二）批复。适用于答复下级机关请示事项。

（十三）议案。适用于各级人民政府按照法律程序向同级人民代表大会或者人民代表大会常务委员会提请审议事项。

（十四）函。适用于不相隶属机关之间商洽工作、询问和答复问题、请求批准和答复审批事项。

（十五）纪要。适用于记载会议主要情况和议定事项。

第三章　公文格式

第九条　公文一般由份号、密级和保密期限、紧急程度、发文机关标志、发文字号、签发人、标题、主送机关、正文、附件说明、发文机关署名、成文日期、印章、附注、附件、抄送机关、印发机关和印发日期、页码等组成。

（一）份号。公文印制份数的顺序号。涉密公文应当标注份号。

（二）密级和保密期限。公文的秘密等级和保密的期限。涉密公文应当根据涉密程度分别标注"绝密""机密""秘密"和保密期限。

（三）紧急程度。公文送达和办理的时限要求。根据紧急程度，紧急公文应当分别标注"特急""加急"，电报应当分别标注"特提""特急""加急""平急"。

（四）发文机关标志。由发文机关全称或者规范化简称加"文件"二字组成，也可以使用发文机关全称或者规范化简称。联合行文时，发文机关标志可以并用联合发文机关名称，也可以单独用主办机关名称。

（五）发文字号。由发文机关代字、年份、发文顺序号组成。联合行文时，使用主办机关的发文字号。

（六）签发人。上行文应当标注签发人姓名。

（七）标题。由发文机关名称、事由和文种组成。

（八）主送机关。公文的主要受理机关，应当使用机关全称、规范化简称或者同类型机关统称。

（九）正文。公文的主体，用来表述公文的内容。

（十）附件说明。公文附件的顺序号和名称。

（十一）发文机关署名。署发文机关全称或者规范化简称。

（十二）成文日期。署会议通过或者发文机关负责人签发的日期。联合行文时，署最后签发机关负责人签发的日期。

（十三）印章。公文中有发文机关署名的，应当加盖发文机关印章，并与署名机关相符。有特定发文机关标志的普发性公文和电报可以不加盖印章。

（十四）附注。公文印发传达范围等需要说明的事项。

（十五）附件。公文正文的说明、补充或者参考资料。

（十六）抄送机关。除主送机关外需要执行或者知晓公文内容的其他机关，应当使用机关全称、规范化简称或者同类型机关统称。

（十七）印发机关和印发日期。公文的送印机关和送印日期。

（十八）页码。公文页数顺序号。

第十条 公文的版式按照《党政机关公文格式》国家标准执行。

第十一条 公文使用的汉字、数字、外文字符、计量单位和标点符号等，按照有关国家标准和规定执行。民族自治地方的公文，可以并用汉字和当地通用的少数民族文字。

第十二条 公文用纸幅面采用国际标准 A4 型。特殊形式的公文用纸幅面，根据实际需要确定。

第四章 行 文 规 则

第十三条 行文应当确有必要，讲求实效，注重针对性和可操作性。

第十四条 行文关系根据隶属关系和职权范围确定。一般不得越级行文，特殊情况需要越级行文的，应当同时抄送被越过的机关。

第十五条 向上级机关行文，应当遵循以下规则：

（一）原则上主送一个上级机关，根据需要同时抄送相关上级机关和同级机关，不抄送下级机关。

（二）党委、政府的部门向上级主管部门请示、报告重大事项，应当经本级党委、政府同意或者授权；属于部门职权范围内的事项应当直接报送上级主管部门。

（三）下级机关的请示事项，如需以本机关名义向上级机关请示，应当提出倾向性意见后上报，不得原文转报上级机关。

（四）请示应当一文一事。不得在报告等非请示性公文中夹带请示事项。

（五）除上级机关负责人直接交办事项外，不得以本机关名义向上级机关负责人报送公文，不得以本机关负责人名义向上级机关报送公文。

（六）受双重领导的机关向一个上级机关行文，必要时抄送另一个上级机关。

第十六条　向下级机关行文，应当遵循以下规则：

（一）主送受理机关，根据需要抄送相关机关。重要行文应当同时抄送发文机关的直接上级机关。

（二）党委、政府的办公厅（室）根据本级党委、政府授权，可以向下级党委、政府行文，其他部门和单位不得向下级党委、政府发布指令性公文或者在公文中向下级党委、政府提出指令性要求。需经政府审批的具体事项，经政府同意后可以由政府职能部门行文，文中须注明已经政府同意。

（三）党委、政府的部门在各自职权范围内可以向下级党委、政府的相关部门行文。

（四）涉及多个部门职权范围内的事务，部门之间未协商一致的，不得向下行文；擅自行文的，上级机关应当责令其纠正或者撤销。

（五）上级机关向受双重领导的下级机关行文，必要时抄送该下级机关的另一个上级机关。

第十七条　同级党政机关、党政机关与其他同级机关必要时可以联合行文。属于党委、政府各自职权范围内的工作，不得联合行文。

党委、政府的部门依据职权可以相互行文。

部门内设机构除办公厅（室）外不得对外正式行文。

第五章　公文拟制

第十八条　公文拟制包括公文的起草、审核、签发等程序。

第十九条　公文起草应当做到：

（一）符合党的理论路线方针政策和国家法律法规，完整准确体现发文机关意图，并同现行有关公文相衔接。

（二）一切从实际出发，分析问题实事求是，所提政策措施和办法切实可行。

（三）内容简洁，主题突出，观点鲜明，结构严谨，表述准确，文字精练。

（四）文种正确，格式规范。

（五）深入调查研究，充分进行论证，广泛听取意见。

（六）公文涉及其他地区或者部门职权范围内的事项，起草单位必须征求相关地区或者部门意见，力求达成一致。

（七）机关负责人应当主持、指导重要公文起草工作。

第二十条　公文文稿签发前，应当由发文机关办公厅（室）进行审核。审核的重点是：

（一）行文理由是否充分，行文依据是否准确。

（二）内容是否符合党的理论路线方针政策和国家法律法规；是否完整准确体现发文机关意图；是否同现行有关公文相衔接；所提政策措施和办法是否切实可行。

（三）涉及有关地区或者部门职权范围内的事项是否经过充分协商并达成一致意见。

（四）文种是否正确，格式是否规范；人名、地名、时间、数字、段落顺序、引文等是否准确；文字、数字、计量单位和标点符号等用法是否规范。

（五）其他内容是否符合公文起草的有关要求。

需要发文机关审议的重要公文文稿，审议前由发文机关办公厅（室）进行初核。

第二十一条　经审核不宜发文的公文文稿，应当退回起草单位并说明理由；符合发文条件但内容需作进一步研究和修改的，由起草单位修改后重新报送。

第二十二条　公文应当经本机关负责人审批签发。重要公文和上行文由机关主要负责人签发。党委、政府的办公厅（室）根据党委、政府授权制发的公文，由受权机关主要负责人签发或者按照有关规定签发。签发人签发公文，应当签署意见、姓名和完整日期；圈阅或者签名的，视为同意。联合发文由所有联署机关的负责人会签。

第六章　公文办理

第二十三条　公文办理包括收文办理、发文办理和整理归档。

第二十四条　收文办理主要程序是：

（一）签收。对收到的公文应当逐件清点，核对无误后签字或者盖章，并注明签收时间。

（二）登记。对公文的主要信息和办理情况应当详细记载。

（三）初审。对收到的公文应当进行初审。初审的重点是：是否应当由本机关办理，是否符合行文规则，文种、格式是否符合要求，涉及其他地区或者部门职权范围内的事项是否已经协商、会签，是否符合公文起草的其他要求。经初审不符合规定的公文，应当及时退回来文单位并说明理由。

（四）承办。阅知性公文应当根据公文内容、要求和工作需要确定范围后分送。批办性公文应当提出拟办意见报本机关负责人批示或者转有关部门办理；需要两个以上部门办理的，应当明确主办部门。紧急公文应当明确办理时限。承办部门对交办的公文应当及时办理，有明确办理时限要求的应当在规定时限内办理完毕。

（五）传阅。根据领导批示和工作需要将公文及时送传阅对象阅知或者批示。办理公文传阅应当随时掌握公文去向，不得漏传、误传、延误。

（六）催办。及时了解掌握公文的办理进展情况，督促承办部门按期办结。紧急公文或者重要公文应当由专人负责催办。

（七）答复。公文的办理结果应当及时答复来文单位，并根据需要告知相关单位。

第二十五条　发文办理主要程序是：

（一）复核。已经发文机关负责人签批的公文，印发前应当对公文的审批手续、内容、文种、格式等进行复核；需作实质性修改的，应当报原签批人复审。

（二）登记。对复核后的公文，应当确定发文字号、分送范围和印制份数并详细记载。

（三）印制。公文印制必须确保质量和时效。涉密公文应当在符合保密要求的场所印制。

（四）核发。公文印制完毕，应当对公文的文字、格式和印刷质量进行检查后分发。

第二十六条　涉密公文应当通过机要交通、邮政机要通信、城市机要文件交换站或者收发件机关机要收发人员进行传递，通过密码电报或者符合国家保密规定的计算机信息系统进行传输。

第二十七条　需要归档的公文及有关材料，应当根据有关档案法律法规以及机关档案管理规定，及时收集齐全、整理归档。两个以上机关联合办理的公文，原件由主办机关归档，相关机关保存复制件。机关负责人兼任其他机关职务的，在履行所兼职务过程中形成的公文，由其兼职机关归档。

第七章　公文管理

第二十八条　各级党政机关应当建立健全本机关公文管理制度，确保管理严格规范，充分发挥公文效用。

第二十九条　党政机关公文由文秘部门或者专人统一管理。设立党委（党组）的县级以上单位应当建立机要保密室和机要阅文室，并按照有关保密规定配备工作人员和必要的安全保密设施设备。

第三十条　公文确定密级前，应当按照拟定的密级先行采取保密措施。确定密级后，应当按照所定密级严格管理。绝密级公文应当由专人管理。

公文的密级需要变更或者解除的，由原确定密级的机关或者其上级机关决定。

第三十一条　公文的印发传达范围应当按照发文机关的要求执行；需要变更的，应当经发文机关批准。

涉密公文公开发布前应当履行解密程序。公开发布的时间、形式和渠道，由发文机关确定。

经批准公开发布的公文，同发文机关正式印发的公文具有同等效力。

第三十二条　复制、汇编机密级、秘密级公文，应当符合有关规定并经本机关负责人批准。绝密级公文一般不得复制、汇编，确有工作需要的，应当经发文机关或者其上级机关批准。复制、汇编的公文视同原件管理。

复制件应当加盖复制机关戳记。翻印件应当注明翻印的机关名称、日期。汇编本的密级按照编入公文的最高密级标注。

第三十三条　公文的撤销和废止，由发文机关、上级机关或者权力机关根据职权范围和有关法律法规决定。公文被撤销的，视为自始无效；公文被废止的，视为自废止之日起失效。

第三十四条　涉密公文应当按照发文机关的要求和有关规定进行清退或者销毁。

第三十五条　不具备归档和保存价值的公文，经批准后可以销毁。销毁涉密公文必须严格按照有关规定履行审批登记手续，确保不丢失、不漏销。个人不得私自销毁、留存涉密公文。

第三十六条　机关合并时，全部公文应当随之合并管理；机关撤销时，需要归档的公文经整理后按照有关规定移交档案管理部门。

工作人员离岗离职时，所在机关应当督促其将暂存、借用的公文按照有关规定移交、清退。

第三十七条　新设立的机关应当向本级党委、政府的办公厅（室）提出发文立户申请。经审查符合条件的，列为发文单位，机关合并或者撤销时，相应进行调整。

第八章　附　　则

第三十八条　党政机关公文含电子公文。电子公文处理工作的具体办法另行制定。

第三十九条 法规、规章方面的公文，依照有关规定处理。外事方面的公文，依照外事主管部门的有关规定处理。

第四十条 其他机关和单位的公文处理工作，可以参照本条例执行。

第四十一条 本条例由中共中央办公厅、国务院办公厅负责解释。

第四十二条 本条例自2012年7月1日起施行。1996年5月3日中共中央办公厅发布的《中国共产党机关公文处理条例》和2000年8月24日国务院发布的《国家行政机关公文处理办法》停止执行。

附录 2

中国共产党党内法规制定条例

(中共中央办公厅 2013 年 5 月 27 日发布实施)

第一章 总 则

第一条 为了规范中国共产党党内法规制定工作,建立健全党内法规制度体系,提高党的建设科学化水平,根据《中国共产党章程》,制定本条例。

第二条 党内法规是党的中央组织以及中央纪律检查委员会、中央各部门和省、自治区、直辖市党委制定的规范党组织的工作、活动和党员行为的党内规章制度的总称。

党章是最根本的党内法规,是制定其他党内法规的基础和依据。

第三条 党的中央组织制定的党内法规称为中央党内法规。下列事项应当由中央党内法规规定:

(一) 党的性质和宗旨、路线和纲领、指导思想和奋斗目标;

(二) 党的各级组织的产生、组成和职权;

(三) 党员义务和权利方面的基本制度;

(四) 党的各方面工作的基本制度;

(五) 涉及党的重大问题的事项;

(六) 其他应当由中央党内法规规定的事项。

中央纪律检查委员会、中央各部门和省、自治区、直辖市党委就其职权范围内有关事项制定党内法规。

第四条 党内法规的名称为党章、准则、条例、规则、规定、办法、细则。

党章对党的性质和宗旨、路线和纲领、指导思想和奋斗目标、组织原则和组织机构、党员义务和权利以及党的纪律等作出根本规定。

准则对全党政治生活、组织生活和全体党员行为作出基本规定。

条例对党的某一领域重要关系或者某一方面重要工作作出全面规定。

规则、规定、办法、细则对党的某一方面重要工作或者事项作出具体规定。

中央纪律检查委员会、中央各部门和省、自治区、直辖市党委制定的党内法规,称为规则、规定、办法、细则。

第五条　党内法规的内容应当用条款形式表述，不同于一般不用条款形式表述的决议、决定、意见、通知等规范性文件。

第六条　制定党内法规在中央统一领导下进行。制定党内法规的日常工作由中央书记处负责。

中央办公厅承担党内法规制定的统筹协调工作，其所属法规工作机构承办具体事务。

中央纪律检查委员会、中央各部门和省、自治区、直辖市党委负责职权范围内的党内法规制定工作，其所属负责法规工作的机构承办具体事务。

第七条　制定党内法规应当遵循下列原则：

（一）从党的事业发展需要和党的建设实际出发；

（二）以党章为根本依据，贯彻党的理论和路线、方针、政策；

（三）遵守党必须在宪法和法律范围内活动的规定；

（四）符合科学执政、民主执政、依法执政的要求；

（五）有利于推进党的建设制度化、规范化、程序化；

（六）坚持民主集中制，充分发扬党内民主，维护党的集中统一；

（七）维护党内法规制度体系的统一性和权威性；

（八）注重简明实用，防止烦琐重复。

第二章　规划与计划

第八条　制定党内法规应当统筹进行，科学编制党内法规制订工作五年规划和年度计划，突出重点、整体推进，逐步构建内容协调、程序严密、配套完备、有效管用的党内法规制度体系。

第九条　中央党内法规制定工作五年规划，由中央办公厅对中央纪律检查委员会、中央各部门和省、自治区、直辖市党委提出的制定建议进行汇总，并广泛征求意见后拟订，经中央书记处办公会议讨论，报中央审定。

中央党内法规制订工作年度计划，由中央办公厅对中央纪律检查委员会、中央各部门每年年底前提出的下一年度制定建议进行汇总后拟订，报中央审批。

第十条　中央纪律检查委员会、中央各部门和省、自治区、直辖市党委提出的中央党内法规制定建议，应当包括党内法规名称、制定必要性、报送时间、起草单位等。

第十一条　中央纪律检查委员会、中央各部门和省、自治区、直辖市党委可以根据职权和实际需要，编制本系统、本地区党内法规制订工作规划和计划。

第十二条　党内法规制订工作规划和计划在执行过程中，可以根据实际情况进行调整。

第三章　起　草

第十三条　中央党内法规按其内容一般由中央纪律检查委员会、中央各部门起草，综合性党内法规由中央办公厅协调中央纪律检查委员会、中央有关部门起草或者成立专门起草小组起草。

中央纪律检查委员会、中央各部门和省、自治区、直辖市党委制定的党内法规，由其自行组织起草。

第十四条　党内法规草案一般应当包括下列内容：

（一）名称；

（二）制定目的和依据；

（三）适用范围；

（四）具体规范；

（五）解释机关；

（六）施行日期。

第十五条　党内法规应当方向正确，内容明确，逻辑严密，表述准确、规范、简洁，具有可操作性。

第十六条　起草党内法规，应当深入调查研究，全面掌握实际情况，认真总结历史经验和新的实践经验，充分了解各级党组织和广大党员的意见和建议。必要时，调查研究可以吸收相关专家学者参加或者委托专门机构开展。

第十七条　起草党内法规的部门和单位，应当就涉及其他部门和单位工作范围的事项，同有关部门和单位协商一致。经协商未能取得一致意见的，应当在报送党内法规草案时对有关情况作出说明。

第十八条　起草党内法规，应当与现行党内法规相衔接。对同一事项，如果需要作出与现行党内法规不一致的规定，应当在草案中作出废止或者如何适用现行党内法规的规定，并在报送草案时说明情况和理由。

第十九条　党内法规草案形成后，应当广泛征求意见。征求意见范围根据党内法规草案的具体内容确定，必要时在全党范围内征求意见。征求意见时应当注意听取党代表大会代表和有关专家学者的意见。与群众切身利益密切相关的党内法规草案，应当充分听取群众意见。

征求意见可以采取书面形式，也可以采取座谈会、论证会、网上征询等形式。

第二十条　起草部门和单位向审议批准机关报送党内法规草案，应当同时报送草案制定说明。制定说明应当包括制定党内法规的必要性、主要内容、征求意见情况、同有关部门和单位协商情况等。

第四章 审批与发布

第二十一条 审议批准机关收到党内法规草案后,交由所属负责法规工作的机构进行审核。主要审核以下内容:

(一)是否同党章和党的理论、路线、方针、政策相抵触;

(二)是否同宪法和法律不一致;

(三)是否同上位党内法规相抵触;

(四)是否与其他同位党内法规对同一事项的规定相冲突;

(五)是否就涉及的重大政策措施与相关部门和单位协商;

(六)是否符合制定权限和程序。

对存在问题的党内法规草案,审核机构经批准可以向起草部门和单位提出修改意见。如起草部门和单位不采纳修改意见,审核机构可以向审议批准机关提出修改、缓办或者退回的建议。

第二十二条 党内法规的审议批准,按照下列职权进行:

(一)涉及党的中央组织、中央纪律检查委员会产生、组成和职权的党内法规,以及涉及党的重大问题的党内法规,由党的全国代表大会审议批准;

(二)涉及党的地方组织和基层组织产生、组成和职权的党内法规,涉及党员义务和权利方面基本制度的党内法规,以及涉及党的各方面工作基本制度的党内法规,由党的中央委员会全体会议、中央政治局会议或者中央政治局常务委员会会议审议批准;

(三)应当由中央发布的其他党内法规,根据情况由中央政治局常务委员会会议审议批准,或者按规定程序报送批准;

(四)中央纪律检查委员会、中央各部门发布的党内法规,由中央纪律检查委员会、中央各部门审议批准;

(五)省、自治区、直辖市党委发布的党内法规,由省、自治区、直辖市党委审议批准。

第二十三条 经审议批准的党内法规草案,由负责法规工作的机构核文后按规定程序报请发布。

党内法规一般采用中共中央文件、中共中央办公厅文件、中央纪律检查委员会文件、中央各部门文件和省、自治区、直辖市党委文件、党委办公厅文件的形式发布。

党内法规经批准后一般应当公开发布。

第二十四条　实际工作迫切需要但还不够成熟的党内法规，可先试行，在实践中完善后重新发布。

第五章　适用与解释

第二十五条　党章在党内法规中具有最高效力，其他任何党内法规都不得同党章相抵触。

中央党内法规的效力高于中央纪律检查委员会、中央各部门和省、自治区、直辖市党委制定的党内法规的效力。

省、自治区、直辖市党委制定的党内法规不得同中央纪律检查委员会、中央各部门制定的党内法规相抵触。

第二十六条　同一机关制定的党内法规，一般规定与特别规定不一致的，适用特别规定；旧的规定与新的规定不一致的，适用新的规定。

第二十七条　中央纪律检查委员会、中央各部门制定的党内法规对同一事项的规定不一致的，提请中央处理。

第二十八条　中央纪律检查委员会、中央各部门和省、自治区、直辖市党委发布的党内法规有下列情形之一的，由中央责令改正或者予以撤销：

（一）同党章和党的理论、路线、方针、政策相抵触的；

（二）同宪法和法律不一致的；

（三）同中央党内法规相抵触的。

第二十九条　中央党内法规解释工作，由其规定的解释机关负责。本条例施行前发布的中央党内法规，未明确规定解释机关的，由中央办公厅请示中央后承办。

中央纪律检查委员会、中央各部门和省、自治区、直辖市党委制定的党内法规由其自行解释。

党内法规的解释同党内法规具有同等效力。

第六章　备案、清理与评估

第三十条　中央纪律检查委员会、中央各部门和省、自治区、直辖市党委制定的党内法规应当自发布之日起30日内报送中央备案，备案工作由中央办公厅承办。具体备案办法由中央办公厅另行规定。

第三十一条　党内法规制定机关应当适时对党内法规进行清理，并根据清理情况及时对相关党内法规作出修改、废止等相应处理。

第三十二条　党内法规制定机关、起草部门和单位可以根据职权对党内法规执行情况、实施效果开展评估。

第七章　附　　则

第三十三条　党内法规的修改、废止，适用本条例。

党章的修改适用党章的规定。

第三十四条　中央军事委员会及其总政治部依照本条例的基本精神制定军队党内法规。

第三十五条　本条例由中央办公厅负责解释。

第三十六条　本条例自发布之日起施行。1990年7月31日中共中央印发的《中国共产党党内法规制定程序暂行条例》同时废止。

附录3

行政法规制定程序条例

(《国务院令》第321号　自2002年1月1日起施行)

第一章　总　则

第一条　为了规范行政法规制定程序，保证行政法规质量，根据宪法、立法法和国务院组织法的有关规定，制定本条例。

第二条　行政法规的立项、起草、审查、决定、公布、解释，适用本条例。

第三条　制定行政法规，应当遵循立法法确定的立法原则，符合宪法和法律的规定。

第四条　行政法规的名称一般称"条例"，也可以称"规定"、"办法"等。国务院根据全国人民代表大会及其常务委员会的授权决定制定的行政法规，称"暂行条例"或者"暂行规定"。

国务院各部门和地方人民政府制定的规章不得称"条例"。

第五条　行政法规应当备而不繁，逻辑严密，条文明确、具体，用语准确、简洁，具有可操作性。

行政法规根据内容需要，可以分章、节、条、款、项、目。章、节、条的序号用中文数字依次表述，款不编序号，项的序号用中文数字加括号依次表述，目的序号用阿拉伯数字依次表述。

第二章　立　项

第六条　国务院于每年年初编制本年度的立法工作计划。

第七条　国务院有关部门认为需要制定行政法规的，应当于每年年初编制国务院年度立法工作计划前，向国务院报请立项。

国务院有关部门报送的行政法规立项申请，应当说明立法项目所要解决的主要问题、依据的方针政策和拟确立的主要制度。

第八条　国务院法制机构应当根据国家总体工作部署对部门报送的行政法规立项申请汇总研究，突出重点，统筹兼顾，拟订国务院年度立法工作计划，报国务院审批。

列入国务院年度立法工作计划的行政法规项目应当符合下列要求：

（一）适应改革、发展、稳定的需要；

（二）有关的改革实践经验基本成熟；

（三）所要解决的问题属于国务院职权范围并需要国务院制定行政法规的事项。

第九条 对列入国务院年度立法工作计划的行政法规项目，承担起草任务的部门应当抓紧工作，按照要求上报国务院。

国务院年度立法工作计划在执行中可以根据实际情况予以调整。

第三章 起 草

第十条 行政法规由国务院组织起草。国务院年度立法工作计划确定行政法规由国务院的一个部门或者几个部门具体负责起草工作，也可以确定由国务院法制机构起草或者组织起草。

第十一条 起草行政法规，除应当遵循立法法确定的立法原则，并符合宪法和法律的规定外，还应当符合下列要求：

（一）体现改革精神，科学规范行政行为，促进政府职能向经济调节、社会管理、公共服务转变；

（二）符合精简、统一、效能的原则，相同或者相近的职能规定由一个行政机关承担，简化行政管理手续；

（三）切实保障公民、法人和其他组织的合法权益，在规定其应当履行的义务的同时，应当规定其相应的权利和保障权利实现的途径；

（四）体现行政机关的职权与责任相统一的原则，在赋予有关行政机关必要的职权的同时，应当规定其行使职权的条件、程序和应承担的责任。

第十二条 起草行政法规，应当深入调查研究，总结实践经验，广泛听取有关机关、组织和公民的意见。听取意见可以采取召开座谈会、论证会、听证会等多种形式。

第十三条 起草行政法规，起草部门应当就涉及其他部门的职责或者与其他部门关系紧密的规定，与有关部门协商一致；经过充分协商不能取得一致意见的，应当在上报行政法规草案送审稿（以下简称行政法规送审稿）时说明情况和理由。

第十四条 起草行政法规，起草部门应当对涉及有关管理体制、方针政策等需要国务院决策的重大问题提出解决方案，报国务院决定。

第十五条 起草部门向国务院报送的行政法规送审稿，应当由起草部门主要负责人签署。几个部门共同起草的行政法规送审稿，应当由该几个部门主要负责人共同签署。

第十六条　起草部门将行政法规送审稿报送国务院审查时，应当一并报送行政法规送审稿的说明和有关材料。

行政法规送审稿的说明应当对立法的必要性，确立的主要制度，各方面对送审稿主要问题的不同意见，征求有关机关、组织和公民意见的情况等作出说明。有关材料主要包括国内外的有关立法资料、调研报告、考察报告等。

第四章　审　　查

第十七条　报送国务院的行政法规送审稿，由国务院法制机构负责审查。
国务院法制机构主要从以下方面对行政法规送审稿进行审查：
（一）是否符合宪法、法律的规定和国家的方针政策；
（二）是否符合本条例第十一条的规定；
（三）是否与有关行政法规协调、衔接；
（四）是否正确处理有关机关、组织和公民对送审稿主要问题的意见；
（五）其他需要审查的内容。

第十八条　行政法规送审稿有下列情形之一的，国务院法制机构可以缓办或者退回起草部门：
（一）制定行政法规的基本条件尚不成熟的；
（二）有关部门对送审稿规定的主要制度存在较大争议，起草部门未与有关部门协商的；
（三）上报送审稿不符合本条例第十五条、第十六条规定的。

第十九条　国务院法制机构应当将行政法规送审稿或者行政法规送审稿涉及的主要问题发送国务院有关部门、地方人民政府、有关组织和专家征求意见。国务院有关部门、地方人民政府反馈的书面意见，应当加盖本单位或者本单位办公厅（室）印章。

重要的行政法规送审稿，经报国务院同意，向社会公布，征求意见。

第二十条　国务院法制机构应当就行政法规送审稿涉及的主要问题，深入基层进行实地调查研究，听取基层有关机关、组织和公民的意见。

第二十一条　行政法规送审稿涉及重大、疑难问题的，国务院法制机构应当召开由有关单位、专家参加的座谈会、论证会，听取意见，研究论证。

第二十二条　行政法规送审稿直接涉及公民、法人或者其他组织的切身利益的，国务院法制机构可以举行听证会，听取有关机关、组织和公民的意见。

第二十三条　国务院有关部门对行政法规送审稿涉及的主要制度、方针政策、管理体制、权限分工等有不同意见的，国务院法制机构应当进行协调，力求达成一致意见；不能达成一致意见的，应当将争议的主要问题、有关部门的意见以及国务院法制机构的意见报国务院决定。

第二十四条　国务院法制机构应当认真研究各方面的意见，与起草部门协商后，对行政法规送审稿进行修改，形成行政法规草案和对草案的说明。

第二十五条　行政法规草案由国务院法制机构主要负责人提出提请国务院常务会议审议的建议；对调整范围单一、各方面意见一致或者依据法律制定的配套行政法规草案，可以采取传批方式，由国务院法制机构直接提请国务院审批。

第五章　决定与公布

第二十六条　行政法规草案由国务院常务会议审议，或者由国务院审批。

国务院常务会议审议行政法规草案时，由国务院法制机构或者起草部门作说明。

第二十七条　国务院法制机构应当根据国务院对行政法规草案的审议意见，对行政法规草案进行修改，形成草案修改稿，报请总理签署国务院令公布施行。

签署公布行政法规的国务院令载明该行政法规的施行日期。

第二十八条　行政法规签署公布后，及时在国务院公报和在全国范围内发行的报纸上刊登。国务院法制机构应当及时汇编出版行政法规的国家正式版本。

在国务院公报上刊登的行政法规文本为标准文本。

第二十九条　行政法规应当自公布之日起30日后施行；但是，涉及国家安全、外汇汇率、货币政策的确定以及公布后不立即施行将有碍行政法规施行的，可以自公布之日起施行。

第三十条　行政法规在公布后的30日内由国务院办公厅报全国人民代表大会常务委员会备案。

第六章　行政法规解释

第三十一条　行政法规条文本身需要进一步明确界限或者作出补充规定的，由国务院解释。

国务院法制机构研究拟订行政法规解释草案，报国务院同意后，由国务院公布或者由国务院授权国务院有关部门公布。

行政法规的解释与行政法规具有同等效力。

第三十二条　国务院各部门和省、自治区、直辖市人民政府可以向国务院提出行政法规解释要求。

第三十三条　对属于行政工作中具体应用行政法规的问题，省、自治区、直辖市人民政府法制机构以及国务院有关部门法制机构请求国务院法制机构解释的，国务院法制机构可以研究答复；其中涉及重大问题的，由国务院法制机构提出意见，报国务院同意后答复。

第七章　附　　则

第三十四条　拟订国务院提请全国人民代表大会或者全国人民代表大会常务委员会审议的法律草案，参照本条例的有关规定办理。

第三十五条　修改行政法规的程序，适用本条例的有关规定。

行政法规修改后，应当及时公布新的行政法规文本。

第三十六条　行政法规的外文正式译本和民族语言文本，由国务院法制机构审定。

第三十七条　本条例自2002年1月1日起施行。1987年4月21日国务院批准、国务院办公厅发布的《行政法规制定程序暂行条例》同时废止。

附录 4

规章制定程序条例

(《国务院令》(第 322 号) 自 2002 年 1 月 1 日起施行)

第一章 总 则

第一条 为了规范规章制定程序，保证规章质量，根据立法法的有关规定，制定本条例。

第二条 规章的立项、起草、审查、决定、公布、解释，适用本条例。

违反本条例规定制定的规章无效。

第三条 制定规章，应当遵循立法法确定的立法原则，符合宪法、法律、行政法规和其他上位法的规定。

第四条 制定规章，应当切实保障公民、法人和其他组织的合法权益，在规定其应当履行的义务的同时，应当规定其相应的权利和保障权利实现的途径。

制定规章，应当体现行政机关的职权与责任相统一的原则，在赋予有关行政机关必要的职权的同时，应当规定其行使职权的条件、程序和应承担的责任。

第五条 制定规章，应当体现改革精神，科学规范行政行为，促进政府职能向经济调节、社会管理和公共服务转变。

制定规章，应当符合精简、统一、效能的原则，相同或者相近的职能应当规定由一个行政机关承担，简化行政管理手续。

第六条 规章的名称一般称"规定"、"办法"，但不得称"条例"。

第七条 规章用语应当准确、简洁，条文内容应当明确、具体，具有可操作性。

法律、法规已经明确规定的内容，规章原则上不作重复规定。

除内容复杂的外，规章一般不分章、节。

第八条 涉及国务院两个以上部门职权范围的事项，制定行政法规条件尚不成熟，需要制定规章的，国务院有关部门应当联合制定规章。

有前款规定情形的，国务院有关部门单独制定的规章无效。

第二章 立 项

第九条 国务院部门内设机构或者其他机构认为需要制定部门规章的，应当向该部门报请立项。

省、自治区、直辖市和较大的市的人民政府所属工作部门或者下级人民政府认为需要制定地方政府规章的,应当向该省、自治区、直辖市或者较大的市的人民政府报请立项。

第十条 报送制定规章的立项申请,应当对制定规章的必要性、所要解决的主要问题、拟确立的主要制度等作出说明。

第十一条 国务院部门法制机构,省、自治区、直辖市和较大的市的人民政府法制机构(以下简称法制机构),应当对制定规章的立项申请进行汇总研究,拟订本部门、本级人民政府年度规章制定工作计划,报本部门、本级人民政府批准后执行。

年度规章制定工作计划应当明确规章的名称、起草单位、完成时间等。

第十二条 国务院部门,省、自治区、直辖市和较大的市的人民政府,应当加强对执行年度规章制定工作计划的领导。对列入年度规章制定工作计划的项目,承担起草工作的单位应当抓紧工作,按照要求上报本部门或者本级人民政府决定。

年度规章制定工作计划在执行中,可以根据实际情况予以调整,对拟增加的规章项目应当进行补充论证。

第三章 起　　草

第十三条 部门规章由国务院部门组织起草,地方政府规章由省、自治区、直辖市和较大的市的人民政府组织起草。

国务院部门可以确定规章由其一个或者几个内设机构或者其他机构具体负责起草工作,也可以确定由其法制机构起草或者组织起草。

省、自治区、直辖市和较大的市的人民政府可以确定规章由其一个部门或者几个部门具体负责起草工作,也可以确定由其法制机构起草或者组织起草。

起草规章可以邀请有关专家、组织参加,也可以委托有关专家、组织起草。

第十四条 起草规章,应当深入调查研究,总结实践经验,广泛听取有关机关、组织和公民的意见。听取意见可以采取书面征求意见、座谈会、论证会、听证会等多种形式。

第十五条 起草的规章直接涉及公民、法人或者其他组织切身利益,有关机关、组织或者公民对其有重大意见分歧的,应当向社会公布,征求社会各界的意见;起草单位也可以举行听证会。听证会依照下列程序组织:

(一)听证会公开举行,起草单位应当在举行听证会的30日前公布听证会的时间、地点和内容；

（二）参加听证会的有关机关、组织和公民对起草的规章，有权提问和发表意见；

（三）听证会应当制作笔录，如实记录发言人的主要观点和理由；

（四）起草单位应当认真研究听证会反映的各种意见，起草的规章在报送审查时，应当说明对听证会意见的处理情况及其理由。

第十六条　起草部门规章，涉及国务院其他部门的职责或者与国务院其他部门关系紧密的，起草单位应当充分征求国务院其他部门的意见。

起草地方政府规章，涉及本级人民政府其他部门的职责或者与其他部门关系紧密的，起草单位应当充分征求其他部门的意见。起草单位与其他部门有不同意见的，应当充分协商；经过充分协商不能取得一致意见的，起草单位应当在上报规章草案送审稿（以下简称规章送审稿）时说明情况和理由。

第十七条　起草单位应当将规章送审稿及其说明、对规章送审稿主要问题的不同意见和其他有关材料按规定报送审查。

报送审查的规章送审稿，应当由起草单位主要负责人签署；几个起草单位共同起草的规章送审稿，应当由该几个起草单位主要负责人共同签署。

规章送审稿的说明应当对制定规章的必要性、规定的主要措施、有关方面的意见等情况作出说明。

有关材料主要包括汇总的意见、听证会笔录、调研报告、国内外有关立法资料等。

第四章　审　　查

第十八条　规章送审稿由法制机构负责统一审查。

法制机构主要从以下方面对送审稿进行审查：

（一）是否符合本条例第三条、第四条、第五条的规定；

（二）是否与有关规章协调、衔接；

（三）是否正确处理有关机关、组织和公民对规章送审稿主要问题的意见；

（四）是否符合立法技术要求；

（五）需要审查的其他内容。

第十九条　规章送审稿有下列情形之一的，法制机构可以缓办或者退回起草单位：

（一）制定规章的基本条件尚不成熟的；

（二）有关机构或者部门对规章送审稿规定的主要制度存在较大争议，起草单位未与有关机构或者部门协商的；

（三）上报送审稿不符合本条例第十七条规定的。

第二十条　法制机构应当将规章送审稿或者规章送审稿涉及的主要问题发送有关机关、组织和专家征求意见。

第二十一条　法制机构应当就规章送审稿涉及的主要问题，深入基层进行实地调查研究，听取基层有关机关、组织和公民的意见。

第二十二条　规章送审稿涉及重大问题的，法制机构应当召开由有关单位、专家参加的座谈会、论证会，听取意见，研究论证。

第二十三条　规章送审稿直接涉及公民、法人或者其他组织切身利益，有关机关、组织或者公民对其有重大意见分歧，起草单位在起草过程中未向社会公布，也未举行听证会的，法制机构经本部门或者本级人民政府批准，可以向社会公布，也可以举行听证会。

举行听证会的，应当依照本条例第十五条规定的程序组织。

第二十四条　有关机构或者部门对规章送审稿涉及的主要措施、管理体制、权限分工等问题有不同意见的，法制机构应当进行协调，达成一致意见；不能达成一致意见的，应当将主要问题、有关机构或者部门的意见和法制机构的意见上报本部门或者本级人民政府决定。

第二十五条　法制机构应当认真研究各方面的意见，与起草单位协商后，对规章送审稿进行修改，形成规章草案和对草案的说明。说明应当包括制定规章拟解决的主要问题、确立的主要措施以及与有关部门的协调情况等。

规章草案和说明由法制机构主要负责人签署，提出提请本部门或者本级人民政府有关会议审议的建议。

第二十六条　法制机构起草或者组织起草的规章草案，由法制机构主要负责人签署，提出提请本部门或者本级人民政府有关会议审议的建议。

第五章　决定和公布

第二十七条　部门规章应当经部务会议或者委员会会议决定。

地方政府规章应当经政府常务会议或者全体会议决定。

第二十八条　审议规章草案时，由法制机构作说明，也可以由起草单位作说明。

第二十九条　法制机构应当根据有关会议审议意见对规章草案进行修改，形成草案修改稿，报请本部门首长或者省长、自治区主席、市长签署命令予以公布。

第三十条　公布规章的命令应当载明该规章的制定机关、序号、规章名称、通过日期、施行日期、部门首长或者省长、自治区主席、市长署名以及公布日期。

部门联合规章由联合制定的部门首长共同署名公布，使用主办机关的命令序号。

第三十一条　部门规章签署公布后，部门公报或者国务院公报和全国范围内发行的有关报纸应当及时予以刊登。

地方政府规章签署公布后，本级人民政府公报和本行政区域范围内发行的报纸应当及时刊登。

在部门公报或者国务院公报和地方人民政府公报上刊登的规章文本为标准文本。

第三十二条　规章应当自公布之日起30日后施行；但是，涉及国家安全、外汇汇率、货币政策的确定以及公布后不立即施行将有碍规章施行的，可以自公布之日起施行。

第六章　解释与备案

第三十三条　规章解释权属于规章制定机关。

规章有下列情况之一的，由制定机关解释：

（一）规章的规定需要进一步明确具体含义的；

（二）规章制定后出现新的情况，需要明确适用规章依据的。

规章解释由规章制定机关的法制机构参照规章送审稿审查程序提出意见，报请制定机关批准后公布。

规章的解释同规章具有同等效力。

第三十四条　规章应当自公布之日起30日内，由法制机构依照《立法法》和《法规规章备案条例》的规定向有关机关备案。

第三十五条　国家机关、社会团体、企业事业组织、公民认为规章同法律、行政法规相抵触的，可以向国务院书面提出审查的建议，由国务院法制机构研究处理。

国家机关、社会团体、企业事业组织、公民认为较大的市的人民政府规章同法律、行政法规相抵触或者违反其他上位法的规定的，也可以向本省、自治区人民政府书面提出审查的建议，由省、自治区人民政府法制机构研究处理。

第七章　附　　则

第三十六条　依法不具有规章制定权的县级以上地方人民政府制定、发布具有普遍约束力的决定、命令，参照本条例规定的程序执行。

　　第三十七条　国务院部门，省、自治区、直辖市和较大的市的人民政府，应当经常对规章进行清理，发现与新公布的法律、行政法规或者其他上位法的规定不一致的，或者与法律、行政法规或者其他上位法相抵触的，应当及时修改或者废止。

　　修改、废止规章的程序，参照本条例的有关规定执行。

　　第三十八条　编辑出版正式版本、民族文版、外文版本的规章汇编，由法制机构依照《法规汇编编辑出版管理规定》的有关规定执行。

　　第三十九条　本条例自2002年1月1日起施行。

主要参考文献

[1] 苗枫林：《中国公文学》，齐鲁书社1988年版。
[2] 叶黔达、柯世华：《现代公文写作技巧》，四川人民出版社2003年版。
[3] 赵映诚：《当代公文写作》，东北财经大学出版社2006年版。
[4] 岳海翔：《公文写作一点通》，中国警官出版社2004年版。
[5] 柳新华：《实用电子公文处理教程》，科学出版社2009年版。
[6] 柳新华：《行政机关公文写作》，经济科学出版社2001年版。
[7] 张庆儒：《公文处理学》，中国档案出版社2001年版。
[8] 魏敏：《公文写作处理教程》，辽海出版社2000年版。
[9] 中国公文写作研究会：《电子文书写作》，中国言实出版社2005年版。
[10] 段云所等：《信息安全概论》，高等教育出版社2003年版。
[11] 岳海翔：《当前我国公文学研究的基本任务》，载《办公室业务》2006年第2期。
[12] 杨衍海、张鲁元：《公文学研究范畴发微》，载《办公室业务》1997年第4期。
[13] 孙和平：《关于公文学学科关系的几点思考》，载《成都行政学院学报》2000年第1期。
[14] 付西明：《公文处理规范》，人民日报出版社2003年版。
[15] 岳凯华：《秘书学概论》，湖南大学出版社2005年版。
[16] 陈合宜：《秘书学（增订本）》，暨南大学出版社1997年版。
[17] 杜福磊：《中国写作学理论研究与发展》，中央编译出版社2004年版。
[18] 张会恩、曾祥芹：《文章学教程》，上海教育出版社1995年版。
[19] 张同钦、杨锋：《秘书学概论》，暨南大学出版社2006年版。
[20] 任遂虎：《文章学通论》，清华大学出版社2011年版。
[21] 丁煌：《西方行政学理论概要》，中国人民大学出版社2005年版。
[22] 吴肇基：《行政学，公共管理硕士（MPA）教程》，中国戏剧出版社2001年版。
[23] 高小平：《行政学》，上海人民出版社2003年版。

［24］洪威雷、毛正天：《应用文写作学新编》，中华书局2005年版。

［25］陈果安、何纯、王定：《写作学基础》，湖南师范大学出版社2006年版。

［26］路德庆：《普通写作学教程（第四版）》，高等教育出版社2010年版。

［27］路德庆：《应用写作学教程》，教育科学出版社1991年版。

［28］孙移山：《文章学》，档案出版社1986年版。

［29］毕耕：《现代应用写作（第二版）》，武汉大学出版社2013年版。

［30］罗陈霞：《当代秘书学与秘书实务》，清华大学出版社2012年版。

［31］丘国新、陈少夫：《应用写作教程（第七版）》，北京大学出版社2013年版。

［32］王东成：《新编写作学》，高等教育出版社1989年版。

［33］胡元德：《古代公文文体流变》，广陵书社2012年版。

跋

　　2013年1月12日凌晨，一则噩耗显示在手机屏上：枫林先生于早上4点12分去世，享年81岁。简单明了而寒气逼人的一句话让人的心倏地抽紧，惶惶不安、反反复复看了几遍，不得不承认确是寒风吹落霜叶，先生驾鹤西去。我木然坐在书房座椅上，好半天才回过神来，枫林先生或近或远的音容笑貌翩翩而至。

　　枫林先生是位颇有身份的人，曾长期在北京中央机关首长身边工作，在省城那是一位地位显赫的领导干部，但那时我并不认识他，无法对他写下只言片语。我所认识的枫林先生已离开领导岗位，已是进入所谓"无官一身轻"的赋闲光景，"一身轻"的他竟然看不到一点官架，嗅不到一点官气，品不到一点官味，我所认识的仅仅是一位人人尊敬的长者，一位风度儒雅的学者，一位推新扶弱的贤者。所以，文中我不称先生的官职，非为不敬，实在是因为我认识的枫林先生，与做官和权势无关。

　　我第一次认识枫林先生是在1992年10月，那一年我因为工作需要，出版了一本薄薄的关于公文写作的书，应邀与枫林先生一起参加了中国公文写作研究会的成立大会。会议在烟台新闻中心举行，枫林先生在会议上当选为中国公文写作研究会第一任会长。枫林先生的当选，并非其他原因，而是由于他在1987年出版了《中国公文学》一书，由此被国内公文学界尊为中国公文学的创始人，会长一职自然非他莫属了。而后，我与他见面多了，他对我讲，这本书是他从政时由北京调山东工作时，待命期间在北京图书馆里写成的，他说，现在这个"学"、那个"学"铺天盖地，而公文"经国之大业、不朽之盛事"怎么就没有"学"呢，这就是他写作此书的动因。后来先生还专门将《中国公文学》题名赠送了我一本，拜读之后，至今受益匪浅。先生写过多少公文已经无人知晓，只是知道"文化大革命"刚刚结束时，为老干部平反冤假错案、党的生活准则等许多重要中央文件均出自他手。中国公文写作研究会是一个名不见经传的全国性二级学术团体，但自成立以来，每次年会他都参加，这个学会后来在全国渐渐有了些影响，实在是赖先生所赐。后来他年纪大了，毅然决然辞去会长职务，推荐年轻同志担任会长，他则成为名誉会长，一般情况下名誉会长都是挂名的，但学会20年来的每次会议他都参加，而且每次会议都会发表具有真知灼见、切中时弊的研究见解。第十二届全国公文写作年会是2010年8月在西安举行的，他不仅在会议上谈了他对公文文风的看法，而且会议期间还接受了多家媒体的采访，他大声呼吁改变文风要从领导干部做起。他认为，"假大空"这种文风，抄袭的文风，最后的避难所就是领导的官僚主义，领导疏于亲政。他的话，引起与会者和媒体的普遍关注。人们没有想到一个79岁高龄的老者有如此敏锐的思想，无怪会后一个刊物发表了一篇题为《老树春深情更浓》的文章，大感惊叹！

如果有人认为官员出身，能写公文，对公文写作有点感想和认识，那不足为奇，也算不得了不起的真才实学。如果你这样来看待枫林先生，我不得不再谈谈他的另一项研究成果。2004年，枫林先生送我一本新著《中国用人史》，并对我讲，这是他自20世纪80年代始，在工作之余，耗时10年，完成的一本我国用人制度史专著。我认真拜读60余万字的皇皇巨著，枫林先生对中华民族历史上用人思想研究之深刻、方略评判之精当令人叹服。长期以来，史学界很少有人对用人史作系统、科学的研究，即或有著述问世，或失之于片断性、随意性，或只是辑录一些用人的故事，缺乏理论的总结与深入的分析。《中国用人史》突破了某些思维定式的束缚，通过全面系统地梳理用人历史上的丰厚遗产，阐释用人与政治、经济及社会发展的关系，从用人的角度去解读历史朝代的兴衰更迭，彰显唯物主义的人才史观和新时期人才强国战略的现实价值。它显示出枫林先生深厚的理论功底和驾驭能力，更蕴含着枫林先生忧国忧民的崇高情怀。

如果有人感觉一个担任过高级领导干部的人谈用人，还是不足为奇的话，那么对一个没有当过兵、打过仗的人，却出版了一本兵书，难道你不感到神奇而非凡吗?！2010年8月在西安，枫林先生又送我一本他刚刚由中国军事科学出版社出版的《中国古代心战》一书，全书50多万字，上起先秦、下迄明清，过去那些屡屡散见于史籍的历代心战战例、战史，历代心战思想与方策，均被他收入锦囊。利用西安会议期间，我把全书通读一遍，发现这是枫林先生奉献给我们的一部极有教益的军事奇书。在中华民族的历史长河中，心战代表了中国古代兵道的智慧，是实现"不战而屈人之兵，善之善者也"的不二法宝。中国古代心战经历了漫长的发展过程，其斗争艺术丰富多彩，奇计妙策蕴含在浩如瀚海的历代兵书和史籍之中，没有剥茧抽丝的毅力和皓首穷经的耐心，实在是难以集大成而为一家。有人评价说，《中国古代心战》一书借鉴《孙子兵法》中丰富的心战思想和原则，研究高技术条件下心理战的基本内涵、应用特点、作战方法，不仅对弘扬中国传统文化具有现实而深远的意义，而且对促进中华民族软实力的提高和对于新时期军事斗争准备都具有极高的价值。这一点，2012年8月18日在北京举行的《中国古代心战》研讨会上得到与会专家的一致认同。同年12月，该书在新闻出版总署举行的第三届"三个一百"原创图书出版工程评选中，从参选的1167种新版图书中脱颖而出，入选"人文社科类原创图书"，被美国国立图书馆和我国各大图书馆收藏,成为我军心理战专业的研修教科书。

我作为晚辈,从30多岁与枫林先生忘年交已20余年,几乎年年相见,每次见面都为他的渊博学问所倾倒,为他的朴实为人所钦佩。他待人谦逊,温和平静,尤其对年轻人的呵护笃爱,事事显示一个长者的胸怀。2002年我在中国人事出版社出版《实用电子公文传输与处理》一书,请先生作序,考虑先生年事已高,且电子公文又是一个新东西,就拟了一个初稿给先生,先生很快就将序言寄了回来,但已不是我拟的初稿,而是先生自己重新撰写的,一看便知先生对电子公文的研究绝不生疏。此书出版后,在社会上引起广泛影响,实在有赖先生推举之力。以后我又在先生鼓励引导之下,陆续出版了几本关于公文写作研究方面的书,每次都是先生欣然命笔作序,为之增彩良多,其呵护之情溢于言表。枫林先生严谨治学,虚怀若谷,每每展现一个学者的风范。学会召开的会议,由于经费有限,一般都在一些简陋的酒店宾馆举行,每次参加会议,他绝不搞特殊,坚持与与会人员在一起食宿、一起讨论。记得2011年暑期,中国公文写作研究会与鲁东大学共同举办"公文学的发展现状与展望"研讨会,枫林先生从青岛赶到烟台参加会议,考虑到学校的接待条件有限,会议特意另作安排,但枫林先生坚决不同意,就在学校与与会人员一起食宿参加会议,两天会议,由于他的亲自参与和指导,会议开得十分成功,会议研究成果结集出版了《公文学现状与展望》一书。枫林先生勤勉一生,努力不懈,他那种对学问孜孜以求的精神,使年轻人常常感到自愧不如。枫林先生70岁左右开始学习电脑,每天坚持用电脑写作3000字。我知道《中国用人史》《中国古代心战》都是他在笔记本电脑上一个字、一个字敲出来的,这是我与他出差开会在一起时亲眼所见。他曾对我说,现在有些人不是认真做学问!为了赶时髦赚钱,组织一帮人,东拼西凑,粗制滥造,几天就搞出一大本,糟蹋学问,有辱斯文,绝不应该这样做学问啊!现实中像枫林先生这样认真做学问的人可谓凤毛麟角,今天重温枫林先生的话,令人感慨良多。

枫林夕照别样红,霜叶流丹分外娇。枫林先生曾与我谈及自己退休后的生活,他说,他可以有两种"写"的选择:一种是写字,练练书法,既有益身体,还可以百年留名,甚至还可以借机得到不菲的润笔费;另一种是写书,研究点东西,不过比较清苦。朋友劝他选第一种,因为枫林先生的书法造诣很深,稍微再用点心,比一些自我标榜的所谓书法家写得要好。但枫林先生选择了另一种,他心里很清楚,这是自找苦吃,但他认为离岗以后如果能利用晚年的时间,能继续为国家、为民族做点有益的事,为后人留下点有价值的东西,那是值得的。他曾说过,人类文化是一个整体,为人类文化做出贡献的人,是不会被历史遗忘的。正如孔夫子所言,枫林先生"其为人也,发愤忘食,乐以忘忧,不知老之将至云尔"。他离岗以后,研究成果不断问世,一部比一部精彩,且有一发而不可收的态势。除了本文言及的三部著作外，枫林先生还著有《步履集》《孔子文化大全》《世界改革史》《中国古代名物大典》等，都是可以传世的佳篇力作。他在2011年烟台会议上对我说，他计划编著一部公文赏析读物，让今人从中观察前人公文对社会治理的视角，学习前人公文笔者善于透彻说理，又重在提出解决办法的睿智，然后将已有的几十万字的文章出个文集，作为献给自己85岁的礼物。并嘱托公文赏析读物由我协助他完成出版发行工作。这两年我一直在期盼枫林先生的新作问世。

2013年元旦假期之间，得知枫林先生病重入院，我于1月3日匆匆赶到北京301医院看望。因医生嘱咐谈话不能超过一刻钟，本来想好许多要对先生说的话，如他的公文赏析书稿何时杀青，他对此书出版发行有什么要求，等等，但时间不允许，而我也不忍心让先生再劳累，心想等枫林先生病好了，此事再议也不迟。未曾想病魔如此凶狠，北京一晤，顿成永别，回来仅仅十天多一点的时间，就与枫林先生阴阳两隔，从此再也无法聆听先生的教诲。

2013年1月14日，枫林先生遗体告别仪式在济南殡仪馆举行，是日雾霾蔽日，旅程阻隔，竟至未能赶到济南送枫林先生最后一程。正当我哀思无尽的时刻，枫林先生的亲人打来电话，说枫林先生走前通过"遗事"告知方式，请他们与我联系出版《中国公文名篇赏析》之事。经了解，他的最后书稿在他的个人计算机中，已经系统修改过4次，可谓尽心尽力了。他在住院前最后的日子，就是为再修改书稿、增加新内容搬书而"扭伤"了腰。并且在病中多次提到要出好这本书。

根据他的遗愿，鲁东大学公文文献研究中心将他的遗著校订出版，作为本中心公文学系列研究丛书的第一部。鲁东大学公文文献研究中心是在枫林先生的倡议下，于2008年成立的全国首家以公文为研究对象的科研机构，2010年10月28日中国公文写作研究会批准，成为其分支机构——中国公文写作研究会公文文献研究室。鲁东大学公文文献研究中心创立之初，枫林先生捐赠了其珍藏的全部公文文献和著作，供师生学习、研讨利用，并欣然担任中心的兼职教授，为中心的发展倾注了许多心血。此次中心能够为先生的遗著出版尽微薄之力，师生感到无限的荣幸和欣慰。

为了纪念枫林先生，我们将本书包括丛书其他分册的出版式样、大小和封面以先生过去出版的著作为蓝本，统一进行了设计，并命名为《中国公文学研究》丛书，算是对枫林先生为中国公文学创立发展做出的卓越贡献表示的崇高敬意，以告慰枫林先生的在天之灵。

是为跋。

柳新华
2014年9月28日

后　　记

2014年9月8日是中秋节，当皎洁的月光抛洒窗前，我的双手离开电脑键盘，站起身来伸了伸腰，深深舒了一口气，《中国公文学研究》丛书最后一部专著《当代中国公文学》完稿，长达3年之久的研究编写苦旅终于结束。

从2011年下半年开始，我和鲁东大学有关老师、公文写作与处理专业的研究生，秉承苗枫林先生的意愿，开始着手《中国公文学研究》丛书的编撰工作，原打算用一年半、最多在两年时间完成任务。没有想到的是，困难接踵而至，问题不断产生，编写进程屡屡受挫。

特别在《当代中国公文学》编写过程中，我们发现我国的公文学研究尽管取得了令人瞩目的成就，公文学相关著作、教材大量问世，但对公文学的基础理论研究十分薄弱，大部分研究书籍，对公文学理论介绍颇为简略，有的甚至避而不谈，即使涉及一些理论知识，也往往是相互照搬照转、"炒冷饭"，很少可资借鉴的理论成果。

困难使有的人刚上阵就打了退堂鼓，有的人接手掂掂分量太沉便撒手而去，我几次也想放弃研究工作，何苦自讨苦吃呢？每当此时，就不由想起苗枫林先生的嘱托，仿佛看到他期待的目光。自己暗暗发誓，不管《当代中国公文学》编撰困难再多、再大，也要尽最大努力完成丛书编写任务，为推动中国公文学的理论研究做点事情，以告慰枫林先生在天之灵。

压力就是动力，目标就是希望。尽管我们能力有限，也要尽心尽力、尽其所能。《当代中国公文学》从中国公文学的性质、研究方法、学科体系、公文历史演变、外国公文、公文存在形态、公文写作原理与方法、公文处理、公文作者修养、网络时代的电子公文、公文改革和文风建设等领域展开全面、系统的理论探讨，以期在此基础上为建立中国公文学理论体系提供理论支持，为中国公文学科学、健康、快速发展奠定坚实的基础。

《当代中国公文学》内容的编撰重点，一是放在公文学的基本原理上，尽管已有不少学者在这方面已经作了许多前期探索，但由于这一学科发展历史短暂，理论基础十分薄弱，学科体系模糊不清，以及与其他学科之间的相互关系等一系列问题不甚了了，尽管困难重重，我们仍穷尽所能进行了理性的研究和探求。二

后　记

是放在公文写作理论上，一改过去"格式加例文"式的公文教科书模式，侧重于从理论与实践的结合上总结公文写作的特点与规律，以期让理论在指导公文写作实践上发挥应有作用，并希图以微薄之力将公文学研究引入正确的轨道。三是放在古代公文传承与外国公文借鉴上，前人在古代公文上为我们留下了丰富的公文遗产，外国公文理论与实际方面也有许多可资学习的经验，本书力求汲取精华、剔除糟粕，纳入中国公文学的基础理论体系。

《当代中国公文学》是《中国公文学研究》丛书具有代表意义的扛鼎之作，也是理论度高、难度大的一部专著，我选择徐艳华老师与我共同完成这项任务，不仅因为我们同在中国公文写作研究会和鲁东大学公文文献研究中心担任同样的教学科研任务，也因为徐艳华老师做事认真扎实，有着一股年轻教师的蓬勃朝气。事实证明我的选择没有错，在艰苦的研究撰写工作中，徐艳华老师不仅完成了自己分担的任务，还承担了大量组织联络工作、统稿校对工作，大大减轻了我的工作压力。

《当代中国公文学》还特别邀请鲁东大学公文写作与处理专业毕业研究生李忠朋、邵明媚参加编撰工作，他们在校期间，公文理论研究成果丰硕，毕业以后，又都在党政机关从事公文工作，既有理论知识也有实践经验，爱公文、善用脑、肯吃苦，他们承担的任务不仅难度大，而且时间要求紧，在百忙之中，他们利用休息和节假日时间，不讲条件、不计报酬，及时圆满完成编撰任务。

全书由柳新华总纂、徐艳华统稿。各章执笔分工如下：绪论、第六章、第七章、第八章由柳新华执笔；第四章、第九章、第十章、第十一章由徐艳华执笔；第一章、第二章、第五章由邵明媚执笔；第三章、第十二章由李忠朋执笔。刘璐、高慧、乔雨菲、朱绘锦等承担全书校对工作任务。

本书在编写过程中，查阅并借鉴了大量相关网络版、纸质版的前辈、同仁的专著、论文等科研成果；得到经济科学出版社总编辑吕萍女士，以及分社副社长于海汛、编辑宋涛给予的精心指导和帮助；得到鲁东大学图书馆、文学院有关老师、学生、校办文印室的有关工作人员在收集资料、打字校对等方面给予的大力支持；乔卫星、王佳同学在校学习研究期间，收集提供大量有价值的公文参考资料；这里不再一一列举，谨以编著者的名义向所有参与、帮助、支持本书编撰出版的师生和朋友表示衷心的感谢！

柳新华　徐艳华

2014 年 11 月 21 日